"十三五"江苏省高等学校重点教材

教材编号 2017-2-026

大学生创新创业教程

DAXUESHENG CHUANGXIN
CHUANGYEJIAOCHENG

主编 洪银兴

南京大学出版社

图书在版编目(CIP)数据

大学生创新创业教程 / 洪银兴主编. -- 南京：
南京大学出版社，2019.1(2019.3 重印)
ISBN 978-7-305-21212-3

Ⅰ. ①大… Ⅱ. ①洪… Ⅲ. ①大学生－创业－高等学
校－教材 Ⅳ. ①G647.38

中国版本图书馆 CIP 数据核字(2018)第 256629 号

出版发行 南京大学出版社
社　　址　南京市汉口路 22 号　　　　　　邮　编　210093
出 版 人　金鑫荣
书　　名　大学生创新创业教程
主　　编　洪银兴
责任编辑　张婧妤　　　　　　　　编辑热线　025-83592409

照　　排　南京南琳图文制作有限公司
印　　刷　江苏扬中印刷有限公司
开　　本　787×1092　1/16　印张 19.5　字数 430 千
版　　次　2019 年 1 月第 1 版　2019 年 3 月第 2 次印刷
ISBN 978-7-305-21212-3
定　　价　78.00 元

网址：http://www.njupco.com
官方微博：http://weibo.com/njupco
官方微信号：njupress
销售咨询热线：(025) 83594756

编 委 会

目 录

导论　创业成功在创新

引　言

我们的时代是英雄辈出的时代。不同的时代，不同的时势造就不同的英雄。战争年代造就战斗英雄；和平年代造就劳动模范；当今的大众创业万众创新的时代造就科技创新创业先锋。

当今的大学毕业生正赶上创新创业的时势。麦可思研究院联合中国社科院日前发布的《2017 年中国大学生就业报告》(下称《就业报告》)数据显示，近 5 年来，大学生毕业即创业连续从 2011 届的 1.6％上升到 2017 届的 3.0％，接近翻了一番。以 2017 年 795 万名应届毕业生的总量计算，年创业大学生数量超过 20 万名。《就业报告》显示，毕业半年后自主创业的 2013 届本科生中，只有 46.2％的人 3 年后还在继续自主创业；毕业半年后自主创业的 2013 届高职高专毕业生中，只有 46.8％的人 3 年后还在继续自主创业，甚至有数据指出，即使在浙江等创业环境较好的省份，大学生创业成功率也只有 5％左右。

人们一般认为大学生创业存在三大短板：资金缺乏、管理能力弱、社会资源不足。我们认为，这三个问题确实存在，但仔细研究大学生创新创业成活情况，创业不成功的原因最根本的还是缺乏核心竞争力，尤其是科技含量的核心竞争力。可以说当今的大众创业万众创新的浪潮中，中国几乎每时每刻都在创办新企业，但大都不是科技型企业，就如俞敏洪在接受记者采访时说的，他所接触的大学生创业项目中 95％是没有创新的。他认为在移动互联网时代，国家要更多鼓励真正的创新企业成长和创新型项目的运作。相对于没有创新的创业来说，融合科技创新的创业，即科技创业，虽然也有风险，但成活率更高，收益也更高。因此本教程阐述的创业原理就是与科技创新结合的创业，而不是一般的创业，不是办个小吃店、书店之类的创业。

一般说来，大学生都有创新创业的热情，但创新创业成功不能单凭热情，也不只是靠投入资金就能取得成功。作为理性的创新创业者，不仅要掌握一般的创业特点和规律，更要把握创新特点，遵循创新规律。既要了解当今世界科技和产业发展的大势，又要了解国家科技和产业政策的安排；既要有科技的视野，还要有市场经济的知识；既要进行科技创新，又要进行商业模式创新。就如习近平总书记所指出的：既奇思妙想、"无中生有"，努力追求原始创新，又兼收并蓄、博采众长，善于进行集成创新和引进消化吸收再创新；既甘于"十年磨一剑"，开展战略性创新攻关，又对接现实需求，及时开展应急性创新攻关；既尊重个人创造,发挥尖兵作用,又注重集体攻关,发挥合作优势。要坚持面向经济社会发展主战场、面向人民群众新需求,让创新成果更多更快造福社会、造福人民。

一、何谓创新

创新可以说是目前使用频率最高的名词。顾名思义,创新就是创造新的,即走前人没有走过的路,创造新思想、新理论、新技术、新制度、新文化、新产业等。

在习近平总书记提出的五大新发展理念中,创新发展位居第一位。其中,理论创新,是"脑动力"创新,是社会发展和变革的先导,也是各类创新活动的思想灵魂和方法来源。制度创新,是"原动力"创新,这是持续创新的保障,能够激发各类创新主体活力,也是引领经济社会发展的关键。科技创新,是"主动力"创新,是创新的核心,不仅要求提高科技创新能力,还要求科学新发现迅速孵化为新技术、新产品,从而转化为现实生产力。文化创新,是"软实力"创新,是培植民族永葆生命力和凝聚力的基础。

经济学上定义的创新有特定的含义。本教程使用的创新一般是经济学意义上的创新。

最早提出创新概念的是美国经济学家熊彼特。他指出,创新即生产要素的新组合,包括五个方面的创新:1. 采用一种新的产品;2. 采用一种新的生产方法;3. 开辟一个新的市场;4. 掠取或控制原材料或半制成品的一种新的供应来源;5. 实现任何一种工业的新的组织。人们通常将此简单概括为:产品创新,技术创新,市场创新和组织制度创新。

后来弗里曼进一步将创新定义为:新发明、新产品、新工艺、新方法或新制度第一次运用到经济中去的尝试。此定义特别强调"第一次运用":创新是指新发明第一次引入到商业中去的全过程。创新的全过程包括发明、创新和创新的扩散三重概念。其中发明是指为新的或改进的产品、工艺或制度而建立的新思想、图纸或模型,通常表达一种前所未有的构思。创新的扩散是指创新的成果经过全体潜在采纳者之手扩散,提高全社会生产率。

诺贝尔经济学奖得主费尔普斯的创新定义:创新是指新工艺新产品在世界上的某个地方成为新的生产实践。他特别强调经济学家与科学家的创新定义差别:对经济学家来说,创新就是指新实践,而不仅仅是开发。而科学家则习惯把新工艺和新产品的发明都称为创新,不管用户是否接受。

OECD 的创新定义较为具体,指的是:一种新的或做出重大改进的产品(商品和服务)或工艺,一种新的市场经营模式,或在商业实践、工作组织或外部关系中的一种新的组织方式的实施过程。

以上各家提出的创新定义有一个共同的特点,就是强调创意和新发明的应用。就如熊彼特当年所说的,"仅仅制造出令人满意的肥皂是不够的;诱导人们去清洗东西同样是必要的"。现实中有许多创意和发明是充满智慧的,但是没有得到应用,也就没有多大价值。这就是说,发明并不完全等同于创新,创新要求将创意落到实处,创造出价值时,这种发明才具有创新的价值。

2006年G20杭州峰会通过的《二十国集团创新增长蓝图》对创新作了多方面定义：创新是指在技术、产品或流程中体现的新的和能创造价值的理念。创新包括推出新的或明显改进的产品、商品或服务，源自创意和技术进步的工艺流程，在商业实践、生产方式或对外关系中采用的新的营销或组织方式。创新涵盖了以科技创新为核心的广泛领域，是推动全球可持续发展的主要动力之一，在诸多领域发挥着重要作用，包括促进经济增长、就业、创业和结构性改革，提高生产力和竞争力，为民众提供更好的服务并应对全球性挑战。

基于上述关于创新的定义，本教程将创新和创业紧密连在一起，一方面创新阶段一直延伸到创新技术的应用，也就是进入采用新技术的创业阶段；另一方面创业指的是科技创业，即利用科技创新成果的创业，而且创业过程中还需要继续进行创新。

二、当今的技术进步模式

了解当今的技术进步模式，目的是明确大学生进行创新创业所处的技术进步背景。

过去一讲到创新，一般都是指在企业内进行的产品和技术创新。创新就是解决企业的技术和工艺问题。这反映原有的技术进步模式，即以企业技术创新为源头的技术进步。企业作为创新主体，自主地进行技术创新和产品创新。这种状况最为典型的是当年发展乡镇企业时有"星期六工程师"之说，苏南的乡镇企业请上海、苏州、无锡、常州工厂中的工程师星期六去解决企业的技术和工艺问题。

近年来的技术进步有两大趋势：一是，顺应世界范围新产业革命潮流，产业创新成为创新的重点。就如波特理论所指出的，竞争力以产业为度量单位；国家的竞争力在于其产业创新与升级的能力。形成具有自主创新能力的现代产业体系，是一个国家和地区处于领先地位的标志。因此发展战略性新兴产业，改造传统产业成为产业创新的重点。二是，世界范围的新科技革命的特点是科学的新发现直接推动技术进步，特别是科学技术的新突破直接推动产业创新，如新材料产业、生物技术产业、新能源产业等。

基于上述世界范围科技和产业革命的新趋势，技术进步模式就发生重大转变，技术进步的源头由企业转向科学新发现。这意味着由技术创新转向了科技创新。这一字之差反映创新源头的改变：一是，创新的源头由企业内的技术创新转向大学和科研机构的知识创新和科学发现。二是，创新的内容由工艺和技术创新转向由科学技术重大突破所推动的产业创新。于是，在当前的创新型区域就有"星期六科学家"之说，需要大学和科研机构的科学家星期六去解决其创新产业问题。

已有的创新定义都是强调新发明、新技术应用的实践，那么作为其源头，知识创新、科学发现是否属于经济学中的创新呢？马克思在《资本论》手稿中指出：科学在资本主义产生以前就已存在，但在此之前并没有成为生产力的要素。只是在进入资本主义生产阶段后，"科学因素第一次被有意识地和广泛地加以发展、应用，并体现在生活中，其规模是以往的时代根本想象不到的"。①这说明有意识地服务于技术创新的知识创新就属于经济学定义的创新范围,并且成为生产力要素。尤其是在进入知识经济时代后,新技术直接来源于科学新发现,技术创新上升为科技创新。国家创新体系就包括知识创新和技术创新两大系统。这样,现实的技术创新就源自两个方面:① 颠覆性创新,这是基于科学新发现的创新。② 渐进性创新,这是基于产业的创新。

技术进步模式的转变还有个从外生向内生转变的问题。长期以来,我国已有的科技创新很大程度上是外生的。主要表现是:创新的先进技术大多是引进和模仿的,创新的先进产业是加工代工型的。这种模式的技术进步基本上属于国外创新技术对我国的扩散,创新的源头在国外。采用的新技术,是国外已经成熟的技术,核心技术关键技术不在我们这里。这种技术进步的积极意义在于可以缩短技术的国际差距。但不能进入国际前沿,尤其是采用新技术还要受制于人,不可能得到前沿科技。转变技术进步模式的基本要求是科技创新由外生转为内生。这就是立足于自主创新,形成具有自主知识产权的关键技术和核心技术。因此,创新驱动的着力点是以全球视野谋划和推动创新,提高原始创新、集成创新和引进消化吸收再创新能力。就如习近平总书记所指出的,实施创新驱动发展战略,最根本的是要增强自主创新能力,最紧迫的是要破除体制机制障碍,最大限度地解放和激发科技作为第一生产力所蕴藏的巨大潜能。

科技创新的内生性关键在于科技创新源头的创新:或者是对科学新发现所产生的原创性创新成果,或者是对引进的先进技术的再创新,从而形成拥有自主知识产权的核心技术和关键技术。明确了科技创新的源头,紧接着的问题就是推动知识创新和技术创新的无缝对接,从而使科学发现成果向产品和技术及时并有效转化,推动新技术、新产业、新业态蓬勃发展。这样,在新的技术进步模式中需要突出解决的问题就有两个:一是,以大学与科研机构为主体的科学研究(知识创新)与以企业为主体的技术创新的衔接问题;二是,科技创新与产业创新的衔接问题。

三、创新创业的国家目标导向

创新创业很大程度上是凭着创新创业者的兴趣爱好。这当然无可非议,没有兴趣不会有创新创业的热情。但是创新创业成功则要将兴趣爱好同国家目标联系起来。当前国家的发展目标就是创新驱动经济发展,不仅要创新现代科学技术,还要依靠现代科学技术驱动发展方式转变。以下关于发展方式转变的分析就是指出当前创新创业的内容。

长期以来我国的经济发展基本上处于要素驱动和投资驱动阶段。要素驱动即依靠物质资源投入的经济发展;投资驱动即依靠高积累低消费的经济发展。经济发展到当前阶段,出现的新常态是:一方面,物质资源和低成本劳动力供给严重不足,要素驱动的经济发展方式不可持续。另一方面,人民群众不可能长期忍受高积累低消费,不仅如此,经济发

---

① 《马克思恩格斯文集》第 8 卷,人民出版社,2009 年版,第 358-359 页。

展的主拉动力将由投资拉动转向消费拉动。在此背景下,我国的经济发展动力需要从要素驱动、投资驱动转向创新驱动。

创新驱动成为新的经济发展方式,可以从以下四个方面来说明:

第一,现有的资源容量(尤其是能源和土地)难以支撑经济的持续增长,必须要寻求经济增长新的驱动力。创新驱动就是创造新的发展要素。知识和技术本身就是无形要素,创新的新知识、新技术,是新的发展要素,不仅可以替代物质资源投入,更重要的是效率更高的要素。这就是马克思在《资本论》中说的:"旧的机器、工具、器具等就为效率更高的、从功效来说更便宜的机器、工具和器具等所代替……旧的资本也会以生产效率更高的形式再生产出来。"①当然,创新驱动不完全是不要投入物质资源,但它可以使投入的物质资源有更高的产出。

第二,我国正在推进的工业化伴有严重的环境污染和生态平衡的破坏。由工业文明转向生态文明的基本要求是人和自然和谐共生,相应的经济发展就要控制环境污染,减少炭排放以及修复被破坏的生态。其路径不是一般的控制和放慢工业化进程,而是依靠科技创新开发并应用低碳技术、能源清洁化技术、循环经济技术,发展环保产业,从而实现对高排放高能耗产业和技术的强制淘汰和替代。

第三,国家的竞争力在于其产业创新与升级的能力。产业结构优化升级需要有创新的新兴产业来带动。2008年爆发的国际金融危机正在催生新的科技革命和产业革命,我国成为世界第二大经济体后,没有理由再错过新科技和产业革命的机会,需要依靠科技和产业创新,发展处于世界前沿的新兴产业,占领世界经济科技的制高点,从而提高产业的国际竞争力。

第四,我国经济体大而不富,原因是许多中国制造的产品处于价值链的低端,核心技术关键技术不在我们这里,品牌也不在我们这里,由此产生高产值低收益问题。要改变这种状况只能是转变发展方式,依靠创新驱动由中国制造转为中国创造,进入价值链的中高端。这就需要依靠原创性自主创新技术增加中国产品和服务的附加值,提高中国产品的品牌价值。

显然,创新驱动的发展方式不只是解决效率问题,还要提高经济增长的质量和效益,培育技术、质量、品牌的竞争优势。所谓创新驱动就是依靠知识资本、人力资本和激励创新制度等无形要素实现要素的新组合,促进科学技术成果在生产和商业上的应用和扩散,并且创造新的增长要素。这就是依靠科技创新创造的新技术、新产品和新产业来推动经济增长。因此创新驱动要实,实就实在产业化创新。由此形成新的增长点,既包括前瞻性培育战略性新兴产业,又包括高科技产业化,实现工业化与信息化、绿色化的融合,还要创新改造传统产业的新技术。

根据转变经济发展方式的要求,创新驱动需要培育发展新动能。

---

① 马克思:《资本论》第1卷,人民出版社,2004年版,第698-699页。

一方面提高现有发展要素的科技含量。包括利用知识、技术、企业组织制度和商业模式等创新要素对资本、劳动力、物质资源等有形要素进行新组合;以创新的知识和技术改造物质资本、提高劳动者素质和科学管理。各种物质要素经过新知识和新发明的介入和组合提高了创新能力,就形成内生性增长,创造出新的发展要素。

另一方面发展新经济。经济发展的每一个时期都会产生反映当时最新科技水平的新产业和新动能,被称为新经济。现在所讲的新经济则是在互联网和人工智能技术推动下产生的新兴产业,涉及高端服务业中的"互联网+"、物联网、云计算、电子商务等新兴业态,先进制造业中的智能制造、机器人、柔性化生产和定制化生产等。

四、新一轮科技革命和产业变革蓄势待发

今天讨论创新和创业必须了解世界范围科技创新的趋势和潮流,只有这样,创新创业者才能跟上甚至进入科技发展的潮头。这就是习近平总书记说的:谁牵住了科技创新这个牛鼻子,谁走好了科技创新这步先手棋,谁就能占领先机、赢得优势。

一般情况下都是先有科技创新后有产业创新。在过去相当长的时间中,一个科学的重大发现到产业上的应用需要间隔很长的时间。现在的革命性变化是,科学上的重大发现转化为现实生产力的时间越来越缩短,一个科学发现到生产上应用(尤其是产业创新)几乎是同时进行的,当代最新的科学发现的成果迅速转化为新技术可以实现大的技术跨越。正是科学新发现迅速转化为新技术,使知识创新成为经济学上的创新的环节或源头。

当前世界范围的重大科技创新突出表现在以下方面:

一是,大数据。工业化时期数据量大约每十年翻一番,现在数据量每两年就翻一番。浩瀚的数据海洋就如同工业社会的石油资源,蕴含着巨大生产力和商机,谁掌握了大数据技术,谁就掌握了发展的资源和主动权。大数据依托计算机和互联网,具有 4V 特点:Volume(大量)、Velocity(高速)、Variety(多样)、Value(价值),基础是各个参与者都在提供经过分析和处理的数据。大数据越来越成为经济发展的资源。现代科技创新,例如人工智能,智能化的基础就是大数据,现代市场营销,基础也是大数据。这都表明大数据已经成为经济发展的要素。

二是,先进制造。依托信息技术、人工智能等新科技,产生 3D 打印,无人驾驶,绿色化、智能化、柔性化、网络化的先进制造业。先进制造不仅会从源头上有效缓解资源环境压力,而且会引发制造业及其相关产业链的重大变革。

三是,量子调控。科学家们开始调控量子世界,这将极大推动信息、能源、材料科学的发展,带来新的产业革命。我国已经发射量子人造卫星,量子通信已经开始走向实用化,这将从根本上解决通信安全问题,同时将形成新兴通信产业。

四是,人造生命。2010 年第一个人造细菌细胞诞生,打破了生命和非生命的界限,为在实验室研究生命起源开辟了新途径。未来五至十年人造生命将创造出新的生命繁衍方式。这些不仅对人类认识生命本质具有重要意义,而且在医药、能源、材料、农业、环境等

方面展现出巨大潜力和应用前景。

　　以上只是指出有代表性的新科技,依托重大科技突破世界范围的产业出现高端化趋势,主要表现在:移动互联网、智能终端、大数据、云计算、高端芯片等新一代信息技术发展将带动众多产业变革和创新;围绕新能源、气候变化、空间、海洋开发的技术创新更加密集;绿色经济、低碳技术等新兴产业蓬勃兴起;生命科学、生物技术带动形成庞大的健康、现代农业、生物能源、生物制造、环保等产业。

　　但就制造业领域的高端化来说,里夫金(Jeremy Rifkin)预测:"互联网信息技术与可再生能源的出现让我们迎来了第三次工业革命。"[①]近期德国推出工业4.0计划,是继机械化、电气化和信息技术之后,以智能制造为主导的第四次工业革命。现在工业4.0由概念走进现实,产生了智能工厂、智能生产和智能物流。《中国制造2025》作为制造强国战略确定了十个重点领域,包括新一代信息技术产业、高档数控机床和机器人、航空航天装备、海洋工程装备及高技术船舶、先进轨道交通装备、节能与新能源汽车、电力装备、农机装备、新材料、生物医药及高性能医疗器械。

　　基于蓄势待发的新一轮科技和产业革命的趋势,习近平总书记在党的十九大报告中提出:"加快建设制造强国,加快发展先进制造业,推动互联网、大数据、人工智能和实体经济深度融合,在中高端消费、创新引领、绿色低碳、共享经济、现代供应链、人力资本服务等领域培育新增长点、形成新动能。支持传统产业优化升级,加快发展现代服务业,瞄准国际标准提高水平。促进我国产业迈向全球价值链中高端,培育若干世界级先进制造业集群。"这些方面实际上指出了现阶段进行创新创业的战略性方向。

五、何谓大众创新万众创业

　　顺应世界范围科技和产业创新的大潮流,服务于创新驱动的国家战略,需要形成大众创新万众创业的氛围。大学生的创新创业就是在这种氛围和大潮中进行的。

　　大众创新万众创业,不等于人人都去办企业。由于每个人的天赋、素质、能力和勤奋程度等方面不同,不可能人人办企业都能成功。所谓大众创新万众创业是指,大众各尽所能参与到创新创业过程中。

　　创新过程与生产过程不完全相同。创新创业过程虽然也需要物质资源的消耗和劳动的消耗,但更为重要的是智慧和创意。创新所依赖的资源主要是人力资源,人力资源也不是一般的知识和技能。就如费尔普斯所说,"基本要素是想象力或创造力,对可能开发和推广的还没有人想到过的事物的构想"。这就是说,大学生所拥有的知识类人力资本是创新所依赖的资源,但只是有知识还是不够的,更为重要的是想象力或创造力,是新的创意,即对可能开发的还没有人想到过的事物的构想。这里指的是新的商业创意,也就是可以转化为新技术的商业化的创意。创新和创业过程就是从创意开始的。

---

①　杰里米·里夫金著,张体伟译:《第三次工业革命》,中信出版社,2012年版,第31页。

新的商业创意是从哪里来的？知识创新成果是毫无疑问的。但对具体的创新领域来说，熟悉程度还是需要的。这就是费尔普斯所说的，有商业价值的创意往往都是近距离观察某个商业领域、理解其运转过程的人提出的。当然对大学生来说，几乎所有领域都是不熟悉的。这就需要有初生牛犊不怕虎的精神，有敢于进入未知领域的勇气，需要有构建新事物的想象力和洞察力的智慧，甚至要有不畏权威不怕失败的勇气。新的创意不一定都会成功。失败的创意并不是毫无价值，至少可以指明哪些方向不需要继续尝试。取得成功的创意（创新）可以激发更多的创新，形成无限的良性循环。

现实中，从提出创意到创新再到创业不是一个人就能完成的。费尔普斯描述的大众创新、万众创业的景象就是：有创新思想的人士提出创意；不同投资主体的参与，例如天使投资人、风险投资家、商业银行、储蓄银行和风险投资基金为创意提供风险投资；不同生产商的参加，如创业公司、大公司及其分支机构对创意进行创新创业的实践；创新成果出来后又有各种市场推广，包括制定市场策略和广告宣传等活动；终端客户又会对创新成果进行评价和学习，在这里消费者也介入并引导创新。

既然创新活动不可能由单个人完成，就需要根据各自的能力进行专业化分工，做到各尽所能。如费尔普斯所描述的：某些人全身心地负责新产品构思和设计；某些人专注于金融，选择值得投资的新公司；某些人与开发新产品的企业家共事；某些人专注于市场推广等业务。

根据上述创新活动的特点，需要营造的大众创业、万众创新的氛围就是费尔普斯所说的："现代经济把那些接近实际经济运行、容易接触新的商业创意的人，变成了主导从开发到应用的创新过程的研究者和实验者，科学家和工程师往往被他们召集过来提供技术支持。"现代经济把各种类型的人都变成了"创意者"，金融家成为思考者，生产商成为市场推广者，终端客户也成为弄潮儿。[①]这里讲的金融家成为思考者，指的是金融家作为风险投资者，需要对创意进行思考，决定是否对创意付之创新实践进行投资。

在由创意到创新再到创业的过程中出现了孵化器。孵化器的英文为incubator，本义指人工孵化禽蛋的专门设备。孵化新技术涉及孵化器建设。孵化器是指一个集中的空间，能够在企业创办初期举步维艰时，提供资金、管理等多种便利，旨在对高新技术成果、科技型企业和创业企业进行孵化，以推动合作和交流，使企业"做大"。孵化器具有共享性和公益性的特征，主要功能是为高新技术成果转化和科技企业创新提供优化的孵化环境和条件，包括提供研发、中试、科技和市场信息，通讯、网络与办公等方面的共享设施和场所，系统的培训和咨询，政策、融资、法律和市场推广等方面的服务和支持等。孵化器更加注重创业，着重建立"创业苗圃—孵化器—加速器"创新服务体系。为创业者提供几乎为零成本的创业环境，还通过物理的空间和相对完备的孵化服务体系让创新的种子生根发芽，孵化出企业，并且推动上市。这是一个全产业链的过程与关系。

① 埃德蒙·费尔普斯著，余江译：《大繁荣》，中信出版社，2013年版，第30页。

在大众创新万众创业的大潮中又产生了众创空间的概念。从运营方式上看,众创空间和孵化器有重叠,但又不完全一致。众创空间主要服务于"大众创新",众创空间解决创业早期孵化难题,为更多草根创业者提供成长空间。其服务对象为以创新为特征的创业团队、初创公司和创客群体。重点关注创意,是创新的最前端,追求的是把一个新想法做成新产品,众创空间包括创业咖啡、创新工场等新型孵化场所,"一张桌子就可以创业"的众创空间没有围墙,甚至在互联网上协助创业者将想法变成样品的平台。其服务功能包括:创业辅导功能,投资融资功能,资源对接功能,氛围营造功能。因此,处于初创阶段的大学生创业一般都是首先进入众创空间。

国务院办公厅 2015 年 3 月 11 日专门发布关于发展众创空间推进大众创新创业的指导意见,要求顺应网络时代大众创业、万众创新的新趋势,加快发展众创空间等新型创业服务平台,营造良好的创新创业生态环境,激发亿万群众创造活力,打造经济发展新引擎,构建一批低成本、便利化、全要素、开放式的众创空间。发挥政策集成和协同效应,实现创新与创业相结合、线上与线下相结合、孵化与投资相结合,为广大创新创业者提供良好的工作空间、网络空间、社交空间和资源共享空间。在此背景下,衡量一个地区和企业的科技创新能力就不能只是看有多少研发投入,更要看有多少孵化器、众创空间之类的创新平台。

六、科技创业

广义的创新包括科技创新和科技创业的全过程。科技创业就是将科技创新的成果(新技术、新发明)产业化。具体地说,以孵化出的新技术创办企业。一般情况是从孵化器"毕业"进入科技园之类的"加速器"。

科技创业是将科技创新的成果(新技术、新发明)产业化。其主要形式是:科技创新者带着孵化出的创新成果创办企业。初创的科技型企业虽小,但往往起到推动产业创新的作用。新兴产业一般都是产生于新创的科技企业。比尔·盖茨领导的微软,乔布斯领导的苹果,马云领导的阿里巴巴都是从创办科技型小企业起步,领跑新兴产业的成长壮大。最典型的是大疆无人机,2006 年,还在香港科技大学读书的汪滔,决定将自己的本科毕业设计项目——无人机自主悬停技术商业化,并以此创办公司。短短的 11 年就成为全球增长最快的科技企业之一,并成为无人机产业的领头羊。它的消费级无人机产品占据全球约 70% 的市场份额,其中八成客户来自欧美。

科技创业的起始条件是知识、技术以及专利之类的科技成果,这是科技创业之源。因此科技企业的创办条件就不能像一般企业创办那样以注册资本多少为门槛,而是以所拥有的科技成果为门槛。

科技创业,既然是创办科技企业,就需要创办企业的基本要素,如资本和劳动。科技人员和大学生创业一般是有技术和知识产权,但缺乏创业资本。科技创业是以技术和知识产权招(雇佣)资本。知识资本和人力资本对创业起着决定性作用,但物质资本不可或缺。创业的初始物质资本积累一般有三条途径。一是,创业者的自筹资本,一般采取股权融资的方式。二是,创业项目得到地方政府认可而提供的各类投入,如研发投入、创业资本等。三是,风险投资者提供的风险投资(创业投资)。对科技创业者来说,创业项目的科技含量和市场前景非常重要,直接影响到后两项创业投资的获得。企业过了初创期,则可依靠其业绩在资本市场上获得资本。

根据费尔普斯的概括,科技创业的全过程大致要经历如下阶段:提出新产品或新工艺的概念;开发新产品或新工艺的前期准备;开发项目的融资决策;选定的新产品或新工艺的开发;新产品或新工艺的市场推广;成果评价以及由最终用户试用;某些新产品或新工艺的大规模应用;试用或早期应用之后的改进。所有这些阶段都需要有创新的思维。既需要科技创新,也需要市场创新,还需要商业模式创新。

因此,科技创业的资本是以科技创新成果体现的知识资本、以创业者体现的人力资本和以风险投资体现的物质资本的集合。

当前,移动互联网对创新创业提供了非常有益的技术支持。第一,互联网平台提供大众进行创新的平台。在互联网平台上,就业和创业合为一体。谁都可以进入众创平台就业。第二,利用互联网提供的技术和市场信息,可以降低就业创业门槛。第三,大数据处理和云计算服务平台降低创新创业所需要的信息门槛,克服市场信息不完全和不对称,降低创新创业风险。第四,创新的风险投资可以通过互联网平台众筹。第五,包括研发、制造、销售在内的创新团队可以通过互联网平台组建。

在互联网+条件下,企业成为无边界的创新平台,可以广泛吸引创新资源进入企业平台。企业成为孵化器平台,员工组成无数创客群体,企业由一个个创新团队组成。全员创新、创造和分享价值。每个创新团队中包含研发、制造、营销的功能和人员。企业治理以选择创新项目为对象,以风险投资为纽带。企业范围扩大,原先非企业的员工组织的创新团队,被企业选中,并提供风险投资和品牌也可进入该企业。创新创业是美好的,但创新创业道路不是平坦的。成功与风险并存。正如费尔普斯指出的:"事实上,所有创新都有偶然或者随机的因素。在一定程度上,新产品开发成功和得到商业化应用都是概率问题。""创新是走向未知的历程。"①创新的过程,最大的障碍是存在不确定性和风险。科技创业的风险概括起来有:一是,选择风险。即所选的创新技术方向的风险,不仅涉及所选技术方向的先进性,还涉及自身的研发能力。二是,转化风险。新知识向新产品、新技术转化存在较大不确定性。其中包括中试风险。三是,市场风险。创业者对新产品市场规模和顾客接受度难以估量;新产品很难马上被市场接受。四是,财务风险。在创业活动的大部分阶段,创新成果很难形成稳定的收入。创业者以净投入为主,很可能自身的财务负担不了创新投入。总的来说,市场对创新创业有个筛选过程。据麦肯锡公司的数据:每10 000个商业创意会产生1 000家企业,其中100家会得到风险资本,20家可以上市,2

---

① 埃德蒙·费尔普斯:《大繁荣》,中信出版社,2013年版,第36页。

家最终会成为市场领先者。

当然,风险与收益对称,高风险伴随着高收益。科技创业活动不成功则已,一旦成功,将会获得高收益。

科技创业离不开科技人员的介入。这不仅是因为创业需要有原始的知识资本积累(相对于一般企业的资本原始积累),而且创办起来的科技企业需要得到持续不断的科技成果供给。特别是科技人员介入科技创业过程能够使创业过程具有广阔的科技视野。但不意味着科技人员创业都能成功。在实践中我们既可以发现科技人员创业成功的例子,也可以发现科技人员创业失败的例子。这里的关键是创业的科技人员能否成为企业家,或者说科技人员创业的企业是否由企业家来经营。

科技创业不同于科学研究,创业项目的商业价值和市场范围直接影响创业能否成功。一些科技创业、科技成果的水平及其孵化的技术和产品的科技含量都很高,但最终没有成功,总结其原因,共同的问题是,或者是有较高学术价值的科技成果没有开发出其潜在的商业价值,或者是既有较高科技水平,又有商业价值的项目因缺乏市场开拓能力而夭折,或者是因企业经营管理不善而失败。所有这些,归结到一点就是科技创业缺乏企业家的作用。如果说科技人员在科技创业中提供原始创新成果的话,企业家的作用则是进行集成创新。他要对各个领域科学家的创新进行系统集成。

现实中科技创业的创业者不乏一批同时兼有科学家和企业家素质的创业者。这些人基本上是科技人员出身的,经过一段时间的市场打拼而成为企业家。他们有科学家的视野,又有企业家的才能。如北大方正的王选。

熊彼特当年以创新来定义企业家,并且强调,企业家必须不断创新,一旦停止创新就不再是企业家,只是经营者。同样对科技创业的企业来说,也必须不断创新,创新停止,不但不再是科技企业,很可能连企业也不再存在。①

七、如何在分配制度上支持科技创新和创业

第一是如何在分配制度上支持大众创新万众创业。

创新创业过程虽然也需要物质资源的消耗和劳动的消耗,但更为重要的是智慧和创意。创新所依赖的资源主要是人力资源,但基本要素是想象力或创造力,大众创新万众创业是要把那些接近实际经济运行、容易接触新的商业创意的人,变成主导从开发到应用的创新过程的研究者和实验者,科学家和工程师往往被他们召集过来提供技术支持。在这里体制机制需要解决的是:创新体制的有效运转。释放了创造力和远见,并成功地为其配备了企业家的专业能力、投资人的判断力和终端客户的勇气。相应的,各个参与创新的主

---

① 太平洋联盟创始人杜厦在一次关于企业家的演讲中,对企业家有一段精彩的评述:企业家是推动经济发展的主体,企业家的本质是创新,企业家精神是创新的主动力。企业家的能力包括:观念更新的能力、组织和执行力、分析预测能力、说服能力。

体都应该得到财务和非财务回报。费尔普斯认为：如果没有财产保护和盈利的激励，不管非财务性质的回报有多大，多数创业家都不愿冒风险。每个参与创新者都有实现自身价值的要求，体现在创新收益始终得到符合自身贡献的财务回报和非财务回报。其中包括，提出创意者合法地取得创意收益（如专利收入），投资人得到投资收益，企业家得到报酬。

收益和风险是对称的。创新行为者分享创新收益，同样也要共担创新风险。但在实践中，风险分担机制对不同的创新参与者应该是不同等的。对创意者来说，为激励创意，鼓励科技创业，创意取得成功，科技成果实现产业化后，其价值必须得到实现，应该得到与之贡献相应的收益，但创新不成功，只是承担其创意价值没有实现的风险，相对来说经济风险较小。对投资者来说，创业项目是其选择的，风险投资收益有明显的收敛性，因此其应该承担全部的投资风险。之所以愿意承担风险，原因是其投资在多个创新创业项目上，其中某个或几个项目一旦成功会有大的收益，足够弥补创业失败项目的支出。风险大收益也大。政府通过建设科技园、孵化器和众创空间的方式对科技创业提供引导性投入，这也可以在一定程度上减轻风险投资者的风险压力。

特别要指出创新收益的实现问题。创新活动不同于一般的经济活动。在市场经济条件下，一般的经济活动市场机制（竞争）是重要动力机制。但是，对创新来说，只是靠市场的压力还是不够的，创新的动力还需要有市场以外的激励机制。首先，创新是有风险的。在短期内往往是只有投入，没有收益，甚至有失败的风险。其次，创新产品市场信息不完全，创新成果能否为市场接受也是不确定的。直接影响创新成本补偿和收益。最后，创新收益不能完全收敛到创新者。其原因，一是，创新的知识和技术具有外溢性，实际上带有公共品的性质。二是，创新成本明显大于复制成本，创新成果的复制几乎是没有成本的。没有从事创新投入的其他厂商通过复制仿冒从创新成果中得到收益，结果是降低创新者收益。所有这些表明，特定创新驱动需要特殊的制度安排。创新动力就在于保证创新成本得到补偿并得到创新收益。需要补偿的创新成本不仅包括创新投入，还包括风险成本和机会成本。保障创新者的创新收益的制度安排就是明确并保障创新技术的厂商拥有垄断收益权（专利之类的知识产权）。

第二是如何在分配制度上更为重视知识资本的作用。

科技创新创业的核心要素。与传统企业不同，科技企业不仅仅是劳动和资本的结合，它还是高科技的思想（知识）与资本的结合。知识资本和人力资本是科技创新和创业之"本"，各种创新要素由科技企业家黏合和集成。

创业的主动因素。一般的创业主要靠资本（资金），是以资本（资金）招技术。物质资本雇佣劳动，知识和技术也就成为资本的生产力。科技创业主要靠知识和技术。是以知识和技术招资本。物质资本被知识资本所雇佣，从属于知识资本。科技创业资本是科学家的知识资本，企业家的人力资本和风险投资家的金融资本的集合。较物质资本，知识和人力资本增值的速度更快，增值能力更强。虽然风险投资家也拥有高含量的知识资本和人力资本，但是与科技企业的创办者相比，风险投资毕竟是为之服务的，就像微软公司这样成功的科技企业首先归功于比尔·盖茨这样的科技企业家,而不是哪一位风险投资者。特别是风险投资家可以随时退出,企业家必须持续经营企业。因此科技企业中所谓的按要素分配,既不是以按劳分配为主体,也不是以按物质资本要素分配为主体,应该是以按知识资本和企业家人力资本要素分配为主体。也就是说,知识资本和人力资本是分配的中心。

还要注意的是,产学研深度融合的技术创新体系中的分配制度如何体现知识资本的要求问题。在产学研协同创新的平台上,除了受雇于企业的科学家外,大学及科学家参与研发的目标与企业不完全相同,科技水平及其成果价值是其追求的主要目标。具体地说是延续科学研究所需要的资金投入,以最终充分实现其科学研究的价值,当然,还需要明确其参与研发出的新技术的知识产权的归属或分享。对企业来说,把大学及科学家吸引到科技企业的吸引力,就是为之提供充分的延伸研究的资金和相关的条件,享有知识产权,并作为参与创新收益分配的依据。

第三是如何在分配制度上使科技创业团队成员各得其所。

科技创业者一般是个团队。"构思新产品的项目通常要先组建一个有创造力的团队,商业化生产和推广新产品的项目往往需要首先设立一家由若干人组成的公司。"在团队里的科技人才是多方面专业人才的集合,而且科技创业不只是组织科技创新活动,还要经营企业,参与市场活动。这意味着科技创业是各类人才的共同创业。优秀的科技企业是由团队造就的。因此,体制机制建设需要对整个团队进行创新激励。科技创业的经济体是整个创业和经营团队。整个创业和经营团队中,科技创业者的价值实现的主要形式是股权激励,创新成果即知识产权需要在创业的企业中股权化。科技创业者也可以以其人力资本价值获得企业股权。这样,无论是哪一个参与者的收入,都依赖于整个创新成果及企业的整体价值。

科技企业所追求的目标,既不同于一般的资本所有者,追求企业利润最大化;也不同于一般的经营者,追求经营规模最大化;也不同于风险投资者,从建成后的企业出售中获利;科技企业则是追求科技企业的整体的创新价值。每个创新参与者只有在创新企业的整体价值提升中才能得到利益。科技创业成功,企业价值的整体提升就成为所有创业者的共同利益追求。即使是风险投资者,他们也不能单纯作为资本所有者在其中获利,只有在创办的科技企业上市或股权转让后才能得到自己的收益。

在硅谷,大部分新创科技企业对创业团队成员的分配主要形式是股票期权。股票期权不只是经理人持有的,还被视为吸引创新人才进入创新型新兴企业的报酬。将创业者的股权收入与企业在股票市场上的市场价值紧密联系起来。将来企业一旦上市或出售给大公司,其潜在的市场价值十分可观。其知识资本和人力资本价值可以随着企业市场价值的提升而提高。

科技企业用于分配的价值就是股票市场实现创新企业和企业家价值,就是说科技创业企业的运行目标是在资本市场上获得最高的价值评价。创业板市场支持风险投资和科技创业。较主板市场宽松许多的上市条件使创新企业的首次公开发行上市变得大为容易,其功能是对新创企业的预期价值进行市场评价。不仅是为风险投资提供顺畅的退出机制,使风险资本在孵化出高新技术和企业后及时退出并得到回报,保证风险投资的可持续,更是激励为创新做出贡献的企业家、风险投资家和高技术人员。公司上市意味着持有企业股权的经营者和高技术人才为科技创业贡献而得到股权收益和巨额的回报。创业公司不断挂牌上市,每天诞生百万富翁,在这种股权收益的刺激中何愁不产生科技企业家。

思考题

1. 什么是创新？什么是科技创业？
2. 创新和创业需要哪些条件？
3. 如何理解大众创业万众创新？
4. 科技企业初创要关注哪些问题？
5. 创新创业需要什么样的激励机制？

第一章　科技创新与产业发展趋势

　　某大学理科四年级学生小张临近毕业开始规划自己的未来。有志于投身大众创新万众创业的大潮。对他来说，迫切需要了解的是当今世界科技和产业发展的大趋势。只有具有全球视野、把握时代脉搏，才能把握住创新创业的机会。

第一节　创新发展的知识经济时代背景

　　从经济发展的推动要素来说，人类社会先后经过了资源经济、劳动经济和资本经济阶段，现在正在进入知识经济时代。经济增长日益依赖知识。我国提出创新发展的时代背景就是当今世界进入知识经济时代。创新发展实际上是依靠创新的知识推动发展，知识创新及其应用正在成为财富创造的中心。

一、知识和知识经济

　　知识是凝聚在个人、群体或物品中的以信息为基础的能力或物化的能力。有两方面含义：一是，把知识看作是更具概括和表述性的信息，而信息是相互关联的事实，即数据、文本、声音和图像。二是，把知识按照潜在的可观察的行为来定义，它是个人或群体的一种能力，去从事或者指导、引导其他人从事一个能够产生对物质对象可预见的改变过程。

　　知识可以这样被分类：当知识为文字、数学定理或能够通过已知的计算机程序所传达时，知识就是可编码的；当知识只存在于特定的个人的思想中，或者是组织已建立起来的日常工作中，并且不能进行常规的传达或再生产时，知识就是内隐的。一个企业或个人的知识可按其重要性从低至高排列：1. 认识性知识（或称 know what），2. 高级技能即诀窍（know how），3. 系统理解能力（know why），4. 有目标的创造力（care why），⑤ 综合能力和经过训练得到的直觉能力（perceive how and why）。这些知识显然主要存在于企业人员的头脑里。但前三个层次的知识有可能储存于组织或个人的软件、系统、数据库或操作技术之中。①

---

① 詹姆士·奎恩著，惠永正译：《创新爆炸》，吉林人民出版社，1999年版，第2页。

1996 年,国际经济合作与发展组织(OECD)在一份题为"以知识为基础的经济"的报告中,对"知识经济"的概念首次给予较明确的界定:知识经济是建立在知识和信息的生产、分配和使用之上的经济。该组织认为,知识经济是和农业经济、工业经济相对应的一个概念,用以指当今世界上一种新型的、富有生命力的经济,是人类社会进入计算机信息时代出现的一种经济形态。

二、知识经济的特征

知识经济作为一种全新的经济形态或模式,与传统经济相比较,具有以下几个方面的主要特征:[①]

1. 知识经济是信息化经济

知识经济是微电子技术、信息技术充分发展的产物,是信息社会的经济形态。这一特征具体表现在五个方面:(1) 信息技术在全社会广泛渗透和使用,信息技术对于政治、经济、社会、文化、道德等的影响是全方位的;(2) 信息产业成为国民经济的主要经济部门;(3) 信息和知识成为重要的资源和财富,国家与国家、地区与地区、企业与企业之间的差距,主要表现在对信息与知识的生产、传播、使用能力上的差异;(4) 拥有先进的信息网络,信息流动时间加快;(5) 全社会生产自动化程度大大提高,自动化技术将在社会管理、经济管理、企业生产管理等方面全面普及。

由于知识经济中信息技术的充分应用,信息处理价格降低,尤其是通讯和计算机技术的"数字趋同"以及国际网络化的进程的加快,使信息、知识的创新、储存、学习和使用方式产生了第二次革命,从而使知识的商品化、信息的商品化能力大大提高。信息、知识应用于制造业、服务业的速度大大加快,进而使全球经济增长方式发生根本性变革。经济的发展日益与信息技术的发展密不可分,社会再生产的每一个环节,都伴随着信息流,伴随着信息的获取、加工、传输、储存以及使用,从而导致整个社会经济的信息化和数字化。

2. 知识经济是网络化经济

正是由于知识经济以信息技术的充分发展为基础,而互联网的崛起、电脑的广泛普及标志着人类在跨入信息时代的同时,正在从两个方面接受信息化的根本改造:一方面,信息化建立了企业与市场之间的桥梁。企业可以快速、准确地了解市场动态和顾客需求,传统的大规模市场和推销可能被灵活高效的信息服务取代。另一方面,信息技术由过去的大型主机统一处理信息和发布指令,发展到个人电脑成为信息形成、处理、发展和传输的主要角色,提高了人与人之间交换信息及协调合作的水平,使众多电脑组成的网络得以在商业活动中发挥最佳媒体的作用。

世界经济正经历着一场深刻的"革命",这场革命极大地改变着世界经济面貌,塑造着一种"新世界经济",即"网络经济"。25 年前全世界仅有 5 万台电脑,现在已增加到数亿

---

① 王明友:《知识经济与技术创新》,经济管理出版社,1999 年版,第 10－13 页。

台。1960年一条横跨大西洋的电缆仅能容纳138对电话同时通话,现在一条光纤电缆可同时容纳150万对电话通话。现在,全世界上网的人数达17.1亿。[①]2017年中国互联网络信息中心(CNNIC)发布的《第40次中国互联网络发展状况统计报告》显示,截至2017年6月,中国网民规模达7.24亿,半年共计新增网民1 992万人,网民人数居世界第一。互联网普及率为54.3%,较2016年底提升1.1个百分点。其中,中国手机网民规模达7.24亿,较2016年底增加2 830万人。网民中使用手机上网的比例由2016年底的95.1%提升至96.3%,手机上网比例持续提升。

如今网络贸易已不是天方夜谭,而是世界上许多大公司的实际业务。企业通过互联网可以非常方便地与世界上几乎所有大公司进行信息交换,可以很方便地把自己公司通过网络介绍给所有入网用户,以宣传公司及产品。根据联合国贸易和发展会议的统计,全球电子商务交易总额在1994年达到12亿美元,2000年增加到3 000亿美元,2006年竟然达到12.8万亿美元,占全球商品销售的18%,2011年全球电子商务交易达到40.6万亿美元,绝大部分的国际贸易额以网络贸易形式实现。2016年中国电子商务交易额26.1万亿元,同比增长19.8%,交易额约占全球电子商务零售市场的39.2%,连续多年成为全球规模最大的网络零售市场。而截至2016年3月31日,根据阿里巴巴集团中国零售交易市场的交易总额(GMV),阿里巴巴集团已经正式成为全球最大的零售体,这意味着全球最大零售体从线下迁移到线上。独立第三方机构PwC(普华永道)对相关数据执行了协定程序。

3. 知识经济是智能化经济

知识经济亦可称为智力经济,它是一种以智力资源的占有、配置、生产、分配、使用为最重要因素的经济。在工业经济发展中,大量资本、设备等有形资产的投入起决定性作用,而在知识经济中,智力、知识、信息等无形资产的投入起决定性作用。应用知识提供智能、添加创意成了知识经济活动的核心问题。智能即智力的凝聚,表现于特定人才和技术之上的创造能力和拓展能力,其主要形态是特定知识及其开发和运用。在开发、增益并扩散各层次智力的过程中,软件是关键因素。这类软件包括数据库、分析和建模软件、服务处理软件(如日常会计事务)、操作软件(控制物理机械和过程)、系统软件(多个过程和操作之间的关联)和网络软件(间歇性地连接多个地址和系统),各种形式的软件都能够以新的方式使人的能力得以延伸,如:(1)以前所未有的速度和准确度获取知识;(2)能够分析人类无法独立解决的复杂问题;(3)在恶劣条件下以人类无法达到的精确度控制各种物理过程;(4)在无人参与的情况下远距离监测物理和智力过程;(5)寻求更广泛的信息源,集中更多人的智慧以创造性地解决舍此则无法解决的问题;(6)较其他途径以更广泛、高效、有效的方式扩散知识。[②]

① 美国国家商务部:《新兴的数字经济》,中国友谊出版公司,1999年版,第12页。
② 詹姆士·奎恩著,惠永正译:《创新爆炸》,吉林人民出版社,1999年版,第3页。

软件正从根本上改变着创新的每一个环节,从基础研究到市场需求分析,到所有产品和服务的设计,到模型和样机建立,到试生产和大规模生产,到分销、促销和售后服务。它使发明家能够按新的方式在一起工作:在虚拟实验室、虚拟工作里相互远距离合作,进行高度集成的全球化试验和生产,以期同时达到最大的智力进步、最高的质量、最大的灵活性和最低的成本。软件系统现在已经成为任何一家企业的组织、文化和创新价值的创造体系中不可分割的一个组成部分了。软件是智力的一种形式,而且通常是一个企业所拥有最宝贵的智力资产,然而大多数企业都不知道如何珍视它。

智力是一种资本。智力资源的多寡、智能开发和利用程度的高低决定着企业面向未来竞争优势的强弱。正是智力资源对于经济发展的特殊重要性,现在世界各国对于智能的开发越来越看重。一方面强调对知识和人才的管理,对发挥组织内外相关专家学者的智囊作用给予高度重视,甚至连企业都被看成是"学习型组织",要求员工不断地获取新知识和自觉成才;另一方面,在企业或组织中推崇人本管理,创造一种使员工精神愉快、关系和谐的组织文化和工作环境,既强调对员工的物质鼓励,又重视对员工的精神激励,从而使员工愿意为组织工作,并最大限度地发挥出自己的智力。

4. 知识经济是创新经济

创新是知识经济的灵魂。创新是经济增长的发动机。在工业经济时代,每一次创新,如石油资源超越煤炭资源,石油化工超越煤炭化工,内燃机技术超越蒸汽机技术等,都极大地促进了经济的发展。但是,这些技术创新所经历的时间相对比较漫长,范围相对比较有限。而知识经济时代的技术创新速度大大加快,范围将涵盖全社会,创新成为经济增长的最重要的动力。中国科学院提供的一份研究报告指出:知识经济正在逐渐成为国际经济的主导,在这个过程中,世界科技的发展将更加迅猛,技术革命向产业革命的转换周期将更短。据科学家的研究,技术进步对发达国家经济增长的贡献率,在 20 世纪初只占 5%左右,40—50 年代上升到 40%左右,70—80 年代达到 60%左右,90 年代已高达 80%左右。这就说明,在技术和产品的生命周期日益缩短的知识经济时代,"不创新、就灭亡",唯有全面创新,包括知识创新与技术创新,并形成一种持续创新机制,使技术与经济、教育、文化有机结合,综合协调,一体化发展,才能赢得和保持竞争优势。

5. 知识经济是可持续发展经济

传统的工业经济创造了日益丰富的物质财富,促进了人类文明的发达和繁荣。但是,传统工业是建立在自然资源取之不尽、环境容量用之不竭的基础上,甚至以向自然掠夺为目的。工业经济对自然资源的这种过度依赖和消耗,严重污染了自然环境,破坏了自然界的生态平衡,从而损害了人类赖以生存的地球,危及人类的长期发展。知识经济产生在多种自然资源近乎耗竭、环境危机日益加剧的时代,它把科学与技术融为一体,反映了人类对自然界与人类社会的科学、全面的认识。因此,知识经济发展的指导思想是科学、合理、综合、高效地利用现有资源,同时开发尚未利用的自然资源来取代已近耗竭的稀缺自然资源。知识经济以先进的科学技术手段,使人们能够更有效地使用能源,用清洁可再生能源代替矿物燃料,研究开发效率更高的材料,实行封闭的工业生态循环,把污染控制在第一发生现场。

6. 知识经济是非线性经济——正反馈机制下的产业发展路径①

知识经济具有报酬递增的正反馈效应。传统的依靠物质要素投入的经济具有报酬递减的特点。其主要原因是物质要素的有效性。而知识经济则不同,对新知识的使用没有这种限制,用得越多,越有效益。具体地说,在一个经济中,那些以资源为生产基础的行业(农业、大宗产品的生产行业和矿业)仍然属于报酬递减行业,这些行业仍然是传统经济理论统治的天下。相反,那些以知识为生产基础的行业,却属于报酬递增的世界。像计算机、药品、导弹、飞机、软件、光导纤维和通信器材这样的产品,设计和生产十分复杂,要求大量的初始投资用于研究、开发和投产,但商业生产一旦开始,产品则会相当便宜。比如,一种新型飞机引擎,一般要花 20 亿美元到 30 亿美元进行设计、开发、检测和投产,而后每个产品的成本就只有 5 000 万美元到 1 亿美元。生产的产品越多,成本就越便宜,收益就越大。

知识经济条件下所具有的正反馈效应表现在,谁最先创新成功,谁就居领先地位,即强者更强。如果一种产品或一个国家在竞争性市场上因某种"机会"或"机遇"而领先,它就会一直领先,并扩大这种领先程度。可预测性以及市场分享就不再能实现。盒式录像机(VCR)的历史是正反馈的一个绝佳例子。VCR 的市场是由 VHS 和 Beta 这两种制式不同但价格相同的录像机的相互竞争开创的。每种制式的市场份额扩大都能体现报酬递增:使用 VHS 式录像机的人越多,商家就越愿意储备 VHS 制式的录像带,就使得拥有 VHS 制式的录像机的意义更大,因而就会吸引更多的人购买(Beta 制录像机的情况也完全相同)。在这种情况下,一种制式录像机市场份额的小小增加就会提高其竞争力,使其更为领先。

三、新经济

1. "新经济"的起源与含义

20 世纪 90 年代美国率先提出"新经济"这一概念。1991 年至 2000 年美国经历了历史上和平时期的最长经济扩张,主要表现在:(1) 持续性的经济增长。国民生产总值在 1993 年后年均增长率达 4%,在 2000 年时国民生产总值首次突破 10 万亿,是二战以后持续时间最长的一次增长。(2) 创下超低失业率,并且通货膨胀率无明显上升。美国失业率从 1992 年的 7.5% 下降到 2000 年的最低值 3.9%。与此同时,通货膨胀也被控制在相对较低的水平上,20 世纪 90 年代后期的消费物价指数一直维持在 3% 左右。(3) 股票市场超常繁荣。从 1983 年至 1995 年,道琼斯指数从 1 000 点上升到 4 000 点。而从 1995 年到 1999 年,仅用了 4 年时间,道琼斯指数急剧上升突破了万点大关。资产净值股价明

---

① W. 布莱恩·阿瑟:《经济中的正反馈》,《经济社会体制比较》,1998 年第 6 期。

显高于历史平均值,同时无形资产占公司价值的比重显著提高。

面对美国经济持续性繁荣,美国各界开始出现诸如"新经济""新模式""新范例"等一系列词汇。一部分观点认为美国经济进入长期繁荣,经济周期已经消除、通货膨胀已经死亡,股市将继续繁荣;另一部分观点认为"新经济"只存在于部分美国人中,这通常是由繁荣或狂热所引起,造成了美国人对经济的过分乐观。①美国《商业周刊》1997年指出"新经济"存在的基础是经济全球化和信息技术革命,这两大趋势正在冲击旧的经济秩序,推动了新经济的高增长、低通胀以及股市回报率的上升等经济绩效。②罗伯特·D.阿特金森在《美国新经济》一书中指出新经济是一种基于知识和思想的经济,在其中创造就业机会和提高生活水平的关键在于服务和制造业产品中蕴含了多少创新思想和技术因素,这种经济社会中,基本要素是风险、不确定性和持续的变化。③

中国在2016年政府工作报告中首次提出"新经济"。报告指出我国须培育壮大新动能,加快发展新经济。推动新技术、新产业、新业态加快成长,以体制机制创新促进分享经济发展,建设共享平台,做大高技术产业、现代服务业等新兴产业集群,打造动力强劲的新引擎。运用信息网络等现代技术,推动生产、管理和营销模式变革,重塑产业链、供应链、价值链,改造提升传统动能,使之焕发新的生机与活力。

总的来说,"新经济"的含义有狭义和广义之分。狭义的"新经济"专指20世纪90年代美国出现的经济增长,主要体现在低通货膨胀率和低失业率并存条件下的经济快速增长;从广义上来说,"新经济"是社会经济发展到一个新阶段的根本变化。李罗力(2001)指出从本质内涵来说,只要是经济活动,它就是人类进行物质资料的创造活动和物质资料的生产过程。因此,新经济是人类创造物质财富的一种经济活动,它仍然包括物质资料的生产、分配、交换、消费全部的生产过程。④需要注意的是,"新经济"不同于"知识经济"。"知识经济"的概念是先于"新经济"出现的。国际经济合作与发展组织(OECD)对知识经济的界定是建立在知识和信息的生产、分配和使用上的经济。"新经济"则是依托于知识经济发展起来的一种经济范式。我们认为,新经济指在经济全球化背景下,以知识经济为基础,由一系列新的技术革命引起的新的经济范式。

2."新经济"的主要特征

"新经济"主要呈现出以下三个特征:

第一,要素支撑知识化,知识产权保护日益重要。知识对经济增长的作用不断加强,生产者和消费者更依赖于知识的积累和应用。一方面,创新是经济发展的关键,只有在关键技术方面取得重大突破,才能掌握发展主动权;另一方面,在网络环境下,创新更易被复

① 刘树成、李实:《对美国"新经济"的考察与研究》,《经济研究》2000年第8期,第3-11页。
② Shepard, S. B., The new economy: What it really means, in *Business Week*, 1997. p. 38-40.
③ 罗伯特·D.阿特金森、拉诺夫·H.科尔特:《美国新经济》,人民出版社,2000年版,第15页。
④ 李罗力:《"新经济"价值论初探》,《经济研究》2001年第1期,第76-80页。

制,传输渠道也更为多样,知识产权侵权行为会增多。2017年,中国最高人民法院发布的《知识产权侵权司法大数据专题报告》指出2016年的知识产权侵权案件数量同比上升41.34％。在知识产权侵权案件中,著作权侵权案件数量、商标权侵权案件数量和专利权侵权案件数量占比分别为50.20％、34.17％和15.63％;在案件地域分布方面,广东、北京和浙江审结的案件数量最多。

第二,万物互联。物联网将万事万物连接到一个全球性的网络中,让数以百万计的人们聚集在协同共享体系中,生产并分享他们所制作的东西。物联网是新经济的基础设施,为资源的大规模重组提供了通信媒介。物联网是由通信互联网、能源互联网和物流互联网协同组成的有机整体,它持续不断地通过调度能源、生产并分销商品或服务以及回收废物的方式寻找提高效率和生产率的新手段。三个互联网缺一不可,没有通信就无法组织经济活动,没有能源就无法生成信息或传送电力,没有物流就无法在价值链上推动经济活动。这三个操作系统共同构建了新经济组织的生理机能。①

第三,协同共享、边际成本逐渐趋于零。在协同共享中,参与者往往既是消费者又是生产者,以接近于零的边际成本制作和共享音乐、视频、知识、汽车、房屋等资源,里夫金认为整个社会可称之为零边际成本社会。协同共享主要通过分离所有权与使用权,采用以租代售、以租代买等方式让渡产品或服务的部分使用权,实现资源利用效率的最大化。在中国,以"陆金所"为代表的P2P网贷平台,拓展了中小微企业融资空间,拓宽了居民投资渠道;以"摩拜单车""滴滴出行"为代表的出行共享平台,为人们生活出行带来更多便利;以"知乎"、微信公众号为代表的知识服务平台,提供了服务技能交易、知识变现和知识分享的新渠道;以"蚂蚁短租""途家网"为代表的房屋分享平台,大幅提高了空置房使用率,开创了中国房屋分享时代。

3."新经济"对创新、创业的影响

"新经济"带来的边际成本逐渐趋于零的趋势是否会阻碍创新?经济学家担忧当所有事物都接近免费之后,发明和创新者的先期投入可能无法得到回报,因此他们将丧失研发新商品和服务的动机。而事实上,情况正好相反,由于大多数商品和服务都接近免费,数百万产消者在社会共有下协同工作,创建新的IT和软件公司、娱乐形式、学习工具,媒体产物绿色能源和3D打印等,这些发展的结果是更多的创新技术出现。协同共享带来的创新民主化正孕育着一种新的创新激励机制,它更多的是基于提高人类社会福利的期望,而不是那么重视物质回报。② 此外,通过万物互联的创业网络体系,建设一批小微企业创业创新基地,促进创业与创新、产业与就业、线上与线下相结合,降低了全社会创业门槛与成本。

① 杰里米·里夫金:《零边际成本社会:一个物联网、合作共赢的新经济时代》,中信出版社,2014年版,第14页。
② 杰里米·里夫金:《零边际成本社会:一个物联网、合作共赢的新经济时代》,中信出版社,2014年版,第21页。

"新经济"对新产业、高技术制造业、新产品和新服务产生重要促进作用。一是,战略性新兴产业快速成长,如节能环保产业、新一代信息技术、生物产业、高端装备制造业等产业增加值的增长。二是,高技术制造业快速成长,2016 年中国高技术制造业增加值增长10.8%,占规模以上工业增加值的比重为 12.4%。三是,新产品迅速成长,如 2016 年我国新能源汽车产量同比增长 51.7%、智能电视产量同比增长 11.1%。四是,新兴服务行业快速成长。2013—2016 年,互联网分享平台所属的规模以上数据处理和存储服务业企业营业收入年均增长 38.4%。可见,新经济对传统经济增速的下滑产生重要的对冲作用,可以预期,新经济对未来中国经济发展也必将发挥更加重要的推动作用。[1]

第二节　德国工业 4.0

迄今为止,人类历史上已经经历了三次工业革命。18 世纪中期开始,由蒸汽动力推动的机械设备改变了手工作坊的产品生产方式,第一次工业革命的发生也标志着"工业1.0"的诞生。19 世纪中后期随着分工明确和电力驱动机械设备的应用,商品开始被批量地在流水线模式下生产,进入工业 2.0 时代。20 世纪 70 年代开始一直延续到现在,全球开始第三次工业革命,即工业 3.0,电子信息技术成为这次工业革命的核心,机械自动化程度大幅度提升,不仅节省了大量体力劳动,也开始代替部分脑力劳动。自工业 3.0 以来,传统工业技术一直占据着制造业的主导地位,德国工业在 200 年的演进发展历史中长期居于强国之列,但近些年面对人类技术的进步和发展模式弊端等问题,传统制造业的转型升级势在必行。为了支持德国工业领域新一代革命性技术的研发与创新,德国政府在2013 年 4 月举办的汉诺威工业博览会上正式推出《保障德国制造业的未来:关于实施工业 4.0 战略的建议》,进而于 2013 年 12 月 19 日由德国电气电子和信息技术协会细化为"工业 4.0"标准化路线图。目前,工业 4.0 已经上升为德国国家战略,同时也引起了全世界的关注。

一、制造业转型升级的国际背景

德国工业 4.0 的提出,有深刻的国际制造业竞争的背景。挑战主要来源于两个方面:一是,传统老牌发达国家的竞争压力。二是,新兴市场国家的冲击和挑战。

美国奥巴马政府向制造业的强势回归。美国先后提出了"再工业化战略"和"先进制造伙伴战略"等,以复兴和确保美国在先进制造业领域的领导权。美国先后于 2009 年、2010 年公布《重振美国制造业框架》和《制造业促进法案》,随后于 2011 年和 2012 年相继

---

[1]　许宪春:《新经济的作用及其给政府统计工作带来的挑战》,《经济纵横》2016 年第 9 期,第 1 - 5页。

启动了《先进制造业伙伴计划》和《先进制造业国家战略计划》,确定了美国先进制造业发展的三大支柱和先进制造技术领域,系统性地明确了美国制造业复兴的具体措施。

作为传统制造业强国的日本同样也提出了多项旨在发展本国制造业的举措。同样从2009年开始至2012年日本政府提出了五轮经济振兴的对策,强化日本工业竞争力是这些振兴计划的主要内容。安倍政府于2013年提出了"日本再兴战略",将产业再兴战略作为今后三大重点战略之一。

欧盟虽然深陷欧债危机,但早在2010年就提出了"欧洲2020战略",其三大发展重点中的"智能增长"就涵盖了"再工业化"的主要内容。其成员层面,英、法、西等国相继制定了相应的"再工业化"战略。如2011年英国发表的《强劲、可持续和平衡增长之路》报告中提出了6大优先发展行业,法国于2012年新成立了Ministere du Redressement Productif(生产振兴部)来重振法国工业,而西班牙则以"再工业化援助计划"的方式出资4.6亿欧元来推进本国的再工业化项目。

从20世纪中后期开始,以德国为首的发达国家将部分制造业转移到具有成本优势的发展中国家,此种转移给发展中国家带来了溢出效应,促进了新兴市场国家产业升级和经济增长。其中典型的代表是中印。印度依仗计算机和软件业等高端制造业成为"世界办公室"。中国更是成为"世界工厂",于2010年超过美国成为世界第一制造大国。而这些国家的蓬勃发展不仅造成了以德国为首的发达国家产业空洞化现象发生,同时使得发达国家贸易优势日渐丧失,对发达国家的制造业造成了较大的冲击和竞争压力。面对上述挑战,"德国制造"的光环正在退去。

一是,德国制造业在整个国民经济中日益式微。2008年金融危机和欧债危机发生后,2009年制造业占比大幅滑坡,此后这种大幅度下滑虽有缓解但制造业颓势凸显。究其原因,劳动力成本上升是近些年德国制造业式微的首要因素。2002年欧元正式流通后,德国由于劳动力成本增速低于欧元区使得德国在欧元区鹤立鸡群保持较好的竞争力,但随着欧债危机的爆发以及其他因素的共同作用,德国劳动力成本从2011年后开始超越欧元区平均增速,劳动成本的不断上涨对德国制造业构成了消极的影响。

二是,德国创新能力提升出现瓶颈。创新是引领发展的第一动力,"德国制造"是全球创新引领者的代名词。全球竞争力报告显示德国竞争力虽然从2009年全球的第7位上升到2014年的第5位,但其创新指标表现并不出色,国家创新能力指标从2009年的全球第2位下降到全球第4位,其中虽然政府对先进技术的采购(从第45位上升到第16位)和科学家、工程师的有效性(从第35位上升到第18位)有了大幅的改善,但研发机构的质量、企业在R&D方面的支出都出现了不同程度的下降。①世界产权组织一份有关专利申请的报告也指出,德国2013年的专利申请量下降了4.5%,而其他国家不论是美国、日本

---

① 具体数据见"The Global Competitiveness Report 2009—2010","The Global Competitiveness Report 2014—2015",World Economic Forum,Geneva,2009,2014.

还是中国的专利申请量都有不同速度的上升,而中国则在申请量方面超越德国位列全球第三。所以德国在创新方面出现提升的瓶颈期,亟须在这一问题方面有所突破。

综上所述,德国正是在这种背景下,敏锐地觉察出未来制造业的发展方向,为了通过互联网媒介推动德国工业的新发展,实现第四次工业革命,保持本国制造业持续高竞争力水平,从而提出了"工业4.0"的构想。

二、德国工业 4.0 的主要内容

德国工业4.0,概括来说以智能制造为主导,促使各种生产设备和生产系统智能化、网络化,并实现彼此之间基于互联网的无缝连接,通过信息通信技术和制造技术的融合——信息物理系统,实现制造业全部环节的智能化。

"德国工业4.0"的核心是"智能+网络化",其目标:第一,促进制造业和新一代互联网技术融合。通过建立智能工厂,实现智能制造的目的。所以它不单是采用新型制造技术和先进制造设备,而且是要将迅速发展的物联网(Internet of Things)和务联网(Internet of Service)引入制造工厂,从而彻底改变工业生产的组织方式和人机关系。其中德国《国家创新战略 2020》(High-Tech Strategy 2020 Action Plan)中 ICT 领域的重点项目,新一代互联网技术向工业渗透,是正确理解德国"工业4.0"计划的重要甚至是唯一的切入点。第二,智能化,这是"德国工业4.0"的"灵魂"。推动工业从自动化升级为智能化。首先,制造业将变得更为灵活、智能和个性化,实现自主运行和优化。其次,制造业从自动化向智能化演进的过程,也是工艺流程复杂化的过程,企业驾驭复杂度的能力也必须配套地进行升级。"工业4.0"能促进包括生产技术、生产组织方式的演进,同时还使得企业管理复杂工艺的能力提升。

德国工业4.0具体的实施路径,主要采用两大战略:一是,"领先的供应商战略"。关注生产领域,要求德国的装备制造商必须将先进的技术、完善的解决方案与传统的生产技术相结合,生产出具备"智能"与乐于"交流"的生产设备,为德国的制造业增添活力,实现"德国制造"质的飞跃。该战略注重吸引中小企业的参与,希望它们不仅成为"智能生产"的使用者,也能化身为"智能生产"设备的供应者。二是,"领先的市场战略"。强调整个德国国内制造业市场的有效整合,而构建遍布德国不同地区、涉及所有行业、涵盖各类大、中、小企业的高速互联网络是实现这一战略的关键。通过这一网络,德国的各类企业就能实现快速的信息共享、最终达成有效的分工合作。在此基础上,生产工艺可以重新定义与进一步细化,从而实现更为专业化的生产,提高德国制造业的生产效率。除了生产以外,商业企业也能与生产单位无缝衔接,进一步拉近德国制造企业与国内市场以及世界市场之间的距离。

三、德国工业 4.0 在创新发展层面的意义

德国工业4.0的意义在于以制造业的智能化引领智能社会,从而实现德国工业4.0

的扩展。在"工业 4.0"阶段,除土地、劳动、资本和企业家才能等传统生产要素外,数据成为一种重要的新型生产要素。智能工厂出产可实时生成数据的"智能产品",形成大数据系统。大数据经实时分析和数据归并后形成"智能数据",再将"智能数据"进行可视化和交互式处理,实时向智能工厂反馈产品和工艺优化的方案,从而形成"智能工厂—智能产品—智能数据"的闭环,驱动生产系统智能化。而这一切的实现,不仅依赖于可靠的"云设施",更为重要的是数据这一新型生产要素的生成和利用。其中通过智能工厂和智能产品构成嵌入式制造系统,借助物联网和务联网,将智能交通、智能物流、智能建筑、智能产品和智能电网等相互连接。所以德国"工业 4.0"计划的最终目标是以制造业的智能化引领国民经济体系的智能化发展。

德国的工业 4.0 向人们展现出全新的工业蓝图:在万物互联的网络化世界,原有传统企业和行业的边界模式、产业链实时分工重组,物联网和物联网渗透到生产技术的各个环节,新价值的创造过程发生巨大改变,各种新型工厂和产品层出不穷,高灵敏度的智能化生产和个性化产品定制成为现实。德国工业 4.0 的推出,对各国的创新发展均具有深远的影响。

德国"工业 4.0"适应新一代互联网技术迅速发展的需要,是"产学研"及社会组织通力合作的典范。一是,德国国家工程院和联邦教育研究部积极参与,体现了国家战略意图和相应的政策支持。二是,德国工业和 ICT 产业(包括软件和硬件)是"工业 4.0"计划的积极倡导者和实践者,为"工业 4.0"计划的推进提供了资源保障和试验场。三是,德国重点技术型大学和著名的弗朗霍夫研究所为"工业 4.0"计划提供解决方案支持。四是,德国主要的行业协会也深度参与到该计划当中,发挥组织协调和信息交流的作用。正是这种产学研协同,夯实了技术创新基础。通过技术创新来促进德国"提升产品质量的渐进性创新"模式的形成,推动了制造技术精益求精,重新奠定了德国装备制造业的全球领先优势。同时德国在嵌入式系统和企业管理方面积累了丰富经验,制造技术和 ICT 技术的优势构成了实施"工业 4.0"计划的产业基础。

"工业 4.0"是德国针对再工业化的顶层设计,为未来德国工业发展描绘了细致的发展蓝图。首先,德国政府制定了明确的创新战略与创新路线。2010 年德国政府推出《高科技战略 2020》,旨在加强科技与产业间的协作能力,同时为基础和应用研究制定框架,而"工业 4.0"正是《高科技战略 2020》中十大未来项目之一。其次,为推进"工业 4.0"计划的落实,德国三大工业协会——德国信息技术、电信和新媒体协会、德国机械设备制造业联合会(VDMA)以及德国电气和电子工业联合会(ZVEI)共同建立了"第四次工业革命平台"办事处进行必要的组织与协调,还开设了网站(http://www.plattform-i40.de)作为信息发布与公众交流的平台。再次,从中央政府到地方政府均制定创新激励政策,助推技术创新。中央政府着力扶持中小企业创新,降低企业创新风险。联邦政府通过中小企业创新核心项目(ZIM)为中小企业研发提供直接资金补贴。地方政府同样不断创新鼓励研发的政策工具。地方政府层面的资金主要用于促进大学、研究机构和企业的联合创新。

德国工业 4.0 计划是面对新工业革命来临,在产业升级和转型方面的主动求变之道。该战略的诸多经验和实践,都为各国制造业的新发展和转型,以及国家创新发展提供了有益的启发和思路。

第三节 大数据与人工智能

一、大数据

1. 大数据诞生的背景

习总书记在论述当代重大科技进步时特别举了大数据的例子,他说:"研究表明,工业时期数据量大约每十年翻一番,现在数据量每两年就翻一番。浩瀚的数据海洋就如同工业社会的石油资源,蕴含着巨大的生产力和商机,谁掌握了大数据技术,谁就掌握了发展的资源和主动权。"

在传统时代,由于成本的约束,人与自然各种活动产生的大量数据无法得到有效的捕捉和存储。即使部分小数据能够通过抽样保存下来,也无法通过网络及时连接起来,数据躺在一个个孤岛上,其价值很难得到最有效的利用。在大数据时代,这两个方面都发生了变化。一方面,软硬件技术的进步降低了数据捕捉和存储的成本。例如,美国一家公司SpaceKnow,存储了 2 亿张跨越 14 年中国各工业基地的卫星的照片,用来分析中国 PMI指数的走势。另一方面,互联网技术的进步将各种不同种类的数据连接起来。例如,美国加州大学伯克利分校和德意志电信合作开发了一款 App,利用智能手机内置的陀螺仪感知地震。开发者可以实时在线收集大量震动数据,通过在线大数据为人们提供地震预警服务。随着各种大体量的数据逐渐连接到了一起,数据利用的方式产生了根本性的变化,其经济价值也越来越大。

传统小数据时代中,非常有限的数据主要用于解释过去发生了什么,对未来的预测能力较弱。例如,传统电视节目收视率的调查一般用来证明该节目在过去是否取得了成功,很难做到提前预测。而大数据的核心就是预测,将海量数据应用到各种复杂的预测模型中,通过高速计算来预测各种事情发生的可能性。在越来越多的领域,大数据的预测能力已得到业界的认可。例如,Google 公司通过对搜索关键词进行分析,比政府检测部门提早两周预测到禽流感分布,及时地提供了预警服务。而该公司提前一个月对电影票房预测的准确率高达 94%。当然,大数据并不一定能准确预测所有的事物,对于完全随机的事物(如双色球彩票等)而言,大数据的预测能力和随机抛硬币并没有什么本质的区别。

大数据时代的到来,得到了很多国家的响应,纷纷将大数据政策上升为国家战略。2012 年 3 月,美国发布《大数据研究与发展倡议》,启动"大数据研究与开发计划"。2013

年 6 月,日本公布了"创建最尖端 IT 国家宣言",以促进大数据的广泛应用。2013 年 8 月,澳大利亚出台了大数据相关政策,推出了大数据分析的实践指南。此外,英国、法国、韩国等也纷纷启动了大数据中心战略。我国于 2015 年也相继出台了《关于运用大数据加强对市场主体服务和监管的若干意见》和《促进大数据发展行动纲要》,对大数据产业的发展进行了系统部署。

2. 大数据的特点

(1) 数据量大。大数据虽然体量大,但并不意味着已经包含了全部的数据。"大"仅意味着在现有技术条件下捕捉到尽可能多的数据,与之前的随机抽样相比,更加接近全部数据,预测的能力也相应提升。随着技术的进步,大数据的体量越来越接近全部样本,处理速度和预测能力也不断提升。与传统小数据相比,大数据之所以预测能力强,除了数据规模大之外,还依赖于其他三个主要特征。

(2) 客观性强。首先,大数据一般通过计算机程序自动完成捕捉和存储,不会受到人为主观情绪的影响。其次,在微观数据到宏观数据汇总的过程中不再需要人工介入,不存在人为粉饰数据的可能性。最后,由于样本比较接近全体样本,可以有效避免小样本抽样时存在的主观选择问题。

(3) 全面描述。大数据种类繁多,相对于以往便于存储的以文本为主的结构化数据,非结构化数据越来越多,包括网络日志、音频、图片、视频等。虽然这些非文本类型的数据拉低了数据整体的价值密度,但是它们不仅能够更加全面地描述事物,而且对传统结构化的数据可以做到交叉验证,提高数据质量。例如,对于用户所在地,可以用 IP 地址,身份证户籍地址,手机地理位置等多个信息进行交叉确认,较容易识别出虚假信息,在授信等很多场景下具有较高的价值。

(4) 实时分析。在线数据的分析能够实时完成,也是大数据区别于传统小数据的重要特征。当大量数据实时联网时,分散在不同地理位置的数据突破了空间上的限制,依托强大的分析能力,进行 7 * 24 小时的实时计算分析,及时对各种事物进行预测或预警。

3. 大数据预测的理论基础

大数据预测的理论基础来自计算机学科的机器学习和经济学科的计量经济学。机器学习是计算机利用已有的数据进行训练,得出某种模型,并利用此模型预测未来的一种方法。机器学习就是把人类思考归纳经验的过程转化为计算机对数据处理得出模型的过程。计算机学习得出的模型能解决很多灵活复杂的问题。除了传统的结构化的文本数据,机器学习还非常擅长处理图片、音频、视频等非结构化的数据。机器学习主要的方法有回归、神经网络、SVM、聚类、降维等。然而,机器学习的处理过程不是基于因果的逻辑,而是通过归纳思想得出的相关性结论。因此,机器学习只关注数据本身,它存在两个方面的问题:其一,可能出现过度拟合问题,即机器学习模型对训练的数据能够完美拟合,但是在进行实际预测时又可能不太准确。其二,大数据并非全部样本,而是在现有条件下获取到了尽可能多的样本,可能存在"幸存者偏差"现象,而机器学习模型无法识别出这种情况。例如,百度公司利用百度 APP 用户的活动轨迹,通过机器学习得出结论"光顾低端足疗店用户的身体是最健康的",其分析样本虽然数量巨大,但是漏掉了更多非百度 APP 用户的情况。

与机器学习只关注数据本身不同,计量经济学更加关注数据背后的理论,即事物之间的因果逻辑。因此,计量经济学模型都是经济学家根据理论设定而非机器自动设定的。一方面,建立计量经济学模型需要借助大数据背后所涉及的各种科学的理论来建立模型,然后通过大数据来验证模型的正确性,最后将建立好的模型用于预测。另一方面,计量经济学可以发现大数据背后隐藏的各学科理论,从而加速科学的探索活动,促进社会科技的进步。与机器学习相比,计量经济学对数据规范性要求更高,目前它只能处理结构化的数据。而图像、视频、音频等数据必须要转换为结构化数据后才可以进行计量分析。因此,机器学习和计量经济学需要相互结合,相互渗透,通过发挥各自的长处,来提高大数据预测的准确率。

4. 大数据的产业链与应用

大数据产业链供给侧的参与者主要包括基础设施提供商、数据提供商、分析技术提供商和业务应用提供商等四类。前两类在大数据时代初期有着重要的地位,而后两类则是大数据发展中后期的重点。

(1) 基础设施提供商是大数据产业软件设施的提供者,处于大数据产业链最上游的位置。主要有两类商家,一类是高性能数据存储软件(如提供分布式数据存储软件服务)。这类市场除了一些新兴的公司之外(如 Cloudera 等),还有一些互联网巨头公司,他们牵头打造开源软件,通过开源协议向用户免费提供使用(如 Hadoop 等)。另一类是提供云基础架构服务的大数据提供商,一般由一些互联网巨头公司参与,如美国的亚马逊和中国的阿里云。通过云计算提供大数据基础设施的好处在于,用低廉的月租成本替代高额的固定投资,并且能够更快速部署应用,实现全球覆盖。

(2) 数据提供商则是手中握有海量数据的参与者,它处于大数据产业链中最核心的位置。主要有两类商家,一类是利用自身先进的软硬件平台整合各类公开和私有大数据并不断更新,通过设计友好的调取界面,将大数据租赁出去。这类商家通常由传统的数据库服务商发展而来,在金融领域比较常见,如国内的通联数据,万德数据等。另一类则是搜索、社交、零售、金融或电信巨头通过本身的业务发展而来的,在互联网行业比较常见。他们通过业务接触到海量用户,通过和用户在业务互动的过程中记录海量用户的偏好、点击、交易等各种信息。他们可以对社会的供给、需求、生产、交换等经济活动提供强有力的预测。如阿里巴巴的采购指数和供货指数能对社会各类商品的供给和需求进行较为精确的预测。此外,政府手中有交通、医疗、教育等公共资源相关的大数据,也可以通过开放和市场化的原则成为这个环节的参与者。

(3) 分析技术提供商主要集中在分析工具领域,处于大数据产业较下游的位置。这类企业一般将大数据科学研究产业化,将研究人员设计的最新算法,最新的可视化方案进行应用。该领域也存在两类商家。一类公司由传统的统计软件提供商转型而来,如Matlab,SAS等,其定位是为企业提供更好用的大数据分析工具,为一些有大数据研究能力的企业提供服务。另一类则是通过提供搜索技术和内容管理技术来帮助企业分析处理视频、图像等难以处理的非结构化大数据。如国外的Splunk和国内的TRS等,为政府和企业用户提供服务。

(4)业务应用提供商在行业应用、广告优化、市场营销和金融行业较为活跃,是大数据产业链中最有活力的领域。如美国广告服务商DoubleClick利用其专有的动态广告报告与目标定位技术,可让企业通过他们的云平台管理各自广告投放的统计报告。而Google公司也通过AdSense大数据平台做到企业广告的精准的投放,将广告投放到真正有兴趣的客户手中,避免了广播式投放的低效率。此外,Lenddo等公司收集人们在社交媒体上的表现,为银行等金融机构提供个人的信用评级报告。总体来说,这类业务处于大数据产业链的最下游,能让最广大的中小企业和非IT企业也享受到大数据时代的红利,具有较大的发展空间。

二、人工智能——对大数据进行深度学习

1. 人工智能与深度学习

人工智能始于1956年在美国达特茅斯(Dartmouth)大学召开的学术会议。当时大家对人工智能的名称并没有达成共识,有些学者使用"复杂信息处理"这个名称。20世纪60年代,计算机算法得到了非常大的突破,科学家造出了能证明应用题的(1964年)和简单人机对话(1966年)的机器人。人工智能进入了第一次浪潮,政府和企业对人工智能的投资大幅增加。后来,人们逐渐发现,上述算法存在较大的缺陷,机器人只能从事非常简单、应用范围很窄的任务,而且,随着任务复杂程度的增加,计算量呈现几何级数的增长,在当时成了不可能完成的任务。人工智能进入了一个寒冬,各种投资规模急剧减少。到了20世纪80年代,科学家在算法上又取得了重大突破,又兴起一拨人工智能的投资热潮,各大科技公司纷纷推出语音识别、语音翻译计划,日本甚至提出了发展第五代计算机。但是,到了90年代,这些计划仍然没有能够取得显著进展,市场又逐渐失去了耐心,到了2000年左右,人工智能的第二次浪潮随着互联网的泡沫一起破灭了。

目前进行的人工智能的第三次浪潮与前两次有着本质的不同。首先,互联网、物联网的发展使得可获取的数据量呈现指数级别的增长。一方面,大数据本身蕴含了大量有价值的信息,通过高性能计算机能够将这些信息快速、实时地挖掘出来,对于一些应用场景非常有效。例如,金融市场的智能机器人,通过大数据可以挖掘出一些人们所忽略或遗漏的信息。利用这些信息交易能够占据先机,获得可观的利润。另一方面,数据量足够大,已经接近某些事物结果的所有可能集合,通过对数据的有效整理,能够迅速识别出各种情形,以及这种情形下的最优决策。例如,现在中英文机器翻译领域,如果收集了世界上绝大部分的中英文对照的句子及其对应的应用场景,在机器进行智能翻译时,可以映射到某

一特定的场景,再借助智能算法,其准确率则会有很大的提高。

其次,最近几年所流行的深度学习算法与之前的两次智能算法革命相比,有着本质的不同。以往的大部分智能算法往往需要人工标注数据,而深度学习算法则来自机器学习中的神经网络方法,它改变了解决问题的方式。它更像人脑的工作方式,具有从大量无标注样本集中学习数据集本质特征的能力。同时,深度学习能够与大数据契合得更好,深度学习将要学习的东西看成一大堆数据,它的预测效果随着数据量的增长而增长,不像传统的算法存在性能瓶颈。除了会下棋,基于深度学习的人工智能已经有了一些能够落地的应用场景。

2. 人工智能的主要应用案例

(1) 自动驾驶。自动驾驶最早应用在航空领域。早在1914年,为飞机制造导航的制造商 Sperry 就设计出人类历史上第一套自动驾驶系统。自动驾驶大致由感知外界环境的传感系统,进行决策的决策系统以及执行决策的控制系统构成。由于飞机在空中几乎没有什么障碍物,其感知的数据较为简单,主要是航向和高度的数据。这决定了其决策系统也较为简单,只需要进行起飞、降落、转向几类简单的决策,而控制系统负责将这些简单的决策执行即可。

汽车的自动驾驶则不同,地面的路况错综复杂,不仅会面临各种固定和活动的障碍物,而且路况极易受到雨雪雾等复杂天气的影响。在一些路面实现自动驾驶,首先需要雷达、卫星定位、摄像头、激光测距仪等精密传感器采集数据,决策系统对车速、通行时间等进行精确的计算。同时,决策系统还需要高性能的计算机系统来运行深度学习算法,通过事先采集好的精确路况数据,以保证遇到紧急情况时瞬间做出转向、加速或减速等决策。而且,其控制系统也必须做到即时响应、执行这些决策,并将执行过程中各种数据反馈给决策系统。当然,决策系统的核心——"深度学习"体系的智能程度必须依赖前期积累的大量数据。数据积累得越多,自动驾驶的效果就越好。目前谷歌、特斯拉、优步以及百度等科技公司纷纷布局自动驾驶技术,自动驾驶汽车已经到了爆发的前夜。

(2) 机器翻译。人类语言并不总是遵循固定的规则,而是充满了各种特殊情况。如何让机器理解人们的语言,进而实现不同语言之间的翻译,是人工智能领域最难的技术之一。大数据给机器翻译带来了极大的机遇,互联网上的双语语言资源数据量激增,使得海量翻译知识的自动获取和实时更新成为可能。深度学习已经完全改写了我们的机器翻译方法。那些对语言翻译一无所知的深度学习研究人员建立的解决方案,能够打败世界上最好的语言专家建造的语言翻译系统。

与此同时,语音识别和图像识别也正在借助深度学习,将传统的识别技术远远甩开。类似谷歌、百度、腾讯等拥有具有大量语音和图像资料的公司,在这个领域中具有无比巨大的优势。中国的百度等公司,2015—2016年开发中文语音识别系统的识别准确度已经超过了人类97%的水平。目前,通过语音到文字,经过机器翻译成其他语言后,再转化为其他语言的语音这种复杂的应用,已经逐渐落地。科大讯飞甚至已经生产出这种翻译机,它可以实时翻译中英日韩法西六国语言。小到出国旅游、大到国际商务谈判的需求,这种即时翻译机都能发挥重要的价值。

3. 人工智能背景下工作机会的转移

人工智能会替代人的岗位吗? 人类将何去何从。这是一个很有意思而且非常现实的话题。历史上每次生产率大变革时候,都会产生类似这种工作岗位的替代效应。例如,当汽车替代马车的时候,大量的马车车夫失业,但是产生了更多的汽车司机岗位。因此,一些乐观学者认为,无须对当前的这种替代过多的操心。从长期看,即使一些工作被淘汰,但会有更多的工作被创造出来以满足新时代的需求。人工智能将允许人们空余出大量的时间和精力,去从事更有创造性的工作。

然而,以著名物理学家霍金为代表的悲观学派认为,人工智能将让中产阶级大面积失业。他们认为,人工智能的发展和以往的技术变革是不同的,它将导致全社会对人类劳动的总需求减少。随着人工智能的发展,除了一些体力劳动,还有一些所谓的"好工作"将会过时:很多律师助理、记者、翻译将被机器人和智能软件取代。随着人工智能技术的进一步发展,普通劳动的工作都将蒸发,使工薪家庭受到进一步挤压。同时,人们的家庭还要经受生活成本上涨的冲击,尤其是教育成本和医疗保健成本的上涨。美国学者Acemoglu & Restrepo(2017)的研究似乎也支持了这个观点,他们利用美国1990—2007年间的数据发现,使用机器人的地区工资和就业率均出现显著的下降。平均而言,每位机器人的使用带来6个就业岗位的流失,即使考虑每位机器人创造的3个新岗位,每位机器人仍然带来了3个就业岗位的流失。重复性体力工作、蓝领、组装及相关工作受到的冲击最大。人工智能背景下,这种不对等工作机会的转移对政府的公共政策和各行业竞争格局带来了深远的影响。

第四节 区 块 链

一、区块链与记账法的变革

1. 复式记账与多式记账

经济活动中产生的各种交易,需要进行记账。传统的记账方法中,主要有单式记账法与复式记账法。单式记账法对发生的每一笔经济业务只记录在一个账户中,单方面的进行登记。如果经济活动涉及多个账户,则不同账户之间难以建立严密的对应关系,不利于账户的核实与审计。而复式记账是针对这个缺陷,从单式记账法发展起来的一种相对完善的记账方法,是当前财务记账的主要方法。其主要特点是:对每项经济业务都以相等的金额在两个或两个以上的相互联系的账户中进行记录。各账户之间客观上存在对应关系,对账户记录的结果可以进行试算平衡。

复试记账在单式记账的基础上增加了校对机制,使得复式记账具有一定的防篡改能力。但是这种能力仍然是有限的。首先,复试记账的防篡改能力是通过事后审计能够发现假账的威慑来实现的。实际过程中,审计不是实时完成的,账本被篡改到被发现一般需要一段时间。其次,复试记账的校对机制只是增加了账务篡改的成本,这种成本的增加是有限的,如果有足够的利益,短期内篡改账目而不被发现仍然是有可能的。最后,复试记账不能够从根本上阻止篡改行为的发生,当多个独立记账人或者审计人合谋时,账目的篡改仍然有可能发生。

区块链的多式记账机制可以从根本上杜绝账本的篡改。首先,区块链记账的审计是在记账时同步完成的。区块链账本按照记账的时间顺序首尾相接,形成链条。每一个新的环节产生时,都会对历史所有的链条校对后生成校对码,并将校对码也放入新的环节中。一旦记账完成,对历史链条上的任何环节进行篡改几乎是不可能的。因为,历史账本被篡改任何一个字节,新链条的校验码就会出现不一致,从而记新账时会发现账本造假。其次,区块链的账本是公开的,由多个不同的主体通过同步机制完成记账,即多式记账。多式记账的账本在网上有多处备份,要想篡改账本至少要买通其中一半的记账主体,造假的成本大幅提高,成了一个几乎不可能完成的任务。

2. 共享账本与共识机制

区块链账本的公开是一个重大创新,摆脱原本单一的记账中心和单一的账本,形成了多个共享账本。单一账本即使采用了复式记账法,仍然无法从根本上避免账本丢失或被篡改。而区块链上多个共享账本可能处于不同的物理位置、不同的网络环境、不同的管理人,不仅都可以完成记账职能,还能够随时提供查账的服务,以此实现彻底的防丢失。而且,由于多个共享账本的差异化的存在,即使某一部分账本暂时无法提供查账或记账服务,也不影响整个区块链体系的正常运作。在区块链体系运行的过程中,不同的账本存放环境存在差异,它们需要一套机制来保持不同账本间的数据同步,对真假账本鉴别,并且协调记账的顺序,以此实现彻底的防篡改。这种机制称为"共识机制",一般由事先约定好的软件算法完成。例如,某个账本在同步的过程中,发现来自其他两个不同的账本数据出现矛盾,它必须进行鉴别。鉴别真伪的过程基于"少数服从多数"的原则,将多数保持一致的账本认为是真的,并选择真账本进行同步,丢弃假账本。

3. 区块链账本的智能合约

除了实现记账公开、防篡改、瞬间审计等优点外,区块链的账本还能够实现以往账本不可能实现的事情——智能合约。智能合约就是一段计算机执行程序,可满足准确自动执行的功能。例如,在记录某笔钱入账的同时,加一笔备注某天这笔钱要自动还信用卡。看起来非常类似"支付宝"上的自动还信用卡的功能。但是区块链的智能合约有着显著的优势,首先,智能合约是建立在账本不可篡改的基础上的,智能合约签订的双方会充分地信任对方。合约一旦签署,不仅产生法律效力,还具有强制执行力:满足实现约定的条件时,由计算机算法强制执行,整个过程可追踪。杜绝了抵赖、反悔等恶意违约行为。而且除了还款合约,理论上所有的数字资产交易都可以在记账的同时将智能合约写入账本中,大幅降低了市场的交易费用。

二、区块链的主要应用场景

1. 各类交易的确认与清算

交易要通过记账才有可能做到可追溯。而记账需要解决小账本同步,账本的保管,以及账本的防篡改等问题。而区块链作为一个独立的大账本,分散在不同地点的记账人电脑中,通过多个记账人的"集体共识"机制来防篡改。因此,它是一个非常理想的各类交易记账系统。区块链技术以几乎实时的方式自动建立信任,实现价值转移,完成点对点的交易、清算与结算,将显著降低价值转移的成本,由此大幅提升清算、结算流程效率,缩短清算与结算时间。通过区块链的智能合约,交易的透明度大大提高,交易双方的各种顾虑大幅减少,可有效促进市场交易行为的发生,减少市场的摩擦,降低交易成本,提高市场交易的效率。对于一些跨地区,跨系统,跨行业的交易,区块链可以扮演更重要的角色。

2. 物联网经济体

区块链可以从两个角度解决物联网的规模化和资源分配的问题。第一,它不需要传统的昂贵的中央服务器就可以让数百亿计的设备共享于一个相同网络。设备之间能够保持共识,无须与中心进行验证。这样,安全性大大提高,即使一个或多个节点发生故障或者被黑客攻击,整体网络体系的数据依然是可靠、安全的。第二,在这个网络中,通过不可伪造的记账方式协调物联网资源的分配,将物联网打造成一个符合激励机制的虚拟经济体,消除免费使用无法激励隶属不同主体的设备分享资源的尴尬。每个设备利用区块链相互连接与交互,管理自己的行为,参与各种物联网闲置资源的竞价。每一个设备都可以充当独立的经济代理,不仅对自己掌握的数据资源进行最优化定价,以很低的交易成本向其他设备竞价出售数据等各种资源,同时也可以参与其他物联网设备资源的竞价。将物联网上的各种资源分配到最需要的地方,激活物联网的协同价值,创造新的商业模式。

区块链智能合约的自动化和可编程特性使其可附带一些智能的交易行为,成为虚拟世界中的软件代理机器人,有助于促进人工智能在物联网中的应用。例如,Filament 公司实现了基于区块链的智能电网应用:在电线杆上安装 TAPS,TAPS 在 10 英里之内可点到点通信;供电故障时,会按顺序通知 10 英里内的其他电线杆,并通过最近的回程网络上报公司总部;通过智能合约,电网会自动核算成本,寻找最优化的线路,以最小化的成本防止大面积停电。

3. 商品溯源与反洗钱

区块链所具有的数据不可篡改的特质可以很好地支持各类商品的溯源与防伪。例如,钻石等高价值商品的证书系统充斥着各种欺诈行为,伪造证书推动钻石诈骗销售的案例更是层出不穷。而位于伦敦的一家名为 Everledger 的公司已经将 160 多万颗钻石放在了区块链上。数字记录上的条目涵盖每颗钻石的诸多属性,包括颜色、克拉和通过激光刻在钻石上的证书号。该技术使得购买者能够使用智能手机来追溯钻石的来源,防止买到假货。

由于区块链中的信息不仅不能被修改,而且历史记录无法消除。因此,任何类型的商品都可以通过区块链更好地进行追踪。除了钻石,一些名贵的红酒、奢侈品甚至农作物、畜牧的生产信息都被一些创新公司纳入了区块链进行管理。而中国的京东商城在 2017年 6 月,联合农业部、国家质检总局、工信部、中国质量认证中心等部门,运用区块链技术搭建"京东区块链防伪追溯平台",将更多的产品接入区块链,让消费者更方便地查询到商品的溯源信息。

由于交易信息不可更改地被记录在区块中,采用区块链的交易能够追踪资金的走向。如果结合洗钱犯罪方面的大数据信息,则可以计算、识别、追踪出各种可能的洗钱交易。监管机构也可以通过这些信息,来确认银行和金融机构是否遵守了反洗钱规定。

第五节　生命编辑

习近平总书记在论述当代重大科技进步时举了人造生命这个重大科学进展。他说:这几年,这个领域的研究发展很快。2010 年第一个人造细菌细胞诞生,打破了生命和非生命的界限,为在实验室研究生命起源开辟了新途径。有的科学家认为,未来五至十年人造生命将创造出新的生命繁衍方式。这些不仅对人类认识生命本质具有重要意义,而且在医药、能源、材料、农业、环境等方面展现出巨大潜力和应用前景,也将给生命伦理带来全新挑战。

1953 年,沃森和克里克发现了 DNA 双螺旋的结构,由此,人类开始在分子水平上进行生物学研究。随着转基因技术的日益发展,人类持续地改造植物、动物甚至人类自身的遗传物质。至 21 世纪初,人类全基因组测序的完成,标志着生命科学研究进入了一个以揭示基因功能为目的的后基因组时代,而在这一时代,基因组编辑技术毫无疑问成为重要的研究工具和手段。虽然传统 DNA 同源重组技术可以定向改造基因,但它依旧存在耗时、耗力、成功率低等问题。而且,因其必须基于同源 DNA,使得原有技术的通用性受到严重的制约。所以,一直以来,分子生物学家苦苦寻觅一种能够通用于动植物以及人类的高效、便捷的遗传物质改造工具。2014 年,CRISPR/Cas9 研究的突破性进展,终于为科学家找到了一把打开"生命编辑"之门的钥匙。

一、生命编辑——CRISPR/Cas9 概述

CRISPR/Cas 系统,全名为"成簇规律性间隔短回文重复序列/及其关联蛋白系统"(clustered regularly interspaced short palindromic repeats/CRISPR-associated proteins),而CRISPR/Cas9 是目前已发现的三种不同类型 CRISPR/Cas 系统的第二型。经过分子生

物学家的多年研究发现,CRISPR/Cas9 最原始的功能就是充当细菌的免疫系统,以防止病毒的入侵。这一重大发现震惊了科学界:生物学家原本以为只有像人类这样的高等生物才有免疫系统,但 CRISPR/Cas9 的发现证明了单细胞甚至几十微米大小的细菌竟然也有免疫系统,而且具备自我进化、迅速适应和对抗新病毒入侵的能力。这一系列功能的实现,与其结构密切相关。CRISPR 是细菌基因组中的一段重复序列,其特征与病毒基因序列高度相似。一旦病毒入侵,CRISPR 序列就让细菌迅速识别病毒特征。而后,细菌中的 Cas9 蛋白能够在 CRISPR 的指引下精确定位基因组,随后剪切破坏病毒 DNA 的重复片段。最终,遗传信息被破坏的病毒自然丧失了复制能力,也就更谈不上感染细菌了。换言之,CRISPR/Cas9 正是超轻量级基因组定位系统(CRISPR)和基因剪刀(Cas9)的组合。这个结果清晰地指向了一种全新的基因组编辑技术:人们只需要设计一段几十个碱基的CRISPR,然后加上天然存在的 Cas9 蛋白,就可以随心所欲地定位和修改任何一段基因组[①],不管其来源于细菌、植物、动物还是人类(具体流程见图 1.1)。同时,这一工具特别的简便易造。对实验室而言,设计制造自己的 CRISPR/Cas9 只需几天时间,造价也仅几十美元。而之前的技术(锌指核酸酶和类转录活化因子效应物核酸酶技术)则必须花费数万美元,耗费数月甚至数年的准备时间。

尽管现在的生物学家将 CRISPR/Cas9 视为革命性的"生命编辑"工具,但其发现过程颇为曲折。早在 1987 年,日本研究人员注意到许多细菌的基因组携带着一些相同且重复的 DNA 短序列,但并不清楚它们的作用。研究人员只好谨慎地在论文中描述了一下这些短序列的碱基组成,就将其束之高阁了。而这一搁置,就过了近二十年。在此期间,世界各地的科学家陆续在不同细菌中发现了类似的序列,但是始终不清楚这种序列到底意味着什么。现在我们可以清楚地知道,这些短序列就是 CRISPR。直到二十一世纪初,随着大规模基因组测序技术的成熟和生物信息学的兴起,人们逐渐积累了大量细菌物种的完整的、从头到尾的基因组 DNA 序列信息。2000 年,西班牙科学家借助计算机基因组比对技术,发现二十多种细菌和古细菌(一种相比细菌更加原始的单细胞生物)里,都带有结构组成相当类似的 CRISPR 序列。随着深入研究,他们又在不同的物种里发现了 88 段CRISPR 序列,这引起了研究人员的高度关注。因为对于任何有机生命来说,小心翼翼地保存、复制和传递遗传物质信息都是件很困难、也很浪费资源的事情。在自然选择的作用下,很难想象会有这么多不同的物种不约而同地保留这么长长一串一点功能也没有的DNA 序列。因此,一个直觉的猜测就是,CRISPR 序列应该是有生物学功能的,而且很可能是对细菌来说至关重要的功能。

很快在 2007 年,杜邦公司旗下的丹尼斯克食品配料公司工作的科学家,在嗜热链球菌中,严格证明了 CRISPR 序列对于细菌免疫系统的功能:在这种细菌中人工添加一段

---

① 参见王立铭《人类改造生命的"魔剪":CRISPR 发现之旅》,http://zhuanlan.zhihu.com/p/20547746,2015 年。

| CRISPR-Cas9由定位基因序列和一个剪切蛋白组成 | → | 将CRISPR-Cas9注入细胞,逐渐接近目标DNA | → | 插入DNA螺旋的双链之间 |

| Cas9剪切DNA双链 | ← | 向导RNA找到目标基因片段 | ← | 寻找与向导DNA相匹配的基因序列 |

两种目的:添加或删除
· 由研究人员引入一个携带全新基因的DNA片段,以此来激活沉睡基因或控制已有基因的活动,达到增加新功能的目的
· 细胞随机填充DNA切口,使目标基因变异,从而让这个基因失去活性

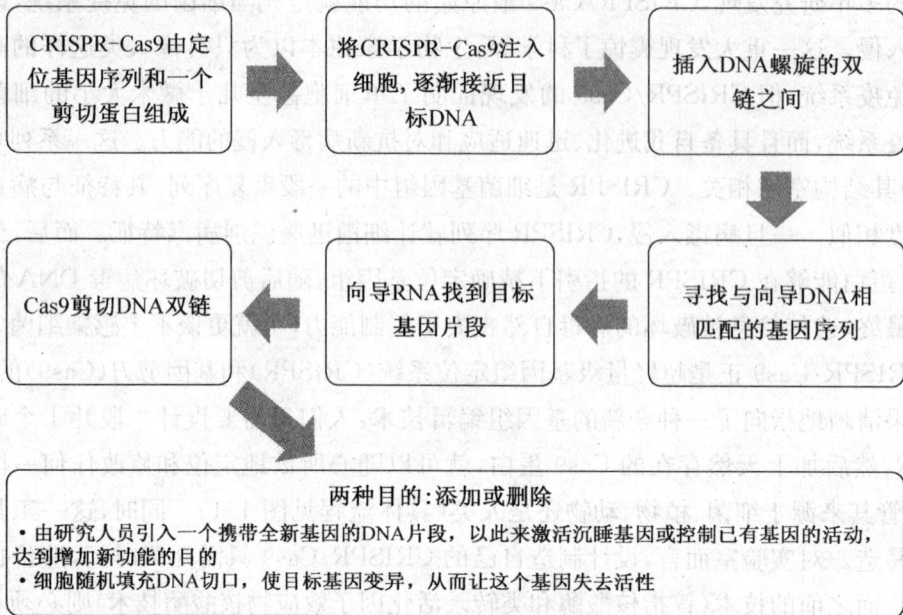

图 1.1　CRISPR/Cas9 的"生命编辑"过程

CRISPR 序列,就可以帮助细菌抵挡某种对应病毒的入侵。与疫苗的机制相似,通过将病毒的基因组序列整合到自己的 CRISPR 序列中,下次同样的病毒入侵,细菌就可以正确识别和对抗它们了。但要清楚其中全部的机制,需要生物学不同领域的科学家共同努力。2009 年,任教于美国加州大学伯克利分校(University of California, Berkeley)的结构生物学家詹妮弗·杜德纳(Jennifer Doudna)利用 X 射线衍射的方法,在单个原子的尺度上了解了 CRISPR RNA 究竟如何实现病毒基因组的精确定位。但她并没有将研究目标进一步聚焦于 Cas9 蛋白这把基因剪刀。直至 2011 年,杜德纳在与法国分子生物学家埃马纽埃尔·卡彭蒂耶(Emmanuelle Charpentier)的交谈中,了解到 Cas9 蛋白似乎有独立完成利用 CRISPR 序列定位并切割病毒基因组的能力。但卡彭蒂耶并没有能力研究。两人一拍即合,带领各自团队联合开始研究 CRISPR/Cas9 系统。终于在 2014 年,她们完美揭示了其工作原理,并借此获得了 2014 年的生命科学突破奖(Breakthrough Prize in Life Sciences),每人获得 300 万美元奖金。相比于巨大的科学价值和市场前景,这些奖金或许微不足道。有分析人士认为,几年之内以 CRISPR 为基础的基因组编辑市场会达到每年数十亿美元的市场规模。而更乐观的估计则认为,这是一个年销售额接近 500 亿美元的庞大市场。2014 年 4 月 15 日,美国专利与商标局(USPTO/US Patent and Trademark Office)授予了与 CRISPR/Cas9 技术相关的第一个专利,这项专利涵盖了 CRISPR/Cas9 技术在所有真核生物——包括各种动物、农作物和人类自身——中的应用。自此,正式开始了 CRISPR/Cas9 技术的商业化之路。

二、生命编辑与产业的创新机会

虽然生命编辑——CRISPR/Cas9 的大规模商业化面临着技术和伦理等方面的挑战，但基于其强大的成本优势和无可比拟的通用性，我们依然可以预见 CRISPR/Cas9 技术将从以下几个方面为人类展开一个宏大的图景。

1. 优化基因

基于 CRISPR/Cas9 强大的功能，研究人员可以大批量、低成本的定向修改人类遗传物质中那些决定我们体格和智力的基因片段。自人类诞生起就憧憬的"青春永驻"将不再是幻想。虽然目前大部分人拥有的基因可以运行，但美国遗传学家乔治·丘奇（George Church）认为，这些基因并不一定是"性能最佳"。这一理论为人类基因组的优化奠定了基础。丘奇本人带领的几个团队研究了一些百岁老人的遗传特征，发现 6 种罕见的基因组片段。它们能提高对心血管疾病（PCSK9 基因）、癌症（GHR 等基因）、糖尿病（SLC30A8 基因）、阿兹海默症（APP 基因）或病毒的抵抗力。借助 CRISPR/Cas9 这一工具，人类利用上述基因片段替换原有 DNA 信息，从而优化人体抵抗力。同时，CRISPR/Cas9 的纠错功能使其可以被应用于其他类基因的修改工作，如改变体味、降低疼痛敏感度、提高骨密度以及使肌肉更发达。

但许多专家也指出，虽然 CRISPR/Cas9 技术已趋于成熟，但实际上修饰基因带来的挑战往往超越工具层面。除了遗传病领域集中获得深入研究的基因外，目前几乎无法将某种基因与特定体征明确建立联系。以改良了 1GF1 基因的牲畜为例，它们先长出了发达的肌肉，但随后不知为何又退化了。这一例证就表明，对比遗传系统的精密与庞杂，我们的认识水平是如此的粗略与稚嫩。

2. 治疗所有疾病

遗传病、癌症、艾滋病……在 CRISPR/Cas9 发现的短短两年间，全球范围数十个实验室的研究结果表明，这一全新工具极有可能为人类带来彻底治愈这些疾病的终极方案。医生们希望利用 CRISPR/Cas9 技术实现 DNA 的"修复手术"。

早在三十年前，基因治疗的概念就被广泛讨论，但如何实施则需要等到新技术来解决。如今，加州大学（University of California）的简悦威（Yuet Wai Kan）团队尝试利用 CRISPR/Cas9 技术增强免疫系统中 T 淋巴细胞对艾滋病的抵抗力。他们首先筛选出人体内能够抵御 HIV 病毒的变异淋巴细胞基因组，而后利用 CRISPR/Cas9 改造其他淋巴细胞，最后将其转化为干细胞并注入患者体内重建免疫系统（图 1.2）。目前，简悦威团队已完成了第二步，最后的步骤还有待继续探索。

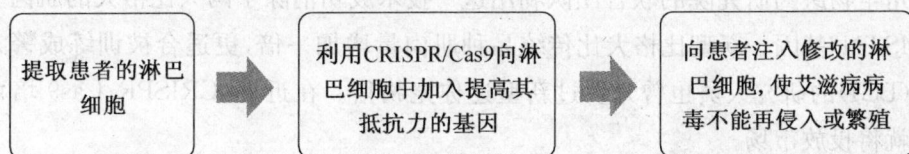

图 1.2 利用 CRISPR/Cas9 治疗艾滋病的过程

3. 消灭有害物种

物种入侵、寄生虫病、害虫抗药性增加等这些有望通过 CRISPR/Cas9 技术解决。改编自 CRISPR/Cas9 系统的基因驱动（Gene Drive）技术能够令经人类改造的新基因在自然种群中迅速扩散，无论这一基因对该物种有害还是有益。哈佛大学欧文·爱德华兹（Owen Edwards）领衔的研究团队计划利用 CRISPR/Cas9 来降低物种的变异能力。如消除海蟑螂产生毒素抵御捕食者的能力；或者摧毁含有"雌性"染色体精子的基因，从而导致只有雄性诞生。但这一方法有可能导致其他物种被误伤。所以此项应用需要将打击目标的精准度提高。

4. 改写所有后代的遗传文本

2015 年 4 月，中山大学研究团队利用 CRISPR/Cas9 技术，进行了世界首次人类胚胎基因修复实验，旋即产生了巨大轰动。基于这一技术，研究人员成功修复了人类胚胎中导致 β 型地中海贫血的基因。而此前，人类胚胎的修复操作一直是实验室 DNA 修正技术的短板：原有技术侵入性太强，更有可能毁坏胚胎，而不是修正其基因。所以目前胚胎修复的方法是基于筛选健康胚胎（基因筛选），然后植入母亲子宫。但 CRISPR/Cas9 技术则跨出了一大步：不仅仅是选择胚胎，而且是随心所欲地重写其遗传信息（图 1.3）。甚至，经这种方法修复的胚胎，修复后的性状还可以遗传给下一代。相信在不远的将来，依托 CRISPR/Cas9 技术，身患遗传病的家长经胚胎修复就可以生下一个健康的婴儿。

卵细胞试管受精 → 将 CRISPR/Cas9 注入胚胎，修改一个或一些缺陷基因 → 在植入子宫前，对胚胎进行诊断，确认胚胎健康 → 植入胚胎：胎儿所有细胞都是基因修正后的产物

图 1.3　利用 CRISPR/Cas9 修改人类胚胎的过程

但随着治疗对象的范围变广，科学家和医学家行动的道德和法律边界也在模糊。如果研究人员可以为父母消除子孙后代患病的风险，那么可否消除自闭症、耳聋相关基因的？进一步，是否可以消除父母不希望子女出现的基因呢？自此仿佛踏入了纳粹"优生学"的领地。不仅如此，胚胎修复是否存在缺陷还未被时间充分证明。一旦贸然推进可能会给人类带来极大风险。

5. 发明新型宠物

现代宠物的诞生是人类对物种改造的极好例证。传统世代杂交的方法定向筛选性状耗时较长。和其他领域一样，CRISPR/Cas9 技术可以使宠物遗传改良更为便捷。南京大学与广州生物医药研究院的联合团队利用这一技术成功消除了两只比格犬的肌肉生长抑制素（MSTN）基因。新型比格犬比传统品种肌肉量增加一倍，更适合被训练成警犬。华大基因（BGI）的研究人员也曾开发过新型迷你宠物猪。在近期，CRISPR/Cas9 培育的新兴宠物就将投放市场。

6. 不使用外来 DNA 制造转基因生物

转基因农作物已经在全球大规模种植,但以前的技术较多使用非本物种的外来基因,定向改造本物种性状。例如转 Bt 基因棉花就利用来自苏云金芽孢杆菌的 Bt 基因改造棉花性状,使其能够抗虫。但因此类转基因农作物存在较大的食品安全风险和伦理风险,大多数国家都要严格审查其商业化种植资格。而 CRISPR/Cas9 技术可以通过局部变异修正已存在的一个或多个基因,或者使它们失去活性,从而在不引入外来基因的前提下改造农作物性状。2014 年,中科院的研究人员通过使抑制小麦自然防御功能的基因失活,从而使普通小麦能够抵御白粉病。这种新方法因为不引入外源遗传物质,可以大大减少审批的阻力。美国农业部已经不把这类新兴农作物视为转基因生物了。而欧盟也预计在近期修改法规,此类生物的推广将不再需要繁琐的医学测试。

7. 拯救濒危和已消失的物种

随着西伯利亚冰冻猛犸象尸体的发现,人们再一次憧憬着再现其身姿的情景。通过提取保存的 DNA,活着的近亲动物遗传物质可以与其融合,进而让消失的物种复活。CRISPR/Cas9 技术为这一设想的实现提供了强大的工具。2015 年,哈佛大学的研究团队基于此技术将 14 个猛犸象基因(涉及耳朵大小、被毛等特征)加入亚洲象的杂交细胞中。如果猛犸象的基因一旦表达成功,不仅可以重现这一物种,还可以使亚洲象更能适应寒冷的气候。届时,这个混合物种就能入住新的领地。

思考题

1. 知识经济的特征是什么?
2. 试述德国工业 4.0 的主要内容。
3. 试述大数据的功能。
4. 区块链技术有何优势?
5. 人工智能的产业前景如何?
6. 生命编辑——CRISPR/Cas9 对产业创新有何作用?

第二章 由创新到创业的创新链

理科学生小张上大学期间一直同老师一起从事基础研究,而且也获得了多项发明专利,小张想带着这些创新成果进行创新创业。他需要了解的是,从基础研究到成果转化并进入市场需要经过哪些阶段,在创新的每个阶段上如何实现其创新的价值。

第一节 科技创新的全过程和创新链

创新驱动经济发展的核心是科技创新驱动经济发展。科技创新以知识创新为起点,以新技术产业化为终点,期间要经过相互衔接的多个阶段,从而形成创新链。研究创新链的不同阶段的创新内容及价值增值状况,对明确每个阶段科技创新的着力点具有十分重要的理论和现实意义。尤其是对创新创业者来说,一般不可能从事全过程的创新,往往处于其中某个创新阶段。对创新创业者来说,了解创新链的各个阶段,不仅可清楚地知道自己所处的创新阶段的创新内容,而且可了解所处阶段的前向和后向联系,以便做好前后向的对接,使其创新活动更有针对性和协调性。

一、科技创新的起始阶段和终点

研究科技创新的全过程,关键是准确确定其起始阶段和终点。基于技术进步模式的改变,以及创新驱动的要求,现在对其起点和终点的认识同过去的理论不尽一致。这种改变对创新驱动战略的实施有重要意义。

1. 已有的认识:孵化新技术为创新的起点

已有的创新理论所界定的创新实际上是从孵化新技术开始的。如熊彼特提出的创新概念,明确认为创新是在企业中进行的,因此在他那里,创新是要素的新组合,归结为企业家功能。弗里曼根据熊彼特的创新概念,认为创新包括发明、创新和创新的扩散三重概念。发明是指为新的或改进的产品、工艺或制度而建立的新思想、图纸或模型,通常表达一种前所未有的构思。创新是指新发明第一次引入到商业中去的全过程。创新的扩散是指创新的成果经过全体潜在采纳者之手扩散,提高全社会生产率。根据其定义,整个创新过程是从发明开始的。显然,熊彼特和弗里曼关于定义的背景是知识创新同技术创新是分开的。这就是说,如果只是讨论技术创新,创新链就是从新技术孵化或发明开始的。相应的,创新源头在企业。我们所讲的技术创新就是从研发新技术开始的。但是,如果讨论当今时代的科技创新,创新链就不能只是从发明阶段开始,创新也不能只是企业的职能。这就需要对创新起始阶段做出新界定。

2. 新的界定:基础研究为创新的起点

在现代,技术进步路径发生革命性变化:技术进步更多来源于科学的新发现。创新的源头由企业转到了科学研究领域,科学的新发现转化为新技术并直接推动技术创新。当代最新的科学发现的成果迅速转化为新技术,可以实现大的技术跨越。例如,新能源、新材料的发现,信息技术和生物技术的突破都迅速转化为相应的新技术。现在所关注的新产业革命是以智能化、信息化为核心,以大数据、云计算、人工智能等前沿技术为代表,所有这些产业革命都是直接以新科技革命为基础。这种建立在科技创新基础上以科学发现为源头的科技进步模式,体现知识创新(科学发现)和技术创新的密切衔接和融合。

哈佛大学商学院克拉克教授将创新过程分为三个阶段:

基础性创新——→改良性创新——→营销创新

首先是基础性创新。科学新发现产生重大的创新成果,它推翻了现有方法,根本地改变了技术的各个组成部分之间的关系,创造出全新的生产线,对技术和市场都会产生影响。

其次是改良性创新。它是建立在新发现的成果和现有的市场之上的创新。改良性创新即转化为新技术,改变生产的手段和技术,改变产品的技术基础,改变产品的制造流程,也可能是产生新产品,一个重大的科学发现可能产生多项新技术;它每时每刻都在发生。

最后是营销创新。当改良性创新趋于稳定后,增长就来自营销创新,即寻找和扩大市场,包括改变营销渠道和方式等途径,改变产品与顾客之间的各种关系。

当基础性创新产生新的突破后,又会打断原来的创新进程,开始新一轮的技术和市场创新。[①]

当今全球科技革命发展的主要特征,如习近平总书记所说,是从"科学"到"技术"转化,基本要求是重大基础研究成果产业化。"什么是核心技术?一是基础技术、通用技术。二是非对称技术、'杀手锏'技术。三是前沿技术、颠覆性技术。在这些领域,我们同国外处在同一条起跑线上,如果能够超前部署、集中攻关,很有可能实现从跟跑并跑到并跑领跑的转变。"

产业创新的核心技术来自基础研究阶段。科技创新链前移到基础研究领域。产业创新已经由工程师时代进入科学家时代,也就是由解决工艺问题转变为解决重大科学问题。

将创新的起始阶段上延到基础研究阶段即知识创新阶段具有十分重要的理论和实践

---

① 克拉克(Kim B Clark):《企业技术创新的模式》,载廖理等《探求智慧之旅》,北京大学出版社,2000年版,第282页。

意义。不仅提升了基础研究的重要性,更重要的是打破了知识创新和技术创新的边界,推动两者的有机衔接。不仅明确了创新驱动所需要的原创性技术、颠覆性技术来源于基础研究,还明确了基础性研究只有在进入创新体系中与孵化新技术阶段融合才能真正产生原创性、颠覆性技术并实现自己的价值。基础研究阶段可能产生的原创性、颠覆性技术的思想,与孵化新技术阶段融合才能产生。

基于以上分析,科技创新链不能只是从研发和发明开始,应该从知识创新即基础研究开始,无论是颠覆性技术还是原创性技术,源头都在这个阶段。与此相应,不只是企业,从事基础研究的大学及科学家都进入了科技创新链。

3. 高新技术产业化是科技创新的终点

一般认为,只要有新的发明,或者获得发明专利,创新就算完成了。需要明确,科技创新的目的是什么? 不在于满足科学家的某种兴趣,也不在于获得某种科研奖励。历史上不乏这样的案例:伟大的发明家穷困潦倒一生,科学家们坐拥数不清的专利,却从未将专利成果变为惊人的销量。《创新的秘密》一书讲了这样一个案例:贝尔是一位发明家,但不能算是一位创新家。1867 年,他申请了"语音电报"的专利,并据此建立了全新的交流方式,但他未能把这项伟大的发明变为一桩生意。后来是西奥多·威尔创办了美国电话电报公司(AT&T),将贝尔的发明变成了一桩生意,建立起"贝尔系统"。①

从我国创新驱动发展的国家目标来说,"创新要实,更多靠产业化的创新来培育和形成新的增长点"。产业化创新的国家目标就是科技转化为现实生产力。

我国的现状是:科技创新与产业创新水准的脱节。主要表现是科技创新成果进入世界前列,但产业水准基本处于中低端。一方面,据 2015 年数据,我国科技人力资源总量超过 7 100 万,连续几年世界第一;研发人员超过 535 万,位居世界第一;研发投入强度达到 2.1%,连续几年超过欧盟 28 个成员国的平均水平;发明专利申请量突破 100 万件,连续 5 年世界第一;国际科技论文数量连续 6 年居世界首位,被引数居世界第四位。这表明科技创新成果进入世界前列。另一方面,虽然中国制造业占世界比重已居世界第一,但产业水准基本处于中低端。德国、美国等发达国家在高速列车、汽车、飞机制造、纳米技术、特种工业材料、医疗设备、生物技术机器人、新能源汽车、3D 打印、电子信息、智能制造业等高端制造领域居领先地位。中国只是在装备制造、造船、钢铁、高铁、核电、新能源等领域与世界顶级企业抗衡,制造业中比重最大的是纺织、服装、化工、家用电器、钢铁等,高科技产品的中国制造环节相当部分处于价值链低端,面临资源和劳动力供给的极限。科技和产业水平国际地位的差距说明,科技创新与产业创新之间缺少衔接,科技创新成果没有充分转化为新产业技术。

经济学的重要原理是,产品只有进入市场并被消费,生产过程才能说完成。同样,科技创新也不能仅仅满足于在实验室中培养出某种产品或技术。从理论上讲创新出的新技

① 杰弗里·哈里斯:《创新的秘密》,译林出版社,2015 年版,第 2—3 页。

术新产品也是创新成果,是创新取得成功的重要一步。从我国的创新驱动战略考虑,仅仅是产生新的发明,或者发现一种新技术、新产品是不够的,新发明、新技术得到应用,并能推向市场实现高新技术产业化,才能说创新阶段最终完成。就像比尔·盖茨的创新推动了软件产业,乔布斯的创新推动了智能手机产业,马云的创新推动了广泛应用的互联网+产业。

二、科技创新的阶段和创新链

明确了科技创新的起始阶段和终点,科技创新的全过程就包括四个环节:上游环节即知识创新环节,也就是基础研究环节,这是技术创新的源头。中游环节,即创新的知识孵化为新技术的环节;下游环节,即采用新技术的环节,即创新价值的实现环节。如果考虑到创新技术的产业化,则要再加个高新技术产业化阶段。这样,整个创新链如下图:

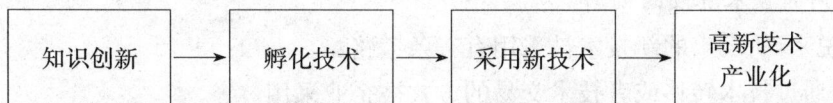

知识创新 → 孵化技术 → 采用新技术 → 高新技术产业化

科技创新链的三个阶段中,创新的内容是不一样的。在上游和中游阶段都是科技创新,其中上游阶段是基础性科技创新,中游阶段是应用性科技创新,也就是通常说的发明阶段。而在下游阶段直至高新技术产业化除了要进行改良性创新外,还要进行商业模式创新和市场创新。

1. 基础研究阶段的创新

这是知识创新阶段,处于科技创新链的最前端,是科技创新的源头。现在我国的基础研究水平在国际上已经从跟踪阶段转向跟踪、并跑和领先并存的阶段。基础研究被明确为科技创新的起始阶段后,就需要提出明确的"顶天立地"的科研目标。所谓顶天,就是要进一步提升基础研究能力,参与国际和国内重大科学计划,不断产生引领性的世界级的基础研究成果。所谓立地,就是要有产业化科技创新的目标,攻关推动产业创新的原创性技术、前沿技术、颠覆性技术。

基于许多领域的基础研究存在的国际差距,基础研究要利用全球创新资源,进行开放式创新。其条件是,相比新技术转移的各种限制,基础研究成果因信息和人员流动的便利,国际转移的障碍明显要小。因此,依托研究型大学和科学院系统可以获取全球前沿创新资源。其路径包括为吸引高端创新人才提供研究平台和实验条件,建立国际联合实验室等。

2. 研发新技术阶段的创新

虽然科技创新的起始阶段延伸到了基础研究阶段,但这个阶段的重要作用丝毫没有降低。这个阶段就是从"科学"到"技术"转化的阶段。不可忽视的是,基础研究成为科技创新的起始阶段后赋予了研发阶段新的内容和活力。这个阶段是技术创新的起始阶段。

新的创意,前所未有的构思变成新的产品或改进的产品,变成新的工艺。新技术、新产品是在这个阶段产生的。大众创业万众创新也是从这个阶段开始的。

过去研发新技术主要有两个途径:一是,专业化的应用性研究机构从事新技术的研发;二是,企业内自建研发机构研发新技术。现在出现了两种新情况:一是从事基础研究的大学的科学研究延伸到这个孵化和研发环节。二是,一批创客(包括大学生和科研人员)也进入了这个环节。他们在这里提出创意,寻求将其创意转化为新技术的企业,争取政府的研发投入和风险资本的投入。与此相应,产生了两个研发平台。一是众创空间,二是新技术孵化器。这两个平台既有政府建的,也有企业建的。主要任务是为高新技术和科技企业孵化提供场所、环境和条件,提供系统的培训和咨询,政策、融资、法律和市场推广等方面的服务和支持等。这些平台的建成大大提高了科研成果的转化率和转化成功率。

3. 采用新技术阶段的创新

一般说来,研发出的新技术被采用有三条道路:

一是,通过技术转移或者技术交易的方式被企业采用。

二是,在协同创新平台创新的技术被进入平台的企业直接采用。

三是,科技创业,研发出的新技术由科技人员用于创办新企业,并成为新企业的主打产品。

前两条道路虽然都是在已有企业中进行的,但研发出的新技术实际上也有个同科技创业一样的以创新的技术创业的过程,是新技术创业。因此把这个阶段统称为科技创业阶段。新技术、新产品被孵化出来后飞出孵化器进入创业阶段。或者是以新成果创新企业,或者是参与孵化的企业采用新技术生产新产品。

这个阶段能否成功,标志着研发的新技术是否成功,存在着不确定性和风险。需要由市场来检验。由于存在风险和不确定性,在这里风险投资家的作用凸显。即使是原有企业对研发新技术所提供的投资,实际上也是风险投资。

这个阶段仍然需要创新。一是技术上的改良性创新,包括对采用的新技术进行适应市场的技术调试、改进,也可能基于创新成果继续开发出新技术。二是管理创新,包括商业模式创新和营销创新,在这里企业家的作用凸显。

4. 高新技术产业化阶段的创新

一般来说,科技创新到新技术被采用就已经结束,但在本教程中引入高新技术产业化阶段。一是要明确科技创新的落脚点在产业创新,不仅要培育出战略性新兴产业,还要对传统产业进行高新技术的改造,从而形成现代产业体系。二是要给科技创新和创业成功的人士指出新的奋斗目标。这个阶段不是所有创新者都能进入的,只有创新创业成功者才能进入。对新技术的创新者来说,其创新的成果只有通过产业化达到规模,其创新投入才能得到高效益的回报。创新的技术在知识产权得到保护的前提下,在全社会扩散,实现全社会的产业创新,创新价值才能完全实现。例如,无人机技术产生后形成无人机产业,而率先创新者大疆无人机就可能成为新产业的领军者。

就科技创新的空间布局来说,科技创新和创新成果产业化在空间上是可以分开的。一般说来研发新技术阶段以及科技创业的初期需要靠近新科技的源头即大学集聚区域,以便就近得到新科技的辐射。而创新成果产业化阶段则需要更大的发展空间,而且需要得到产业集聚区域相关产业的服务和配套。我国在各个地区建立高新技术开发区,大学科技园就是为高新技术产业化提供基地。例如,中关村、深圳及上海的张江是科技创新中心的集聚地,但缺乏产业化空间,其产业化基地就要转向高新技术产业集聚地。而创新成果相对缺乏的地区一般都会以优惠的政策和资源条件吸引创新成果到本地落地。据中关村资料,2015 年流向江苏的技术 2 785 项,成交额 277.5 亿元,截至 2016 年 10 月在苏州设立分支机构达 753 家。

三、科技创新各个阶段的收益和风险

一般来说,谁投资谁收益,反过来也可以说,谁收益谁投资,同时也要承担投资风险。以下关于不同创新阶段创新成果收益和风险的结论对各个阶段投资主体的选择和行为特别重要。

1. 创新的潜在收益和风险分布

创新的潜在收益可分为社会收益和私人收益。从总体上说,创新的阶段越是靠前,创新成果的社会收益越是明显,也就是创新收益难以收敛到哪个私人投资者,通常所说的创新成果的外溢性主要就是指此。创新投资的阶段越是靠后,创新成果的私人收益便越是明显,也就是创新收益能够收敛到私人投资者(即企业性质的投资者)。中间阶段则是社会和私人收益兼有,越是靠前,社会收益越大,越是靠后,私人收益越大。

用信息经济学方法对创新投入的各个阶段作风险—收益比较:

就风险程度来说,创新投入的阶段离市场越近,信息越是完全,风险越小;离市场越远,信息越不完全,风险越大。

就投资的潜在收益来说,越是靠近市场,竞争越激烈,潜在收益越小;离市场越远,竞争越不激烈,潜在收益越大。

归结起来,科技创新成果从研发到进入市场全过程各个阶段的创新投入的风险和收益都是由高到低的系列,风险和收益是对等的。

2. 各个创新阶段的收益和风险

一方面,作为创新起始阶段的基础研究阶段,其创新成果具有基础性、公益性和公共性。创新收益的外溢性是明显的。得益者是全社会,不可能完全收敛到某个私人投资者。另一方面,这个阶段投资的风险也是最大的。私人投资者一般是不会轻易进入的。因此,这个阶段的创新投入主体无疑是代表社会利益的政府以及公共基金。当然不排斥希望获取创新成果的私人投资者提前进入。

在科技创新链的终点阶段,即创新成果产业化阶段,创新收益具有明显的收敛性,谁

投资谁收益。而且这个阶段本身就在市场上,这个阶段的信息较其他阶段更为完全,风险最小。当然,这个阶段的竞争也最激烈。因此这个阶段的创新投资主体,毫无疑问是企业。

在创新链的研发新技术阶段,创新收益和风险实际上不是单一的。从总体上说,研发的新技术,无论是自己采用,或是转让、还是用于创业,都可能有明确的私人受益者,相应的就应该有明确的私人投资者,哪怕是风险投资者。而且,孵化出的新技术必须要具有商业价值和产业化价值,能够确定其商业价值的只能是企业。因此,研发新技术的投资主体应该是企业。但是,第一,研发的新技术还是会有一定程度的外溢性,社会也可能得到一定的益处。第二,这个阶段离市场还是有距离,市场信息不完全,存在较大的风险,一般投资者为了避险而不敢进入。而这个阶段对整个创新过程是最为重要的。由此提出政府进入的必要性。政府作为社会利益的代表需要对众创空间和孵化器提供必要的引导性投入,当然不是包揽其全部投入。

科技创业阶段,既是研发阶段的延伸,又是采用新技术阶段的开端。这是创新的中游和下游之间的连接阶段。创业收益无疑都归创业者。在科技创业阶段(包括企业采用新技术的初期阶段)存在较大的风险,但创业成功潜在收益也很大。因此,这个阶段的投资主要是创业者的投资和风险投资者的投资。为了激励科技创业降低其投资风险,政府主要是为之创造良好的投资环境,同时也可以为之提供较为优惠的风险投资(注意这是投资,而不是投入)及科技金融贷款的支持。

第二节 科技创新各个阶段的对接

整个科技创新链有多个阶段。习近平总书记要求打通从科技强到产业强、经济强、国家强的通道,关键是做好创新链各个阶段的无缝对接,建立有利于出创新成果、有利于创新成果产业化的机制。总体要求是:科技同经济对接;创新成果同产业对接;创新项目同现实生产力对接;研发人员创新劳动同其利益收入对接。本节着重研究创新各个阶段的对接问题。实践证明,对接越是做得好,创新越是有效。

一、知识创新和技术创新的对接

科技创新体系包括知识创新和技术创新。由于知识创新即基础研究已经成为技术创新的源头,知识创新和技术创新的对接就涉及两个层次的问题:

1. 知识创新以提供技术创新技术为导向

技术创新不能停留在企业内部,需要得到从事知识创新的大学提供的有知识产权的原创性成果及其转化的新技术。创新的技术是否先进,就看其作为源头的基础研究是否达到先进水平。现在所关注的第四次产业革命是以智能化、信息化为核心,以大数据、云计算、人工智能等前沿技术为代表,产业革命直接以科技革命为基础。因此,技术创新与知识创新的对接,不仅要求提高基础研究水平,更要以技术创新提供高水平的基础研究成果为明确的导向,尤其是培育原创性技术,颠覆性技术。

目前,我国同发达国家的科技经济实力差距体现在创新能力上。由跟踪转向并跑和领跑的科技创新关键是在创新的源头上提高创新能力。包括科学新发现所产生的原创性创新成果,对引进的先进技术的再创新,从而形成拥有自主知识产权的核心技术和关键技术。着力点就是加大进入世界前沿的基础研究的力度,提高知识创新能力。其路径包括十八届五中全会所要求的,实施一批国家重大科技项目,在重大创新领域组建一批国家实验室,中国的科学家提出并牵头组织国际大科学计划和大科学工程。依托这些项目和载体,可以产生突破性重大知识创新成果。

既然已经明确知识创新成为了技术创新源头,基础研究就要以技术创新所需要的核心技术、关键技术和原创性技术为导向。以此为目标并不是降低基础研究的世界水平,恰恰是在知识经济条件下,基础研究的国际水平与技术创新所需要的技术水平是一致的。利用国际最新科学发现进行技术创新,可能实现技术的跨越,企业的技术创新就可能在许多领域得到当今世界最新科学技术的推动。

2. 产学研协同创新

知识创新和技术创新的无缝对接,还表现在科学发现成果及时并有效转化为新产品和新技术,推动新产业、新业态蓬勃发展。

长期以来,知识创新和技术创新两个创新体系是"两张皮"。大学和科研机构从事的科学研究与企业进行的技术创新是分开和脱节的,科学家和企业家之间的联系是中间梗塞的、信息不对称,科学家的科研不知道技术创新需要说明,企业不知道从哪里得到所需要的新技术,尤其是谁都不主动进入孵化新技术环节。科学家从科研到论文发表,获得专利就告完成,而企业希望得到现成可用的技术,这使科研成果的转化率很低。由此,产生了知识创新和技术创新的中间梗塞。

对接知识创新和技术创新就是要改变这种中间梗塞的状况。其主要路径是大学及科学家同企业及其企业家共同进入创新平台,在创新平台内对接知识创新和技术创新,打破知识创新和技术创新的边界。创新的技术就不存在转移,而是协同创新的共同成果。

科学家和企业家在同一创新平台上直接交汇和协同,需要两个方面的转型:一方面,通过科技体制改革推动大学的知识创新延伸到孵化阶段,大学的创新不限于创造知识,还往前走一步,将科学研究成果推向应用,参与孵化新技术。另一方面,通过企业改革推动企业的技术创新不停留在接受新技术转移的水平上,而是要将技术创新环节延伸到新技术的孵化创新阶段,这样就形成企业家和科学家的互动合作。

共建的协同创新平台和新技术孵化器,无论是建在企业,还是设在大学和科学院,都是开放的。进入研发平台的新思想、新创意不只是进入平台的科学家的科研成果,进入平台的科学家还会根据企业家的需求利用国内外的创新成果为之提供科学思想,从而在平台上产生源源不断的新技术。

产学研协同创新的主要形式是大学与企业共建协同创新平台。协同创新有两个导向：一是，市场导向，解决创新产业的商业价值；二是，科技水平导向，解决创新产业的先进性。产学研协同不是一般的大学与企业机构之间的合作，而是功能的协同，是产业发展，人才培养和科学研究的协同。

大学的知识创新延伸到了孵化阶段，意味着大学的知识创新不限于创造知识（包括基础研究项目结项，发表学术论文，申请到国家专利等），还要向前走一步，将科学研究成果推向应用。在现实中基础研究和应用研究之间的界限，科学和技术之间的区别已经模糊。而对企业来说，企业的技术创新不能限于自身的研发力量，需要得到大学和科研机构开发的新技术。企业获取新技术的途径固然可以通过技术交易的途径，但购买技术还有成本效益的考虑，而且企业获取新技术还有自身的特殊要求。因此，相当部分企业将技术创新环节延伸到了大学提供的科研成果的孵化创新阶段。这样在孵化阶段知识创新主体和技术创新主体交汇，就形成企业家和科学家的互动合作。

科学家的科学研究追求的是学术价值，追求的是学术领先地位和重大科学发现。企业家追求的是商业价值和市场前景。但当两者进入高新技术孵化领域，在同一个协同创新平台上，科学家和企业家（包括企业研发人员）追求的目标和角色发生了转换。科学家带着知识创新的成果进入高新技术孵化阶段需要以市场为导向，解决创新成果的商业价值。企业家是带着市场需求进入高新技术孵化阶段，以技术的先进性为导向。由此产生两者的相互导向，解决了学术价值和商业价值的结合，从而使创新成果既有高的科技含量，又有好的市场前景。

二、孵化新技术和采用新技术的对接

由创新的研发阶段进入采用新技术阶段涉及创新成果的转让和采用。参与产学研协同创新的企业直接采用协同研发的新技术是最有效的研发新技术和采用新技术的对接方式。除此以外，还有两种对接方式：一是，创新成果的转让，或者采取通过市场的技术转移；或者是以知识产权入股的方式采用新技术。二是，科技人员带着创新成果进行科技创业。其中包括有风险投资者对其搜寻到的创新成果，对创新者进行风险投资，推动其创业。这里重点研究这两种对接方式。

1. 技术转移方式

所谓技术转移，是指科学知识、技术成果、科技信息和科技能力等通过各种途径从技术供给方向技术需求方转移的过程。国务院 2017 年 10 月印发的《国家技术转移体系建设方案》提出，力争到 2025 年全面建成结构合理、功能完善、体制健全、运行高效的国家技术转移体系，使科技成果的扩散、流动、共享、应用更加顺畅。国家技术转移体系是促进科技成果持续产生，推动科技成果扩散、流动、共享、应用并实现经济与社会价值的生态系统。

在市场决定资源配置的经济体制中技术转移主要通过技术市场进行。与此相关，需要建立市场化的科技成果发现、筛选、定价和转化机制。问题是技术市场比商品市场的信息更不对称,就如诺贝尔经济学奖得主斯蒂格利茨说的:"买方在得到信息之前,并不知道卖方要出售什么,同时一旦获得卖方的精确信息,那么他就不会再购买卖方的产品了。"[1]就会产生以下两种情况:

一种情况是创新价值低估。买方对新技术的价值并不充分了解,而且新技术正因为新,没有比较,交易时信息不完全,其结果往往是低估新技术的价值。即使是入股,所折的股权也常常是低估的。尤其是知识产权保护不严格,遇到仿冒会进一步降低其价值的实现。

另一种情况是新技术的市场价值虚高,买者付出很高的价值,采用新技术后获得的市场价值难以消化其成本,或是新技术信息虚假,企业采用新技术失败。

因此,现阶段完善技术转移的市场机制,重点需要解决三大问题,一是,顺畅的转移机制,特别是信息不完全条件下科技成果的发现机制,即需要者能够发现所需要的技术,新技术创新者发现需求者。其路径包括建立集中性的技术交易市场或者互联网平台;发展科技服务的中介,即科技"掮客"。二是,完善新技术的评价机制,尤其是克服对科技成果评价过低的问题。三是,充分调动新技术供给者研发和转移技术的积极性,除了在市场准确评价新技术价值的基础上获取应有的报酬外,还可以寻求新技术入股的方式共享新技术应有的商业收益。在这个过程中保护知识产权最为重要。

2. 科技创业

科技创新者带着孵化出的创新成果创办企业,实际上直接对接了孵化新技术和采用新技术。科技创业也就是将科技创新的成果(新技术、新发明)产业化。科技创业不仅是采用新技术,还要推进新技术产业化。在这个阶段,创新者,无论是产学研协同创新中的企业,还是进行科技创业的科技人员都会采取一系列的增值价值行为。在此过程中企业可能理性地指导创新行为,通过不断地调整以适应市场目标。

首先是继续进行技术创新。其必要性在于两个方面:第一,创新成果由于创业,必须要进行改良性技术创新,根据市场和创业需要对创新成果的生产流程以及产品性能、外观等方面进行改良,甚至要从中衍生新的产品。第二,任何新技术都有生命周期。既然企业已经创办,就不能停留在已有的创新成果上,还需要进行新的技术开发,推出源源不断的新产品、新技术,否则企业也难以长期存在。

其次是进行商业模式创新和市场营销创新。成功的创新不仅要靠领先的技术,而且还要有出色的商业模式创新相辅。原因是,一方面,为技术创新而增加的成本可以因商业模式的创新而得到消化;另一方面,创新的产品进入一个新市场需要以相应的商业模式去开拓和扩大。这样,创新产品因商业模式的创新而为市场所接受并能扩大创新产品的市场。商业模式创新可以界定为:企业利用科技创新成果,适应市场环境,所作的市场关系、市场行为和相应的经营组织架构的调整,目标是使创新成果的市场价值最大化。商业模式创新同技术创新一样可以形成创业企业的核心竞争力。

---

[1]　约瑟夫·斯蒂格利茨:《社会主义向何处去》,吉林人民出版社,1998年版,第171页。

科技创业的基本要素是知识资本和人力资本。知识的创新和积累是现代经济增长的重要因素。人力资本是现代经济增长的决定因素和永久动力。科技创业能否成功依赖于体现人力资本积累水平的企业家的创新素质和参与科技创新的科技人员的知识积累。这意味着科技创业特别要重视这两类资本的作用。创新收益的分配，对知识资本和人力资本应该有更高的评价。其基本要求就是习近平总书记所说的：研发人员创新劳动同其利益收入对接，形成有利于出创新成果、有利于创新成果产业化的新机制。

科技创业者一般是个团队。科技创业是各类人才的共同创业，是多方面专业人才的集合，除科技人才以外，还需要有经营管理、市场营销人才。这也是费尔普斯所发现的："构思新产品的项目通常要先组建一个有创造力的团队，商业化生产和推广新产品的项目往往需要首先设立一家由若干人组成的公司。任何有团队工作经验的人都明白，团队产生新创意的能力远远超过单独的个人。"[1]

科技创业是有风险的，科技创业能否成功，很大程度上取决于对创新创业者的激励与否。就如费尔普斯所说："如果不能合法地取得商业创意的收益（如卖给某个企业家以取得分红，或者在能够获得专利保护时收取专利费或者出售专利），就不会有很多人构思和开发商业创意。如果企业家和投资人不能自由创建新企业、自由进入某个产业、自由出售企业的股份（如今主要通过公开发行），自由关闭企业（在无销路时），他们就不会对创意的开发进行投资……总之，如果没有财产保护和原理的激励，不管非财务性质的回报有多大，多数企业家都不愿冒险。"[2]

科技创业有空间集聚的要求。经济活动的空间集聚可以产生经济的集聚效应。发展乡镇经济时的农村工业区，发展开放型经济时的开发区都具有明显的集聚效应。现在的科技创业同样需要这种集聚区效应，这就是科技创业者进入科技创新园区。最为典型的是我国北京的中关村，深圳的虚拟大学园区，以及分布在全国各地的大学科技园区。大学科技园区既集聚大学的研究机构及其科学家，又集聚科技型企业及其企业家；既集聚研发新技术的孵化器，又集聚孵化出的新企业；既集聚活跃的创业者，又集聚风险投资者；既集聚市场和科技信息，又集聚政府的科技和公共服务。创新要素在这里的高度集聚，既有竞争，又有合作，还便于集成，必然会产生明显的集聚效应。实践证明，在科技园区创新创业成功的概率一般都很高。

三、科技创新和产业创新的对接

产业创新依托于科技创新。科技创新是先导，产业创新是目标。科技创新和产业创新对接就是要求科技创新落脚在产业创新上。尤其是采用新技术阶段最终要以高新技术产业化为目标。

---

[1] 埃德蒙·费尔普斯：《大繁荣：大众创新如何带来国家繁荣》，中信出版社，2013年版，第41页。
[2] 埃德蒙·费尔普斯：《大繁荣：大众创新如何带来国家繁荣》，中信出版社，2013年版，第32页。

1. 产业化创新

产业结构优化升级需要有创新的新兴产业来带动。知识创新和技术创新以产业创新为导向和目标,可能实现大的技术跨越,导致产业结构的革命性变化。

科技创新和产业创新对接的目标是科技创新和产业创新都必须高端,与发达国家进入同一个创新起跑线。就如库兹涅茨所说的科技和产业的"时代划分是以许多国家所共有的创造发明为依据的。这是现代经济增长的一条特殊真理"①。发展处于世界前沿的新兴产业,占领世界经济科技的制高点。在现代无论是科技创新还是产业创新都应该瞄准具有划时代意义的创造发明,如清洁能源、新材料、生物技术,节能环保技术,新一代信息网络技术,尤其是正在兴起的智能技术及相关产业。

在我国经济进入新常态下,制造业的中高端化突出在三个方面:一是产业类型进入中高端,尤其是发展战略型新兴产业。二是高科技产品进入全球价值链中高端,改变高产值、低收益的状况。三是各个产业采用包括信息化,互联网+,智能化+和绿色化等在内的新技术。显然,产业结构的中高端化,是建立在产业和科技创新基础上的转型升级。所有这些,都是通过科技和产业的共同创新实现的。

对接科技创新和产业创新关键是建立产业化创新机制。产业化创新的概念是2014年底的中央经济工作会议提出的,强调更多靠产业化的创新来培育和形成新的增长点,把创新成果变成实实在在的创新活动。产业化创新作为产业创新的原动力,介于科技创新和产业创新之间。产业化创新突出的是科技创新的成果迅速转化为新技术、新产业,衔接市场需求与研发供给,培育和形成新的增长点。

产业化创新不只是概念,更重要的是机制。其基本功能是它以产业化为目标的科技创新能有效衔接知识创新和技术创新两大体系。具体表现在它所具有的以下三大功能性机制上:一是,产业化创新的协同机制。产业化创新既要依靠大学和科研机构的科学发现,又要依靠企业所掌握的市场的需求。两者结合才能成功地进行产业化创新。按此要求,产业化创新的关键和重要路径是产学研各方共同介入创新。二是,产业化创新有共同的研发平台。研发平台主要建在孵化新技术的环节。在同一个平台上实现科学家和企业家的互动,共同研发产业创新的技术。三是,产业化创新的利益共享机制。科学家和企业家共享产业创新的成果,尤其是科学家在其中的贡献要得到充分的评价和回报。

2. 不同行业与科技创新的对接方式

不同行业产业化创新对科技创新的需求不同,相应的科技创新和产业创新对接方式不尽相同。大致有以下类型:

一是,在需要突破性科技创新来带动产业创新的领域,采取知识创新带动型产业化创新方式。如生物技术、制药行业、航空航天产业和环保产业等高技术产业领域。在这类产业领域,企业和大学合作进行的产业创新更偏向于大学及其科学家的作用。产业化创新

---

① 西蒙·库兹涅茨:《现代经济增长》,北京经济学院出版社,1989年版,第250—251页。

主要通过共建研发和孵化新技术平台进行。

二是,在需要持续不断进行科技创新的领域,采取技术创新带动型产业化创新方式。如化工、新能源产业、电子及通信设备制造业等领域的技术创新主要是对所取得的突破性进展进行不断地开发新技术,其产业化创新更多是渐进性创新。这方面的创新速度很快,因此产业化创新更多地在企业内的研究院和研发机构进行,但会注重大学和科研机构在基础研究领域取得的新的研究成果,为创新下一代新技术和新产品作准备。

三是,在被称为中低技术产业领域,采用新技术型产业化创新方式。服装、食品、家具、零售等传统产业,因技术门槛低而竞争激烈,更需要通过产业化创新来提升竞争力。过去,传统产业的创新靠自身的技术改造,现在则要靠社会的科技进步,采用最新科技设备,例如应用数字化的机器设备,采用互联网+,利用机器人,采用节能减排技术等。

第三节　科技创新各个阶段的投资主体及其价值追求

创新的不同阶段有不同的投资主体,从整个创新链分析,科技创新的全过程是科学家的知识资本,企业家的人力资本和风险投资家的金融资本的集合。这三类资本在创新的不同阶段都有追求自身价值的要求。明确这点,对建立产学研各方互利共赢的体制机制,形成创新的利益共同体具有重要的意义。

一、孵化新技术阶段的知识资本投资

孵化新技术阶段最基本的要素在两个方面:一是,知识创新成果,二是,创意。这两个方面就成为这个阶段投资的重点。

1. 获取知识创新成果

在知识创新,尤其是基础研究成果成为技术创新源头的背景下,孵化新技术已经离不开从事基础研究的大学和科学家的进入。具体形式就是在孵化新技术的平台上产学研协同创新。在这里需要明确进入孵化新技术平台的大学及其科学家提供的是知识资本。在这里不是指知识的创造,而是指知识向技术的转化。知识资本的作用在新增长理论中有明确的规定。该理论将知识作为一个独立的要素引入增长模型,并认为知识的积累是现代经济增长的重要因素。知识不仅形成自身的递增效应,而且能够渗透资本和劳动力等生产要素,使资本和劳动力等生产要素也产生递增收益,从而使整个经济的规模收益递增。推动技术进步的知识是厂商进行投资决策的产物,厂商为了实现技术进步必然要将投资投向知识部门,激励其将知识转化为技术。这是效益最高的投资。

孵化新技术关键在大学、科研机构及其科学家进入研发阶段。大学参与研发的目标与企业不完全相同,科技水平及其成果价值是其追求的主要目标。因此其进入产学研协同创新平台的创新收益与一般的企业收益不完全相同,主要是指其延续科学研究所需要

的资金投入,以最终充分实现其科学研究的价值,以及研发出的新技术的知识产权的归属或分享。因此想把大学及其科学家吸引到协同创新平台,就是为之提供充分的延伸研究的资金和相关的条件,享有知识产权,并成为参与创新收益分配的依据。

孵化新技术的协同创新平台谁来建?大学和科研机构进入孵化阶段只是承担延伸研究的功能,其孵化高新技术的市场方向不明,而且缺乏足够的资金支持,显然无力成为投资主体。孵化高新技术的主体只能由企业担任。过去把企业作为技术创新主体的地位只是界定为采用新技术的主体,这种技术创新的主体地位是不完全的。现在要克服知识创新和技术创新之间的断层,还必须真正解决企业在孵化新技术阶段的主体地位。其必要性在于:一方面技术创新的主要过程都是通过企业实现的;另一方面,也是更为重要的,孵化出的新技术必须要具有商业价值和产业化价值,能够确定其商业价值的只能是企业;孵化新技术需要足够的投资,这些投资可能通过高科技产品进入市场而得到回报。因此,孵化高科技的投资主体应该是企业。

2. 创意被用于创新的实践

创意形象地说就是新点子,或者说是新想法。创意是创新的前提,创新是创意的物化。孵化新技术是从某种创意开始的。因此费尔普斯认为,自主创新过程所依赖的是另外一套人力资源,"其基本要素是想象力或创造力,对可能开发和推广的还没有人想到过的事物的构想。如果没有想象出另外的途径、目标,或者没有想象到有价值的成果,那就不可能在现有知识的基础上获得很大进步"[1]。没有创意也就不会有创新。现实中,创意可能有成千上万,但不可能将所有创意都付诸创新实践。这意味着投资者对创意有个选择问题,选择能够实现创新的创意,在费尔普斯看来,关键在投资者的洞察力。费尔普斯所讲的"金融家成为思考者"就是要求投资者有洞察力,即看到哪个方向可以满足此前并不为人知的愿望或需要。这种洞察力被称为"战略眼光"。乔布斯的巨大成功就来自他杰出的创造力和洞察力。既然创意对孵化新技术如此重要,孵化新技术阶段的着力点,一是要激励创意"把各种类型的人都变成了创意者",二是投资者要把"那些接近实际经济运行、容易接触创新的商业创意的人变成主导从开发到应用的创新过程的研究者和实验者,而科学家和工程师往往被他们召集过来提供技术支持"[2]。

明确了上述孵化新技术的两个先导要素,就要解决对先导要素的投资问题。知识形态的资本进入孵化新技术领域需要引导性投入,实际上是以知识招资本。主动性资本还是知识资本。不仅吸引企业的研发投入,还需要政府的投入。原因是以科学新发现孵化的新技术也有外溢性。创新投入的资本的边际生产率具有递增效应,提高全社会的生产率。这是知识生产和转化的外部正效应,其社会效益明显高于私人效益。而且,孵化新技术是风险投资,并不都能成功,私人投资往往望而却步。这种情况就提出了政府参与知识

---

① 埃德蒙·费尔普斯:《大繁荣:大众创新如何带来国家繁荣》,中信出版社,2013年版,第31页。

② 埃德蒙·费尔普斯:《大繁荣:大众创新如何带来国家繁荣》,中信出版社,2013年版,第30页。

创新及其与技术创新协同过程的要求。政府作为社会利益的代表有责任参与并支持知识生产和新技术研发。政府为了推动科技创新,向孵化新技术环节投资就十分必要。当然政府对建设孵化器之类的孵化新技术的投资是引导性的,不可能代替企业的投资。

二、由孵化新技术到采用新技术阶段的风险投资

虽然孵化新技术直至采用新技术主要依靠知识资本,但离不开物质资本。物质资本的主要形式是风险投资。

1. 风险投资

硅谷成功之道:除了靠近大学外,更为重要的是活跃着一批风投公司。他们一般从孵化新技术阶段就开始对所选择的项目进行投资,直至利用孵化的新技术的科技创业。我国目前为支持科技创业,地方政府都会安排一部分支持性投入,但更多的还是要靠风险投资公司的投资。因此,顺畅的风险投资(创业投资)渠道,为有技术而缺资金的项目提供风险投资是科技创业得以成功的关键。没有活跃的风险投资,就不会有活跃的科技创业活动。就如奈特所指出的:"在现代经济中新企业的创建和建成后企业的经营之间的分离的趋势很明显。一部分投资者创建企业的目的是从企业的正常经营中得到收益。更多的人则期望从建成后的企业的出售中获得利润,然后再用这些资本进行新的风险投资活动。"在现代经济中,虽然创业投资存在不确定性,但"相当多的且数目日益增加的个人和公司将其主要精力放在新企业的创建上"[①]。其目的不是追求做股东取得股权收益,而是追求股权转让收益,期望从建成后的企业的出售中退出,然后再用这些资本进行新的风险投资活动。这些风险投资者的存在可以说是现代经济充满创新活力的原因所在。

各类资本在科技创业中的作用不是半斤八两相等的。在科技创业初期,以科技成果和创意表现的知识资本起着主导作用。有了科技成果,有了创意,才会有创办企业的知识资本,创业的物质资本是被知识资本招来的。这种作用会在科技创业的利益分享和风险分担中反映出来。从创新成果的财产权利分析,依靠创新成果创业的企业的股权结构不能只是投入的资金份额,还必须包括科技创业者的知识产权和人力资本股权。创业成功,知识资本以其知识产权和股权分享收益。

2. 创新风险的分担

创新创业是有风险的。从理论上讲,创新创业的参与者应该共担风险,但共担风险不等于平均分担风险。在实践中激励创新机制的设计对不同的创新参与者应该有不同等的激励。

首先,为激励大众提出创意,创意者的创意取得成功后其价值必须得到实现,获得相应的收益,但创新不成功,只是承担其创意价值没有实现的风险,相对来说经济风险较小。

其次,对真正或者说实际承担创新失败经济风险的风险投资者,需要明确其高风险高收益。原因是风险投资收益有明显的收敛性,风险投资公司是风险投资的主体。风险投

---

① 弗兰克·H. 奈特:《风险、不确定性和利润》,中国人民大学出版社,2005年版,第187页。

资公司之所以愿意承担风险,原因是其投资在多个创新创业项目上,其中某个或几个项目一旦成功会有大的收益,足够弥补创新创业失败项目的支出。这就是风险大收益也大的含义。

由于创新的技术具有外溢性的特点,政府对创新应该有投入,政府通过建设科技园、孵化器和众创空间的方式提供引导性投入。这也可以在一定程度上减轻风险投资者的风险压力。

三、从科技创业到高新技术产业化的企业家的人力资本投资

科技创业不只是组织科技创新活动,还要经营企业,参与市场活动,科技创业活动不仅仅是研发,还有经营管理、市场销售等方面的活动。因此,创业者不只是科学家,更是企业家。企业家的人力资本功能,就不单纯是其运行的物质资本的价值增殖,而是包括创新成果在内的科技企业的整体价值的增值。运行成功,创新成果价值就能增值,运行失败,可能会使创新成果丧失殆尽。

1. 企业家人力资本

为了与一般的企业家相区别,有必要将科技创业中的企业家称为科技企业家。科技企业家不仅具有一般企业家精神和素质,还有科学家的素养和视野。他们的科技创业具有长期行为。他们以其科技成果招来物质资本,包括风险投资(创业投资)和各类贷款,他们招来的风险资本初创成功在创业板市场上市后可能退出,但他们不能就此停止,还要继续经营企业。他们要把创新成果应用于企业,并把它推向市场。充分实现其潜在价值需要进一步创新,包括对创新成果的改良性创新,以及商业模式的创新,进行市场创新,实现产业化。所有这些行为都会使创新成果价值进一步增值,实现高新技术产业化。因此,科技企业家同时也是创新者。在这里,创新和创业是融为一体的。

虽然科技创业企业在创业时是以某项创新成果起步的,其运行也着力于该项成果的价值实现,但其企业一旦创办就不只是经营这一项创新项目,需要进一步研发新技术,甚至在企业中建立新技术孵化器。从企业的长期发展考虑,企业也可能需要进行转型,甚至在原有创新成果即将进入生命周期的衰落阶段前创造性毁灭自己。这正是当年熊彼特所定义的企业家的现实体现。在这里,科技企业家的作用会进一步强化。

显然,在这个阶段的人力资本投资主要是激励创业者成为科技企业家。包括股权激励,创业参与者在创新企业的整体价值提升中得到利益。公司上市意味着持有企业股权的经营者和高技术人才为科技创业做出贡献而得到股权收益和巨额的回报。

2. 创业者共享创新成果价值

一般的靠物质资本所组织起来的企业运行目标很明确,就是谋求资本利润最大化。而依靠科技成果创业的企业,一方面,它是知识资本、企业家人力资本和风险资本的集合,另一方面,是整个经营团队创业。科技创新和创业是融为一体的,参与者对创新价值有共享的要求,都有实现自身价值的要求。创新的信息资源的共享导致创新成果的共享,因此,无论是其中哪一个参与者的收入,都依赖于整个创新成果及企业的整体价值,每个创

新参与者只有在创新企业的整体价值提升中才能得到利益。科技创业成功,企业价值的整体提升就成为所有创业者的共同利益追求,即使是风险投资者,他也不能单纯作为资本所有者在其中获利,只有在创办的科技企业上市或股权转让后才能得到自己的收益。其知识资本和人力资本价值可以随着企业市场价值的提升而提高。创业者的收入与企业在股票市场上的市场价值紧密联系起来,将来企业一旦上市或出售给大公司,其潜在的市场价值十分可观。因此,科技创业企业所追求的目标是依靠创新提升企业的整体价值。这样,科技创业企业,不同于风险投资者,不从建成后的企业出售中获利;不同于一般的资本所有者,只是追求企业利润最大化;不同于一般的经营者,只是追求经营规模最大化,而是追求科技企业的创新价值。

基于以上分析,在科技创新创业的全过程中,各个主体有各自的价值追求和相应的功能发挥。知识资本追求创新成果价值的实现,正是其创意和新的知识和技术成为科技创业的初始要素。风险资本追求风险收益,期望从建成后的企业的出售中获得利润。科技企业家追求科技企业的成长和长期发展,在实现创新成果价值的同时不断创造科技企业的新动能。科技创业中的各类资本的功能区分,对现实的创新创业激励体制和政策的设计会有重要的意义。如下图:

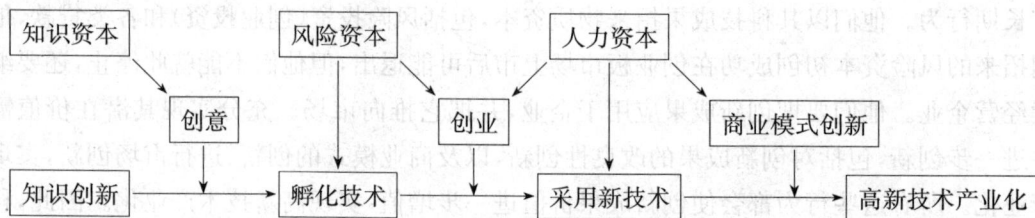

总的来说,创新由上游进入中游阶段以及由中游进入下游阶段,再由下游进入高新技术产业化阶段,关键在各个阶段之间的过渡以及相应的资本的推动。具体地说,由知识创新阶段进入孵化新技术阶段,关键在科学研究成果的转化,在这里起作用的是知识资本。由孵化新技术转向采用新技术阶段,关键在科技创业,在这里起作用的是风险资本。由采用新技术阶段转向高新技术产业化阶段,关键在商业模式创新和市场创新,在这里起作用的是企业家的人力资本。

思考题

1. 科技创新的全过程包括哪几个阶段?各个阶段对创新起什么作用?
2. 创新的各个阶段是如何对接的?
3. 创新的各个阶段最重要的创新要素是什么?如何激发这些创新要素?
4. 如果你是创新创业的创业者,目前处于创新的哪个阶段?最需要解决什么问题?

第三章　产学研协同创新平台的构建

理科学生小张和他的老师想让他们的基础研究再向前进一步,把其基础研究的成果进行转化。让小张犯难的是,进行转化的资金从哪里来? 转化为什么样的产品能够为市场所接受? 谁来帮助他们转化? 产学研协同创新平台为他提供了这些条件。

第一节　产学研深度融合的技术创新体系

十九大报告指出,要深化科技体制改革,需建立以企业为主体、市场为导向、产学研深度融合的技术创新体系,促进科技成果转化。在现代经济中,产学研合作创新能力是区域创新能力和竞争优势的主要来源。产学研合作并非是各部门之间松散的经济交往,而是需要共同的载体、平台与中介将各种经济资源和经济单位组织起来,通过制度化、市场化、网络化的联系,整合产学研各方的创新资源,发挥产学研各方的竞争优势,为区域经济增长提供创新合力。

一、科学发现与技术创新融合的趋势

众所周知,科学有两个层次的功能。第一层次是科学发现,创造出知识;第二层次是科学发明,创造出技术,科学发现所创造的知识成为技术创新的基础。过去,科学发现(知识创造)同技术创新是截然分开的两个阶段。企业的技术创新主要是依靠自身的技术和研发力量。熊彼特当年所定义的创新也主要是指企业家主导的企业内要素的组合。技术创新相当多的是源于生产中经验的积累、技术的改进,而与科学发现的联系不紧密。与此相应,大学及其科学家没有直接介入到技术创新体系中。

科技创新实际上包含知识创新和技术创新两个方面,即科学和技术的创新。中国的科技创新涉及两大体系。一是,国家创新体系,包括基础研究、前沿技术研究、社会公益性技术研究。所有这些研究属于知识创新的范围,在这个体系中,研究型大学是创新主体。二是,技术创新体系,即以企业为主体、市场为导向、产学研相结合的技术创新体系。长期以来这两大创新体系是"两张皮",缺少衔接和协同。产学研协同创新的含义就在于把这两个方面的创新结合起来。

我国目前的科学研究水平并不低,在许多领域已进入世界先进行列,每年推出的高水平科研成果成千上万,但大部分成果只是停留在纸上,停留在礼品、展品和样品上。这种科研成果的浪费,症结就在于科学研究只是停留在知识创新阶段,科学家们没有带着创新的科研成果再向前走一步,进入孵化新技术阶段。科研成果没有进入现实的生产过程,不能带来物质财富的增加,就不能成为现实的生产力。

而在现代,科学发现和技术创新,两者之间的融合和协同的趋势越来越明显。技术创新的源泉更多的来源于科学的发明,也就是说,科学发现的成果越来越多地直接成为技术创新的源泉。利用当代最新科学发现的知识可以实现大的技术跨越,建立在知识创新基础上新产业的产生可以导致产业结构的革命性变化。科学发现和技术创新的融合就表现为产学研深度融合的技术创新体系。

美国硅谷的实践创造了产学研协同创新的模式。依托斯坦福大学强大的科研实力和校方对产学研合作的鼎力支持,硅谷建立了大学、科研机构与产业界的紧密的协同创新关系,成就了硅谷的创新奇迹。我国中关村的科技创新进一步创造了我国产学研协同创新的模式。

在现阶段的中国,高科技的国际差距小于高科技产业的国际差距。在高校和科研机构发现的高科技与国际先进水平的差距并不像高科技产业的国际差距那么大。这意味着费用较低的创新捷径是:推进产学研结合,使高校和科研机构发现的高科技成果迅速产业化、商业化。就像美国的硅谷紧靠斯坦福大学一样。关键是建立知识创造和知识向生产力转化的协同关系。

二、产学研协同创新是创新功能的协同

第一,产学研协同创新不只是大学和科研院所作为技术供给方,企业作为技术需求方之间的技术转移的关系。而是在以科学新发现为导向的技术创新中大学和企业各方都要共同参与研发新技术,尤其是大学和企业各方共同建立研发新技术的平台和机制,在研发新技术过程中,企业家和科学家交互作用。这正是产学研协同创新的真谛。这也可以说是产学研由"合作"变为"协同"的重要区别。

第二,产学研协同创新的环节主要在科学发现或创新的知识孵化为新技术的环节。科技进步的全过程包括知识创新环节,创新的知识孵化为新技术的环节和采用新技术的环节。显然,孵化新技术环节是技术创新和知识创新相互交汇的环节。过去,技术创新的最终环节是将新技术应用于生产过程。在现代,一方面,技术创新的先导环节进一步延伸到科学向技术的转化过程,相应地,企业家的职能也引申到这里。另一方面科研机构和大学不只是停留在知识创造和传播环节,其知识创新活动也延伸到了科学知识转化为新技术的领域。这样高科技的孵化领域成为知识创新和技术创新互动并协同的环节。

第三,产学研不完全是企业、大学和科研院所三方机构问题,而是指产业发展、人才培养和科学研究三方功能的协同与集成化。具体地说,一方面作为"学"的大学中包含了科

学研究机构,同时承担着科学研究的功能。另一方面"产"也不只是企业,是指产业发展,或者说产业创新,与此相关除了作为主体的企业外,还有各种类型的研发机构、风险投资家。因此,产学研合作从总体上说是大学与产业界的合作,涉及科学研究、人才培养的职能与产业界的合作创新。即使是科研院所单独推进的与产业界的合作也不能没有人才培养这个环节。

突出产学研协同创新系统中的人才培养即教育的功能是基于在现代经济增长中人力资本作用的凸显。原因是新技术的孵化和采用都需要有掌握相应的科学知识的人才。人力资本积累即人的知识和技能的积累,也会产生提高全社会生产率的收益递增的外部正效应。专业化的知识技能积累可以产生递增的收益并使其他投入收益及总规模收益递增。因此人力资本是现代经济增长的决定因素和永久动力,不同地区不同企业的生产率差别根本上是人力资本方面的差异以及各自的人力资本优劣所致。在此背景下,产学研协同创新的能力就依赖于体现人力资本积累水平的企业家的创新素质和参与科技创新的科技人员的知识积累。

在同一创新平台上,科技创新成果从研发到新技术采用不再只是技术转移,而是共同研发的成果。共建的创新平台和新技术孵化器,无论是建在企业,还是设在大学和科学院,都是开放的。进入研发平台的新思想、新创意不只是进入平台的科学家的科研成果,进入平台的科学家还会根据企业家的需求利用国内外的创新成果为之提供科学思想,从而在平台上产生源源不断的新技术。

三、技术创新的双重导向及其协同

对我国现阶段的技术创新体系一般表述为:企业为主体,市场为导向,产学研深度融合。如果考虑到新科技革命条件下技术创新的源泉,就不能把技术创新的导向只是限于市场导向,还应该关注并重视科学发现导向。只有明确了技术创新受科学发现和市场的双重导向,才有大学和企业,科学家和企业家协同创新的要求。

首先,科学研究的核心问题已不完全是或者说已不仅仅是追求学术上的先进性。科研成果产业化、商业化的速度和质量同样成了科技创新所追求的目标。一种新的科学发现产生以后,接下来的问题是迅速地实现向生产力的转化,于是科技攻关有了直接的经济目的。现代经济增长将主要由科学技术的进步来说明。科学技术成为生产力要素体系中的主导因素。经济增长速度主要由科技转化为现实生产力的速度决定。科技转化为生产力的速度成为竞争力的重要指标。

其次,从20世纪后期产生新科技革命以来,技术进步的新趋势是科学与技术密切结合。在现代技术进步诸多因素中,知识的扩展是核心因素。现代知识扩展不同于近代以前那种依靠简单的经验积累所获得的知识扩展,它是一种科学知识和技术知识的有机结合。这种以科学发现为源头的技术创新意味着技术创新上升为科技创新,体现科学发现(知识)与技术创新的结合。大学和科研机构的知识创新成果成为其技术创新的主要源泉。因此科学向技术的转化过程成为技术创新的先导环节。科学发现—技术创新—生产就成为相互融合的过程。在此背景下,作为技术创新主体的企业和作为知识创新主体的大学都有协同创新的动力。企业成为技术创新主体后,企业不只是在采用新技术上成为主体,还进入新技术孵化阶段,直接参与技术创新。

实践证明,技术创新由市场导向,实际上,只是指创新的技术要想有市场价值,要得到市场的实现。而创新的技术要具有先进性,则需要科学发现或知识创新导向。现代的技术创新与过去的技术创新的重大区别是,过去的技术创新处于工程师时代,而现在的技术创新则进入科学家时代。就是说,以科学发现为源头的技术创新,既需要企业家作为创新主体,解决技术创新的市场价值,也需要科学家进入,以其科学发现解决技术创新的先进性。因此,协同创新从一定意义上说是对技术创新起导向作用的两个方面的协同。单纯的科学发现导向的技术创新不一定为市场所接受,单纯的市场导向的技术创新不一定具有先进性。所以技术创新过程应是科学发现同市场之间的耦合和互动过程。这就是协同创新。

根据信息不对称理论,在新技术交易和转移场合,大学及其科学家创新的成果能否为企业家所接受,实际上存在信息不对称。企业并不完全知道创新成果的先进性程度,科学家创新技术也不完全知道其技术是否为市场所接受。因此,既可能存在创新风险,也可能存在市场风险。科学家和企业家进入同一个创新平台进行协同创新,就可能在互动中克服因信息不对称所产生的风险。这也在很大程度上也解决了科学家的科学研究的导向问题。原来科学家的研究方向大都是凭自己的兴趣爱好,其科学研究究竟有多大的应用价值往往是不清楚的。现在与企业家协同创新也就接了"地气",既能得到国家目标导向,又能得到市场导向,同时在协同创新中得到企业家的互动,创新成果的价值可能最大化。

四、孵化新技术是协同创新的基本功能

长期以来,企业对技术进步的关注集中在两个方面:一是,新技术转移,并且将技术转移机制作为技术创新的重点。二是,引进国外新技术,包括模仿。现在研究产学研协同创新意味着对技术进步需要有新的关注。

基于科学发现和市场的双重导向,研发新技术就是科学发现与技术创新内在融合的体现。因此,科技创新的着重点就不只是技术的转移,更为重要的是利用科学发现成果进行新技术研发,在此基础上才会提出技术转移问题。

现在对科学技术的第一生产力作用已形成共识。但是,科学毕竟不是技术,在未与生产结合之前,它是以知识形态存在的一般生产力;科学只有转化为技术并应用于生产,才能转化为直接的生产力。显然,科学技术成为第一生产力的核心问题在"转化",也就是科学新发现孵化为新技术、新产品,从而使科学技术转化为现实生产力。科学技术转化为现实生产力的速度直接决定经济增长速度。科学发现的成果之所以越来越多地直接成为技术创新的源泉,科学之所以获得了在很短的时间内成为现实生产力的能力,根本原因是

"转化"(即孵化为高新技术)越来越成为科技创新的重点,这也是产学研协同创新的内容。

科学新发现的价值在于经过开发所产生的新技术实现产业化和商业化。而且一种新科学发现可能开发为许多项新技术,甚至可能持续地开发出新技术。对科学新发现进行技术研发不只是企业的事情,需要科研机构和科学家的介入,这就提出了加强大学、科研机构与产业部门协同创新的要求。也就在这种背景下,大学介入了技术创新体系。

现在,许多发达国家工业区位的一大变化是,企业的位置逐渐接近研究型大学,以便就近接受其高科技(包括成果和人才)辐射,这是大学和企业协同创新的区位安排。企业主动接受高校、科研机构的辐射是高科技产业化的一条捷径。与此相应我国一些创新驱动的先行地区有一系列的创造:例如,在科教资源丰富的南京,大学周边就建立起了大学科技园。再比如,在禀赋科教资源缺乏的苏南地区,吸引大学进入其科教城建立各种类型的创新研究院,还有不少地区的大学周边涌现出各种类型的孵化器。大学的科学家、教授和大学生产生出新的思想,可以就近进入孵化器,将新思想进行研发。实践证明,这种在大学周边建立的孵化器尽管不可能将新思想都孵化出新技术,甚至失败的居多,但只要孵化成功,一般都具有原创性,并且有良好的市场前景。即使孵化失败,失败成本也低。原因是在孵化器中随时调整技术方向,可以降低孵化失败的沉没成本。

根据协同论原理,所谓协同是指进入系统的各方围绕同一个目标,能力互补,需求匹配,相互耦合,共同作用。因此,产学研协同创新,关键是解决好大学与企业分别作为知识创新主体和技术创新主体在进入孵化新技术领域中的协同关系。

就大学来说,服从于建设创新型国家的目标,既要顶天又要立地。顶天即参与国家创新体系的构建,在基础研究、前沿技术研究和社会公益性技术研究中发挥主力军作用。立地即解决国民经济重大的发展问题,特别是在进入孵化新技术阶段后,参与以企业为主体的技术创新体系,成为技术创新的生力军。大学进入孵化新技术领域从一定意义上说是将"顶天"的成果"立地":一方面提供科技创新成果和孵化新技术的思想;另一方面提供研发人才,以所拥有的实验室和多学科力量作为孵化新技术的后台支撑。

就企业来说,作为技术创新的主体进入孵化新技术领域,不仅仅是在采用新技术方面成为主体,更是在孵化新技术方面成为主体。其必要性在于:一方面技术创新的主体工作及主要过程都是通过企业实现的;另一方面,也是更为重要的,孵化出的新技术必须要具有商业价值和产业化价值,能够确定其商业价值的只能是企业;再一方面,孵化新技术是可能有回报的,尽管也有不确定的风险。因此,企业投资可以成为其资金来源。这意味着产学研合作创新平台的建设,孵化器的建设的主要投资都必须由企业承担。

知识创新和技术创新的协同实际上是科学家与企业家的协同。本来,科学家的科学研究追求的是学术价值,追求学术领先地位和重大科学发现。企业家追求的是商业价值和市场前景。但当两者进入高新技术孵化领域,两者追求的目标和角色就发生了转换。科学家带着知识创新的成果进入高新技术孵化阶段需要以市场为导向,解决创新成果的商业价值,企业家带着市场需求进入高新技术孵化阶段是以技术的先进性为导向,由此产生两者的相互导向,解决了学术价值和商业价值的结合,从而使创新成果既有高的科技含量,又有好的市场前景。

科技创新的趋势和产学研协同创新的上述定义就把大学推到了科技创新的中心地位,就是说,大学在知识创新领域的主体地位是已经明确的,而在孵化新技术领域的创新中心定位,则要进一步明确。作为创新中心,大学不是孤立地进行人才培养和科学研究,而是将人才培养和科学研究的职能延伸到新技术孵化领域,与作为技术创新主体的企业发挥协同作用。科学研究职能延伸到新技术孵化领域,意味着参与研发新技术也成为大学的本职。由于其科研人员对科学新发现具有更多的知识,因而会主导新技术研发,其中包括科技人员带着科技成果进入孵化高新技术环节创业。大学的人才培养职能延伸到孵化新技术领域,意味着大学要为孵化新技术提供相应的人才,并且要为孵化出的新技术的采用进行人才培训。

第二节　产学研协同创新的平台和机制

一、产学研共同进入创新平台

其实,在没有提出产学研协同创新以前,大学的科研人员就有与企业家在技术创新上的合作。其开发的新技术转让给企业,科研人员也可能进入企业帮助解决技术难题。但这种合作只是项目合作,项目完成,如果没有新的项目,合作就结束。而且,这种合作只是科研人员与企业的私人行为。现在提出的产学研协同创新与之有明显的区别:第一,是大学与企业有组织的合作;进入合作创新平台的科研人员不是孤立的个人,而是依托了其所在大学的人才和科研成果。第二,不限于项目合作,具有特征性意义的是大学与企业共同构建协同创新的组织(平台),与过去的项目合作相比,这种有组织的合作创新可能产生源源不断的创新成果。第三,企业和大学不仅建立了研发共同体,也建立了互利共赢的利益共同体。

产学研协同创新平台大致建在三个地方:

一是,产学研协同创新平台建立在企业中。一批国际知名的大企业拥有先进的科研设备和雄厚的研发资金,吸引大学的科研人员进入。在不少发达国家,企业拥有的科技人员约占全国科技人员总数的60%—85%。企业自身对科技开发的投入也在不断上升,以日本为例,企业投入的科技费用已占全国科研投入的82%以上。在我国的深圳也是这种模式,90%以上的科研人员、科研项目、科研成果在企业中。

二是,产学研协同创新平台建立大学中。主要形式是企业投资在大学共建研究中心、研究所和实验室,进行联合科技攻关与人才培养;企业在大学和科学家那里发现有商业价值的新思想就提前介入,为该项目研发提供风险投资和市场信息,支持其将新思想往前走,在实验室进行实验,并进行新技术孵化,期间会有企业不间断的投入和不间断的新的科技创新成果的进入,从而不间断地产生可以进入市场的新技术、新产品。

三是,产学研协同创新平台建立在政府规划并建立大学科技园区内。大学科技园吸引大学和企业进入,推动大学与地方政府,与科技企业全方位合作,推动大学科技园成为大学教学、科研与产业相结合的重要基地,成为高新技术企业孵化的基地、创新创业人才培育的基地和高新技术产业辐射催化的基地。

高效率的产学研合作创新载体运作方式,不仅能够顺利完成科学创新、技术创新和成果转化的重要任务,而且能够提高自主创新能力和实现创新型国家建设的最终目标。根据产学研合作的发展趋势和合作内容,将产学研合作的运作方式划分为人才培养型、研究开发型、生产经营型和政府主导综合型四种模式。

二、研究开发型产学研合作

研究开发型产学研合作是指产学研各方为了加强产业的科技研发能力而开展的多样化合作,是科技创新主体依靠其自身和外部力量联合进行的一种科技创新活动。在研究开发型产学研合作过程中,企业主要通过与科研院所、高等院校、行业基金会和政府等组织机构的联合研发形式,应对研发过程中的高额投入和不确定性,尽可能地规避风险、缩短产品的研发周期,从而节约交易成本,提高创新效能。研究开发型产学研合作创新载体有如下具体形式:

1. 契约式产学研合作

契约式合作,即企业与大学签订合作契约,共同进行研究和开发。如委托研发协议、合作研发协议、研发联合体、研发联盟等。契约式产学研合作的最大特点就是以项目为纽带将产学研各方结合到一起。项目的提供者既可以是企业,也可以是高校或研究所机构。如果项目所生产的效益分别与产学研各方的利益一致,就可在相关方面之间形成局部的共同利益,进而形成以项目为纽带的契约结合。在契约式产学研合作模式中,企业经过合作掌握了特殊的技术、专利、生产等稀缺性资源,重构了自身的资源和能力,通过创新成果获得较高收益,并带动企业其他资源的收益递增;大学则由于提供了企业需要的资源而获得收益。在这里,收益并不仅仅指项目经费等狭隘的经济利益,还包括专利、成果归属权以及奖励、声望、名誉等非物质利益。合作的最终结果是资源的所有者获得经济租金,合作双方实现双赢。

2. 联合承担科研课题

企业的研发机构与大学的研究机构就具体课题进行联合研究开发,充分利用各自的资源优势,实现优势互补。对高校而言,这种形式具有比较大的自主性。大学科研优势与企业的资金优势相互补,一旦课题得到认可便可以得到资金和设备条件的支持,这是科技创新链条的延伸,也是社会服务平台的延伸;对企业而言,这种形式可以根据企业的战略发展要求来核定所要支持项目,激活企业的研发能力,提升企业的科技竞争力,从而保证企业的长远发展目标的实现。例如,IBM 为了建立和增强与我国一流知名高等院校及其知名学者或研究人员的联系和合作,寻求和推动双方共同感兴趣的联合研究项目,每年IBM 公司都会成立由高级主管和资深技术人员组成专门的执行委员会,从著名高校中挑选和确定出具有研究意义的科研项目,与高校共同进行研究。

3. 联合实验中心

建设这种实验室的关键在于,要根据各种类型院校自身的办学特点,深入研究相关企业的特点和需求,努力找出双方的交集,联合建设市场导向型实验中心。联合实验中心可以实现高校与企业的优势互补。一方面,高校可以利用在科技研究上的优势,积极引进企业的资源加入到高校专业实验室的建设中,从而扩大专业实验室建设急需的资金来源;另一方面,企业以联合实验中心为纽带,依托高校的教学、科研和人才的综合优势,培训提高职工的科学技术和文化素质,推动企业的技术革新。校企共建联合实验中心,不仅能够有效解决长期以来教学与生产相脱节这一高等学校人才培养的老大难问题,而且可以针对新技术进行持续开发工作,使企业在技术上保持在同行业中的竞争优势,并源源不断地为企业开发出换代产品。

4. 高校—企业合办研究院

高校—企业合办研究院是指企业在高校建立的研究所、实验室、相关学院与培训中心等研究与发展机构。冠以某企业名称的实验室、研究院,是大学进行科学研究的重要创新平台。企业通过共建研发中心,把企业的真实的研发项目搬到学校里来,安排企业技术人员与大学教师组成研发团队,共同研究新技术、开发新产品,充分利用高校优质资源和技术支持,既可以提升企业品牌,又吸引更多的优秀科研人员参与企业的发展,为企业培养相关科学与技术后备人才。高校—企业研究院是实现产学研合作的高层次目标的重要载体。通过遵循利益共享、风险共担的产学研合作利益分配机制的基本原则,合作各方均能从中获取较大的利益,能够将企业产学研合作的短期目标和长期目标有机结合起来,逐步实现培养人才、提升技术、增强创新能力与市场竞争能力的长期目标。

5. 博士后工作站

中国博士后制度是中国借鉴国外培养优秀人才的经验,结合中国国情创立的一项吸引、培养和使用年轻高级人才的制度。通过博士后进站工作的方式,与企业共同攻克技术难关,提高产品和产业的国际竞争力。企业博士后科研工作站被誉为企业技术创新基地,高等院校和科研院所科技成果转化的中介,高级科技和管理复合型人才成长的摇篮。产学研联合共同培养博士后,可以做到优势互补,缩短博士后科研课题和实际应用的差距,加速科研成果的产业化。博士后工作站的研究项目来源于企业的生产实践,是企业本身迫切需要研究的技术问题。一旦研究出成果,就可以直接投入中试和大批生产,从而实现科研成果直接转化为生产力。

三、产学研协同的机制

产学研协同是一个系统工程,其功能和作用都是双向的。任何强调其中一方而忽视另一方的做法,都会使系统受到破坏,其协同的整体效也将大大削弱。因此,产学研协同创新有了平台还必须要有机制。构筑并完善一个透明的使产学研各方互利互惠、利益共享、风险分担的利益机制,是产学研协同创新成功的必要条件。

1. 产学研的不协同问题

第一,研发过程中各方目标取向不一致。学校或科研机构通常会比较注重追求学术成果和技术领先地位,对产品市场价格信息和企业的经济效益考虑较少。而企业关心的是商业回报和市场竞争优势形成,过分重视技术研发产生的短期经济效益,缺乏长期的创新战略考量,对研究开发的长期性投入认识不足,容易用短期的经济效益来评价一项技术的可行性。

第二,产学研各方协同创新的动力不足。企业自身"造血"功能不强,传统的模仿式创新,形成了独特的企业生存方式,不少拥有专利技术的产学研各方习惯于"孤军奋战",很多企业不愿意对已有的产品进行再次技术创新,使原本属于自己的市场被他人利用先进技术和产品分割等方式抢占。

第三,研发过程中信息的不确定性影响技术成果的成功率。创新中的不确定性主要与创新项目选择的不确定性、研究开发过程的不确定性、市场需求的不确定性和商业景气循环中的不确定性等因素有关。上述不确定性是技术研发过程中固有的风险,导致契约当事人共同面对难以预期的变化。这是产学研合作创新的难度所在。

第四,研发产生的外部性会导致"搭便车"现象。产学研合作创新的目的不外乎获得作为无形资产的技术或更高层次的新产品。技术的公共物品属性决定了研发技术的产权所有者无法防范技术效果的外溢,更不能限制技术的外部经济性,从而对研究开发型产学研合作具有消极作用。

第五,产学研各方存在违约的动机。技术创新和应用存在的不确定性,技术本身的专业性以及技术合约当事人之间存在着信息的不对称性,必然导致合约条款不可能无所不包。所以,当履约所能获得的预期收益不足以对合约当事人产生应有的激励,且履约又存在固有不确定性时,合约当事人的某一方就有可能出现机会主义行为,不愿完全履约或违约推脱责任。

为了推动产学研合作各方采取合作型博弈,必须努力在消除双方之间的信息障碍的基础上,达成一个对双方均具有约束力的协议。必须强调研发过程中信息沟通、理性安排和契约保证,以制度创新解决产学研合作中存在的问题。必须发挥企业的主导作用,协调好技术、商业和生产战略之间的关系,以市场为导向,使技术能成功地转化为生产力,并创造出经济效益,避免无效的技术创新。

为了保证产学研各方合作的稳定性,需要从企业、政府、产业三个层面进行制度安排和组织强化。建立规范化的研发合作进退机制,减少产学研各方利益冲突。尤其是当不同企业与科研机构存在价值目标冲突时,需要有规范地进入退出机制确保冲突对创新载体的负向冲击最小。而且,产学研合作没有建立相应的配套措施保证专利技术的实施、转化,放弃专利的现象比较严重,企业也没有相应的技术储备。因此,必须以市场为导向选择高技术含量、高附加值、高市场份额的项目,为产学研合作奠定创新基础。

2. 产学研协同创新的机制建设

产学研协同创新可以说是各方优质资本的投入。将科研成果"孵化"成新技术、新产品的"孵化器"和中试基地的投入不仅数额大,而且风险高。为孵化新技术投入的资本是不同类型的资本的组合。大学和科学家主要是知识资本和人力资本的投入,企业则要更多的提供物质资本。具体地说,在协同创新共同体中产学研各方都提供资本。"产"提供物质(货币)资本,"学"培育人力资本,"研"提供知识资本。产学研协同创新是三方资本的集合,缺一不可。进一步说,产学研协同创新平台作为一个产权组织,不只是物质财产的产权组织,而是包含物质产权和知识产权在内的产权组织。

(1) 专利权投资入股。

专利权投资入股是专利直接体现为资本的一种形式,也是专利资本化的重要形式之一。对于产学研合作的研发机构来说,在研发过程中形成的技术(或产品)专利权作为一种重要的知识产权,可以成为投资入股的客体。专利权所有者没有获得即时兑现,而是以股东或合伙人的身份获得所投资企业的一部分股权,未全部或部分丧失专利所有权。专利入股是很多拥有技术但无资金的创新者实现专利转化、体现价值、获得回报、持续创新的捷径,也是商业合作谈判的重要筹码。以专利形式入股的产学研合作创新具有重要的社会经济价值。一是,可以促进科技成果迅速转化为生产力。发达国家的科技成果转化率已达 50% 左右,而这些年我国始终在 10% 以下,一个重要的原因就是知识与资本的结合途径少而且不畅。二是,专利入股可以激发科研人员的创新动力。专利入股让只有技术而没有资金的创新者成为企业的合伙人,也由此让他们担负了企业的经营风险。三是,通过专利入股方式,企业可以降低新技术引进成本,增强企业竞争力。通过这种方式,企业不仅得到了新技术,还得到了相关的创新人才,成为企业培养持续创新能力和竞争优势的原动力。

(2) 风险分担和利益共享。

虽然产学研各方进入的协同创新是由物质(货币)资本黏合的,但不能单纯以物质资本的回报来确定利益分享。知识资本和人力资本在产学研协同创新的共同体的资本结构中占主导地位,知识产权在共同体的产权结构中占主导地位。因此,协同创新的利益分享的基本要求是保障知识和技术创新者的私人收益,使其发现新技术的成本得到补偿并能得到更高的收益。只有这样,才能鼓励大学参与产学研协同创新,调动科技人员研究和开发高新技术的积极性。为了使知识资本的价值得到充分的评价,主要的制度安排在两个方面:一是,技术资本化。在企业的股权结构中应在充分估计技术投入价值的基础上安排技术股,在收入分配中充分体现投入技术的价值。二是,技术商品化。在技术转让时科技成果得到科学的评估,以充分实现其价值。当然孵化新技术不成功的风险也应该由参与各方共同分担。

（3）突出知识资本和人力资本在协同创新中的创新贡献及其收益。人力资本和知识资本的积累是现代经济增长的重要因素。知识分解为一般知识和专业化知识，各自在促进经济增长中起不同作用。一般知识的作用是增加规模经济效益，专业化知识的作用是增加生产要素的递增收益。这两种作用结合在一起便可使资本和劳动力等其他投入要素的收益递增。这种递增收益体现知识产权的收益（垄断利润）。递增的收益又可重新用于技术创新，形成如下良性循环：创新投资促进知识创新，知识创新促进规模收益的提高，从而使经济持续增长。知识不仅形成自身的递增效应，而且能够渗透于资本和劳动力等生产要素，使资本和劳动力等生产要素也产生递增收益，从而使整个经济的规模收益递增。

总的来说，产学研协同创新是在科学新发现成为技术创新的源头背景下提出的。这种协同创新体现知识创新和技术创新的协同，是大学作为创新中心同企业作为创新主体的合作。这种协同创新不是简单的项目合作，而是共建创新平台的合作，是利益共同体。政府在其中起着引导和集成作用，因此是政府引导的以企业为主体大学主动参与的产学研协同创新。

第三节 产学研协同创新载体

一、科技企业孵化器建设

孵化器原意是指人工孵化禽蛋的设备。所谓科技孵化器是为科技人员孵化新技术和科技创业提供一个集中研发的场地和种子资金，配有通讯、网络与办公等方面的共享设施。孵化器具有共享性和公益性的特征。孵化器举办者会对进入者提供系统的培训和政策、融资、法律的咨询，并且提供市场推广等方面的服务，旨在对高新技术成果、科技创业企业进行孵化，使创业者将发明和成果尽快形成可以进入市场的技术和产品，各类风险投资者也进入这里选择投资项目。从而降低创业企业的风险和成本，提高企业成活率和成功率。在孵化出新技术同时也就孵化出新企业和企业家。孵化出的新企业达到一定规模就会飞出孵化器进入产业园。

孵化器重要的特征是拥有人才的高度聚集。由运营、管理、销售、技术等不同人才构成的孵化管理团队是初创企业起步和发展的有力支持。孵化器的孵化资源可以分为硬件资源和软件资源，硬件资源由土地、设施、厂房等构成，软件资源则由技术、信息、资金等构成。高度聚集的孵化资源可以以共享的方式提供，以较低成本供新生科技企业使用。孵化器的功能要素则是服务，主要包括市场拓展、融资服务、法律支持等。孵化器的客体则是孵化对象，孵化对象主要有较高技术水平和潜在应用价值的科技项目、进行创业活动的高新技术企业等。孵化器的主要作用是围绕孵化对象的成长提供各种服务。

科技企业孵化周期可以分为孕育期、婴儿期、学步期、青春期等多个阶段。

孕育期。创业团队在孕育期常常充满想象和冲劲,向投资者描绘出一副无比完美的商业蓝图。但当具体落到实际时,要做些什么,每个阶段计划,由谁来做等一些常规问题时,创业团队往往缺乏经验。孵化器的目的是帮助创业团队客观分析其优势、缺陷和外部市场环境,并且精心分析创业团队项目的可行性,以确保有潜力的项目能孵化成功。

婴儿期。婴儿期的企业处于刚刚成立期,资金是企业发展的源泉。如租用办公场地、雇用员工、购买办公设备等都需要大量的资金作为支撑,这时期企业耗费的资金都是初始投入,正常营业业务可能还没有开展,企业现金流入几乎为负数。现金支出远大于现金流入,企业处于入不敷出状态。企业从真正成立至初期发展遇到种种困难,这些困难可能会磨灭创业者的热情。

学步期。企业渡过婴儿期后则进入学步期。在学步期企业会因初期成功而变得膨胀,导致容易盲目尝试跨领域发展,很可能对于涉足的领域不了解造成亏损,使刚盈利的企业资金链断链而破产。学步期企业经历了市场份额、销售收入从无到有,甚至有些企业变成强大企业,但依然存在着不可忽视的弱点,比如,缺乏完善的管理和组织制度。如果企业不能很好解决这些弱点,会导致企业止步不前,最后走向失败。

青春期。企业发展成为青春期企业时,会面临着是否授予职权、领导风格转变和组织目标转变的问题。当企业进一步发展壮大时,授权要求创业者由原始企业家向职业管理人转变,在建立规章制度过程中逐步走向制度化、职业化。但创业常常都是那个带头打破规则的人,这些人也容易使得规章制度和引入的职业管理人形同虚设。组织目标从学步期强烈追求市场份额、销售额,逐渐转向利润。在努力实现企业组织化与追求质量目标驱使下,青春期企业很容易在内部出现派系斗争导致合伙人分道扬镳。新进入的职业管理人驱逐创业元老,具有创业精神的人才离去,会导致企业还未来得及进入盛年期便成为"未老先衰"的企业。

科技孵化器对科技企业的创立有两方面孵化功能。

首先,科技企业孵化机构具有缓冲功能。创业企业都会不同程度地受到外部环境的影响。由于应对风险能力弱或经验不足,没有足够的力量独立面对和承受复杂的外部环境考验,如,激烈的市场竞争、繁多的规章制度变化等。如果初创企业直接进入市场,很容易被扼杀在摇篮中。这时孵化机构应该为初创企业生长提供一种受控环境,在这个环境中风险是可控的,被孵化企业能够避免直接面对各种环境危害,降低对外部机构的依赖和受影响程度,从而提高初创企业的成长概率。当外部环境对初创企业造成影响时,孵化机构可以建立一个有效的保护膜,将被孵化企业与那些影响企业生存与发展不利因素隔离开,并向人为筑造的保护膜环境里注入初创企业需要的各种资源,如办公场所、管理与销售技巧、资金等,让初创企业在孵化机构建造的环境里发展壮大。

其次,科技孵化机构具有桥梁功能。初创企业在起步阶段不仅需要大量资金,还需要得到关系平台,获得更多社会资源。孵化器可以帮助企业增加获取资源的机会,降低企业与外部联系的交易成本。

二、科技创新中介机制

科技中介机构在产学研合作与金融机构的联系过程中发挥重要作用:在信息方面能够快速解决信息不对称引起的资金匮乏和技术研发需求等合作障碍;在效率上能够推动创新产品、知识产权、专利技术等科技成果的快速转化;在交易成本方面能够极大节约各方的交易费用。目前我国科技中介机构处于发展阶段,政府应当通过加强科技中介有关科技金融与产学研合作方面的引导、培训,增加中介机构与科技金融相关的服务项目,促进科技中介机构提高服务质量和服务能力,构建科技中介服务保障体系,充分发挥科技中介的衔接与纽带作用。

科技创新中介服务机构包括技术市场、技术商场、技术交易中心、技术产权交易所、专业协会、院所技术转移中心等。这些机构通过诸如技术成果交易会、高新技术博览会、经济技术协作洽谈会、技术难题招标会、网上技术商店、技术商场、技术市场等形式,推动成果转化。尤其要关注以下中介形式:

1. 众创空间

从运营方式上看,众创空间和孵化器有重叠,但又不完全一致。众创空间主要服务于"大众创新",服务对象为以创新为特征的创业团队、初创公司和创客群体。众创空间解决创业早期孵化难题,为更多草根创业者提供成长空间。众创空间重点关注创意,是创新的最前端,追求的是把一个新想法做成新产品,协助创业者将想法变成样品的平台。众创空间包括创业咖啡、创新工场等新型孵化场所,"一张桌子就可以创业"的众创空间没有围墙,甚至在互联网上。众创空间的服务功能包括:创业辅导功能,投资融资功能,资源对接功能,氛围营造功能。处于初创阶段的大学生创业一般都是首先进入众创空间。

2. 行业协会

行业协会既不同于追逐自身利益最大化的企业,也不同于履行行政管理职能的政府。行业协会在职权范围内的活动,主要为会员提供服务。行业协会作为行业利益的代表者,能够准确收集和分析市场信息,为政府制定政策提供专业建议,把宏观的指导政策运用到微观的市场活动中,以减少政策的运行成本。行业协会在中小企业与投资人之间充当信息发布者的角色,邀请风险投资人对相关中小企业的产品研发方案进行评估,便于风险投资者进行科学决策。行业协会通过组织各类专业技术人员的培训,推广行业的关键技术、共性技术,从而提高中小企业员工的技术水平。行业协会组织各类新产品、新技术的推广会,加强企业之间的交流合作,优化中小企业的产品研发计划。行业协会还可以从制定或修改章程的相关条款来约束企业的不正当行为,对违反规则的企业进行处罚,以建立规范的人才流动秩序,保护中小企业的利益。

3. 科技资源共享平台

科技资源共享平台充分利用地方特色资源的需求和资源优势,将高等院校、科研院所和企业的优势资源整合起来,适当引进本地急需的科技资源,使产学研的资源优先对接,形成资源共享的产业链条,使企业可以有效利用本地优势的数据资源、大型仪器、工程技术中心、重点实验室、科技人才等科技资源,加快创新速度。科技资源共享为学科交叉研究提供了基础性平台,为前沿学科取得突破性进展提供了必要条件。科技资源开放共享不仅能够提高财政资金使用效益的客观要求,也是降低创新成本、提高创新效率的有效途径。更为重要的是,科技资源共享打破条块分割、信息闭塞和垄断,创建一种新的共建共享机制,为高等院校、科研机构和企业科学研究、技术开发,为创新人才培养和优秀人才脱颖而出提供良好的环境和条件。

4. 网站信息平台

产学研网站信息平台是指在互联网宽带技术迅速普及的背景下,利用现代化的信息产业技术搭建一个专业性的提供产学研合作的多媒体共享平台。网站信息平台拓展了合作各方的沟通形式和渠道,使其充分利用自身拥有的信息资源,加快产学研合作模式的开发、利用和管理,深化科研成果需求方与供给方的沟通,从而提高产学研的创新效率、自主创新能力、沟通能力,节约合作的交流成本,改进产学研合作的组织结构和工作方式,促进电子商务、电子政务、网络学习平台建设。网站信息平台的价值就在于通过搭建一个包含信息生产者与利用者的交流平台,促进非正式学术交流的信息化。

5. 营利性管理咨询服务机构

营利性管理咨询服务机构以信息为基础,综合运用科学知识、实用技术和行业经验为特定企业的决策和运作提供专业化服务。其核心作用和功能是提高客户的经济管理水平和经济效益。随着现代经济社会和社会专业化分工的发展,营利性管理咨询服务机构已经成为有效整合各个领域的专家资源,为创新型企业提供专业化的管理知识和咨询服务,推动研发团队和成长期企业深度合作的重要组织形式。营利性管理咨询服务机构还要辅助企业实施管理改造,为产学研合作创新的理性决策提供坚实的基础。

6. 技术交易市场

技术交易市场是技术商品交换关系的总和,包括从技术商品开发到技术商品应用的全过程。它涉及技术开发、技术转让、技术咨询、技术服务及其相关的其他技术交易活动。成熟的技术交易市场,不仅可以提升企业的产品竞争力和自主创新的能力,分散和转移企业的创新风险,而且有利于提高企业创新速度,以便更好地响应市场需求,从而获得更高的经济收益。大学、科研机构通过技术交易使得科研人员更加贴近市场,有针对地选择科研方向,提高科研项目的应用价值和商业价值。在产学研合作过程中,中介服务机构还应拓展企业与国外技术贸易机构的合作,面向国内外市场,实现创新资源全球化配置,降低创新成本,提升创新效率和规避创新风险。

三、大学科技园

大学科技园是发展知识经济的载体,是创新活动最活跃的区域,是以高校为依托,以创新创业人才培养、高新技术企业孵化、科技成果转化为主要目的科技企业孵化器,是在新经济迅速兴起的大背景下高校职能的延伸,是高校与社会联系的桥梁。大学科技园是整个创新支持系统资源配置的枢纽,带动整个创新系统动态发展。拥有研发实力或者自主知识产权成果的科技创业团队在园区创办高新技术产业,园区通过资源整合,提供服务,让初创企业不断发展壮大,最后培养出成熟的高新技术项目或把初创企业孵化成为具有市场竞争力的成熟企业。大学科技园中聚集着各种精英,人才是大学科技园发展的基础。大学科技园的完善需要科技研发人员、企业管理、市场营销和策划等专业人才。大学科技园的主要作用是为各创新主体提供信息、资源交流和综合服务的平台,实现政产学研的协同管理。无论是自发形成,还是政府创办的大学科技园,其目的均是为科技创新提供资源支持服务、推进政产学研合作、加快知识转移和促成科技成果产业化。其实现途径是通过大学科技园集聚各类创新资源,并借助大学科技园的体制机制,实现各类资源优化组合。"截至 2013 年底,我国国家大学科技园已达到 115 家,孵化面积 325 万平方米,入园企业超过 14 000 家,在孵企业实现总收入 209 亿元,提供就业岗位超过 30 万个(在孵企业从业人员 13 万人),在孵企业申请专利 9 096 项(发明专利 383 项),授权专利 4 209 项(发明专利 1 328 项),转化科技成果 5 235 项,孵化基金总额超过 8 亿元。"[①]

发育成熟的大学科技园区,既能凸显特色产业,又能形成一个完整的产业链条。一个成熟的大学科技园区,涵盖中试、孵化、胚胎企业、包装、引资、产业化等多种程序与环节。每一个程序与环节上都需要众多的企业与人员。大学科技园区产业链条的形成,还体现在配套服务产业的完整性上。在不少科技园区,不用走出来,就能在该园区内享受工作、生活、娱乐、购物一条龙服务,而且,这些行业之间还具有较高的关联度。大学科技园区创业平台依托的是大学的资源优势,充分发挥这些优势,不断开发拥有自主知识产权的产品和技术,形成独特的研发优势。1. 大学科技园区创业平台作为管理者,职能是服务于创业平台内在孵企业,协助在孵企业的有效运作。2. 大学科技园作为一种成果转化机制孵化科技成果,为初创企业提供良好的软硬环境、科研成果、科研人员以及更有利的政策。3. 大学科技园区的成果转化需要大量资金的支持,风险投资是大学科技园区成果转化资金的重要来源。大学科技园区创业平台在孵化企业的过程中,实质上充当着创业企业的摇篮、保护伞和服务者,具有特殊的经济效率,在促进科技成果转化与产化、增强高新技术产业的自主创新过程中起着至关重要的作用。

---

① 陈丽莉,毕蓉:《四川省大学科技园区管理及运行模式探析》,《经营管理者》2016 年第 1 期,第 154－155 页。

附录：国外的产学研协同创新模式

一、美国高校产学研合作模式

1. 科技工业园区。根据美国相关组织规定：科技工业园，首先必须具备私立或者公立的研究开发设施、高技术或者科学技术导向型企业、以支持性服务为目的而开辟的土地或建筑物；拥有大学及其他高等教育、科研机构在大学及其他科研机构的正式协作运营；必须能够促进企业与大学之间的共同研究开发，能够支持新型风险企业的成长；具有支持大学与入驻企业间技术和运营方法转移作用。美国最早建立的科技园为硅谷科技园，斯坦福大学就坐落在这个园区的中心。通过高校与实体企业之间的互相合作，硅谷科技园得以迅速发展。在硅谷科技园的带动与影响下，美国建立了上百个科学园区，其中著名的有杜克大学、北卡罗来纳州立大学和128号公路高技术园区共同建立"三角研究园"、奥斯丁高技术园，这些园区对美国经济和教育产生巨大影响。

2. 企业孵化器。企业孵化器最初是由美国政府牵头组建，慢慢地开始在高校建立起来，主要目的是为刚起步的新建企业提供资金、技术、信息等方面的扶持。企业孵化器除了为新建小企业提供市场、场地、资金等，还为企业提供科研设备、员工培训、后勤等服务，并且帮助企业制定经营规划、创业管理技能等培训；企业孵化器同时为已经成长起来的企业提供咨询服务。孵化器的诞生顺应了企业创办高新技术产业的需要，也为高校服务找准了切入点，能够更大程度提升企业的成功率，企业孵化器是扶持新建企业的一种模式，弥补了科技工业园的不足。

3. 合作研究中心。合作研究中心是由美国国家科学基金会资助，1990年正式实施，由高校和企业共同投资、共同管理的组织。合作研究中心主要根据企业要求在高校支持下开展课题研究。合作研究中心最早在卡内基—梅隆大学、俄勒冈大学、犹他州立大学、北卡罗来纳州立大学出现，随后数量不断增加，现在合作研究中心都是由一所大学和多家企业联合组成。合作研究中心有力推动了政府、高校和企业的合作，并使各方达到共赢的目的。

4. 高新技术转让服务。美国政府对高科技成果的社会应用非常重视，在一些州，政府会通过制定相关法律法规来帮助新兴企业，地方高校也会在企业发展过程中为其提供技术支持。美国政府为了提高大学、国家实验室和私人研究机构的科研成果转让比例，建立了全国性的技术转让网络，一些具有工业应用前景的技术成果可以通过该网络向企业界转让。

5. 高新技术咨询中心。高新技术咨询中心是美国高校的常设机构，几乎每所高校都有这种咨询中心，高校不仅是为社会服务还为企业提供咨询服务，美国政府鼓励高校教师为企业提供各种技术咨询服务，这种咨询服务促进了高校产学研合作的良性发展，是一种有效的产学研合作途径。通过技术咨询服务，高校可以把理论知识应用于社会实践中，还能为企业节约一定的研发投资成本。

6. 工程研究中心。美国很多高校以自身的优势或者专业为核心，吸收实力雄厚的企业参与，围绕产学研合作成立相关工程研究中心；其基本单位为课题组，由博士后、大学教师、研究生、大学生以及企业界的科学家参与共同完成研究与教学任务,其主要任务是针对工业生产需要开展跨学科研究,同时着力培养工业生产所需的工程技术人员,所研究的课题是高校与企业双方都感兴趣的。

二、日本高校产学研合作模式

1. 科技园。日本政府在20世纪80年代建立以高校为中心的科学园区,科学院以高校为中心,与专门科研机构、生产企业合作兴办高技术密集区,这样既能够培养新的科技人才,促进教育教学改革,又能开发新技术、新产品和新产业。筑波大学作为筑波科技城的核心,是日本高校产学研合作的典范。筑波大学产学研合作有三种主要制度:共同研究制度、委托研究制度和捐赠讲座。

2. 共同研究中心。日本全国共43个道县府,其中已经有52所国立大学设立了共同研究中心。研究中心不仅对企业开放,而且对民间企业技术人员进行继续教育,转让研究成果。日本政府对重要的大学研究机构及其附设研究所配备大型研究设备和研究资料,建成更适宜综合化研究。面向国内、国际开放的共同研究中心。

3. 共同研究。共同研究中心是建立高校与企业之间的产学研合作模式,这种模式是在1983年建立的,高校接受企业派出的研究人员和经费,由高校老师和企业人员确定共同课题,双方的地位和角色是对等的。研发中心设立在高校,设备由双方提供、成果共享。

4. 委托研究。委托研究是指由民间企业、政府部门、公益性机构、地方团体等委托高校实施的一种研究活动,委托人承担研究中所需全部经费,经费中七成用于研究员使用,三成用于学校管理,目前这种模式在日本发展最迅速。

5. 企业捐赠制度。企业捐赠制度则是高校可以利用企业捐赠的资金在高校开设"捐赠讲座"或者"捐赠研究部门"。日本政府积极鼓励个人、民间团体、企业向高校捐款,以改善高校的教育教学条件,提高其科研水平。

6. 委托研究员制度。委托研究员制度是指企业从高校聘请科研人员对企业的技术人员或研究人员进行培训,提高企业技术人员或研究人员科研水平,以此帮助企业提高研发能力。

思考题

1. 产学研合作模式有哪些?其主要内容是什么?

2. 企业的孵化分为哪几个阶段?每个阶段的特点是什么?

3. 我国的产学研模式有哪些特点?随着科技进步思考未来我国产学研模式的发展趋势。

4. 科技园的作用是什么?未来应如何完善大学科技园的作用?

5. 在我国产学研机制对经济的贡献是什么?倡导产学研合作有什么意义?

第四章　创新创业的机会与捕捉

小张大学毕业后想自主创业,他知道光凭激情是不够的,迫切需要了解的是现实中给他哪些创新创业机会。实际上机会对每个人都是公平的,关键是你能否捕捉到机会,并且抓住机会。

第一节　创新创业机会

新的时代背景下,可以把创新理解为美好的构想上的有效实施,并导致价值创造的过程。创新与创业有着密不可分的联系,没有创新何来创业。创业者结合自身所拥有的可利用的资源与外部环境变化带来的创新创业机会,创立新的组织,出售新的产品与服务,满足新的市场需求。管理改变世界,创新强国,创业强国且富民。目前无论是国家的结构调整与发展战略,还是技术层面的大数据、云计算、人工智能等迅猛发展的高新技术,都为我国的创业者提供了前所未有的创新创业机会。在以科技创新为第一生产力的现在,创新与创业已经成为一种不可阻挡的趋势。

一、创新创业机会的来源

创新与创业常常起源于个体发现了一个尚未被大众所知的机会。找寻创新与创业机会,便成了"大众创新,万众创业"大背景下,创新与创业者们急需考虑的事。关于创业机会的起源,根据学者们的论述,创业机会的出现往往是因为环境的变动,如市场的不协调或混乱、信息的滞后以及其他各种各样的因素影响。也就是说,在一个自由的产业系统中,外界环境是在不断动态变化的,人们感受到的环境中充盈着混乱、混沌、矛盾、落后与领先、知识和信息的鸿沟以及多种多样的其他真空时,创业机会就产生了。根据已有的研究结论与笔者观察到的现象,可以把创业机会的来源分为以下几种。

(一)宏观环境变化新情况

典型的宏观环境变动包括社会分工演进、人口结构变化、城乡结构变迁、经济活动多样化等方面。这些宏观的变动将导致创业机会在各个层面出现,但是又以"出其不意的方式降临到每个人身上",这种机会的辐射范围很大但是发生的周期却很长。进入 21 世纪以来,我国取得了长足的发展,社会面貌发生了翻天覆地的变化。这里指出典型宏观环境变化下的三类与创新创业紧密相关的趋势。

1. 人口老龄化

中国的老龄化是一个规模大且发展迅速的过程,其影响比许多其他国家都要更深远。国家统计局编著的中国统计年鉴显示,在 2015 年,65 岁以上的老龄人口已经占到了全社会总人口的 10.5%。据世界卫生组织预测,到 2025 年,中国老年人口总数将近 3 亿,到 2050 年,我国将有 4 亿老年人,占总人口的 30% 左右,即每三个人中就有一个是老年人,而且按照现在我国老龄化发展趋势,老龄化时代只会更快的到来。

人口老龄化是全世界将面临的共同问题,一些经济学家视之为危机,认为它将使国家财政不堪重负;一些具有先锋意识的科研和企业人士则认为其中蕴含巨大商机,正试图说服政府和产业界重视开发针对老年人需求的产品和技术。例如,高效、有效、专业的养老系统/产业的发展,能够担负起解决老龄化社会带来的沉重养老负担。据预测,到 2020 年养老床位需求为 729 万张,2025 年底全国养老床位应达到 900 万张以上。但是从总体上看,我国每百人所拥有的养老机构床位数较低,大体徘徊在 1—2 张之间。这与发达国家 5—7 张的床位数相比有较大的差距。研究显示,我国老年人对养老机构的需求有较大的缺口,养老机构床位数供给远小于需求,供需矛盾十分突出。严峻的老龄化问题及其需求将给创业者提供许多发展与创新的空间。

2. 国际化

自改革开放以来,我国就积极融入全球发展,为全世界提供各类产品与服务。习近平主席上任以来,着眼于人类命运共同体的共同福祉,提出了"一带一路""中国制造 2025"等战略举措。这些国内国际战略的实施,带来了更多更广泛的国际合作,也为中小企业国际合作发展提供广阔的前景和多样化的选择,中小企业在我国企业总数中占比高,对国民经济的贡献大,在经济和社会发展中起到难以替代的作用,中小企业的国际化也已经成为了重要趋势。根据工业和信息化部的统计,中小企业拥有的专利数占专利总数的 65%,而且其中 85% 是新产品开发专利。中小企业已经日渐成为中国社会和经济发展的重要推动力,尤其是在创新领域,中小企业的作用不可忽视。为中小企业国际化,目前国家在投融资、税收、特殊优惠等政策方面都提供了有力的支持政策。

由于中小企业更注重在国际化中获得商业机会和企业发展,而非只是利润的单一诉求,因此员工们也普遍认为国际化业务会给他们自身能力提升带来帮助。这也促使中小企业进行国际化的意愿不仅仅停留在决策层,员工层面支持国际化决策的倾向也十分明显。在中小企业国际化的过程中,我国的企业家与创业者,为企业的研发与生产注入新的血液,积极参与外界环境变化的结果,带来了新的创业信息与机会,催生出新的组织与商业模式。

3. 新型城镇化和乡村振兴战略实施

国家统计局 2016 年公布的多项宏观经济数据显示,从城乡结构看,城镇常住人口

79 298 万人,比上年末增加 2 182 万人,乡村常住人口 58 973 万人,比上年末减少 1 373 万人,城镇人口占总人口比重(城镇化率)为 57.35%。与西方国家的城市化进程相比,中国虽然起步较晚,不过速度惊人、规模庞大。三十年前中国 80% 的人口还居住在农村地区,而现在有将近 60% 的人口分布在 600 多个城市,而且城市人口还会不断增加。展望未来,新型城市和城镇在承担多维度全覆盖的功能过程中,应确保系统中每一个部分都能成为创新的中心和发展的动力。这些"智能"城市或城镇能够促进创新和创业,激励新理念和产品的发展,最终会带来更大的机遇。例如,智能城市、众创园区的发展,提供了优良的创新创业的平台,是发现创业机会、孵化新创企业的摇篮。

农村创业也蕴含着广阔的发展天地,当前农村创业创新势头强劲,正在兴起新的热潮。各类返乡下乡双创人员达 700 万人,覆盖特色种养、加工流通、休闲旅游、信息服务、电子商务等多领域。在这一过程中,50% 以上的创业创新主体运用互联网等现代信息技术。作为农村创业创新的主体,新农民发挥着越来越重要的作用。到 2020 年我国将培育1 000 万人次农村双创人才。结合"互联网+"战略,全国各地已涌现出大量的淘宝村。阿里研究院院长高红冰表示,无论从淘宝村数量、涉及网店总数、就业人数来看,淘宝村都正在步入"大繁荣时代"。从最初的 3 个淘宝村,到 2013 年进入统计视野的 20 个,再到2014 年的 200 多个,淘宝村已然"破茧成蝶",成为影响中国农村经济发展的一股不可忽视的新兴力量。

(二)新的科技和产业发展趋势

1. 新科技

科技的发展对经济的变革起到决定性的作用。不可否认,步入 21 世纪以来,人类在运用计算机与网络的技术上取得了突飞猛进的发展。以 2017 年世界品牌 500 强为例,前十名几乎都是互联网科技企业,谷歌苹果亚马逊三者在软硬件设备、互联网技术、大数据能力上激烈追逐,分列前三。在互联网时代,我们又迎来了大众创业万众创新的新时代,互联网、大数据和开源软硬件的发展,可以更方便快捷地传递世界各地的信息,联通分散的知识,将创意和发明转化为现实产品,降低了创新创业的门槛和成本。开放的社交网络,使用户成为产业生态中的重要角色,直接参与到产品构思、设计、制造、改进等环节,让创客的奇思妙想直接与用户和市场沟通。个性化需求的增长,可以使创业者创造高质量的缝隙产品,挖掘产业"长尾"中隐藏富饶的金矿。而风险投资、互联网金融等各类投资融资方式,为创新创业提供全过程的金融服务,使人人都可以成为天使投资者。在经济新常态下,大众热情投身于创新活动,政府和全社会都要积极地支持和推动。

在新的技术不断创新与发展的情况下,未来难以预见,我们只能从大数据、人工智能、区块链等炙手可热的技术中,透过这样的窗口去预测未来的图景。在新技术与生活越发贴近紧密的过程中,技术发展催生出的众多可能性,为创新创业提供了无穷的机会。可以说互联网技术的推广史也是创新创业萌芽生发苗壮成长的历史。

2. 现代服务业创新

现代服务业是指以现代科学技术特别是信息网络技术为主要支撑,建立在新的商业模式、服务方式和管理方法基础上的服务产业。有别于商贸、住宿、餐饮、仓储、交通运输等传统服务业,现代服务业以金融保险业、信息传输和计算机软件业、租赁和商务服务业、科研技术服务和地质勘查业、文化体育和娱乐业、房地产业及居民社区服务业等为代表。

随着新一轮科技革命和产业变革的蓬勃发展,现代服务业在不断提高生产效率和服务效益的路上日新月异。当前现代服务业的发展已更多地依赖于新兴技术驱动,网络信息技术的全面深度应用,已经使得消费方式向全时空、个性化方向发展,流通方式向集中化、直接化方向发展,生产方式向定制化、专业化、分散化方向发展。现代服务业的全球网络化、专业社会化、跨界融合化等发展趋势特征日益明显,跨域型、平台性高新技术成为现代服务业重要支撑。另外,在现代服务业的发展过程中,小微企业更是占了绝大多数。由于小微企业灵活的创新性、良好的成长性,在现代服务业加速前进的过程中,能够更好地应对市场变化,挖掘市场机会。同时,政府也通过扶持现代服务业,为小微企业的壮大成长开辟更广阔的空间。因此,在新技术、新需求不断推动创新与创业技术的涌现的同时,创业者要结合产业发展情况,在洞悉市场需求的基础上,积极寻求机会,实现新价值的创造。

3. 生命编辑与大健康产业

21世纪被称为是生物科技的世纪,新的基因编辑技术对于人健康的保证和生命的延长,起着日益增长的作用。生命编辑技术的爆发,使得人们可以在不久的未来,从自身基因的编码入手,实现健康长寿的美好愿景。生命编辑从基础研究走向市场应用,越来越多的普通消费者将会直接从中获益。伴随资本助力、政策扶持及互联网的推动,生物技术产业渐成为第四次科技革命的主战场。在生命科学的大体系、大框架中,一个个热点正在迸发,细胞治疗、基因编辑与测序这些热点几乎全部在医疗健康领域大显身手,每一个热点背后都孕育千亿级的市场规模。技术发展与经济发展、收入提高及人口老龄化相伴而生,公众对于健康的需求倍增,折射中国消费升级的大趋势,社会也迫切寻求能够填补需求真空的新项目、新机会、新产品、新服务。

大健康产业是具有巨大市场潜力的新兴产业,包括医疗产品、保健用品、营养食品、医疗器械、保健器具、休闲健身、健康管理、健康咨询等多个与人类健康紧密相关的生产和服务领域。透过西方整个资本主义的发展历史来看,健康产业一直在股市中大放异彩,这一点在经济衰退时期尤其明显。可见这大健康产业乃是常青树般的存在。在整个健康产业遇到前所未有发展契机的背景下,产业出现了重要的转折点:一是,大健康产业开始逐渐形成闭环,并且其商业模式开始凸显,即整个行业从粗放式发展模式向精细化发展转变;二是,以移动医疗、云计算、大数据、物联网为代表的信息技术已经开始渗透到产业的各个环节,支撑了上述两个方向上的转变,在服务健康行业的同时,壮大了医疗信息服务产业。

一方面,随着中国居民生活水平和健康意识的提高,人们的观念正在发生改变,从吃得饱以满足基本生理需要,向均衡的营养摄入以利于身体健康的方式改变,例如,中国疾病预防控制中心营养与健康所所长丁钢强研究员则表示,在经济新常态下,从整体来说,食品行业 2016 年其实比较困难,产值销售额在下降。而营养健康产业将进一步做大做强,食品企业要善于从中寻找商机。另一方面,从有病治病到无病预防、提高健康质量转变,这也是经济发展到一定阶段,社会消费改变的一种趋势。创新与创业者也需要对大健康产业的变化趋势足够敏感,才能快速捕捉住机会,实现自己的创新或创业。

二、创业机会的特点

对于创业机会的认识,不同的学者着眼于不同的方面。卡森(Casson)认为,创新机会是指在新生产方式、新产出或生产方式与产出间新的关系形成过程中,引入新的产品、服务、原材料和组织方式等,从而获得比创业成本更高的价值。从他的定义出发,创业机会是指创业者通过将各种创业资源以创造性、经济性的方式手段整合在一起来满足创业所需,创造盈利的可能性。

柯兹纳(Kirzner)认为,创业机会的初级形态是"未明确界定的某种市场需求,或未得到利用、也可能是未得到充分利用的资源和能力"。依照这一定义,没能完全利用起来的资源与能力中,蕴藏着潜在的技术创新,没有界定的市场需求则包括了新的产品或服务创意,即创业机会在为市场提供未发现和未满足的需求,在整合与合理利用资源与能力的过程中,为消费者和自身创造与传递某种价值的可能性。

笔者认为创业机会,是指有吸引力的、较为持久的和及时的一种商务活动的空间,是一种满足未满足的有效需求的可能性。它最终表现在能够为消费者或客户创造价值或增加价值的产品或服务之中。

为了更好地界定创业机会,反映创业机会的内在规律性,我们将创业机会特征归纳如下:

1. 有吸引力

创业机会必须代表一种顾客渴望的未来状态,代表创业者渴求的行动方向,符合创业者的愿景。创业者由于内心的驱使,走上发现创业机会,主动创业的道路。创业机会的吸引力在方向上,可以给创业者与顾客提供激动人心的愿景与使命;在精神上,则是吸引创业者发现创业机会,朝着机会进步的巨大动力。

2. 可利用性

创业机会依附于为买者或者终端用户创造或增加价值的产品、服务或业务,即解决用户某个"痛点"。奥地利经济学派认为创业机会与商业机会的根本区别在于利润或价值创造能力的差异,创业机会具有创造超额经济利润的潜力,而其他商业机会只可能改善现有利润水平。

3. 隐蔽性

创业机会作为一种无形的机遇,总是隐藏在某种社会现象背后。可以说生活中充满了各种创业机会,但是,可惜的是,大多数人都会与创业机会失之交臂。创业者或创业团队通常很难找到创业机会的影踪。如果创业机会对每个人都是可见了,那么创业机会也不能被称之为创业机会了。

4. 易逝性

创业者必须抓住机会。机不可失,时不再来,这句话是对机会的最好诠释。机会的捕捉与推广非常依赖时间的精准把握。机会之窗指的是将商业想法推广到市场上并被接受所花的时间,它的存在是有一个时限的,若竞争者在创业者实现创业机会之前,就将新产品推出,新市场被攻占,那么机会窗口就关闭了。

5. 风险性

由于创业环境的不确定性,创业机会与创业企业的复杂性,以及创业者、创业团队与创业投资者能力与性格上的缺失或不足,创业具有一定的风险。有数据表明,90%的创业团队无法坚持3年。但是不入虎穴焉得虎子,对于创业者而言,正视风险、勇敢尝试才有机会收获创业的果实。

三、创新创业机会产生的机制

(一) 发现机会还是构建机会

关于创业机会的起源与产生过程,学术界一直存在着两种截然不同的观点。以Shane为首的一派学者认为,创业机会独立于创业者而客观存在,只是被创业者发现而已;但另一派研究者认为,创业机会并非客观独立的存在,而是根据创业者的认知与行为所人为构建。甚至有的学者认为创业机会的发现是创业机会构建的一个特例。

面对这两派互为矛盾的观点,创业者应该对创业机会持何种选择呢?对于创业者而言,通过对现有的市场的检视与洞察,发现尚未被利用的机会,相较于自己去构建一个机会出来,要显得自然并且比较经济。首先是因为,创业者在市场中生活,能真切地感知到市场上存在的机会。很多草根创业者,可能并没有做什么构建上的努力,只是感知到了某种趋势,便去投身创业。另外,在现有市场中,总是存在不曾被满足的机会等待挖掘利用,在现有的市场中创业,能够减少搜寻的成本,降低创业的风险。

但是,不可否认的是,创业机会很难独立于创业者而存在,尽管某些客观环境会影响到创业环境,但创业机会最终取决于创业者的创造性想象以及社会化技能等内在因素。当乔布斯推出苹果手机的伊始,消费者并不知道他们需要的是这样一部手机;在淘宝推广双十一购物节的时候,消费者在双十一那天也没有那么强烈的购物欲望。从这一角度来看,创业者不但需要创造性的想象力,同时需要有社会化的技能,通过自己的行为,去引导去教育市场与消费者,为了自己的成功去构建创业机会。

(二) 从创意到机会

创意,作为大脑中一闪而过的某种灵感,可以作为创业机会的切入点与闪光点,总是能够为创业者带来柳暗花明的感觉。但是,正如不是每一颗种子都能长成参天大树一样,并不是每一个创业者的灵光一现,就能变成一个不可多得的机会,然后获得成功。实际的创业过程中,由于创业者不断与外界在交换着信息,且在某一个或多个领域中深入钻研,总是可以产生很多创意与想法。然而,最终实现创意成就创业事业的人,却是凤毛麟角。这也是许多风投与天使投资人常挂在嘴边的"idea is cheap"的原因,从创意到机会,从机会到实践,再到成功,是一条艰苦且困难重重的路。如何就创意进行管理与升华,让创业过程中的成本降低,效率更高,是业界与学术界的共同追求。

在创意变成创业机会的过程中,我们需要结合自身的敏锐观察力,考量该创意是否隐含着潜在的创业机会。潜在机会指的是,根据可利用性、及时性和持久性这三方面的要求对创意进行筛选,选出潜在有用并能产生经济价值的创意,这是创业的潜在机会。天马行空的创意只会让人沉迷幻想,无法提取出有价值的东西。只有一步步去总结,去挖掘才会发现潜在机会的身影。但是当创业者对自己的创意做了粗略的思考与总结之后,常常又有可能将创意就此搁置,仅仅停留在潜在机会这一步。毫无疑问,成功创业是建立在对机会的发现、构建与把握的基础上的。从创业实践来看,创业者的很多创意都不会产生创业或商业机会,并最终促成一项事业或生意的成功。从潜在机会蜕变为商业机会,还需要创业者考虑这个想法是否能够用于创业,要去综合考虑环境、能力、资源的问题,并为此考察、谋划,以保证潜在机会能够为创业者所用,成为真正的创业机会。

四、创新创业机会的挑战与应对

(一)创新创业挑战的因素

1. 环境因素

环境因素包含了企业内外部的因素,主要聚焦于市场风险,其基本含义是在一定条件下可能发生的各种结果变动的不确定。创业时面临的风险因素是无法回避的,而新创企业必须快速发展,否则就会加剧创业风险,被迫退出市场,直接导致创业失败。创业风险就是创业过程中所存在的风险,其直接来源于五个缺口:融资缺口、研究缺口、信息与信任缺口、资源缺口、管理缺口。其根本来源是创业环境的不确定性,创业机会与创业企业的复杂性,创业者、创业团队与创业投资者的能力与实力的有限性,而创业风险就是由以上原因导致创业活动偏离预期目标的可能性及其后果。新创企业由于其资源的有限性、行业特性、内部团队的不稳定性等原因,处于一个高度竞争、动态变化的内外部环境中。如何面对来自环境的压力与挑战,并带领创业团队生存下去,是对创业者的巨大挑战。

2. 能力因素

创业活动开始于创业者个体有计划的行动,并能反映他们的认知过程。在这个过程中,创业者综合运用自身能力与外界环境、资源、信息,以及内部人力、物力、精力进行积极的感知、交互与应对。因而创新创业对创业者个人的能力具有比较高的要求。各类学者与企业家结合自己的观察与思考,罗列出形形色色的创业家应该具备的能力素质。看似全面的能力要求背后,折射了对企业家的过分预期。笔者在此提出三项重要的需要修炼的能力:风险控制能力,市场推广能力和人际交往能力。

创业者自身的风险认知特质与经验经历、知识等都会对创业者风险决策有一定的影响。因此,创业者风险决策能力体现的是创业者在信息不完全的情况下是否能够制定并选择有效的风险应对方案。同时,创业者毕竟不能得到全部的信息,对风险的判断能力始终存在一定的局限性,不能对一些创业风险发生的时间、概率、危害等进行准确的估计,所以新创企业还会面临一些意想不到的突发风险,而这些风险就需要创业者在风险管理的过程中根据实际情况及时处理,这就导致创业者在相对更少的信息情况下要及时做出风险决策,也能从一定程度上体现创业者的风险决策能力的强弱。

3. 心理因素

创业是一个充满不确定性的探险之旅,从踏上创业之路的那天起,就注定要随时面对波折、挫折乃至失败。在这个过程中,可能会享受到自身价值体现的无穷乐趣,也可能会饱受挫折和失败的煎熬,创业者要做好准备来面对心理上的挑战。对于成功者和失败者而言,最大的区别可能就体现在,前者可以更快地从挫败感或失落感中恢复过来。

剧烈的竞争压力下,创业 CEO 被严重的抑郁与焦虑困扰的情况不断发生,甚至有创业者因为健康问题被迫放弃事业。针对各国创业者的研究表明,较大的压力并不一定意味着必然的情绪问题,保持积极与良好的社会支持等关键因素,决定了创业者能否妥善处理压力,而健全的医疗体系可以及时为面临危机的创业者提供心理支持。对于中国的 CEO 而言,情况却更加恶劣。简单心理使用国际通用的 DASS-21 量表对随机抽样的 64 位创业 CEO 进行情绪状况测评,数据显示,64 位创业者的抑郁水平与焦虑水平高于 70.32% 和 78.52% 的简单心理普通用户,压力状况几乎处于顶峰,高于 89.34% 的普通用户,超过八成的创业者的情绪困扰已大幅超过健康阈值上限,处于中度及重度的抑郁或焦虑状态。在承受情绪与压力困扰的同时,53.13% 的创业者不了解心理咨询的帮助,仅有 39.06% 的 CEO 选择向朋友或家人倾诉,仅有 32.81% 试图通过运动改善心理状态,多数 CEO 仍在困扰中孤军奋战。另一方面,一部分具有心理洞察力的前沿创投从业者已经开始关注创业者的心理挑战,23.44% 的被访 CEO 明确表示"创业需要心理支持"。

(二)创新创业挑战的应对

针对此前提出的三大类挑战,我们应该相信,存在相应的方法与途径,为创业者指明克服的方向。对于环境的挑战,我们看到,随着国家的发展,商业实践的规范化程度的提高,以及"双创"政策的提出,国家越发注重对创业良好环境的营造。各地的众创空间、创业园区,也如雨后春笋般纷纷浮现,例如,柳传志坐镇的"联想之星",拥有强大媒体资源的"36氪",以及建立在"soho中国"的强大地产资源上的"soho3Q"等,国家都为其提供了良好的创业创新的外部环境及资源条件。对于自身能力的培养,已有研究表明,创业过程中的一系列的事件,都在为创业者自身的成长储备能力。不论是被动地接受外界的事件变化还是主动地创造事件影响外界,都会对自身认知的逻辑、行为的能力产生影响,从而实现能力的提高。

因此，寻求投资的创业公司应该做好以下准备：做好充分的调查研究，对市场趋势有独立判断，了解市场需求；明确自己产品独特价值主张，以及能够解决何种痛点，并制定深思熟虑的市场化策略；拥有一款切实可行的产品；拥有一个有驱动力和强执行力的团队，创业者要充分了解团队中每个成员的角色和愿景，建立相应的公司文化；了解竞争对手，清楚自己的竞争优势；花时间学会打理好自己的财务情况。

（三）新时代的创业者

类似"互联网""新常态""双创"这样的名词，提醒着创业者，现在已经进入了一个创业的新时代。以往的机会型创业，企业家还可以凭借直线思维、机会导向，遵循着跃进式、高风险和脆弱的创业方式。现在则需要更多学习型的创业者，以学习为导向，进行迭代式的发展，并且学会在可控的范围内降低风险。举个例子，对于读 MBA 这件事，一个机会型或者直线式思维的企业家就会想："我花这么多钱来读，值得吗?"如果是学习型，他就会想，自己是不是可以在这个过程中得到进步。

以往我们认为，是战略、环境、财务在影响者创业者和创业公司。换个角度来看，其实不同的创业者、不同的创业类型，也会从环境、战略、财务等不同方面影响企业。

一个机会型创业者创造的企业环境是稳定的，他会倾向于保护现有资源，复制已有的模式，从领导角度来说，他的方式是自上而下的，以避免挑战。他所带领的团队是一个金字塔的结构，遵循瀑布式的研发方式。在企业组织上，对员工进行 KPI 考核（关键绩效指标考核法）。在运营中，他重执行，避免错误。营销模式偏向产品销售。而且，他大量的投资，以规模取胜。在财务上，他会扩大规模从而降低公司的边际成本。

不同的是，学习型创业者所创造的企业环境是不确定的，他会倾向于重组资源，运用创新的模式，从领导角度来说，他的方式是自下而上的，主动聆听员工的意见。他所带领的团队是一个网络的结构，遵循迭代式的研发方式。在企业组织上，重目标和对关键成果的考核。在运营中，他重探索，鼓励从错误中学习。营销模式偏向用户探索型。他会对关键的节点，进行里程碑式的投资。在财务上，他重灵活，以降低公司的全部成本。

那么，在这个企业家和创业者都需要学习的时代里，要学什么呢？人类知识大致可以分成四个层次，从文化哲学、理论和系统性的知识、经验和案例，到工具实用性的流程，都可以用来解决企业创业者遇到的不同问题。其中，文化哲学知识可以帮助创业者明确创业的目标理论，创业知识能够帮助创业者提升学习能力，经验案例能够避免重犯错误，工具实用性的流程能帮助创业者实现想法的落地实施。

第二节　创新创业机会的识别与捕捉

一、创业机会识别的机制

（一）创业者的认知

创业作为一种管理活动，企业家个人与社会都发挥了难以替代的作用。在国家创新驱动发展战略的推动下，一部分创业者凸显出来，然而那些具有同样资源禀赋的个体，为什么没有采取一样的行为呢？针对这一问题，创业特质理论和认知理论均从创业者个体的视角做了解释，如成就需要、控制焦点、风险承担等因素对创业行为的影响。创业者认知作为个体拥有的对事物截然不同的认知和判断，具有较强的独特性，这对创业者识别机会提供了不一样的途径与道路。另外，创业者的认知可以分为个人认知与社会认知，前者指的是个人在观察、思考、判断外界事物与环境变化中所体现的独特的认知风格；而社会认知则是因文化，家庭背景，教育环境等所塑造的对外界环境的判断力与掌控力。但要想真正获取成功，必须克服诸如过度自信和认知偏差，能否调整自己的认知偏差是决定创业者能否成为企业家，能否获取长久成长的一个显著区别。

（二）信息的跨界搜索与整合

全球化背景下，创业信息爆发式增长，仅仅依靠创业者所拥有的内部资源进行封闭式创新，难以获取和维持竞争优势，开放式创新已成为新创企业实现跨界资源整合、搜寻新的技术发展轨迹与创新资源、全面提升创新能力的重要方式。开放式创新理论认为，创业者不仅可以在现有专长或知识基础附近进行本地搜索，从自身知识积累和历史经验中获取创新灵感和动力，也能借助跨越组织边界和技术边界的跨界搜索，汲取组织外部的异质性知识元素，利用外部技术和资源打破核心能力刚性，不断推进企业创新。

跨界搜索对企业创新绩效的积极影响主要表现在以下两个方面：首先，跨界搜索能够帮助企业获取互补性知识和资源，弥补企业内部知识的不足。目前，影响创业家创新创业的重要因素是技术能力薄弱，知识储备不足，仅仅依靠本地知识无法开发新技术、创造新产品，通过开放式资源利用获取来自其他组织和认知基础的技术、工艺等新知识，弥补了企业自身技术、知识的不足；跨界搜索帮助企业跨越原有的知识基础，避免技术依赖陷阱，促进技术轨道跃迁、新产品开发和非连续创新，组织学习具有路径依赖性和短视性，企业创新容易落入依赖原有知识、技术的"熟悉性"陷阱，跨越技术边界的资源搜索活动，增加了企业内部知识多样性，扩大了企业知识基础，为企业创新提供更多备选信息，增加新想法、新创意产生的概率。大量实证研究表明，跨界搜索对企业创新绩效有积极影响。

机会识别需要创业者用一种独特又新颖的方式联系整合各个层面的信息，这样才能意识到新的利润增长点。机会识别是一个涉及创造性的将复杂且看似互不关联的事件形成连接的过程。而在这一过程中 Gaglio 和 Katz 认为,通过改变个人的知识框架来整合新的信息对于机会识别来说是非常重要的。不论是在创新还是创业的环境中,联系互相分离的信息被认为是通向原创构思的重要路径。所以,对于知识整合来说,创业者既可以使用一种自上而下的方法,也就是从他们已有的知识分类中找出对于解决现存问题的创造性的连接;也可以利用自下而上的方法,通过感知到的信息,寻找相邻的知识分类,实现知识的重新组合,进而发现新的创意。

(三)因果逻辑与效果逻辑

创业者开启创业的思维逻辑有两大类,分别是因果逻辑和效果逻辑。因果逻辑基于创业者识别、评估、选择、开展创业机会的线性逻辑。其创业起始点在于创业机会的识别。而效果逻辑起始于创业者对自己的认知,通过对"我是谁""我拥有什么能力与资源""我认识谁"的追问,采取实际手段,实现对自己的创业承诺。因果逻辑与效果逻辑最大的不同,在于因果逻辑紧紧围绕创业机会,对于可预测的未来,组织资源与手段来实现;而效果逻辑则通过个人的行为,不断尝试不同的手段组合,实现一种可能的结果。

追溯效果逻辑的起源,行为认知学和演化经济学派认为机会内生于创业者的行为,不能独立于创业者而存在。当机会发现过程开始时,创业者甚至可能不知道他要发现的是什么,他仅对可能的机会和发现或利用这些机会的所需要的能力或资源有一个大致的信念,这些信念很少能够带来真正的机会。所以,创业者会进行探索性的行动,然后等待市场给予反应,再结合市场的反应调整期望再次行动,直至找到合适机会。

(四)机会识别的过程

对个人而言,机会识别过程可分为 5 个阶段,如下图所示。垂直箭头表示,如果在某个阶段,某个人停顿下来或没有足够信息使识别过程继续下去,其最佳选择就是返回准备阶段,以便在继续前进之前获得更多知识和经验。

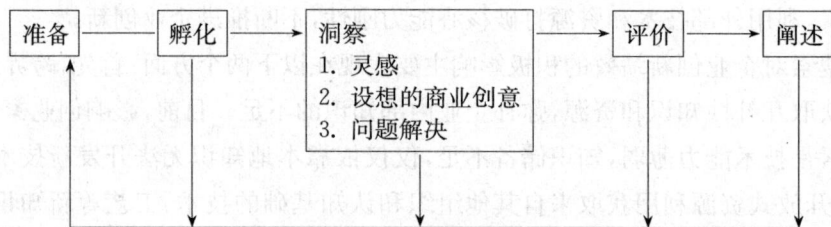

资料来源:布鲁斯·巴林格、杜安·爱尔兰等著,《创业管理:成功创建新企业》,张玉利等译,机械工业出版社,2006 年版。

准备阶段是指创业者在机会识别过程中的提前准备,包括学习与工作背景、相关经验和市场知识。研究表明,50%—90%的初创企业创意来自创业者先前的工作经验。孵化阶段指的是,创业者个人仔细考虑创意与思考问题的阶段,它也是对事情进行深思熟虑的时期。它可以是有意识的行为,例如,与专家讨论,或独自按照指定方向思索,也有可能是无意识的,一个念头就在心里,却迟迟无法清晰地浮现。接下来到了洞察的阶段,洞察是灵光一闪的瞬间,是解决方法突然浮现或者创意产生的阶段。有时候,它被称为"灵感"体验。在商务环境中,这是创业者识别出机会的时刻。有时候,这种经验推动了整个创业机会识别与利用的发展。评价阶段是创意浮现后,对其进行客观审查并分析其可行性的阶段。许多创业者错误地跳过了这个阶段,他们在确定创意是否可行之前就去设法实现它,这是非常不可取的。评价是创造过程中特别具有挑战性的环节。最后是阐述阶段,创意的表达不仅是确定逻辑、明晰愿景的过程,更能帮助创业团队的形成,吸引优秀的志同道合的朋友。正确的表达是创意的输出过程,也是商业化的起点。正确的表达往往可以高效推动创意转化为机会。也可以说是表达,促进了机会的再发现。

二、机会识别的方法

机会识别一半是艺术,一半是科学。创业者在机会识别的过程中,必须使用直觉,使其成为一门艺术;也必须依靠有目的的行为和技能分析,使之成为一门科学。上文阐述了机会识别的过程,我们再来学习三种机会识别的具体方法。

(一) 信息发现和整理法

机会的存在是由于像技术、产业结构、社会和人口趋势以及政治与制度等方面的信息发生了变化。因此,获取信息以及相应的信息处理能力是识别创业机会的关键所在。例如,成功研制出一款新材料的科研人员,能够快速地捕捉到该材料的市场机会,是因为他能获得最新的一手资料。而马云与雷军在创立阿里巴巴与小米手机之初,也是因为分析了常人没有捕捉到的新的技术与社会发展的趋势。因此,获取别人难以接触到的有价值的信息与具备优越信息处理能力共同构成了创业者发现创业机会的前提条件。

而最明显也是最易得的信息来源是已有数据或者是第二手资料。他们来源广泛,例如,商业杂志、互联网、政府机构、大学或专门的咨询机构。通过对二手数据或资料的分析,对于行业、竞争者、顾客偏好的趋向、产品创新、潜在竞争者等信息,便能清楚大概蓝图,方便做出下一步的判断。在收集二手信息的过程中,创业者应当考虑成本收益分析,创业者应当在收集较广泛的免费或低费用信息的基础上,再去决定是否收集高成本的二手信息。

此外,收集一手资料对于验证已得信息与识别机会也至关重要。一手资料的收集包括观察、访谈、焦点小组以及设计问卷等。访谈或调查是收集市场信息最常用的手段,可以帮助我们得到更有意义的资料。问卷星等手机问卷应用的普及,对于潜在消费者的调查与研究将越来越方便,可由此类问卷调查,获得更可靠与针对性的信息。总之,一手数据的收集会在验证已有信息的基础上,提供更深入与贴合实践的见解,能够为有效探明机会提供信息上的便利。

(二) 趋势观察法

"天下大势,浩浩汤汤,顺之则昌,逆之则亡"是对无数历史与商业实践规律的总结。

趋势观察法对于机会的识别提供了辨别上的方法论。趋势观察法分为两种。第一种方法是观察趋势并利用它创造机会。如何观察趋势？经济因素、社会因素、技术创新的因素与制度变革的因素是外界最能反映趋势的因素。具体的做法是观察这些因素中变化的地方，并且分析这些变化，哪些是有规律的，哪些是没有规律的，从中找到有规律的地方就可以发现趋势的征兆。

当然，发现征兆需要很强的判断力，所以有些创业者比另一些创业者更擅长这种方式，因为他们具有产业经验、具有良好的社会网络、创造性的警觉，他们更善于发现趋势的征兆并解释它们。

第二种趋势观察法是从独立调查公司购买定制化的预测和市场分析。这可以使创业者有更多的参考，在一些复杂的情境中，这种方法更有参考价值。

（三）问题解决法

识别机会的另一种方法是寻找问题，从问题中找到解决方法。现实中，创业者会遇到许多问题，如何注意问题以及评论问题，可以看出创业者有没有商业意识和商业创意。所以有人说"每个问题都是一个被精巧掩饰的机会"。

大多数真正推动创业成功的问题都是创业者在工作与日常生活中亲身经历且有深刻感悟的具体问题，感同身受才能有浸入感与画面感，才能使创业者创造性地提出解决之道。对于具有商业头脑的人来说，把解决这样问题的方式与能力商业化，可以让更多人享受解决方案带来的好处，同时也可以为自己带来更多的利益。当然，创业者也可能只是注意到别人存在的问题，并认为解决问题的方法会表现出某种机会，但当创业者明白全部情况时，却发现是完全没有料想到的情况，而这种情况可能就是一个解决问题的更好途径。所以虽然解决方案不对路，但也有可能从中得到新的思路和机会。

三、机会识别的影响因素

拿破仑有一句名言："机会只青睐那些有准备的人。"创业者成功的机会识别是在多重因素的共同作用下产生的结果。首先，创业者需要有创业的愿望。没有创业愿望，那么再好的机会放在你面前，你也会视而不见。接着，创业者需要具备识别机会的能力，对市场的敏感度、对商业知识的认识都影响着创业者对机会的判断。创业环境应该让机会可识别，再有吸引力的市场机会，如果环境不允许，也是不可能浮现的，更别提被识别了。最后，创业者的个人特质也会对机会识别产生一定的影响，决定了所识别的机会的方向。

（一）创业愿景是前提

创业愿景是创业的原动力，指的是创业者在创业征途上所要实现的目标，所要达成的心愿，它推动着创业者去发现和识别市场机会。研究表明，多数创业者希望通过创业实现自己的理想和抱负，如改变现状，实现经济独立，成就一番事业等。根据期望理论：人之所以能够从事某项工作并达成目标，是因为这些工作和组织的目标会帮助他们达成自己的目标，满足自己某方面的需要。弗鲁姆认为，某一活动对某人的激励力量取决于他所能得到结果的全部预期价值乘以他认为达成该结果的期望概率。用公式可以表示为 $M=V \times E$，其中 M 表示激励力量，这是指调动一个人的积极性，激发出人的潜力的强度；V 表示目标效价，指达成目标后对于满足个人需要的价值的大小；E 表示期望值，这是指根据以往的经验进行的主观判断，达成目标并能导致某种结果的概率。对创业者而言，创业的价值应大于非创业状态的价值。只有有创业意愿的人才会去主动发现和识别市场机会。

（二）创业能力是基础

创业能力是驱动创业活动并获得成功的重要因素，分析创业能力的构建及其在创业机会识别和其他创业过程中的作用对于指导创业实践具有重要的意义。实践证明，创业能力不是一个人与生俱来的，创业者也并非是命中注定的能人异士，创业能力是可以经过后天学习达成的。学者们从创业者所扮演的角色及其任务角度分析创业能力的概念，认为创业能力是创业者成功执行创业任务所需要的知识和技能，创业者必须满足两种角色作用：首先，感知环境的变化，并通过多种途径识别具备潜在价值的机会；其次，创业者必须有效地管理和配置企业的内外部资源以成功利用机会。因此，创业能力中的机会识别能力对于观察环境和发现机会，并将这些机会定位为可行商业概念而言十分重要。

（三）创业环境是创业机会识别的关键

创业环境影响初创企业的生存和发展。在机会识别阶段，创业环境决定一个有吸引力的市场机会能否成为真正的创业机会。这包括政府政策的限制与否、社会经济条件的优劣、创业资金支持力度的大小等方面。

影响机会识别的创业环境因素有两方面：一是，识别机会所必需有的预先信息；二是，评估机会所必需的认知特性。成功地发现并利用创业机会是由机会本身的特性和企业家所拥有的创业信息和认知能力共同决定的。

首先，良好的创业教育环境可提高创业者的创业能力，以更好地捕捉创业机会。《全球创业观察中国》研究表明：中国的女性创业者的年龄集中在 25—44 岁。女性创业与受教育程度有关，受过教育的女性创业更积极，从而也更容易发现和识别机会。

其次，创业环境影响创业者的动机，进而影响创业机会。我国有广阔的市场、强大的人力资源和智力储备，拥有交易总额仅次于北美的第二大风险资本市场，以及中央和各地方政府对"双创"发展全面的政策支持，中国的创业生态系统为初创公司营造了非常有利的环境。截至 2016 年底，国内共有众创空间、科技企业孵化器、企业加速器近 8 000 家，孵化器数量和规模均跃居世界首位。全国范围内众创空间和孵化器在数量上的爆发，带动了各地双创氛围和相关产业的快速发展，成为吸纳和培养人才、创造社会就业的载体。

（四）创业者个人特质对创业机会识别的影响

研究表明，不仅经验知识和信息不对称、社会网络、创业警觉性、人力资本等会影响创业机会的识别，创业者的个人特质也是影响机会识别的重要变量。个人特质很大程度上是与其国家和地域环境联系在一起的，不同的国家和文化环境会对个人特质产生不同的影响。具体来讲，创业者的成就动机和控制点倾向，作为两种鲜明的个人特质，对其搜索和识别创业机会的方式方法的选择具有显著影响,研究表明:当创业者的成就动机越强时,就更有可能用发现的方式去捕捉创业机会;创业者的内控水平越低,其以搜索的方式识别创业机会的概率就越大。另外创业者的成就动机和创新导向这两种个人特质,对其在发现和浮现这两种机会识别方式之间进行选择具有显著影响,当创业者的成就动机越低,创新能力越弱,其以发现的方式识别创业机会的概率就越大。在可能影响创业者机会识别的非个人特质中,先验经验、警觉性和受教育水平等对创业者以搜索、发现还是浮现来识别创业机会具有显著影响。

此外,创业者的家庭背景、教育程度、对风险的偏好、个人决策风格等,都会在一定程度上影响创业机会的发现与捕捉。但是,创业作为实现人身价值的重要途径之一,拥有创业想法的创业者,是能够在团队、政策、个人努力等后天因素的影响下,克服个人特质中的劣势,放大自身独特的优点的。两千年前,"王侯将相宁有种乎"的呼喊,在大众创业万众创新的时代,仍然促使着勇敢而执着的创业者奋勇前进。

四、创新创业机会的捕捉与构建

机会是要有人去发现的,当一个好的机会出现在创业者面前,如果创业者能够抓住,就意味着成功了一半。正如机会的出现离不开宏观经济环境变化、科技进步、新的市场需求,创业者也需要从瞬息万变的世界中发现机会的蛛丝马迹,顺藤摸瓜,将机会掌握在自己手里。在捕捉与构建机会的过程中,敏锐感知、大胆尝试与快速迭代缺一不可。

(一) 敏锐感知是前提

无论创业机会是被发现的还是被构造的,都离不开创业者敏锐的感知力。对外界环境的时刻关注,对空缺市场的好奇与热情,对多种多样信息的大胆组合,催生出创业者天马行空的想象力。在创业者面临的混沌的环境中,创业机会既会在市场供需关系中反映,又会在竞争对手的缺陷中浮现,当然市场变化的趋势、行业的重叠与融合也会提供可能的机会,这就需要创业者用敏锐的感知力去发现了。当乔布斯推出苹果手机的伊始,消费者并不知道自己需要的是这样一部手机,而苹果手机的风行,证明了乔布斯无与伦比的感知力。风头正旺的摩拜单车与ofo共享单车,也是创业者发现了用户对于最后一公里需求的缺位,从而创造性地提出了,利用公共自行车资源,开发服务社会大众的共享自行车的交通解决方案。从这一角度而言,创新与创业机会存在于更加广阔的社会和文化环境中,受助于创业者想象与对信息的敏锐感知,通过创业者将创意概念化、客观化并加以实施这三个过程来完成创业机会的构建过程。因此,创业机会的捕捉与实践离不开创业者的敏锐感知。

(二) 大胆尝试是关键

对于一个创业者来说,基于自身的经历与知识背景,通过对市场的敏锐感知,发现了一个创业机会。但是却由于一些外在内在原因,止步不前,犹豫不决,那么白白错失机会窗口不说,更有可能浪费掉一个一生的机会。任正非说,一个人创业的时候越年轻,也就会有更多的尝试机会,有更大的冲劲和实力。从机会的构建视角来说,机会的存在与否,与个人的认知与行为息息相关。作为创业者,最不应该犯的错误就是惧怕尝试。在一次次的尝试中,创业者的创新与管理能力都将得到提升。

在任何一个创业机会构建中,都少不了创业者辛勤尝试的身影。美团网 CEO 王兴,曾接连创办校内网、海内网、饭否等多家互联网公司,谁料全部含恨而终。屡败屡战,王兴将其"东山之望"再寄美团,并由此获封"创业劳模"。在王兴的创业过程中,看不到犹豫与迟疑,因为只有把时间拿去尝试了,才能发现新的机会。

(三)迭代改进是方法

进入 21 世纪以来,在互联网的作用下,信息大爆炸与科技发展带来了人们日益加快且迅速变化的需求。在过去的传统计划执行模式里,首先由商业计划书产生最初始的创业计划,然后导入外部资源,组建团队,进行产品和服务开发,再由内外部的测试来判断产品的成功与否,最后投入市场。这样一长串步骤显然跟不上社会发展日渐加快的脚步。由硅谷创业家埃里克・莱斯提出的精益创业认为:创业伊始不需要一个十分成熟的产品,可以先从一个极简的原型产品出发,然后通过不断的学习和有价值的客户反馈,对产品进行快速迭代优化,以期适应市场。这一理念可以认为是软件开发领域里敏捷开发模式的一种尝试。

创新公司与大公司两者的真正区别在于商业模式是否已知,大公司已经有被验证了的成熟的商业模式,而新创企业还在摸索自己的发展方向。在不断试错的过程中,新创公司可以使用精益研发的方式来高速迭代、科学试错。即用商业计划建立前提和假设,从一开始就把客户导入创业过程中,用高速迭代的方式来获取认知和确定方向。具体操作步骤可以是,通过"最小可行产品"的推入市场,来检验创业者的关于市场的假设,如果验证,再将资源大规模投入市场,如果没有验证,那么这就是一次快速试错,应该尽快调整方向。在这种调整迭代的过程中,创业者既可以完善自己的想法,又能够改进自己的产品与服务,是一种积极的调节。

在创业机会捕捉与构建的过程中,成熟冷静的创业者要在敏锐感知、细致思考的前提下去勇敢尝试、迭代试错。尽管市场的情况瞬夕万变,但是通过试错与迭代,创业者可以快速地发现机会,找到合适的可以满足市场的机会。

第三节　创新创业机会的开发与评价

一、创业机会开发的方法

创业机会连接着创业者与外界环境,是创业的起点。在机会识别的过程中,存在着一些已经被开发且被证明有效的方法,能够以固定的方式与路径,提供给创业者开发机会的思维模式。通过这些方法,创业者可以从纷繁复杂的事件与关系中理出头绪,从而最终识别出可能带来的新产品、新服务、新的原材料与新的组织方式的创业方法。

（一）头脑风暴法

头脑风暴法作为一种操作简单又非常有效果的技术，被广泛运用于新构思的产生以及创造性问题的解决中。这是一个非结构化的过程，在一个有限的时间内，通过小组成员的自发参与，针对某个问题产生几乎所有可能的创意，提出风格各异的解决方案。头脑风暴的过程通常开始于对问题的陈述，而问题陈述的范围应该适当，不能太宽也不能太窄，太宽导致产生的创意过于多样化，难以想出特别的创意，阻挡新机会的准确定位；太窄又会限制对创意的产生，不利于新机会的开发。问题陈述准备好以后，接着就可以挑选6—12名具有不同知识背景的小组成员。为实现开放思想，广纳众意，小组成员不应该是该讨论问题所属领域内公认的专家。所有的创意，无论多么不合逻辑，都应该记录下来，并且在小组讨论过程中不允许出现批评或评价。头脑风暴法的运用一般应该遵循以下四个原则：

1. 小组中的任何成员都不允许提出批评——讨论中没有负面评价；
2. 鼓励随心所欲——越放任，越有精巧构思；
3. 希望产生大量的构思——构思越多，好的构思出现的概率越大；
4. 鼓励对构思进行组合和改进——其他人的创意可以被用来促进产生新的创意。

（二）功能组合法

功能组合法将使用范围相同但功能各异的两种或多种现有产品作为组合项，根据各组合项在结构上的可共用性，将其不同的功能赋予一种新的结构，从而创造出新功能、新技术、新产品的方法。功能组合法的操作模式如下：1. 确定使用范围；2. 选择组合项；3. 分析各组合项的结构特征；4. 设计组合方式；5. 提出新技术、新产品设计方案。通过将看似风马牛不相及的事物，整合到一起进行猜想，功能组合法常常会为创业者或者产品经理提供很多别具一格的创意。例如通过对维生素和糖果的功能与性质解构后组合，雅克 V9 成功地将维生素 C 与糖果跨界融合在一起，打破了其使用人群、使用目的、使用场合间的区隔，获得了市场的成功。又比如，海尔的氧吧空调在创意上就是普通空调与氧吧的结合，氧吧空调通过向室内补充氧气，解决人们在密闭房间因氧气浓度过低引起的疲劳、困倦、大脑供氧不足、皮肤缺氧老化等问题，创造了空调市场上的差异化竞争优势。

（三）思维导图法

思维导图是由世界著名的英国学者东尼·博赞发明的。思维导图又叫心智图，是把我们大脑中的想法用不同颜色的笔画在纸上。它把传统的语言智能、数字智能和创造智能结合起来，是表达发散性思维的有效思维工具，也是创意产生的一种方法。使用思维导图时，我们以问题为核心，用简洁的词语或图片表达出来，再运用放射性思维，将所有相关问题的方面都囊括在内。

完成一幅思维导图需要经历四个典型步骤。第一步，喷射式的发想。在确定中心感念后，迅速把头脑中浮现的与该词相关的词语写在中心词四周的引线上。不管这些词是否荒诞,这是促进联想的第一步。然后,深入联想。在写下的词语当中选定任何一个词,把这个词作为卫星词,再做放射性联想,形成多种多样的新想法。第三步,寻找关联。暂停下来,仔细看生成的众多想法,找到与众不同的新元素或令自己激动的亮点。或者是在不同的枝节上,找到一定的联系,发现并把他们结合起来。第四步,提出方案,画草图。最后把有价值的想法提出来,结合、围绕要解决完成的题目做进一步的联想、完善,提出创意方案,完成草图设计。这里要注意两个原则:一是,开发新元素原则,将没被使用或者没被引起注意的元素提取出来;二是,减法原则,即用最少的元素、最简洁的方式表达创意。

二、创新创业机会的评价

现实生活中的创业机会成百上千,对创业机会进行评价也是机会识别中十分重要的一个环节,正确评估创业机会的潜在价值,对于识别好的创业机会、摒弃不良机会意义重大。

(一) 评价标准:蒂蒙斯(Timmons)机会评估量表

与其他理论不同,蒂蒙斯更多的是从一个机构投资者或者是从一个旁观者的角度来分析。他提出的创业机会评价框架囊括了行业与市场、经济性、收获问题、竞争优势、管理团队、个人标准和战略差异化的七大类指标,评估标准比较全面,在进行创业评价时,也被创业者应用最广。

标准	最高潜力	最低潜力
(一) 行业与市场		
1. 市场		
(1) 需求	确定	不被注意
(2) 消费者	可以接受,愿意为此付费	不容易接受
(3) 对用户回报	小于一年的回收期	三年以上
(4) 附加值	产品的附加值高	产品的附加值低
(5) 产品生命周期	预计产品生命长久	不经久
2. 市场结构	新兴行业或不完全竞争行业	完全竞争、高度集中或成熟与衰退行业
3. 市场规模	市场规模大	不明确
4. 市场成长率	在30%到50%之间	很低或者小于10%
5. 市场容量	现有厂商的生产能力几乎完全饱和	容量不足
6. 可获得的市场份额	5年内能占据市场领导地位,达到20%以上	不到5%
7. 成本结构	拥有低成本的供货商,具有成本优势	下降的成本

标准	最高潜力	最低潜力
（二）经济因素		
8. 达到盈亏平衡点所需时间	1.5到2年	多于4年
9. 正现金流所需时间	盈亏平衡点不会逐渐提高	多于4年
10. 投资回报率	投资回报率在25％以上	少于15％—20％
11. 资本要求	项目对资金的要求不是很大，能够获得融资	对资金要求高，没有投资基础
12. 内部收益率潜力	年销售额增长率在25％以上	少于15％
13. 自由现金流特征	有良好的现金流量，能占到销售额的20％到30％	低于销售额的10％
（1）销售额成长	中等到高（15％—20％）	低于10％
（2）资产密集度	对于销售额的比例低	高
（3）自发流动成本	运营资金不多，需求量是逐渐增加的	高要求
（4）研发/资本开支	要求低	高
（5）毛利率	能获得持久的毛利，毛利率要达到40％以上	低于20％
（6）税后利润	能获得持久的税后利润，税后利润率要超过10％	低
（三）获得回报的条件		
14. 增值潜力	高战略价值	低战略价值
15. 退出机制和战略	存在现有的或可预料的退出方式	尚未定义
16. 资本市场环境	环境有利，可以实现资本的流动	不利、信贷紧缩
（四）竞争优势		
17. 固定和可变成本	固定成本和可变成本低	最高
18. 对成本、价格和分销控制	对成本、价格和分销控制较高	弱
19. 进入壁垒		
（1）所有权保护	已获得或可获得专利的保护	没有
（2）竞争者回应时间	竞争对手尚未觉醒，竞争较弱	没有
（3）法律、合约优势	拥有专利或某种独占性	没有
（4）关系和网络	拥有发展良好的网络关系	没有
（5）关键人员	拥有杰出关键人员和A等管理团队	B等或C等的团队

续　表

标准	最高潜力	最低潜力
（五）管理团队		
20. 创业团队	优秀管理者的组合	弱的或单个创业者
21. 行业和技术经验	达到了本行业内的最高水平	未发展
22. 正直	正直廉洁程度能达到最高水准	可疑的
23. 认知诚实度	知道自己缺乏哪些知识	不知道自己的不足
（六）致命缺陷问题		
24. 致命缺陷问题	不存在	一个以上
（七）创业者的个人标准		
25. 目标与匹配度	个人目标与创业机会相符	往往出现让人惊讶的事情
26. 好/差的方面	可在有限的风险下实现成功	线性的
27. 机会成本	企业家能接受薪水减少等损失	满足于现状
28. 愿望	渴望创业，而不只是为了赚钱	仅仅为了赚大钱
29. 风险/回报容许度	算计过风险	回避风险或赌博型
30. 压力承受度	企业家在压力下状态依然良好	在压力下崩溃
（八）创业企业理想和现实的战略差异性		
31. 匹配度	理想与现实情况相吻合	低
32. 团队	管理团队已经是最好的	B 等团队
33. 服务管理	有很好的服务理念	认为不重要
34. 时机	所创办的事业顺应时代潮流	逆流而行
35. 技术	技术有突破性，不存在竞争	有很多替代者或竞争者
36. 灵活性	具备适应能力，能快速取舍	缓慢、顽固
37. 商机导向	始终在寻找新的机会	不考虑环境、对商机木然
38. 定价	定价与市场领先者几乎持平	存在低价出售商品的竞争者
39. 分销渠道	可获得，或已拥有现成的网络	未知或不可获得
40. 容错空间	能够允许失败	不宽容、刚性策略

资料来源：杰弗里·蒂蒙斯，《战略与商业机会》，华夏出版社，2002 年版。

（二）评价过程：机会检核表的使用

不是每个创业机会都会给创业者带来益处，许多创业者仅凭想法，满怀激情地去创业，但最终却失败了。因此，创业者在创业之初，就要对创业机会进行科学的分析与评估，然后作出正确的决策。蒂蒙斯机会评价量表，提供了一系列的评估规则与指标的好处就在于可以借此来进行系统的综合指标评价。其中一些指标可以给出定量的标准，但应对不同的行业,确定不同的定量标准,应是企业者在评价创业机会时需要考虑的。一般来说,好的市场机会会在某几项指标中表现出突出的优势。但是,不是所有的指标都要表现优秀才能说是一个好的机会。

另外,各类指标的打分不能孤立去看,只有综合各类指标,将它们视为一个互相联系的整体才有意义。例如,风险只有与回报相连中才能为决策提供依据。因此,创业者在选择机会时不能应用单一要素和绝对标准,必须综合考虑以上各种要素和利用相对标准,在对各种机会进行相互比较之后再作出选择。例如互联网情境下平台的推广,滴滴打车与摩拜单车在进入市场之初,大量补贴服务提供者或用户,其资金指标在最初会面临严峻的风险,但是一旦市场规模固定成形,将会迎来最终收获的局面。

毕海德(Bhide)教授在对200多家创业企业调研后,为迷惑于机会评价的创业者总结了三条至关重要的建议:尽快剔除没有前途的想法或创意;现实地评估自己的财务状况与目标;尽可能地减少资源投入,摒弃过多的分析和计划。因此,一个创业者只有在对机会进行综合且权衡的考虑后,才能为创业机会倾注心血与资源。

三、机会开发的陷阱

(一) 响应需求还是创造需求

诚如创业机会的定义所言,创业机会指的是市场中尚未明确界定的需求,潜在的消费者可能很清楚自己想要的东西,也有可能对于自己想要什么并不明晰。仍以乔布斯为例,他坚信用户需求是模糊的,是可以被引导的,他曾经说过的话被广为传颂:"不必做市场调研,因为消费者自己也不知道要什么。"他在苹果手机的设计过程中,并不是依靠市场潮流风向,而是通过在自己的大脑里想象出自己最想要的手机,然后将其生产推广,取得了轰动世界的效果。但是,随着互联网的发展,客户鉴赏能力与需求水平提高,一般的商品与服务已经越来越难打动他们挑剔精致的需求,这也是近年来,许多精品店、小众奢侈品店得以流行的原因。大众对于新奇优秀的产品与服务的青睐,为创业者提供了新一层发展的空间。

关于响应需求与创造需求间的矛盾,集中体现在需求的变动与需求的难以确定上。人都是善变的,这一刻流行的事物,风行的网络段子,到下一周可能就偃旗息鼓了。在创业伊始发现的机会,等到产品或服务出来,也许需求已然改变。面对这种需求与供给间的时间差,创业者唯有保持自身嗅觉的敏锐性、变革的灵活性,随着实际情况而调整策略,才能够在不断变化的市场上快速地响应需求。而至于创造需求,则对人提出了更高的需求,需要创业者深刻洞察市场与人的本质,作出高瞻远瞩又不失新颖的判断,才有可能创造出深受客户喜爱的产品。但是不可否认,这种创新与创业,将面临更大的风险。

(二) 技术还是市场

必须承认,不同背景的创业者,其聚焦的方向是不一样的。聚力于新技术的研发,提供新颖的产品,实现更高的效率,填补技术空缺,无疑是开发创业机会的一条坦途。关注市场变化,捕捉客户喜好,追逐利益加大推广,同样能为创业者带来超额的回报。在笔者看来,无论是技术还是市场的逻辑,反映到最后,都是市场的逻辑,毕竟创业是要去填补市场的空缺,技术的追求与创新常常是追求市场认可的必要条件,其目的也是为了得到市场的认可。但是,常常在某一个机会开发的阶段,创业者会在技术与市场的选择中艰难抉择,尤其是当创业者走到一个关键阶段的时候。对于市场与技术的平衡将决定整个新创企业的走向。

技术创新与满足市场的矛盾在于初创企业资源、经验、知识有限,不论是在技术开发还是市场攻占的过程中,都要投入大量的精力,常常不能同时满足双边的需求。幸运的是,在现在的创业环境下,天使投资人与风投的存在,使得资本的压力在减小,但是对于创业者知识,能力的需求进一步提升。在统筹技术与市场的道路上,首先创业团队的构建需要各方面的人才,创业者要整合众人的才智,追求技术与市场的平衡。就像雷军在小米初创时期,就已经将行业内才能各异的资深经理人、工程师、设计师招入团队,然后评估技术开发的难度、路径与时限。对技术创新的投入要有一个明确的把握,渐进性创新投入小,容易出成果,短期成果明显,但容易被行业模范与超越,失去其创新性,而突破性创新需要大量投资,见效慢,需要长期的战略配合,一旦产生成果,会对行业产生颠覆性影响。最后要时刻关注市场变化,灵活调配资源。互联网的大范围使用,信息的爆炸式增长,为市场带来了急速的变化。昨天还流行的技术到今天也许就被打入冷宫,昨天还火热的消费需求,隔几天就变成了明日黄花。创业者要时刻盯住市场动向,在明确自己方向的同时,高效地将资源组合投入进最需要的地方,这样才能避开创业机会开发的陷阱,使资源得到有效利用。

(三) 创业者的情怀有帮助吗

市场上有两种情怀,一种是真情怀,对于未来有明确愿景,对于自己有严格要求,对于产品有真诚的期许。另一种是假情怀,利用情怀作为幌子,在市场上招摇撞骗,蒙蔽客户,希望利用顾客的同情心来吸金。基于对创业者的观察,我们发现有许许多多的创业者在创业之初满载着各种情怀,但是一旦遇到商业上的拷问就立刻人仰马翻;有一些创始人看不到自己的发展方向所在,以情怀来蒙蔽自己,沉静在自己想象的雄图伟业中,沉醉在自己的"勤奋"里,完全搞不清楚自己的价值在哪里。

而商业的真相往往是,一个看不到盈利希望的项目,是会被投资人和社会所摒弃的。之所以有投资人将资本投入到初创项目上,有时甚至是去烧钱,不是因为看中了投资人的情怀,而是看到了创业项目创业机会在未来的某一天能够带来的盈利与回报。不管创业者是真情怀还是假情怀,最终目的是为了经受市场的考验。

思考题

1. 如何看待被发现的创业机会与被构建的创业机会，你偏向于发现还是构建？

2. 在评价创业机会时，你会优先看中哪几条标准？在回报率特别高的创业机会诱惑下是否会放弃某些标准？

3. 如何从现在的环境中，利用头脑风暴法找到适合自己的创业机会？

4. 面对创业机会的陷阱，你将如何应对？

5. 除了文中提及的创业挑战，你预测自己在未来创业过程中将会面对哪些问题？

第五章 "互联网+"和众创空间

有理科背景的小张在科学实验中萌发了新的创意,他很想将这个创意付之研发,以便研发新的技术。对他来讲有两条路径,一条是进入互联网平台,另一条则是到各种类型的众创空间去,寻找风险投资者,寻找愿意进行转化的企业。现实中,"互联网+"和众创空间有融合的趋势。通过互联网可以获取创新创业的信息,进行众筹,也可以通过互联网销售产品。

第一节 "互联网+"时代

"互联网+"是一种新的经济业态,能充分发挥互联网在生产要素配置中的优化和集成作用,将互联网的创新成果深度融合于经济社会各领域之中。众创空间则是在互联网时代下兴起的新型创业服务平台的总称。

一、"互联网+"是一种新的经济业态

"互联网+"代表的是一种新的经济业态,即充分发挥互联网在生产要素配置中的优化和集成作用,将互联网的创新成果深度融合于经济社会各领域之中,提升实体经济的创新力和生产力,形成更广泛的以互联网为基础设施和实现工具的经济发展新形态。

通俗来说,"互联网+"是以互联网为平台,综合利用移动互联网、云计算、大数据和物联网等新信息通信技术,与各个行业深度融合,从而推动各行各业的创新和升级,创造出新的产品、业务和模式,形成将一切都连在一起的新生态。比如互联网+交通,诞生了滴滴打车等打车拼车软件、出行导航系统等。总的来说,"互联网+"时代呈现出以下几方面的特征:

一是跨界融合。"+"本身意味着一种跨界,一种融合。与桌面互联网和移动互联网时代相比,"互联网+"时代,将以前所未有的广度和深度促进实体经济的发展。过去,互联网跨界融合只是指在工业领域中的跨界,但是"互联网+"时代的跨界融合是指各行各业之间的融合,这种跨界融合是前所未有的。各行各业需有效融合"互联网+"的创新成果,创造出以互联网为基础的创新模式,才能更好地发挥协同效应。

二是重塑结构。互联网时代不仅打破了原有的社会结构、经济结构和文化结构,还带来了权力、关系、连接、对话方式的转变。互联网改变了关系结构,使得用户、伙伴、股东、服务者等身份在有些情况下自由转换。商业模式不断创新,管理思想也有了很大的变化,连接和关系越来越成为企业追求的要素。互联网降低了社会交易成本,提高了运行效率,如购物这种要去实体店才能解决的事情,现在可以用互联网轻易完成。互联网不仅重新塑造了社会,而且重新建立了信任和契约关系。

三是开放和共享的平台。只有在开放和共享的基础之上,"互联网+"时代才能够实现跨界融合。企业应该优化内部结构,对接外部环境,建立融合、协同的生态系统,才能有效推动创新环境的发展。"互联网+"时代的一个重要目标是通过消除创新环境的不利因素,提供一个开放和共享的平台,使创业者有更多的机会进行创新。

二、"互联网+"对传统产业的影响

在中国,经过二十几年的发展,互联网已经成为一种在社会中广泛应用和渗透的基础设施。互联网与经济社会各领域的融合创新正以不可阻挡的势头对我国经济社会发展产生重大而深远的影响。我国互联网从无到有,近年来发展迅猛,创新力和竞争力不断增强,成为我国创新发展的主要推动力量。目前我国网民总数接近 8 亿,已经与整个欧洲人口总量相当。互联网已经不再只是社会的一个细分业态,而成为当今社会发展的一个新的阶段,传统行业如商贸零售、金融、政府、公共事业、医疗、媒体等均会从业务、营销的模式向互联网化全面转型。无论传统行业曾经是多么的辉煌,在现在"互联网+"的大趋势下也已经变得黯然失色,"互联网+传统行业"才是未来的新趋势。毫无疑问,各行各业都将互联网化。如果传统企业不能认识到互联网化的必然趋势,就会落后于新兴的互联网企业,最终被淘汰出局。而如果传统企业能够敏锐地认识到互联网的重要性,积极向互联网化转型,将会提升本企业的发展速度,获得巨大的发展动力。

2015 年 10 月,党的十八届五中全会审议通过的"十三五"规划建议,明确提出实施网络强国战略,实施"互联网+"行动计划,发展分享经济,实施国家大数据战略。"互联网+"已经上升为国家基本的发展战略,并且不断地渗透到传统行业。国家推行"互联网+"战略,从不同层次对传统行业产生了深远的影响。

"互联网+"对传统行业产生影响的初级阶段是融合。融合并不改变各个行业的运行方式和内容,而是通过信息技术,进行数据交换,在某些环节上节约时间成本和物质成本,从而提高实体经济的运行效率。如"互联网+"在教育行业和医疗行业上的应用。教育行业一直以来都被局限在固定的场合,给有限的人提供教育资源。而"互联网+"能通过在线视频的传播,让教育行业同时给更多的人提供服务,摆脱了地理位置的限制,大大提高了教育行业的运行效率。在医疗行业,通过"互联网+",人们能够方便地在网络上预约挂号,随时查看排队信息,打印检查报告等,这在一定程度上缓解了看病难的问题。

"互联网+"对传统行业产生影响的中级阶段是改造。企业基于互联网的商业模式,与消费者建立实时的联系,实现信息交互,积累消费者数据。同时,利用消费者数据,指导产业链上的各个环节,如生产什么样的产品,如何控制库存等,最后实现商品供给与消费者需求之间的最佳匹配。比如餐饮、美容等常见的 O2O 模式。买卖双方在实际交易发生之前,通过"互联网+",将所有的供需信息进行交换,达成买卖信息的最佳匹配,从而实现实体经济的最优化,弥补客流随着时间呈现明显的不均匀分布带来的效率低下。这些行业通过"互联网+",提前了解潜在的消费者数量,特定时间点的特定需求,采取不同时间段的优惠策略,将消费者按照各自的需求分配到不同的时间段上,达到资源的最佳利用。

"互联网+"对传统行业产生影响的高级阶段是创新。"互联网+"与传统行业融合创新,创造出新产品、新业务和新模式。原有的低效资源配置方式和生产组织形式被新的创新力量所代替。例如,利用"互联网+",跳出传统产业思维,创造出了共享经济这一全新的商业模式。这一创新的商业模式已经涵盖了生活的方方面面,包括住宿、交通、教育服务以及生活服务和旅游领域,例如共享单车。共享单车是企业在校园、公交站、地铁站、商业区、居民区等地提供单车共享的服务。用一部手机就能完成借车、还车和缴费等全部过程。这一创新模式已经颠覆了城市出行方式,最大化地利用了城市公共道路。

三、"互联网+"推动创新创业的新突破

近年来,随着移动互联网、生物、新能源、智能制造等为代表的新一轮科技革命和产业变革带动以及在政府大力推动下,我国正在迎来基于互联网的新一轮创业创新浪潮,主要标志是创业企业、创业投资、创业平台爆炸式增长,创业群体迅速扩大,创业创新在全社会蔚然成风。而这一切的形成都是建立在"互联网+"技术快速发展的基础之上的。互联网技术促进创业创新活动主要体现在以下三个方面:

一是,互联网技术降低了创业门槛。互联网技术的发展和普及可以减少创业边际成本,降低创业门槛,缓解创业初期的资金限制,使得"大众创业,万众创新"的可能性大大增加。具体来说,互联网时代,每个人都能通过互联网平台获取信息、交流沟通、进行交易,创业环境相对透明公平;互联网和传统行业的跨界融合,给创业者提供了更加广阔的创业空间。不管是传统互联网电子商务,还是正在兴起的移动互联网、移动商务,都蕴藏着大量的市场机会;融资方式更加灵活,以天使投资、风险投资和私募股权投资等在内的股权投资更加活跃,缓解了创业初期的融资困难;政府部门积极推动创新创业活动,出台相应的政策扶持创业项目,这进一步降低了创业门槛和创业成本。

二是,互联网技术扩大了创业群体的组成。互联网时代,随着社交网络扁平化,知识和技术的传播更加迅速,创业主体逐渐由过去的小众转变为大众,创新创业活动由技术精英逐步拓展到"草根"大众。如大学毕业生、海归留学生、企业员工、科技工作者开始走向创业之路。在传统工业时代,创业往往由社会精英发起和主导,广大群众作为被动的消费者,只是精英们的陪衬。目前,借助互联网思维、众创空间等新型载体,草根创业者们在创新创业领域越来越发挥着重要的作用。

三是，互联网技术改变了创新创业方式。互联网给创新创业者提供了极大的便利，促进产品设计、生产、销售、消费等环节的变革，提高了产品的使用性和适应性。在创新方式上，通过互联网平台，由过去的技术供给方主导转变为技术需求方主导，如大规模、单一品种的刚性生产逐渐转变为小规模、个性化定制的柔性生产。过去，产品要经历冗长的产业链链接，最终才到达消费者手中；而在互联网时代，生产者和消费者通过社交网络，直接连接，这不仅体现了高效率，也提高了产品的使用性和适应性。因此，在创业方式上，随着社交关系的扁平化，创业者可以和消费者直接接触，通过他们的体验、建议，缩短与消费者之间的距离，设计制造出更好的产品。

可以说，随着互联网技术的不断发展，创新创业的活动必将继续前行。互联网技术的不断进步成为创新创业新突破的重要契机。

第二节 众创空间——新型孵化器

一、众创空间内涵

目前，国内对于众创空间还没有形成统一、明确的定义。国务院办公厅发布的《关于发展众创空间推进大众创新创业的指导意见》中，将众创空间定义为："低成本、便利化、全要素、开放式的新型创业服务平台。"刘志迎等认为："众创是指在现代互联网背景下，一方面热爱创新的大众（创新者）基于由企业搭建的或者自发形成的互联网平台实施创新活动并且通过互联网进行创新成果的展示或出售；另一方面其他企业或个人（需求者）通过互联网搜寻和获取创新成果并加以利用的一种新型创新模式。"我们认为，众创空间是指在互联网时代下，利用市场化机制、专业化服务和资本化途径建立开放式、低成本、便利化、全要素的新型创业服务平台。众创空间为创业者提供了办公空间、互动社交空间、平台网络空间和资源共享空间。创客空间、创业咖啡、创新工厂，甚至科技媒体等都可以说是众创空间的具体表现形式。

众创空间这一说法是源自国外"创客空间"的概念。创客空间（Hackspace、Makerspace）为人们进行动手性探索与参与性学习提供场地、材料、工具、设备和技术，是供人们分享创意、交流经验与合作创新的地方。创客空间通过向创业者提供创新活动开展的场所和设备，组织相关的活动和工作坊，促进知识分享，跨界协作，最终达到创意的产品化。国外的创客空间经过十几年的发展，现在已经达到比较成熟的阶段，对创新创业活动产生了深远的影响。当创客的概念被引入中国，各大城市逐渐诞生了各式各样的创客空间。如北京的创客空间、上海的新车间、深圳的柴火空间、广州的梦车间等。随着创业环境的不断优化，创业服务机构越来越发挥着创业资源的规模优势和集聚效应，使创业者们可以自由地共享经验、信息、仪器设备和其他创业资源，构建开放式的创业生态系统，即我们所说的众创空间。

二、众创空间与传统创业孵化器的联系与区别

在众创空间出现之前,已经有为创业者的发展提供便利的传统孵化器诸如国家自主创新示范区、国家高新技术产业开发区、科技企业孵化器、大学科技园以及创业苗圃等。可以说,众创空间是一种新型的孵化器,它不仅涵盖了传统创业孵化器的功能,还增加了其他创业服务。它与传统创业孵化器既有联系又有区别。具体来说众创空间与传统创业孵化器有以下联系:

众创空间的外延与传统创业孵化器有重叠。众创空间与传统创业孵化器一样,从本质上来说都是一个服务平台,只不过它所提供的服务更多是针对草根创业者,其门槛更低,效率更高;众创空间和传统创业孵化器都为创业者提供工作空间,除此之外它还提供网络空间、社交空间和资源共享空间,同时也能为创业者提供创业培训、投融资对接、商业模式构建、团队合作、工商注册和法律服务等全方位一体式的创业服务;传统创业孵化器按照一定的流程孵化,孵化工作紧紧围绕既定目标,同样众创空间从一个点子、一个创意开始,通过互联网将创意放大,并向社会散发影响力。

在新时期,市场经济体制逐步完善,市场监管相对宽松,众创空间这个新型孵化器也变得创意无限,从创意到商业模式的转变也变得十分顺畅。从发展趋势上看,众创空间在一定程度上替代传统孵化器成为某种必然性。

传统孵化器转化为众创空间。如果在保持原有职能的基础上,增加新的职能,降低入驻门槛,扩大其服务对象到草根大众,提供更加多样化的增值服务,与创业者共同成长,传统孵化器是可以转化升级为众创空间的。由于传统创业孵化器有更好的硬件设施、孵化流程和孵化经验,因此传统孵化器转化为众创空间,其综合实力将更为强大。

众创空间与传统创业孵化器的区别具体如下:

从服务对象来看,传统孵化器的服务对象比较窄,多是科技型中小企业、高新技术型企业;普通的创新创业主体很难进入孵化器。而众创空间这一概念的提出,就是为满足"大众创业,万众创新"的需要。因此,众创空间的孵化服务对象是多元的,既可以是高科技企业,也可以是创新创业团队或个人。

从盈利模式来看,传统孵化器比较重视物理性的实体空间及设施,所有部门的设置也都是基于为创业者提供基本服务,并没有从市场管理角度为创业者提供全程整体的资源服务。因此,传统孵化器主要向创业者提供孵化环境、物业服务来获得一定的租金收入。众创空间则更加注重服务的软件设备、创业生态的拓展等服务,并不刻意追求孵化面积大小,而是更加注重整个孵化产业链的协调性和资源配置的合理性;众创空间将学术界、产业界、政府等自由连接起来,形成相辅相成的资源联盟平台,并且通过为创业者提供全方位创业服务来获得盈利。

从商业模式来看,传统孵化器多是半公益的政府投资,资金主要来源于政府各类机

构。众创空间是整合了风险投资、咨询公司、管理公司等为创业者服务的多板块综合服务型平台,其资金主要来源于企业、基金会、保险公司、投资公司、银行等机构,投资主体更加广泛。

从融资方式来看,无论是传统孵化器还是众创空间,双方的投资机制都属于嵌入式投资。不同的是,传统型投资机制是通过政府政策获得一定的优惠条件,如税收减免、财政补贴等。而众创空间与风险投资基金结成战略联盟,建立相应的监督机制,进行商业投资;双方共同出资为创业者提供相应的资金,并互相监督资金跟进比例和额度,最终由众创空间和风险投资基金共同分享投资收益。

三、众创空间主要模式

近年来,随着"双创"政策的不断落实,作为创新创业新型孵化器,众创空间得到了空间的发展。2010年,国内第一家众创空间——上海新车间成立。之后,在国内各大城市,一大批形式各异、各具特色的众创空间不断涌现。从业务模式和形态角度来看,我国的众创空间主要有以下几种模式:

第一,辅导培训型。辅导培训型众创空间,充分利用了高校的教育资源和校友资料,将高校的理论优势和市场的实际相结合,为大学生创业个体或创业团队提供以辅导培训为主的创新创业服务。例如:清华x-lab、北大创业孵化营、亚杰会等。

第二,活动汇聚型。活动汇聚型众创空间会定期举办创业想法或项目的发布、展示、路演等活动,将各地各领域的创业想法和创业项目汇集起来,为各类创业群体提供聚集交流的圈子。例如:北京创客空间、上海新车间、深圳柴火空间、杭州洋葱胶囊等。

第三,投资驱动型。投资驱动型众创空间聚集了经验丰富的投资者和实力雄厚的投资机构,为优质的创业者和创业团队提供融资服务,解决了这些创业群体在前期的资金紧缺问题,为其成功孵化提供了资金的保障。例如:车库咖啡、创新工场、天使汇等。

第四,媒体驱动型。媒体驱动型众创空间是由面向创业者的科技传媒所创办的众创空间,其会抓住创业领域的热点,通过宣传、包装和舆论引导,将此创业领域的热点加温,逐渐吸引社会资源进入此领域,社会资源包括技术、投资、项目与产品的对接通道等。例如:腾讯众创空间、36氪、创业家等。

第五,地产思维型。地产思维型众创空间是由地产商开发的联合办公空间。这类众创空间主要为初创个体或团队提供办公场所,并提供丰富而又实用的附加服务,如办公用品、网络、餐饮、娱乐等基础服务,甚至还包括安保、保险、社会(酒会、夏令营活动)、法律、融资、营销甚至是技术方案等高级服务。例如:SOHO 3Q、优客工场(UrWork)等。

第三节 "互联网＋"下众创空间的发展现状

一、"互联网＋"促进众创空间的发展

根据 2016 年腾讯研究院发布的《2016 创新创业白皮书》，在还没有"众创空间"这一概念以前，我国各类企业孵化器数量在 2000 年有 164 家，截至 2011 年年底有 1 034 家，到了 2014 年已经超过 1 600 家，而在 2015 年孵化器数量达到了 2 500 多家，发展速度迅猛。同时，众创空间也发展迅猛。根据科技部资料，截至 2016 年底，我国共有 4 298 家众创空间，覆盖了全国所有省份。2016 年，众创空间共服务创业团队和初创企业近 40 万家，带动就业超过 180 万人，实现了创新、创业、就业的有机结合与良性循环。众创空间如此快速的发展，得益于"互联网＋"时代技术的支持。

"互联网＋"促使传统的以技术发展为导向、科研人员为主体、实验室为载体的创新 1.0 模式转向以用户为中心、以社会实践为舞台、以共同创新、开放创新为特点的用户参与的创新 2.0 模式。随着"互联网＋"和新一轮创新创业的大浪潮，我国各地出现了为数众多的众创空间。"互联网＋"作为国家战略也正在不断演进，与"众创空间"本质高度契合，成为实现"大众创业、万众创新"的重要推动力量；未来"众创空间"将与"互联网＋"相辅相成、共生共荣，共同推动中国经济再次起飞。[1] 众创空间是"互联网＋"战略的实践载体，为互联网思维管理提供了可实践的物理载体。互联网化的众创空间，不仅能为创业者提供低成本、协同互助、便利化、全要素的办公、网络、社交空间，而且能利用互联网技术，为创业者构建资源共享空间。

随着以淘宝、京东商城、苏宁易购等为代表的电子商务的迅猛发展，众多小微企业也跟随电商巨头的脚步，逐渐实现了在线营销，并通过电子商务不断推动自身的发展。但是小微企业也有自身的缺点，它们受到资金、技术和人力等方面的限制，不太可能进行大量基础性的信息化建设。因此，如何利用信息技术，为小微企业构建公共平台，让其低成本利用信息资源，顺利开展"互联网＋"战略，变成小微企业发展的关键。从这一方面来说，众创空间应丰富服务内容，提高服务质量，提高孵化初创企业的能力。不仅如此，众创空间也要协助已成功创业的企业进行再孵化，协助这些企业，让它们努力实现"互联网＋"战略。

随着互联网、移动互联网、云计算、大数据、物联网技术的迅猛发展，传统行业都受到了或多或少的影响，这对于初创企业和小微企业来说，意味着巨大的发展机会。智能互联产品需要全新的行业架构或生态系统支撑，而在全新的行业架构的每一层里，都需要不同

---

[1] 王文：《互联网＋战略促进众创空间发展》，《互联网经济》，2015 年第 8 期。

的企业提供不同特色的产品和服务。目前,这种智能互联产品和服务还处于初始阶段,进步空间非常大,初创企业和小微企业可以此为契机找到巨大的发展机会。这反过来促进了众创空间的发展。

二、"互联网+"下的众创空间

总的说来,目前我国众创空间呈现出以下发展特点:

区域特点。我国众创空间发展与区域经济发展水平和科技教育资源分布紧密相关,以北京、上海、深圳、广州等特大型城市为龙头,以南京、杭州、武汉、成都、苏州等城市为重点,以科技和产业基础较好的城市为基础的阶梯式分布。目前,全国形成了五大创业中心。一是,以北京、天津为核心的华北创业中心;二是,以上海、南京、杭州、苏州为核心的华东创业中心;三是,以广州、深圳为核心的华南创业中心;四是,以武汉为核心的中部创业中心;五是,以成都、西安为核心的西部创业中心。从空间分布密度来看,上海众创空间分布密度最高,其次是北京,江苏、广东、浙江、湖北等地创新创业氛围也较为活跃。其中,华北、华东和华南地区成为众创空间建设的主要区域,由于这三地的经济基础、政策倾斜和其他要素禀赋不同,导致其众创空间发展模式也不同。华北地区得益于其大量优质的教育资源与区位优势,创业培训服务已成为华北众创空间的发展特色。华东地区作为经济最发达地区之一,由于其大量科技资源与雄厚经济基础、发达的商品经济以及成熟的金融体系,投融资服务成为华东众创空间的服务优势。而华南地区众创空间则非常重视入驻创业者、创业团队的知识获取与项目辅导,帮助其获取创业知识,沙龙活动成为华南地区众创空间服务的亮点。

建设特点。首先,市场化机构成为建设我国众创空间的主力军。根据2015年针对97家众创空间开展的抽样调查,民营企业、国有企业、事业单位、民办非事业单位以及社团组织创办的众创空间比例分别为:71.1%、14.4%、8.2%、5.2%和1%。这与我国众创空间坚持发挥市场配置资源的决定性作用相契合。在众创空间服务对象的类别上,创业团队、初创企业、个体创业者的占比分别为:55.7%、36.1%和8.2%。这说明,我国众创空间是服务创业团队和初创企业为主。其次,城市经济中心和智力中心成为建设众创空间的最佳区位选择。城市中央商业区有完备的城市基础设施建设,同时还汇集了工商注册、投融资企业、法务咨询等服务业;城市智力中心是高校或科研院所聚集地区,这些区域汇集了大量的创新人才,为众创空间的发展提供了人才支持。最后,与城市其他空间组合成为建设众创空间的主流方式。如3W咖啡、车库咖啡等就是众创空间与城市商业区组合的典型例子,具有较优的社交功能;清华X-lab、北大创业孵化营、联想之星等是众创空间与城市教育空间组合建设的,此类众创空间充分发挥了高等院校和科研院所具有的人才聚集效应;利用城市废弃搁置空间也是建设众创空间的一种方式,我国各个地区都出台了相关废弃空间改造政策,这种众创空间既降低了建设成本,又提高了资源的利用率。

运营特点。随着"大众创业，万众创新"工作的不断推进，众创空间不断集聚融合各种不同创新创业要素，产生了很多创新创业新模式，营造出良好的创新创业氛围。目前，根据业态和商业模式，我国的众创空间可以分为产业服务型、联合办公型和创业社区型三种。产业服务型众创空间，主要为初创企业提供成长所需的服务，其核心业务为孵化企业，为企业提供指导、培训、投融资、技术对接等多样化的服务，增加创业成功率，并以这些多样化服务来获取收益。联合办公型众创空间，通过共享公共空间，实现办公空间的租用时段分散化，为创业者提供低成本的办公场所，也能营造出不同创业团队和创业者进行互动的工作社区，最后通过场地租金实现盈利。创业社区型众创空间，主要围绕创业者学习、创业、居住、社交、消费等需求，通过完整的社区功能配置，提供一体化的创业和生活服务，其侧重点在于营造集成化的创业生态，以社区服务的收入来弥补创业投资短期回报的缺乏，让创业、生产、生活和消费形成营收平衡的闭环。

在互联网时代，众创空间在以下四个方面引爆大众创新创业激情：

（一）众创空间的发展促进了孵化器服务功能的提升，进一步拓宽了创业服务内涵和服务功能

传统创业孵化器存在一个重要问题，那就是门槛高。众创空间有效解决了这个问题。首先，众创空间以"大众创业，万众创新"为指导思想，面向的是有志于创业的大众。其次，众创空间的服务对象既可以是高新技术企业，也可以是普通的创业者或创业团队，进入门槛是孵化器中最低的。最后，众创空间的出现进一步延伸了创新创业的服务范围，完善了创业孵化链条的各个环节，提供了更专业、更便捷、更系统、更完整的创业孵化服务。

（二）众创空间打开了投资与孵化相结合的大门，大量资本正积极参与到大众创业、万众创新当中

众创空间以其特有的"投资＋孵化"模式吸引了大量资本进入，为所孵化的创业者和创业团队提供了资金支持。以2016年的资本进入为例，民间社会资本在众创空间平台上投资了各类创业企业共计444.6亿元，此投资数额每年还在增长中。此外，27亿政府资金通过众创空间进入到2.2万家在孵企业中。当然，在帮助创业团队和创业企业获得投融资的同时，许多优秀有特色的众创空间也受到了资本的青睐。截至2016年年底，共有808家众创空间获得社会资本投资。如北京的氪空间、创新工场、纳什空间、因果树、优客工场等众创空间累计获得55亿元的投资。

（三）众创空间促进了创业与创新的有机结合，推动实体经济转型升级

创业与创新是紧密联系的两个方面，众创空间从出现之始就共抓创业创新，并重视创业与创新的有机结合。众创空间不仅为创业企业和团队提供技术支持，而且促进这些企业和团队在技术、专利上的创新。

众创空间推动创新与创业结合的效果也在逐步显现，效果显著的有海尔集团率先建立的海立方线上平台、创客学院、创客工场等5个众创空间型平台，成立了183个小微生态圈，诞生了470个创业项目。小微生态圈推动了海尔集团由白色家电领域向智慧家庭领域的转型。以创业创新结合为特色的众创空间，在被企业合理运用后，促进了实体经济的转型升级。

（四）众创空间铺天盖地推动了全社会的创新创业氛围，成为引领我国创业文化发展的主阵地

众创空间举办的各类创新创业活动、创业辅导培训、国际交流活动等，营造了浓厚的创新创业氛围，大众对创新创业的兴趣越来越浓，参与创新创业的积极性越来越高。据统计，众创空间一共吸引到6.3万余名大学生、5 426名留学生、2.8万名科研人员、10 159名原大企业高管和20 520名连续创业者在其中创新创业。

第四节　众创空间的完善

一、众创空间面临的问题与解决之道

众创空间作为传统创业孵化器发展的演化与升级，充分利用低成本、便利化、全要素等优势，取得了引人注目的成就。在政府和媒体的大力推动之下，众创空间在我国发展迅猛，但由于其属于初创期，没有明确的发展方向和模式可借鉴，因此存在诸多不足和弊端。2016年2月，深圳南山一家名为"地库"的创业孵化器成立四个月后，由于入驻率太低、运营成本高、无法盈利而被迫关门；2016年4月，堪称深圳最大孵化器的孔雀机构由于连续三个月拖欠租金以及物业管理费用，被所在物业强行拆除；2016年10月，联合办公空间Mad Space由于产品不成熟，用户习惯不成熟，市场需求量小等原因，也宣布破产倒闭。我们看到的一方面是众创空间的高速发展，另一方面是某些众创空间面临运营困难，甚至倒闭的风险。众创空间"冰火两重天"的境遇，不得不让人们思考众创空间高速发展背后所隐藏的问题。

（一）同质化现象严重

众创空间的核心在于提供全要素、专业化的创业服务，打造开放式的创业生态系统。近年来，随着众创空间行业的快速发展，很多众创空间呈现出严重的同质化现象。目前已涌现出3W咖啡、柴火创客空间、北京大学创业训练营、飞马旅、车库咖啡等特色明显的众创空间，但大多数众创空间缺乏宏观布局思路，采取建设模式照搬照用的做法，导致很多众创空间，在发展理念与商业模式上一模一样，无法形成核心特色优势，为创业者提供差异化的服务。目前，大部分众创空间只是帮助创业者解决了物理空间的问题，而并没有解决其他配套问题。很多众创空间都借鉴北上广深等发达地区的商业模式，没有考虑到各个地方的创业氛围、创业资源和经济发展水平的差异；不同地区的创业者所需的创业服务不同，如发达地区的创业者，可能更加缺乏资金，需要的服务更多的是投融资方面；而其他地方的创业者可能更需要创业人才、创业导师，需要良好的创业培训辅导。但是目前，一

方面,绝大部分众创空间提供的服务基本上就是办公空间、政策咨询、工商注册等同质化的服务,让很多创业者选择进驻哪家众创空间时犹豫不决。另一方面,在这个"互联网＋"时代,大部分创新创业项目都是有关 APP 开发或是 O2O 项目,项目单一,创业链、产业链和投资链没有串联起来,创新创业项目难以推动产业发展和技术进步,导致很多众创空间缺乏核心竞争力,没有形成特色。

如此同质化严重的众创空间使创业者失去了依据自身需求选择更适合自身发展的众创空间的权利,降低了创业者的创新创业活力,同时也极大地制约了众创空间模式的多元化发展。

(二) 专业管理人才匮乏

由于是一个新型的商业模式,没有现成的模式、清晰的发展方向可借鉴,众创空间尚处于探索阶段,因此,在运营管理方面缺乏相应的有经验的专业型人才。在互联网大背景下,众创空间中的创业者,技术创业是趋势,它关注产业细分领域的技术突破。从事众创空间创业孵化工作,一方面被孵化企业构成具有多样性,另一方面不同企业存在的问题具有不同的复杂性。而且,如果没有管理经验,就难以把握众创空间未来的发展方向,就会限制众创空间全方位的健康发展。只有让具备相关领域知识和技能以及创新能力、协调能力的人参与到空间的运营团队中来,才能更好地完善众创空间的服务功能,提高被孵企业的成功率。所以,目前我国众创空间的发展急需一批综合素质高、专业能力突出、经验丰富、具有国际化视角的人才,参与管理运营和创新发展,提供顺应在孵企业成长规律并满足其发展需求的服务,针对性地完善众创空间功能。

(三) 没有持续稳定的盈利模式

众创空间作为传统创业孵化器在新形势下的衍生和升级,创建主体由政府、事业单位和高校转向民营企业及个人。因此,众创空间不是非盈利的公益性组织,本质上就是一个通过孵化其他企业去维持直至发展壮大的盈利性组织。首先,当前众创空间的盈利模式主要通过提供办公场所和设施而获取相应的租金差价,但是这种增长空间非常有限,低廉的租金不足以维持其日常运转;与此同时,目前政府对众创空间的补贴力度非常大,但是随着政府职能的转变和众创空间不断发展,这种补贴会越来越少。其次,由于众创空间中的创新创业者不同的发展潜力和参差不齐的实力,提供专业化的增值服务,不一定适合每个入驻的创新创业者。最后,众创空间通过直接入股有潜力的企业,经历创业项目进入高速成长期、上市或者被其他企业收购后获取高额的投资回报,但是这种方式风险大,投资回报期长,不适合所有的众创空间,只适合资金实力雄厚的众创空间。因此,当前众创空间的盈利模式不明确且不稳定,需要作出比传统创业孵化器更为务实和明智的选择,只有这样,才能更好地服务于创业者,才能保证众创空间与创业者合作共赢的可持续发展。否则,在面对房租和人力成本的压力下,会出现入不敷出,不得不依靠政府资助,甚至破产的情况。

（四）服务功能有待完善

众创空间作为一种新的企业模式，在短时间内快速发展，尽管众创空间所能提供的服务种类丰富，但没有形成全要素的服务链。众创空间建设工作的推动与开展，不是短期内就能获得显著成效的，众创空间模式的选择、创业团队评定、导师团队建设、项目筛选升华、专业孵化服务、创业基金引入等要素的构成，需要不断积累、互相协调。目前，相当一部分众创空间只是提供了简单的创业服务，缺乏项目融资、法律咨询、工商注册、政策申请、资源对接、运营管理等方面的相对专业和高水平的软性服务。如：导师团队的自身素质和专业水平参差不齐，对入驻众创空间的创新创业者提供的参考建议有限，创业导师数量和质量与迅速发展众创空间的需求不匹配；对创业项目的评估筛选不科学、不合理，众创空间内部运营管理与孵化能力欠缺，不具备风投、创投、天使投资人等资本对接能力等问题较为突出，导致众创空间建成后，创业资源缺乏，相关配套服务跟不上，众创空间服务水平低。因此，服务功能的完善和服务质量的提升是推动众创空间持续发展，促进创新创业的关键。

虽然众创空间的发展遇到了上述这样或那样的问题，但这都是新生事物出现和发展所必须经历的过程，不能因为遇到一些问题就否定它的存在，应该正视和解决在发展过程中出现的问题，促进众创空间健康、可持续的发展，推动国家"双创"事业的蓬勃开展。众创空间作为一种新的商业模式，最终还是会回归到盈利组织的本质，提供创业者需要的服务，为社会创造出更大的价值。

通过对我国众创空间的发展现状和相关政策措施进行梳理，对众创空间科学、健康、可持续发展提出如下建议：

1. 市场主导与政府引导

从国内外众创空间的发展过程来看，众创空间是以自发的科技创新作为内在驱动力，自下而上形成的，且多数众创空间是以兴趣小组为基础的社区群落。这一特征决定了众创空间发展要坚持市场主导与政府引导相结合。因此，发展众创空间要充分尊重创新创业者群体的需求，科学界定政府与市场的关系，要遵循创新创业规律，支持各种形式类型的创新业态，坚持走市场化道路，让创新创业事业回归市场的本源，由市场来做裁判；积极引导和鼓励众创空间建立联盟或协会，通过行业自律的形式，促进众创空间各成员之间的资源共享，构建创业主体、创业平台、创业要素、创业服务及创业环境等良好的创业生态。

在我国，政府作为推动众创空间发展的主要推动力量，在众创空间的发展过程中发挥着引导服务、制度创新和治理优化作用。在引导服务方面，政府制定更为宽泛的众创空间认证标准，为注册众创空间提供便利，在场地、设施等众创空间建设方面提供更多优惠政策等，始终做好宏观的布局与规划，规范众创空间发展路径，加大对于众创空间的宣传与舆论引导工作；与此同时，普及和强化大众对众创空间的正确认识，避免形式主义、跟风以及政策投机者扰乱市场动向，创造良好的创新创业的氛围，构建一个健康有序、开放融合的众创空间发展体系，从而为创新创业提供发展思路和实践平台。在制度创新方面，政府要完善众创空间政策体系,提升政策实施效果,平衡政府治理中的集权和分权,并改革监督机制,制定合理的绩效和考核机制。在治理优化方面,政府要加强对众创空间的市场监管、公共服务与政策引导,营造公平合理的市场竞争环境。

2. 合理制定众创空间绩效指标和评价机制

推动众创空间的发展,要有公平、公开的考核和评价机制。目前众创空间治理的一个主要问题是政绩指标化,把数量和项目作为考核政绩的硬性指标。有一些地区把建设众创空间数量作为硬性指标,或者通过政策优惠强行推出一些众创空间;这些众创空间往往存在功能性较低、成长性较差等问题,不符合市场规律,只是依靠政府的无偿资助,勉强维持运营,形成了表面的繁荣,难以从实质上促进创新创业的发展。众创空间具备开放性、共享性、融合性和探索性,不应该以物理空间、在孵化企业数量、服务创新创业者数量、人员规模等方面作为考核和评价的标准,而应该注重创新创业服务能力、孵化企业存活率等真正反映众创空间特征的指标作为考核和评价依据。比如,刘志迎教授提出了建设众创空间的十大原理。可以借鉴这十大原理,制定出众创空间的考核和评价体系,为众创空间行政评价与治理监督提供指导。

3. 软硬结合,完善功能服务

众创空间是一个服务于创新创业者的综合性平台,除了给创新创业者提供基础的物理空间和办公设施之外,还需要提供多类型、高质量的软性服务。如众创空间的构成要素主要包含主题模式选择、创业团队评定、导师团队建设、项目筛选升华、专业孵化服务、创业基金引入等。这些要素中的主体模式选择、专业孵化服务等要素是众创空间必须自己去构建完成的,导师团队建设、创业团队评定、项目筛选升华和创业基金引入等要素则可以通过与其他孵化中介服务机构合作来完成。专业化的孵化中介机构为众创空间提供了迅速组建及有效运营的便捷和集约化的路径。众创空间通过孵化中介服务机构,如创业导师团队引进、知识产权评估、科技项目评审、国内外技术合作、投融资及担保对接等,不仅可以大幅度降低运营成本,还可以在短时间内构建起众创空间需要的全要素平台。如果条件允许,众创空间可以自己进行全要素建设,但这会提高运营成本,经历长时间的建设周期,且面临未知的风险。这些软性服务对于创新创业者的成长、发展来说至关重要,因此,众创空间的建设一定要软硬结合,完善服务功能,从满足创新创业者多方面需求入手,注重服务品质的打造,致力于为入驻孵化企业提供全方位、高品质、针对性的问题解决方案。

4. 进一步促进众创空间的主体多样化发展

众创空间的主体多元化发展可以有效解决众创空间的发展模式同质化问题。众创空间的主体单一化是导致发展模式同质化的主要原因,因此,为了推动众创空间的健康、可持续发展,一定要坚持众创空间的主体多样化发展。众创空间的主体不应由单一的个人、几个自然人或者是单一的企业、组织构成,而是发起者应该根据自身的优势与拥有的资源,与高等院校、科研院所、银行、国企、高新技术企业等多种经济主体联合,成立不同特色的众创空间。主体多样化,一方面能让众创空间形成自己的特色优势,提供更加有深度、专业化的服务,另一方面也能让创新创业者根据自身需要的服务,选择最适合自己创业的众创空间。例如,联想之星是联想公司和中国科学院于 2008 年共同创建的,融合了双方的优势和资源。因此,联想之星整合了丰富的企业和社会资源,以天使投资为特色,同时,也为创业者提供管理、财务、法务、市场营销等各个方面的综合服务。

二、众创空间的发展趋势

在今后很长的时间里,实体性众创空间的建设和发展仍是促进创新创业活动的主要方式,未来,随着移动互联网技术的飞速发展,由当前众创空间的实体空间建设转为虚拟空间的建设也指日可待。众创空间的发展离不开互联网、大数据的支撑,通过互联网、大数据技术,获取来自线上和线下全面的创业数据,整合产业链上的一系列资源,合理利用信息资源,为创业者提供坚实可靠的发展依据,实现更精准、更高效的服务模式,是未来创新创业孵化转型的必然趋势。我们相信,我国众创空间的发展一定会越来越好。其发展可能呈现出以下趋势:

与其他机构融合发展。目前,我国创新创业氛围浓郁,参与的大众越来越多,创业主体呈现多元化,创业服务平台的新业态、新模式不断涌现。例如,美国的众创空间日益成为购物中心的一部分。生产者和消费者一体化,正在成为一种带有方向性的发展趋势。

呈现全链条系统化服务特征。众创空间在创新创业服务中已经积累了一定的经验,创业者能利用的资源,除了日常的办公空间和设施以外,也有导师培训、投融资服务、媒体宣传、法务咨询等服务。未来,众创空间应该在提升自身服务能力的同时需整合外部专业资源,构建一个全链条的服务平台,为创业者提供更加优质、可靠、专业化的创业指导和服务。

合理化定位,增强核心竞争力。随着创业服务机构数量的持续增多,短期内大量的人和资本涌入众创空间领域,出现了泡沫现象。未来,众创空间的热度会有所消减,商业运营会回归理性,并根据其自身定位,合理选择地理位置、楼宇、装修,增强对创业团队的评估,招募符合地方特色和自身发展定位的创业团队和创业项目,突出自身优势和竞争力。

实现虚拟众创空间,进一步降低创业门槛。虽然,目前众创空间还需要物理或实体空间以供创业者进行各类创新创业活动,但未来,由于互联网技术、视频技术、三维空间技术等高科技的发展,会出现"虚拟众创空间"。创业者不需要到众创空间的实体空间,只在家或办公室里就能实现与其他创业者们的"见面"交流,开展所有的创新创业活动。因此,未来的虚拟众创空间不需要租赁各种场地,只需要具备所需的互联网和视频设备即可。这时的众创空间降低了成本,使创业门槛更低。

更加成熟的盈利模式。场地出租是最初级的赢利,也是目前大部分众创空间的赢利模式。未来,众创空间要运作得好,必须通过租金收益、配套设施、增值服务、投资回报等盈利模式相结合,积极总结和摸索出符合自身发展的盈利模式,保证众创空间长足高效的发展。

思考题

1. 你认为"互联网＋"和"＋互联网"有何区别？

2. 什么是众创空间？众创空间与传统的创业孵化器有何联系与不同？

3. 为什么说"互联网＋"会促进众创空间的发展？结合实际试述"互联网＋时代"下众创空间的发展状况。

4. 目前众创空间的发展有哪些问题？你认为应如何解决？

5. 你认为众创空间的发展前景如何？

第六章 科技型企业的创建和创业行为

小张的新技术研发出来了,他想以此来创办一个科技企业。面对的问题是科技型企业如何创建? 创建科技企业需要解决提供什么样的产品,选择什么样的市场,自己的竞争对手在哪里等问题,在此基础上采取理性的创业行为。

第一节 科技型企业创建

创业者寻找到了机会,并且明确了创业目标之后,接下来要考虑的问题,就是有关自己提供什么产品,面向什么消费群体,将会与谁竞争,采取什么竞争手段以及产品的生命期多长等一系列问题,对这些问题的回答不仅是创业者理清自己创业思路的过程,也是创业者应该熟知并且掌握的创业生存必备知识。通过这一系列有关产品的分析,创业者更清楚自己需要做什么,服务的对象是谁,为什么会选定这样的服务范围,自己所提供的产品或服务是否具有一定的竞争力,是否能够通过发展最终形成自己的核心竞争力,以及自己事业是否具有长远发展的前景和潜力。

一、我要做什么

(一) 我的产品或服务是什么

从一定意义上讲,创业能否成功的关键在于创业者所提供的产品能在多大程度上满足目标市场的需要,因此理解自己的产品是什么,并且明白这一产品的目标市场在哪里,是创业起步及发展过程中的重要问题。

产品是指能够提供给市场运营,满足人们某种欲望和需要的任何东西,包括有形物品、服务、人员、组织、观念或它们的组合等,产品整体概念包括三个层次:核心产品、形式产品和附加产品。

核心产品是产品整体概念中最基本的层次,是购买者购买某一特定产品时追求的基本效用和利益,是顾客需要的中心内容。它回答的问题是消费者真正需要的是什么这一问题。消费者购买某种产品并不是为了获得这一产品本身,而是要通过该产品功能或效用的使用,来满足自己的特殊需要,从而获得基本利益。因此创业者要善于了解和发现购买者购买某一产品时追求的基本效用和利益,只有通过自己产品的准确定位来满足这种特定的需求,才能保证产品在市场中的竞争力。

形式产品是核心产品的存在形式和载体,但形式产品较核心产品具有更为宽泛的内容。它通常向购买者展现出一些可以使人感知的特征,如产品的质量档次、款式特色、包装以及品牌等形式产品的不同和多样化。可以满足购买者的不同需求。因此,创业者应注意通过产品的差异化,以多样化策略来提高自己产品和市场适应能力。应该注意的是核心产品与形式产品是不可分的。核心产品总是通过形式产品提供给购买者,人们在购买某一特定产品时,不仅要考虑核心产品部分,而且要考虑形式产品部分能否满足自己的需求。因此,创业者应当在充分了解市场需求的基础上,将核心产品与形式产品有机结合起来。

附加产品指的是消费者或用户在购买某一特定的形式产品时,所得到的附加服务和附加利益,包括咨询服务、产品介绍、免费送货、安装调试、技术培训、产品保证书和服务等。对于核心产品和形式产品来说,附加产品具有相对独立的存在的特性,但它又是产品整体概念中一个极为重要的组成部分,并且有日益重要的趋势。

产品的整体概念表明,创业者在考虑自己产品时,必须注意以下几点:第一,产品的整体概念是建立在产品的全部内容等于消费需求基础上的,这一概念十分清晰地体现了以市场为中心,以顾客为中心的经营思想。第二,产品的整体概念反映了消费者对产品多层次、多方面、多样化和不断发展变化的需求。第三,产品的整体概念也反映了创业者在未来市场竞争中能否获胜的关键,不仅在于企业能够生产什么产品,而且还在于企业能否向顾客提供适当的附加利益。

(二) 我的顾客在哪里

创业者在考虑自己产品的同时,同时需要思考的是"我的客户在哪里? 如何才能赢得这些客户?"明确的服务对象将会有助于创业企业在竞争激烈的市场中迅速获得市场地位,奠定生存基础。

1. 目标市场细分与定位

市场细分是指按照消费者欲望与需求,把一个总体市场划分为若干个具有共同特征的子市场的过程,通过对目标市场的细分,可以使创业者找到需求相似的一个消费者群体。细分市场不是根据产品品种、产品系列来进行的,而是从消费者的角度出发,根据消费者的需求、动机、购买行为的多元性和差异性来划分的,根据不同变量因素,可以进行不同角度的市场细分。

在进行了市场细分之后,创业者需要考虑的问题就是,我的产品到底应该瞄准哪个客户群体,这就是市场定位。创业企业的市场定位,就是创业者在综合考虑顾客需求、竞争状况、营销环境等有关因素的基础上,结合自身的目标与条件,确定自己在未来市场上所处的位置。可供选择的创业市场定位方式有市场领先者、市场挑战者、市场跟随者和市场补缺者这样四种类型。一般来说,初创企业由于实力有限,往往选择市场补缺者的角色,但也不排除有些科技型创业者由于拥有专利或领先的技术,起步时就定位于市场领先者或市场挑战者。

通过有效的市场细分与定位,给创业者带来的好处是,有利于创业者制定出有针对性的市场营销策略,并能集中有效的人力、物力将产品投入目标市场,从而迅速打开市场,最终提高企业的经济效益。

2. 消费者需求分析

通过目标市场细分与定位,创业者已经找到了自己的顾客群体。接下来需要考虑的是,我的顾客群里有什么样的需求,我的产品是否能满足这一需求,他们对我的产品是否满意等问题。

对消费者需求的感知,就是要弄清楚消费者到底想要什么,他们通过购买行为期望获得的是一种什么样的物品或感觉。最关键也是最重要的,就是搞明白消费者最想要的是什么。因此,创业者如果能从消费者的角度出发去思考问题,也许就会更好地满足消费者的需求,也就能更有效的赢得顾客。消费者对产品的需求不仅在于获得产品的使用价值,而且期望得到产品的附加价值,只有所有这些部分都得到了满足,才能算得上是获得了完整的产品。

3. 如何让顾客满意

让顾客满意是每一个创业者所企盼的,只有让顾客满意了,企业的产品才会有竞争力,企业才能生存发展。让顾客满意是创业者应该秉承的最高宗旨,也是市场竞争的最终裁决力。

首先,能够做到提供的产品物超所值,超出消费者的心理预期,当然可以使顾客满意,但对于以追求利润为目标的创业企业来说,如何平衡利润与顾客满意之间的关系,却并非是一件简单的事情。其次,人性化服务,实际上也是沿着提高产品附加价值的思路获得结果。它是通过站在顾客的角度考虑问题,设计出的服务流程或体系,目的是使消费者接受服务时有一种自然舒适的感觉,它体现的不仅是一种产品服务的思想,更是对消费者的一种关怀与理解,从而使消费者感到一种被尊重和享受的感觉。最后,注重品牌价值。品牌对消费者来说,意味着产品质量与服务的保障。在消费者对产品和服务不能充分感知的情况下,也许品牌就是其最佳的选择。

(三) 我的竞争对手有哪些

在明白了产品与客户之后,创业者还要做的是找出自己的主要竞争对手。对于创业之初的公司来说,找出自己的主要竞争对手有两方面的含义:一是学习对手的优点与成功之处,二是防备来自它的竞争与攻击。

对于新企业来说,确定了自己的主要竞争对手,实际上也就是确定了今后发展的标杆。通过与这一标杆进行比较,不断找出差距并逐渐改善经营状况,是创业企业提高业绩的有效途径和方法。

1. 找出主要竞争对手

每一个企业,都一定存在于某一个行业环境里,在这个行业中,有许多的竞争参与者。

虽然每一个竞争参与者都是创业者的竞争对手，但由于创业者的资源与能力有限，在分析竞争对手的时候就绝不能面面俱到，只能暂时瞄准主要竞争对手。对于初创企业来说，确认主要竞争对手应该不是一件困难的事，只要是在行业中有一定地位，并且通过创业企业的努力可以赶上的公司，都可以作为创业者的主要竞争对手。

2. 对竞争对手进行分析

第一，竞争对手的市场占有率分析。市场占有率通常用企业的销售量与市场的总体容量的比例来表示。分析竞争对手市场占有率的目的是为了明确竞争对手及本企业在市场上所处的位置。分析市场占有率不但要分析在行业中竞争对手的及本企业总体的市场占有率的状况，还要分析在细分市场上竞争对手的占有状况。

第二，竞争对手的创新能力分析。目前企业所处的市场环境是一个不断变化的动态环境。在这样的市场环境下，企业的竞争优势很快就会因为信息的扩散而消失。企业只有通过不断学习和创新，才能适应不断变化的市场环境。所以学习和创新成了企业的核心竞争力。对竞争对手学习和创新能力的分析，可以从其推出新产品的速度与销售渠道的创新来进行。

第三，竞争对手的领导者分析。领导者的风格往往决定了一个企业的企业文化和价值观，是企业成功的关键因素之一。一个敢于冒险、勇于创新的领导者，会对企业进行大刀阔斧的改革，会不断为企业寻求新的增长机会；一个性格稳重的领导者，会注重企业的内涵增长，注重挖掘企业的内部潜力。所以研究竞争对手的领导者，对于掌握企业的战略动向和工作重点有很大的帮助。

3. 制定我的竞争策略

首先，跟随策略。市场跟随者不是盲目被动地单纯追随领先者。它的首要思路是发现和确定一个有利益空间的市场，并在不致引起竞争性报复的情况下，选择跟随策略。以下是三种常常被跟随者选择的策略：第一，紧密跟随策略，其突出特点是模仿和低调，跟随企业的各个细分市场和市场营销组合，尽可能效仿领先者。第二，距离跟随策略，其突出特点是合适地保持距离。跟随者在市场的主要方面，如目标市场、产品创新与开发、价格水平和分销渠道等方面都追随主导者，但仍与主导者保持若干差异，以形成明显的距离。第三，选择跟随策略，其突出特点是选择追随和创新并举。跟随者在某些方面紧跟主导者，而在另一方面又别出心裁。

其次，补缺策略。市场中的空白点，往往是由于现有企业无法顾及，或者是利润小而不愿涉足形成的。而这也正好是许多创业者进入市场的切入点。如果创业者能从自己的优势出发，进行针对性强的市场宣传与推广，然后集中全力为这个市场服务，通过专业化经营也是可以获得足够收益的。补缺策略要注意的问题是，一定要找到一个切实的市场空隙，这可以通过深度的市场细分做到，目标市场一定是需求未充分满足而竞争又小的区域，市场补缺者寻找的理想市场空缺一般具有以下特征：有足够的规模和购买力，有成长与发展的潜力，对主要的竞争者的利润并不重要，创业者进入后能有效地为市场提供服务,创业者可以通过确立技术和顾客信誉来防范主要竞争者的攻击。

最后,服务领先。创业企业资源有限能力不足,可以多做些文章的地方应该就是服务。做好服务的概念并不仅仅限于顾客购买之时,应该涵盖企业整个经营与运作的所有过程,包括售前售中售后的所有阶段。要做到服务领先有两个基础:一个是学会倾听,要多听客户诉说;二是要善于引导,并且使顾客感到你是在真正地为他考虑。

二、我能做什么

(一) 我有能力创业吗?

我有能力创业吗? 这是创业者在举棋不定时最常问的一个问题。一方面它表明创业者的不自信,另一方面,也说明创业者已经有了创业的想法,但还没有足够的心理准备,对于自己创业能干什么,能不能成功充满了疑惑,同时也说明创业者对自己的创业行为还没有进行足够深刻的剖析与审视。

1. 创业者具备的基本素质

第一,强烈的成就感。成就感是人们对自己事业成功的认可程度。具有低成就感的人对人们的现实状况容易产生满足,而高成就感的人往往不会满足现状,他们乐于与某种较高的标准进行攀比,并希望不断地超越别人甚至自己。具有强烈成就感的人,大多倾向于自己创业,而不满足于一成不变的职场生活。

第二,比较强的独立性。独立性是创业者的基本特征之一。主要体现在:一是自主抉择,即在选择人生道路,选择创业目标时,有自己的见解和主张;二是自主行为,即在行动上很少受他人影响和支配,能按自己的主张将决策贯彻到底;三是面对困难能进行独立思考,大胆开拓创新,不因循守旧,步人后尘。

第三,很强的自信心。自信心是创业者走向成功的重要保障。自信心不强的人,容易产生怀疑与恐惧,面对创业的不确定性,常会犹豫不决。他们往往因为害怕变化而墨守成规,平淡一生。创业者一般都拥有很强的自信心,他们善于思考,勇于实践,乐于接受新生事物,并且敢想敢做。

第四,承担风险的意愿。在市场经济中,机会与风险并存。只要创业,就必然会有风险,且事业的范围和规模越大,伴随的风险也就越大。愿意承担风险是创业者对事业追求的一种积极心理状态。

第五,创业的激情。创业的激情所指的不是一时冲动,而是持久的追求与不懈的努力。创业需要百折不挠、坚持不懈的意志。创业是一个长期努力奋斗的过程。在方向目标确定以后,创业者就要朝着既定的目标一步步迈进,而不要轻易改变、半途而废。保持创业的激情,是创业者成功的关键因素之一。

第六,良好的人际关系。良好的人际关系可以帮助创业者排除交流障碍,化解交往矛盾,降低工作难度,提高客户的信任度,从而提高办事效率,增加成功的机会。

第七,创新意识。创新意识是创业者的一个重要素质。许多创业者都是依靠在市场竞争中,不断推出新产品、新服务、新方法来获得企业生存与发展的空间,最终创业成功。

第八,冷静面对挫折的心理素质。创业者在创业过程中经过不断探索与实践,面对复杂的市场环境要能保持清醒的头脑与作出果断的决策。但是,失误与挫折总是难以避免的,因此,能够冷静面对挫折是创业者走向成功的重要条件。

2. 创业者应该具备的能力

创业之初,创业企业通常会面临复杂多变的社会环境,由于创业者所能够控制的资源十分有限,唯一的选择就是尽快适应环境。因此,要求创业者具备多方面的能力。

第一,敏锐的洞察力和快速的反应能力。一家新的创业企业不仅面对着来自提供相同产品的对手的竞争,也面临着来自替代品、供应商、顾客以及其他新进入者的竞争,甚至还需要和行业之外的公司争夺人才和资金。因此,需要创业者具有在面对复杂环境并且没有充分分析的情况下迅速作出决策的能力,也就是有敏锐的洞察力和快速的反应能力。

第二,领导与决策能力。创办一个企业,不仅需要处理大量的事务性问题,还要为企业建章立制。因此,创业者还需要具备相当的领导与决策能力,能把企业的人员与业务安排得井井有条,并能及时处理所遇到的一切问题。

第三,交流与沟通能力。在企业创建与经营的过程中,创业者不仅要同各个环节的管理人员打交道,还要同客户、供应商等各个渠道、各行各业的人交往,没有良好的交流与沟通能力,不要说企业的发展,就是企业能否注册并在市场中生存下来也会成为问题。

第四,经营管理能力。一般来说,企业创办初期规模较小,人数较少。多数情况下,事无巨细都要创业者亲自动手。这个时期创业者个人能力中的业务能力、客户开发能力、综合应变能力都十分重要。

第五,资源整合能力。很多人在创业之初,都是十分欠缺资源的。这就要求创业者具备较强的资源整合能力,要能把不为自己拥有的资源变成能充分地为自己所用的资源,并不断地为企业创造出相应的价值。

3. 创业者可能会付出的代价

创业是一个艰辛而且漫长的过程,不可能很快就取得成功,在这个过程中需要创业者付出很大的代价。

第一,长时间的工作。创业比一般上班要投入多数倍的时间,大多数创业者每日投入的工作时数都在 15 小时以上,并且每周工作 7 天。这种长时间的付出可能会使创业者在没有足够的创业激情支持下很快陷入疲惫状态,因而创业之前一定要考虑好自己是否愿意付出这样的代价。

第二,承受较大的压力。创业者经营与管理企业,承担着养活自己与员工的压力,要时刻关注企业能否生存下去并要力争成功。实际创业成功的概率只有不到 10%,这种高比例的风险给创业者造成了极大的心理压力。能否在这种高压力的精神状态下有成效地工作,也是创业者应该及早考虑的。

第三,利益冲突的增加。创业过程中的股权安排、借贷筹资等一系列问题,都可能会涉及利益冲突,可能会使人际关系更为紧张和复杂。能不能将这些问题统统摆平,并使其朝着创业者的预期目标前进,是一个十分令人头疼的问题,这也是创业者面临的创业压力。

第四,投入产出比的不协调。创业初期资源有限,创业者的薪资所得与自己的工作时间投入相比,几乎完全不成比例。不仅如此,即便企业走上正轨,创业者也依旧要面对这种投入产出不合理的状态。直到创业企业经营发展到一定规模,这种现象才有可能得以缓解。这也是需要创业者慎重思考能否承受的一个代价。

其实,对于"我是否有能力创业"这一问题,创业者也许根本就不必担心,世界上本来就没有绝对的可以或不可以。关键是要看看自己是否具有创业者所必需的一些特征与能力,更重要的是要认真地考虑一下,自己能否承受那些需要付出的代价。

(二)我的创业目标是什么

目标是创业路上的航标,没有目标的创业就如同航行于大海中的船没有航标与灯塔一样,很容易迷失方向。每一个创业者都会在创业路上遇到许许多多的问题,当创业者面临大量的机会和问题时,分清其中的轻重缓急当然是十分重要的,而在创业开始之前,明确创业的目标则是创业成功的关键的一步。

1. 创业的个人目标与企业目标

在创业者为企业确定目标之前,必须要确定自己的个人目标。只有在创业者明确了自己想要从创业中得到什么之后,他才能决定应当创建什么样的公司,准备冒什么样的风险,以及制定什么样的战略目标与详细的实现途径。

创业者的个人目标与企业目标是密不可分的。上市公司管理者的目标是实现股东价值最大化,而创业者创建企业的目标更多的是为实现个人目标。因此,创业者在创业之前一定要首先明确自己的个人目标,而且要定期审视自己这些目标是否发生了变化。在经济目标上,一些创业者想快速致富;一些创业者希望得到一个令人满意的现金流;还有一些创业者则盘算着先建立企业然后通过出售企业,从中获取资本收益,这些也都是现实的创业目标。

2. 创业目标决定着企业的方向与规模

创业目标的不同决定着创业企业未来发展与走向的不同,也决定着创业者不同的生存方式。应收账款对于持续经营的大企业是不可避免的,但对谋生型创业者却是致命的打击。拥有一流的人才与企业经营队伍可能是事业型创业者梦寐以求的,但对投资型创业者来说却不尽然。当前出众的经营业绩与现金流可能是投资型创业者最想得到的,但对事业型创业者来讲,公司的长远发展前景才是最重要的。这些都在表明创业目标的不同会导致企业经营与发展方向的不同。

另外,创业者的个人目标还可能会决定其准备创办的企业的规模。谋生型创业者不需要企业规模很大。而与此相反,寻求获得资本收益的创业者却必须建立足够大的企业架构,这样才无须他们每天都亲自打理业务;事业型创业者则更希望自己创办的企业能从小变大,逐渐成长。

所以,明确的创业目标,是创业道路上的关键一步,它决定了创业企业今后的发展方向以及发展规模,是创业走向成功的一个基石。

第二节 创业的风险和收益

在确定了创业目标之后,创业者接下来要问的问题就是:创业最大的风险是什么,最坏的可能结果是什么,我是否能承受? 我是否能从最坏的结果中走出来? 创业者需要明确风险的来源,在此基础上选择合适的公司地址和盈利模式。

一、风险来自何处?

大多数创业者往往在开始时都是只想到乐观的一面,公司一开张,几个月内如何赢利、如何回收资本等。但对风险的出现却缺乏心理准备。一位成功的创业者曾说过,创业时要对最坏的结果作打算:你能承担多大的损失,支撑多长的时间,如何应对创业瓶颈阶段,如何应对业务与财务风险,这些才是最重要的。做企业,产品开发风险、市场风险、资金回笼风险会时刻围绕着你,你必须时刻保持着清醒的头脑。因此,风险意识对于创业者是必不可少的。

什么是风险? 风险是指在一定环境下、一定时间段内,影响目标实现的不确定性,或某种损失发生的可能性。要创业就一定要在风险与收益之间进行抉择与权衡,不能为了收益而不顾风险的大小,也不能因害怕风险而失去了目标。在正确认识了风险之后,创业者就要认真地分析自己创业过程中可能会遇到哪些风险,这些可能的风险中哪些是可以控制的,哪些是不可控制的,哪些是需要极力避免的,哪些是致命的或不可管理的,一旦这些风险出现,你应该如何应对和化解。

第一,竞争激烈。如果创业者所选择的行业是一个竞争非常激烈的领域,那么在创业之初极有可能受到业内同行的强烈排挤。一些行业内的大企业为了能把同行中的小企业吞并,常会采用低价销售的手段。对于大企业来说降价并不会在短时间之内对它造成致命伤害,而对初创企业来说,低价则可能意味着彻底的毁灭。因此,考虑好如何应对来自同行的残酷竞争是创业企业生存的必要准备。

第二,团队的分歧。创业企业大多是弱小的,它们在成长过程中最主要的力量来源一般都是创业团队,一个优秀的创业团队能使创业企业迅速地发展起来。但与此同时,风险也就蕴含在其中,团队的力量越大,产生的风险也就越大。一旦创业团队的核心成员在某些问题上产生分歧而不能达到统一时,就极有可能会对企业造成强烈的冲击。

第三,业务骨干的流失。有些生产或经营性企业需要面向市场,大量的高质的业务员队伍是这类企业成长的重要基础。如何防止业务员的流失,应该是创业者需要时刻注意的问题。

如果创业者要创建一家可持续发展的企业,也就是其主要资产并不仅仅是创建者的技能、关系和努力的企业,就必须做好冒大风险、做长期努力的准备。如果创业者是要把创办的企业作为终生奋斗的事业,那么就需要加倍谨慎从事。因为创业者是拿自己的一生做抵押,期望通过不断的努力使自己得到最大的回报,因此对风险的管理就需要更加用心。合理控制企业的风险与发展速度,做到最优配比,是很难把握的事情。但是绝不能为了控制风险而放弃了目标,创业者要想成功就必须在目标和风险之间权衡取舍。

二、公司开在何处

创业选址是创业前期准备工作中的一项最艰巨的任务。不论创立何种类型的企业,地点的选择都是决定成败的一大要素。企业选址一般会遵循以下几点基本准则。

（一）根据经营特点的不同,选择不同的场所

首先,公司选址要和自己的经营项目相符合。不同特点的服务项目都会有比较适合自己的经营地段或场所,这是选址的第一要旨,也是选址的大方向。比如,经营汽车配件及轮胎的企业大多会选在城市边缘或城乡接合部,主要是因为这种店铺占地面积较大,选择城市边缘或城乡接合部,不仅租金便宜,而且便于停车、测试、修理等相关工作的开展。因此,根据经营特点的不同选择合适的场所是选地址的第一要诀。

（二）交通便捷,有足够的客流量

对于经营或服务型的企业,一个值得重视的问题就是交通是否方便,能否有足够的客流量。服务业最关心的就是客流量。交通方便可以增强企业的竞争力,但关键还是要看客流量。一般来说,人潮就是钱潮,在人气汇集的热闹地段开店,成功的概率将会提高。如咖啡厅、餐馆等各种专卖店、便利商店等,若是设在购物步行街、灯光夜市休闲场所、大型综合商场,就至少占了七分地利。

（三）辐射半径内有足够的客户

辐射半径是指店面可以覆盖的服务区域范围,在这一区域内顾客上门的概率较大。比如,徒步 500 米以内、乘公交汽车两站之内到达的。另外,辐射半径的大小也会受到店面经营形式、商品种类、规模大小、周边竞争情况以及交通便利程度等因素的影响。辐射半径内的客户群对于新创企业特别重要,如果在选址时没有注意到这一问题,就极可能导致初期经营的困难,并且还会影响到以后的发展。

（四）根据需要选择同业市场或综合市场

同业市场或综合市场都各有优缺点,从本质上讲,并无绝对的好坏之分。一般来说,同业市场竞争激烈,但同行聚集提高了全行业的知名度,影响力强,同时也省去了初创企业的广告与推广费用。借助已有的同行市场,不仅可以为初创企业节省很多成本,而且还会使创业者尽快熟悉行业特点。比如,上海威海路是汽车配件一条街,北京马连道是茶叶一条街,虽然同业会竞争,但由于这种同行业市场面对的客户是全市甚至更大的客户群,因此还是有利可图的。综合市场尽管不会产生激烈的竞争,但由于知名度低,客户购买的随机性强,因此也未必是创业者的最佳选择。

(五)租金高低与发展前景

经营场地租金是最固定的营运成本之一,即使休息不营业,都照样得支出,尤其是目前这种房价狂飙的状况下,租金往往是经营者的一大负担。有些货品流通迅速、体积小而又不占空间的行业,如精品店、高级时装店、眼镜店等,负担得起高房租,可以设于高租金区;而家具店、旧货店等,因为需要较大的空间,最好设置在低租金区。

三、企业盈利模式

企业盈利模式是近年来企业界和学术界经常谈到的一个话题,所谓盈利模式说白了就是企业赚钱的方法,而且是一种有规律的方法。是它这样一种方式:能够在一段较长时间内稳定维持,并为企业带来源源不断的利润。

有多少企业就有多少种赚钱方法,但只有最优秀的(而不一定是最大的)企业才谈得上模式。模式因为它有规律性,所以可以把握、可以学习、可以效仿、可以借鉴。它就像一块陶土、一个半成品,企业可以根据自己的情况加以改造。《科学投资》杂志通过大量研究,提炼出了创业企业最常见的八种盈利模式,供创业者学习与借鉴。

(一)鲫鱼模式

找到与大行业或者大企业的共同利益,主动结盟,将强大竞争对手转化为依存伙伴,借船出海,借梯登高,以达到争取利润的第一目标并使企业快速壮大。这就是鲫鱼模式。"鲫鱼"这种模式的本质在于,大企业有通畅的产品流通渠道,有广大的客户群体,就像一条庞大凶猛的鲨鱼,而创业企业无论在资金、技术,还是在人才等方面,都存在着诸多先天不足。如果企业创业能找到与大企业的利益结合点,与大企业结成联盟,就可以有效弥补自身的短处,自然也就可以分享大企业的利润大餐。

"鲫鱼战术"对创业企业来说,可借鉴程度较高,是一种有效的盈利模式。其方法多种多样,例如配套与贴牌生产。这种模式在加工企业集中的长三角、珠三角一带十分流行。在广东东莞、江苏昆山,类似的小企业随处可见。实践证明,这是初创小企业走向成功的一条捷径,风险小而成功率高。

(二)专业化模式

专业化的意思就是专精一门,也就是俗话说的"一招鲜,吃遍天"。在这样一个诱惑多的年代,要静下心来专精一门是不容易的,要不然就不会有这几年来"多元化"在国内企业界甚嚣尘上的情况了。

专业化为什么可以成为创业的盈利模式?一个最简单的解释是因为它精,所以它深,深就提高了门槛,别人不容易进来竞争。而专业化的生产,其组织形式比复合式生产要简单得多,管理也相对容易。在市场营销方式上,一旦市场打开,后期几乎不需要有更多的投入。成本降低的另一面,就是利润的大幅度提高。而在通常情况下,专业化生产一般最后都会形成独占性生产,至多是几个行业寡头同台竞争,行业间比较容易协调。从业者较易形成相互保护的默契,有利于保持较高的行业平均利润。

(三)利润乘数模式

借助已经广为市场认同的形象或概念进行包装生产,可以产生良好的效益。这种方式类似于做乘法,叫作利润乘数模式。利润乘数模式是一种强有力的盈利机器,关键是创业者如何对所选择的形象或概念的商业价值进行正确的判断。创业者需要寻找的是这样一种东西,它的商业价值是个正数,而且大于1,否则,这种东西就不但对创业毫无意义,而且还会有害。

美国迪士尼公司是这一模式的缔造者和忠实实践者。它将同一形象以不同方式包装起来,米老鼠、米妮、小美人鱼等卡通形象出现在电影、电视、服装、背包上,以及主题公园和专卖店里,每一种形式都为迪士尼带来了丰厚的利润。

(四)独创产品模式

独创产品是指具有非同一般的生产工艺、配方、原料、核心技术,又有长期市场需求的产品。鉴于该模式的独占性原则,掌握它的企业将获得相当高的利润。比如,祖传秘方、进入难度很大的新产品等。

独创产品模式是很多创业企业在创业之初可以大力借助的模式,"独创"的魅力就是其能带来高额的利润。但是,独创产品模式并不是进入利润期的"万能钥匙",它也有很多局限性:第一,独创意味着"前无古人",所以往往需要很多的研发费用和很长的研发时间;第二,独创意味着市场认知度不高,也意味着打开市场、获取市场认同需要花更多的钱;第三,尽管你尽可能做过很细致的调查,但一个独创产品在真正进入市场之前,是很难预测市场是否最终会接纳它的;第四,由于对产品缺乏细致的了解和认知,国家有关部门很难对某一种独创性产品提供完善的保护,生产者将面临诸多恶意的市场竞争,这种竞争经常会使始创业者陷入困境。

为了保护和延长独特性产品的生命周期,延长利润的产出周期,创业者可以采取的办法有:提高专利意识,积极寻求国家有关部门的保护;增强保密意识,使竞争者无隙可乘;进行周期性的产品更新,提高技术门槛,使后来者难以进入;使企业和产品更加人性化,增强消费者的忠诚度。这一点,一般不为经营者所注意,但却是一种十分有效的办法。

(五)策略跟进模式

策略跟进即强者跟随。策略跟进需要经营者对自己作出正确评估,并在分析清楚自己的优势、劣势之后,对未来走向作出判断。在创业成长的道路上,瞄准一个目标,紧跟其后,时刻关注对方的一举一动,学习他的长处,寻找其弱点,等待时机成熟一举超越是这一模式的本质。从利润角度讲,跟跑者向来比跑在前面的要省力,因此利润率也相对要高。在商业活动中,每一个商业行为都有成本,拣取胜利果实等于将成本最小化,从而也就等于获得最大化的利润。跟进是一种应变哲学,绝不是懦夫哲学。甘当第二方阵的目的在于在此位上充分谋求利益,避免自身劣势,充分发挥优势。

（六）产品金字塔模式

为了满足不同客户对产品风格、颜色等方面的不同偏好，以及个人收入上的差异化因素，从而达到客户群和市场拥有量的最大化，一些企业不断推出高、中、低各档次的产品，从而形成产品金字塔，在塔的底部，是低价位、大批量的产品，靠薄利多销赚取利润；在塔的顶部，是高价位、小批量的产品，靠精益求精获取超额利润。这就是产品金字塔模式。

这个模式的运用有一个前提条件，就是必须在一个成系统的产品或者领域中运用，而且必须要与客户的市场定位紧密联系，并且高中低档商品的客户群之间都必须拥有一定的联系因素。构建金字塔的关键是不能仅仅将不同价位的产品简单地罗列。一个真正的金字塔是一个系统，其中较低价位的产品的生产和销售将赢得市场和消费者的注意力，而高价的产品在此基础上获取利润。

（七）战略领先模式

起步领先不代表永远领先，不能确保永远赢利，因为马上就会有后来者参与激烈的竞争。所以适时地改变竞争策略，实现由静态到动态飞跃，可以确保企业从起步时的领先到战略上的领跑，使企业的利润源源不断。

第三节　创业者的企业家行为

创业企业家是指那些富有创新精神，能够敏锐地发现和使用更有效率的生产方式，奉献必要的努力，承担相应的经济、心理和社会风险，从事创业的市场主体。随着市场化进程的不断推进，创业企业家在我国经济发展中起着越来越重要的作用。由于创业过程伴随着极高的不确定性，创业企业家要不断应对快速变化的内外部环境，这就要求创业企业家具备超越思维定势的创新能力和在高强度工作环境中工作的抗压能力，并且在合作的过程中用行为和精神影响、感召他人。同时，客观层面，需要创业企业家具备良好的社会关系网络和社交能力，为企业的发展营造资源优势。

一、创造力：摆脱思维定势

（一）非理性定势

19 世纪之前的哲学家大多认为人是理性的动物，能够在理性和逻辑的指导下，准确地设计目标，预测结果，并坚韧不拔地进行实施，直到取得预期的结果。但是，越来越多的事例显示出人们的另一面，即非理性的一面。人类经常在无目的蠢动、在感情、欲望、冲动、本能等因素的支配下，不讲求逻辑，不考虑后果。准确地说人是理性与非理性相结合的产物。

在我们的日常思维中，时刻都会受到非理性因素的影响。能够影响思维的非理性因素有很多，其中主要的有感情、欲望、情绪、冲动等。非理性使我们在一阵冲动下做出某事,事后理智地想一想,又后悔不迭。情绪也是影响思维的重要因素,它使我们对正在发生的事物的判断产生一定的偏差。

认识和把握非理性因素,对于企业经营具有重要意义。从某种角度讲,市场发展并不是一种理性过程,消费者也容易受非理性因素的支配。因此,在创业过程中克服非理性因素非常重要。

(二)经验定势

在一般情况下,经验是我们处理日常问题的好帮手,只要具有某一方面的经验,那么应付这一方面的问题就能得心应手。特别是在技术和管理方面,非要有丰富的经验不可。经验与创新思维之间的关系是个较为复杂的问题。一方面,随着时间的推移,我们的经验具有不断增长、不断更新的特点,从而有可能使我们看到局限性,进而开阔眼界,增强见识,使我们的创新思维能力得以提高。在有些场合下,新经验本身就意味着新创新。但是,我们也要看到另一个方面,经验又是相对稳定的东西,有可能导致人们形成固定的思维模式,结果会削弱头脑的想象力,造成创新思维能力的下降。这就是这里讲的"唯经验定势"。从思维的角度来说,经验具有很大的狭隘性,会束缚思维的广度。这种狭隘性主要有三方面的表现:

首先,经验具有时空狭隘性。任何经验总是在一定的时空范围中产生的,而且往往也只适应于一定的时空范围;一旦超出这个范围,某种经验能否有效,就要打上一个问号。其次,经验具有主体狭隘性。每一个思维主体,不管经验多么丰富,从数量上说总是有限的,他没有经历过的事情总是无穷多的。这样,当他面临自己从没遇到过的事物或者问题的时候,他常常会手足无措,如果单凭已有的经验推断,结果大多也将是错误的。最后,个人的经验在内容上仅仅抓住了常见的东西,而忽略了少见的、偶然的东西。但是在每一个具体的现实环境中,总会有大量的平常很少见到的、偶然性的东西出现,如果我们仍然用以往的经验来处理,则不可避免地要产生偏差和失误。

(三)书本知识定势

书本知识是一种系统化理论化体验的结晶。有了书本,前人能够很方便把自己的观念、知识等价值体系递给下代人,使得下代人能够从一开始就站在前人的肩膀上,而不必每件事情都从零开始。这是人类社会的进化得以加速度进行的原因所在。

书本知识带给我们无穷多的好处,有时也会给我们带来一些麻烦。其根本原因在于:书本知识与客观现实之间存在着一段距离,二者并不完全吻合。书本知识是什么?是经过头脑的思维加工之后所形成的一般性的东西,它往往表示一种理想的状况而不是实际存在的状况。而现实世界则是另外一回事,它由于无数个别事物所构成,其中每个事物都具有无数属性,每个事物和每种属性又不停地在发生着无数的变化。我们是生活在现实世界的,尽管我们的头脑中有一个"理想化"的知识世界,我们却无法生活于其中。所以,把握这两个世界的不同,乃是人生的第一要义。书本不同于现实,但是真正能够把握这个道理的人并不多见,人们经常把二者混为一谈。

一般情况下,所受的正规教育越多,一个人的专业知识也就越丰富,但是,从创新思维的角度来看,他的思维受到束缚的可能性就越大。为了解决这个问题,防止"唯知识定势"的形成,人们通常有多种方法可供选择。比如辩证思维方法,"知道自己的无知",以双方辩论为手段,从对立面揭示知识的相对性以及知识与现实的差距。国外有些专业化的公司,经常聘请一些兼职的"创意提供员",为本公司的产品和发展构想新的创意。这些"创意提供员"必须是本企业产品专业之外的人员,也没什么特殊技能,他们只是从一个普通人的眼光看问题,而丝毫不受专业知识的约束。

(四) 从众定势

"从众"就是服从众人,随大流。在"从众定势"的指导下,别人怎样做,我也怎样做;别人怎样想,我也怎样想。为了维持群体的稳定性,就必然要求群体内的个体保持某种程度的一致性。这种"一致性"首先表现在实践行为方面,其次表现在感情和态度方面,最终表现在思想和价值观方面。

然而实际情况是,人与人之间不可能完全一致,也不可能长久一致,一旦群体发生了不一致,在维持群体不破裂的前提下,可以有两种选择,一是整个群体服从某一权威,与权威保持一致;二是群体中的少数人服从多数人,与多数人保持一致。本来,"个人服从群体,少数服从多数"的准则只是行为上的准则,是为了维持群体的稳定性的。然而,这个准则不久便"扩大化"了,超出个人的行动的领域而成为普遍的社会实践原则和个人的思维原则。于是,思维领域中的"从众定势"便逐渐形成了。

思维的从众定势有利于群体一致的行动,这是它的优越性所在。但是,从众定势不利于个人独立思考和创新的发展;如一味地"从众",个人就不愿开动脑筋,也就不可能获得创新意识。因此,对于一个团队来说,"一致同意"、全体通过并不见得是件好事,它的背后藏着的正是"从众定势"。

从创新思维的角度来说,"反潮流"往往是冲破从众定势的结果,它能够有效地生出许多创意来。

二、影响他人的策略

组织,包括新企业,无一例外地遵循这一原则:组织中的一个或多个人总是试图影响一个或多个其他人,使其他人按你的方式思考或同意你的要求,这对实现你的目标有极大的帮助。创业者经营新企业也是如此。实际上,他们每天都在接触其希望影响的人——风险投资家、潜在顾客、供应商、政府官员和许多其他人。此外,许多时候他们对这些人并没有直接的权力,他们不能命令其做自己希望的事。因此,他们必须利用自己有关影响力的技能以达成所希望的结果。如果创业者能够持续提升这些技能,新企业就会取得成功。

(一) 施加影响,满足创业者要求

社会影响和施加影响的众多方法在两个方面有用:第一,这些知识可供你在众多方法中进行选择,以便在不同情境下选择适合的方法;第二,这些知识使你在其他人使用它时

能够识别出来,有助于进行自我保护,免受影响。

1. 施加影响的普遍策略

也许你从自己的经验中可以感觉到,在工作环境中人们使用许多不同的策略影响他人,下面对最频繁使用的策略做简要描述。第一,理性劝说,即用合乎逻辑的观点和事实使他人相信某一观点是恰当或正确的。第二,满足要求,即通过满足他人的价值观和目标来激发积极性。第三,征求意见,即在制定决策或筹划变革时请求他人参与。第四,逢迎他人,即令他人心情愉快或喜欢自己,从而做自己希望他们做的事。第五,交易,即承诺给予某些好处以换得他人同意自己的要求。第六,个人魅力,即在提出要求之前营造忠诚和友好的感觉。第七,建立联盟,寻求他人的帮助或获得他人的支持。第八,使合法化,即利用自己的职权提出要求,或证明这一要求符合当前的组织政策和实践。第九,施加压力,即利用要求、威胁或恐吓使他人顺从。

这些不同的策略在什么情况下使用呢? 研究表明这取决于其影响的、直接作用的目标是比自己地位或职位更高、更低还是相等。例如,在大型组织中,人们在试图影响与自己同一层级或更高层级的人时,通常会采用理性劝说、征求意见或个人魅力的策略,但在试图影响下级时,更倾向于采用施加压力或满足要求的策略。

创业者会怎么做呢? 有证据显示他们经常使用满足要求的策略。为什么呢? 因为他们经常面临的任务是说服他人、与他人分享自己关于新企业能够和将会成为什么样子的信念。换言之,他们必须说服他人(风险投资家、将来的雇员、潜在的客户)接受他们有关"企业会怎么样"的愿景,尽管没有太多的证据能支持他们个人的信念和激情。在这种情况下,满足要求是一种非常有效的策略。创业者越能够清楚地描述他们的愿景,新企业就越容易取得成功。

2. 施加影响的其他策略

尽管前面所描述的策略很重要,但施加影响的策略还远不止这些。许多其他的策略也能被用来获得顺从,使他人认可创业者的目标(例如,当他们寻求财务支持、客户订单或雇用新员工时)。几乎所有的策略都来源于以下几条基本原则:

第一,友好或喜爱:越喜欢我们的人,就越倾向于答应我们的要求。获得顺从的几个技巧都建立在这个简单的事实上(例如,奉承、逢迎、努力改善外表等)。人们倾向于从与他们有直接社会关系的人那里获得资金。这个例子显示了友谊使获得顺从更加容易——在这里,他人答应了创业者对于资金的要求。第二,承诺或一致性:个体希望其信念与行为保持一致。因此,一旦人们采取了某种态度或承诺了某种行为,就会感受到强大压力,使之遵守与最初承诺一致的要求。实际上,他们会发现拒绝这样的要求是不可能的,因为这样做会使他们背弃或否认以前所采取的行为或信念。第三,稀缺性:一般说来,像机会、目标或成果等这些稀缺的或难以获得的事物,比其他常见的或容易获得的事物有更高的价值。因此,当一些要求强调稀缺性,或者强调某些目标、机会或成果难以或不能再获得时,这些要求有时是很难拒绝的。第四,互惠:个体一般会感受到很大的压力,以报答自己从他人那里得到的恩惠,因此,利用这一原则所提出的要求会比其他要求更容易被接受。

这些基本原则是影响许多策略的基础。例如,逢迎和印象管理与喜爱或友好原则紧密相关。基本思想很简单:首先让他人喜欢你,一旦如愿,就要求他们做你希望的事。承诺或一致性原则在几个常见且极为有效的赢得顺从的策略中起着重要作用。其中之一是跨脚进门策略——一开始提出较小的要求,一旦要求被接受,再提出较大的要求。例如,创业者采用这种技巧使潜在客户在开始时能够接受新企业的免费样品,之后试图将之发展成一份大订单。这个策略经常被销售人员使用,过程是这样的:首先向客户提供有吸引力的交易条件,客户一旦接受,销售人员就表示销售经理或公司中的其他人拒绝这一安排,并向客户提供一个较差的交易条件。从理智上看,人们应当拒绝这一改变,但通常他们不会这样做,他们会感到要对最初的决策负责,于是接受了较差的交易条件。

(二)建立信任

大部分新企业不是由单个创业者,而是由几个创始人合伙创立的。有才能的、充满干劲的人们以团队形式工作能够取得比单独工作时更大的成就。要获得这些优势,必须满足两个重要条件:首先,团队中的成员必须合作——他们要朝着共同的目标集中力量协调行动;其次,聪明、积极的团队成员每天在一起工作很长时间,难免会发生冲突,这时有效地处理冲突可以使之不致于影响团队工作和相互合作。

在许多其他情况下,个体或组织之间的合作是可能的。然而,是否进行这种合作还要取决于众多不同的因素。例如,某些人竞争意识较强,仅在没有其他选择时才会与人合作(如作为团队中的一员而共同工作)。类似地,在组织中某些薪酬体系鼓励个体间的合作(依据团队绩效确定晋升和分配奖金的薪酬体系),而某些不鼓励这种合作(在个体绩效的基础上分配报酬的薪酬体系)。在建立合作的工作关系中,最重要的因素可能就是信任——个人对其他人的言语和行为的相信程度。当我们说一个人信任他人时,是指前者相信后者会做前者认为他要做的事,即以可预期的方式来行动,这些方式之间的关系是可以理解的。而且,前者希望后者不会做损害他的利益或福利的事情。

实际上,有两种不同类型的信任。一种是以计算为基础的信任。当我们之所以相信别人会按照他们所承诺的方式行动,是因为他们知道一旦违背就会受到惩罚时,这种信任就被称为以计算为基础的信任。第二种类型的信任是指当人们共同工作了很长时间,他们明白和理解彼此的动机和需要时,发展起来的一种信任关系,这种信任被称为以认同为基础的信任。个体认为他人之所以以他们所承诺的方式行动,不是因为其他人不这样做会受到惩罚,而是因为这些个体认为他们所信任的人会关心他们的利益。显然,创业者更希望他们与合作伙伴之间、与新企业的关键员工(或所有员工)之间存在这种类型的信任。以认同为基础的信任有明显的优势:当存在这种信任时,员工是可靠的,会做正确的事——这时他们会做对整个企业有利的事情,而不只是做对他们自己有利的事。

以认同为基础的信任作为目标是一回事,实现这种信任是另一回事。创业者如何在工作关系中建立这种信任呢? 下列几个步骤会有助于建立信任:首先,完成你所承诺的事情。例如,如果你承诺在一个特定的时间内完成工作,你应尽力做到。如果偶尔逾期,人们会谅解,但如果这种事经常发生,他们对你的信任就会大打折扣。因此,你的语言和行为之间的一致性是建立信任的一个重要条件。其次,遵守已达成共识的程序。对信任你的人来说,做你答应做的事还不够,你还应当按他们期望的和你所提议的方式来做。再次,通过组织公民行为建立信任。组织公民行为是超越工作的角色要求,不能直接或明确地被正式的薪酬系统认可的员工行为。这种行为表现在对新企业的完全和持续的投入,包括难以置信的长时间工作,将个人的全部财产投入企业,与创业初期的员工形成亲密和信任关系——对待他们更像家庭成员或朋友而不是雇员。在某种意义上,他们为新企业中的其他人树立了组织公民行为的榜样,这可以大大提高组织内的信任水平。最后,以认同为基础的信任需要人们理解和赞同彼此的动机和需要。因此作为建立信任的基础,与其他人讨论动机和需要很有必要。换句话说,在需要建立信任的时候,含糊不清不是一件好事情。在其他人认为他们了解你和你的想法时,才会信任你,因此要建立以认同为基础的信任,一定程度的公开很有必要。

(三)管理冲突

有句话说:"当情绪高涨时,人就会丧失理智。"换言之,当人们拥有强烈的情绪时,他们就会停止理性的和可预期的思考。管理学将冲突视为一方认为另一方已经采取或将要采取与其利益不一致的行为。它有两种基本形式:第一种是情感或情绪冲突,这种冲突包含强烈的愤怒或厌恶等情感因素。双方有、也可能没有对立的利益,但有一点很清楚:他们怀有敌意,彼此不信任,有强烈的负面情绪。第二种是认知冲突,这是一种个体间意识到存在不同的观点或利益,但只关注问题而不关注对方的冲突。研究发现,认知冲突是建设性的,可以促使双方仔细地考虑各自的立场和可能的解决方案,最终的结果可能是双方都能接受的。相反,情感冲突一般会产生负面后果,实际上,强烈的情感冲突会破坏工作关系,使历经数月甚至数年辛苦建立起来的信任消失殆尽。当新企业合伙人之间的情感冲突加剧时,企业的绩效可能会大打折扣,这是创业者应当尽力避免的事情。

1. 情感冲突

信任有强大的优势,不信任会产生相反的结果。实际上,个体或群体之间的不信任是产生情感冲突的关键原因。另一个类似的原因是存在积怨,通常人们会将其他情境下产生的愤怒和怨恨带入当前情境,结果可能是微小的冲突最终酿成强烈的冲突。

另外,冲突很大程度上由社会因素造成。冲突更多的是由于人际关系的处理不当,而不是存在利益或经济上的利害关系。这方面发挥作用的一个因素被称之为错误归因——错误地归纳其他人行为背后的原因。当个体发现他们的利益被妨碍时(如他们的建议被拒绝而其他人的建议被接受),他们一般倾向于寻找原因:是由于运气不好?还是缺乏计划?或是缺乏必要的资源?或是由于其他人或群体故意干涉?如果他们认为是后者,那么就会埋下强烈冲突的种子,即使其他人并没有做使之出现负面结果的事。换言之,错误归因关注造成结果的原因,通常在冲突中起着重要的作用。即使在冲突很容易避免时,错误归因有时也会引起冲突。

引起冲突的另一个社会因素是人们倾向于认为自己的观点是客观和尊重事实的，而其他人的观点带有偏见，甚至不理性。这种倾向使人们倾向于放大自己与其他人观点的不同之处，也会因此而夸大自己与他人之间的利益冲突。

最后还应注意到，个人性格或特质在冲突中也起作用。例如，A 型人具有高度的竞争性、行动匆忙、脾气急躁，比起更平和、很少急躁的 B 型人来说更容易卷入冲突。这对创业者来说是个严峻的问题，因为与其他人相比，创业者更倾向于拥有 A 型性格。

合伙人之间或创业者与员工之间的高度信任可以减少所有来源的冲突。当与他人之间拥有较高程度的以认同为基础的信任时，我们倾向于将其行为做正面归因，而不是负面归因，至少他们还有解释的机会，这减少了情感冲突的可能性。类似地，高度信任还有助于降低将他人观点视为偏见、自我中心甚至更糟的倾向。基本上，新企业中的信任与其中发生情感冲突的可能性之间有紧密的联系。信任程度越大，情感冲突发生的可能性就越小。这再一次证明，在新企业中，合伙人之间以及创始人与员工之间建立高度信任非常重要。

2. 解决已发生冲突的技巧

尽管信任能够减少情感冲突的发生，但不能杜绝，这意味着人们不得不解决某些不可避免的冲突。有许多技巧可以解决冲突。对创业者来说，最相关和有用的技巧就是谈判——对立双方直接或通过代表来讨价还价，并相互让步的过程。如果谈判过程取得成功，则可以达成双方都能接受的解决方案，从而解决了冲突。如果交涉不成功，就会陷入代价惨重的僵局，冲突会进一步恶化。

当谈判的双方代表不同的公司或社会团体（例如，劳工和管理者）时，各方的主要目标是使自身利益最大化，通常要以牺牲对方的利益为代价。但在新企业中，这种情况很少发生。例如，创业者与风险投资家就新企业的战略没有达成一致意见，在与风险投资家的争论中获胜，对创业者来说可能弊大于利。在风险投资家的投资组合中，创业者难以获得或不值得给予同其他创业者一样的注意。因为谈判不是要赢得争论，任何冲突双方都应致力于得到双赢方案——双方都能接受并满足双方基本需求的方案。任何其他的解决方案都是短期的，甚至会对新企业产生负面影响。

那么如何得到双赢方案呢？尽管没有严格的规则，但下列指导方针很有效：第一，避免使用零和策略（某一方试图使自己的收益最大化）。应避免以下策略：提出一个极端的初始报价——提议的一方极其赞成，这会使这一极端报价的接受者处于劣势，进而产生气愤和怨恨的感觉。这些或类似的策略就像是火上浇油，会对减少情感冲突的强度产生反作用。第二，发现真正的问题。许多情感冲突不是由于存在利益分歧，而是包含社会和认知因素（宿怨、对他人的行为进行错误归因）。减少情感冲突的一个有用技巧是识别行为的真正原因。第三，拓宽所考虑问题的范围。谈判双方通常会在许多问题上进行磋商，这意味着互惠的让步是可行的：一方在一项或多项问题上做出让步，而另一方在其他问题上做出让步。至少,我们通常所说的"各取所需"是值得考虑的。

新企业最好避免情感冲突,这种冲突潜在的成本太高了。当情感冲突发生时,精明的创业者会及时发现这些冲突(对于与合作伙伴、雇员、顾客、风险投资家以及其他人之间的工作关系来说,冲突是危险的陷阱),并采取上面所说的一些措施消除冲突,解决冲突,防止冲突给他们在为之付出辛勤劳动的企业造成无可挽回的损失。

(四)压力管理

这是一个引人关注的难题:许多创业者会做出极大的努力来保护新企业的智力资源和实物资源。他们申请专利和商标,常常购买保安系统来保护贵重的设备或原材料。然而,当涉及公司中最宝贵的资源——他们自己时,他们却表现出完全不同的态度。他们不是保护这一不可替代的资产,反而他们工作很长时间,吃饭与睡眠毫无规律,为公司的工作放弃了一切娱乐活动(从花时间和家人相处到业余爱好)。意识到他们长时期所承受的高度压力非常重要,如果创业者的健康受到损害,那么新企业的前景也会极为暗淡。因此,对创业者来说,了解压力是极为必要的——产生压力的原因和结果,更重要的是如何管理压力,这是创业者要掌握的另一个重要技能。

准确地说,压力是什么呢?大部分专家都认为它是指个体在应对生活中不同事件(诸如工作、家庭、人际关系等)所提出的要求时所产生的一种情感状态和生理反应——认为我们将不能应对这些事件的要求时,压力就会出现。其结果是令人不愉快的,也会对我们的个人健康造成明显的伤害。

产生压力的特定条件被称作紧张性刺激,有多种紧张性刺激存在。压力的一个重要来源是工作要求。不同的职业面对的压力水平存在很大差异。基于大量实例研究,我们可以推测,创业者的生活压力较大。

对创业者来说,特别严重的一个问题是运营新企业需要投入大量的时间,使他们没有时间来关注本应得到关心的家人。令人悲哀的是,无论对创业者还是对他们最爱的人来说,这一点通常是巨大压力的根源。对他人的责任感是另一个产生压力的来源。例如,几年前许多报纸报道过一个创业者在一场火灾毁掉工厂之后继续支付员工工资的故事。为什么?因为他感到对员工的福利负有责任,员工面临的经济困难给他带来很大的压力。令人遗憾的是,这一慷慨的举动最终使他破产了。在这里提到这一事情,是因为它说明了对他人的责任感会带来压力。另一个主要的压力来源是缺乏所需要的社会支持的感觉。所有这些压力来源都与发生在工作场所的事件有关。另外,压力也经常来自于我们的个人生活,如家庭责任、情爱关系、个人债务甚至重要假日都会成为压力的来源。

尽管每个人都或多或少地感受到压力,但创业者所感受到的压力水平无疑较高。长时间的工作使他们与家庭和朋友隔绝往来(这是他们的社会支持网络),他们还必须面对令人沮丧的经济烦恼(如"我们能否支付这个月的租金?"),再加上创造新事物的不确定性——通常要面对残酷的竞争,许多创业者会感到巨大的压力。

大量的科学证据指出,长时期处于压力之下确实会损害健康。目前,医学专家认为,压力对于50%—70%的各种身体疾病起着重要作用。除了心脏病和中风与压力密切相关外,各种其他疾病,如溃疡、糖尿病甚至癌症等都与压力有关。显然,压力对于生命体是有害的。

除了对健康有负面影响之外,压力也干扰了许多不同工作的绩效。压力也可能会引起我们有时所说的"办公室情绪"——由于工作中的压力,常常强烈但却无意识地去抨击他人。这种情绪对于其员工每天在一起相处很长时间的新企业来说非常有害。面临压力的创业者如果爆发出这样的不良情绪,会对组织中的信任和士气造成毁灭性的影响。最后,压力是造成"筋疲力尽"的主要原因,这是一种复杂的情感、体力和智力的消耗,会使长时期处于压力中的人们备受折磨。这种筋疲力尽使人们感到身心疲惫,从而对工作失去热情。许多研究表明,如果组织中有相当多的人受到了筋疲力尽情绪的影响,组织效率就会直线下降。这对新企业来说也同样适用。尽管创业者对企业充满激情,但较高的压力水平最终会损害这种激情。如果新企业的创始人受到筋疲力尽情绪的影响,那么可以说新企业的核心就被毁掉了。

创业者已经将经常承受难以想象的高水平压力作为正常生活的组成部分,他们正处于这些负面效应的直接影响之下。他们"容忍压力"或"抗拒压力"的能力较强,但由于他们是新企业所拥有的最宝贵资源,因此采取措施保护自己免受长期高强度压力的损害是明智之举。

三、社会资本和关系网络

为了成功地经营新企业,创业者需要各种各样的技能,这些技能整合起来有助于组织形成所谓的社会资本——即由于组织或其他社会结构中的个体间的紧密关系所产生的重要资源或资产,这种关系的特征是爱好相同、相互信任和彼此间对组织的认同。

(一) 社会网络:强关系弱关系

创业者通常从他们认识的人那里筹集资金,利用他们的社会关系网络以接触各种资金来源。为什么社会关系对于新企业的筹资非常重要? 有这样几点理由:第一,如果投资者认识创业者,那么创业者将不太可能试图利用投资者。社会关系通过创造一种责任和宽容感使人们以一种不自利的方式行事。大多数人都知道,利用朋友是破坏友谊的最好方式。这个原则影响着与投资者的关系,也影响着与朋友的关系。第二,社会关系提供了一种方法,对伤害他人的人实行制裁。就像一群朋友给你力量去防御或反击伤害你的人一样,投资者也运用他们的社会关系网络使创业者遵守秩序。破坏规则或利用投资者的创业者,会很快被投资界所封杀。第三,社会关系提供了收集相关人的信息的有效方式。社会关系网络能低成本和快速地传递信息,尤其是那些难以观察的品质,比如人的能力或忠诚。因此,是否获得受人尊重的人或机构的提名是判断是否是合格人员的有效方式。第四,社会关系,不管是直接还是间接的,能建立人的正面影响。当某人把你举荐给第三方时,这种推荐提升了你在将要会见你的人的心目中的地位。为什么? 因为你已作为重要人物被挑选出来了。这使第一次会见你的人倾向于认为你比那些没有被推荐的人更优秀。同样道理，如果你已认识某些人并且是他们的朋友，那么你对他们在新环境下的行为就倾向于做出正面的归因判断。所以，如果你是一位风险投资家的优秀的球类比赛双打伙伴，那么，风险投资家在平时比赛中对你形成的好感也会延续到你向他寻求资金帮助的时候。

简而言之，与投资者的社会关系确实有助于你筹集资金。实际上，这意味着，如果你正为筹集资金而焦虑，那么应该首先找你认识的投资者，运用你的社会关系，获得向投资者的推荐是新企业融资过程中的中心环节。

（二）社交能力

社交技能是指使个体能够与他人有效互动的一组能力（独立的技能）。研究表明，许多不同的社交技能在个体与他人互动方面都可能起作用。其中的某些技能，同创业者所从事的活动有更强的相关性。以下五种技能对创业者十分重要：第一，社会感知，即正确地认识他人，包括正确地认识他们的动机、"读懂"他人的技能。第二，表达能力，即清晰地表达自己的反应和情感以使他人容易理解的技能，这在激发他人积极性方面非常有用。第三，印象管理，即熟练地应用技巧使他人在初次见到我们时做出正面的反应——留下良好的第一印象。第四，劝说和影响，即应用不同的技巧改变他人某方面的态度或行为。第五，社会适应性，即适应广泛的社会环境和与不同背景的个体和谐相处的技能。

这些技能通常是相关的（如其中一项较高的人在其他方面往往也较高），可以用社交能力来概括。换言之，几项社交技能高的人通常被认为是社交能力较强，几项社交技能低的人被认为是社交能力相对较弱。在下面的论述中我们一般使用社交能力这个术语。现在分析这些技能与创业者的相关性及其作用。

社会感知。研究发现，这种社交能力在许多商业环境中都十分有用。例如，社会感知较高的招聘者比社会感知较低的招聘者工作得更出色，能够挑选出更好的工作申请人。社会感知方面的技能与创业者试图建立新企业的行动也是相关的。例如，谈判过程是创业者经常要从事的一种活动，特别是在新企业创立初期。他们必须与合作者、未来的雇员、风险投资家、供应商、消费者等许多其他人谈判。由于在谈判中了解对手的实际底线非常重要，因此对于创业者来说，较高的社会感知是一个重要的有利条件，对他们的成功起着极大的作用。社会感知还与创业者从事的另一项重要任务有关：选择合作者和关键员工。简而言之，在上述情境中擅长正确地认知他人对创业者非常有利，是一项重要的竞争优势。

表达能力。已有证据显示，在清晰表达情感方面具有较强能力的个人通常能获得重要的优势。例如，在一项针对丰田公司销售人员所做的研究中发现，那些表达能力强的销售人员比那些表达能力差的能够售出更多的汽车。表达能力强对于激发他人，如风险投资家、可能的顾客、潜在的雇员等的积极性有重要意义。因此，在建立成功的企业方面表达能力将是一项重要的"加分"。

印象管理。人们利用许多不同的技巧给他人留下美好的印象——从努力改善自己的外貌到在最初见面时恭维他人或送给他人礼物等。印象管理的相关技巧能使工作申请者赢得好印象,还能提高员工在年度绩效评估中的分数。印象管理的技巧对于创业者获得所需要的资金很有帮助。在描述他们如何支持或不支持某个特定项目的决策时,风险投资家通常认为,创业者在直接的面谈或演示中表现如何是他们考虑的因素之一——他们认为这是一个相当重要的因素。

影响他人。影响或劝说他人的技能在许多商业环境中都非常有价值。那些拥有较强说服能力的人,一般会比缺乏这项技能的人在许多职业中获得更大的成功,如从事销售、法律和医务工作。此外,这还是一种对于创业者极为有用的社交能力,在许多情况下发挥着作用,从影响他们的合作伙伴到说服员工更努力地工作。

社会适应性。某些人在几乎任何社会环境下都能应对自如,那么他可能具有较高的社会适应性。这项社交技能较高的人能够与任何人谈论任何事情,毫不矜持地向陌生人做自我介绍,适应各种各样的新社会环境。对他们来说,"害羞"一词是未知和陌生的概念,他们能够轻易地适应几乎任何社会环境。大量研究发现,在许多不同类型的环境中,社会适应性较强的人能比较差的人获得更大的成功和更快的提升。对创业者来说,社会适应性在许多方面都有用。例如,创业者必须经常给陌生人打电话,可能是潜在的顾客或供应商等,这些人可能完全不了解创业者和他的企业,然而创业者必须接近他们并努力与之建立生意关系。在这种情况下,高度的社会适应性对创业者来说非常有益。

总的来说,拥有较强的社交能力在许多不同的方面都有助于创业者取得成功。社交能力包含的各种技能可以帮助创业者与他人融洽相处,并成功地完成建立成功企业所必需的多项活动。这个结论不仅仅只是推测:最近的研究指出,被了解他们的人认为是社交能力较高的创业者,在新企业的利润方面比那些社交能力较低的创业者取得了更大的成功。令人备受鼓舞的是,社交能力不是固化的,本节所描述的所有技能都是可以修正和改善的。几乎任何人都能通过一些训练提高自己的社交技能。专门训练社交技能的项目已经存在几十年了。实际上,著名的戴尔·卡内基训练项目的核心,很大程度上就是要增强前面所描述的社交技能。另外,许多心理学家和其他专业人士专门从事帮助人们改善社交技能的工作。

(三) 社会资本管理

在创立新创企业时,竞争的险恶程度在一定程度上会让创业者茫然失措。技术的变化可能会在一夜之间创造出新的市场。企业拥有强大的关系网络,就是拥有了各种优势位置(包括在消费者、供应商、本行业其他企业和其他相关行业里的优势位置),并且更能预见和了解即将到来的变化,因此也就能更好地应对这些变化。同样,创业者如果在他们周围建立了与价值链上下游以及与行业横向价值链的强大关系网络,就能够占据有利地位,判断瞬息万变的市场,然后改变他们的产品、运作、组织和流程,来适应不断变化的商业环境。

换句话说,创业者一方面需要传奇般的坚定不移的意志,另一方面需要有乐于做出

"关键转向"的意愿（常常是由于获得了原先不知道的市场或竞争环境方面的变化信息）。拥有把这两方面结合起来的能力是决定创业成功与失败的根本所在。领头人拥有合适的关系网络，进行合适的社会资本管理，能够提供快速、熟练地针对市场变化做出反应所需要的信息时，运气才可能发挥最大的作用。否则，当运气到来时，企业也不可能会抓住它和利用好它。

为了在合适的时间以合适的理由做出正确的"关键转向"，创业团队应该建立与价值链上下游以及与行业横向价值链的关系网络。与供应商的关系网络、与竞争对手的关系网络、与经销商、客户、消费者或最终用户（沿着价值链的所有下游）的关系网络可以提供重要的前沿信息，这些信息在创业生涯的重要关头可能会造成成功与失败之间的差别。

思考题

1. 连续创业者（创业不断取得成功的人）似乎拥有识别好机会的诀窍。你认为，他们比其他人有更好的机会原型吗？如果有的话，那他们怎样获得这些原型的？

2. 合伙人之间的信任对于新企业取得成功非常必要。假设由于某种原因，某个合伙人失去了其他合伙人的信任。这种信任能够恢复吗？如何恢复？

3. 当创业者为公司寻求资金时，你认为哪种影响策略最有效？当创业者试图建立客户关系时，哪种影响策略最有效？为什么？

第七章　科技创业团队的组建与激励

小张的科技企业总算办起来了,但办企业不可能靠自己单打独斗,需要组建起包括研发、经营、营销等各方面人才在内的创业团队。团队如何组建? 团队组建起来以后如何调动每个团队成员的积极性? 这是小张需要关心的问题。

第一节　创 业 团 队

凭借一个人的力量是无法建立伟大公司的,"选择了正确的团队,就是完成了80%的工作"这是很多创业成功企业的经验之谈。创业团队作为一种重要的创业现象受到了公众越来越多的关注,新企业尤其是新兴的科技企业,通常都是由多人组成的创业团队创办的。团队创业现象如此普遍,以至于无论从创业所在地域或行业、创业类型还是创业者性别来看,大多数新创企业都是由团队创办的;同时,团队创业无论是成功率还是绩效表现,都要比个人创业者好得多。

一、创业团队

团队是由基层和管理层人员组成的共同体,有共同理想目标,愿意共同承担责任,共享荣辱,在团队发展过程中,经过长期的学习、磨合和调整,形成主动、高效、合作且有创意的团体,共同解决问题,达到共同目标。团队理念一经提出便立即成为全球企业推崇的工作形式,在企业发展过程中发挥着日益重要的作用。

创业团队是一种特殊团队。Kamm & Shuman(1990)认为"创业团队是指两个或两个以上人员共同参与企业创立的过程并投入相同比例的资金"。这个定义要求创业团队的成员必须在创立的企业中拥有相等的股份,并且这些人在公司管理过程中处于相同地位,他们之间只存在合作关系。Cooney(2005)完善了 Kamm 对创业团队的定义,指出创业团队是"积极参与企业发展且有重大财务利益的两个或更多的人。①"他之所以强调"重大财务利益",是因为企业中实际上只有极少数合伙人拥有平等的财务利益,从而排除了部分投资较少且不是团队关键人员的合伙人;而强调"积极参与"则可以排除那些只投资

---

① Cooney T M., What is An Entrepreneurial Team? *International Small Business Journal*, 2005,23(3):226-235.

但不参与管理的沉默合伙人,通常包括银行和部分机构投资者;同时,强调"企业发展"即承认创业的动态性,允许创业团队成员在企业成长的任何阶段加盟或退出。

综合各个学者的观点,我们可以从两个层面来理解创业团队。狭义的创业团队是指有着共同目的、共享创业收益、共同承担创业风险的一群经营新成立的营利性组织的人,他们提供一种新的产品或服务,并为社会提供新增价值。广义的创业团队不仅包含狭义创业团队的理解,还包含与创业过程有关的各种利益相关者,如风险投资商、供应商、专家咨询群体等,这些利益相关者在新创企业成长过程的某几个阶段中起着至关重要的作用,同时也为社会提供了一定的新增价值。

简而言之,创业团队是由两个或以上具有共同愿景和目标,共同创办新企业或参与新企业管理,拥有一定股权且直接参与战略决策的人组成的特别团队。他们拥有可共享的资源,按照角色分工相互依存一起工作,共同对团队和企业负责,不同程度的共同承担创业风险并共享创业收益。

二、创业团队的特征

1. 创业团队的精神

创业团队精神是组织创业精神与团队精神相互作用、相互支撑所融合形成的,二者相辅相成,缺一不可。

创业精神是指个体主观层面上的开创性思想、观念、个性、意志、作风和品质等。创业精神的主要含义是创新,一般可将其区分为个体的创业精神及组织的创业精神。其中,个体的创业精神,指的是以个人力量,在个人愿景引导下,从事创新活动进而创造一个新企业;而组织的创业精神则指在一个已经存在的组织内部,以群体力量追求共同愿景,从事组织创新活动进而共同创造新企业。对创业团队而言,构建良好的组织创业精神无疑是至关重要的,这种组织创业精神还需要与团队精神相结合,从而形成强有力的创业团队精神,推动团队不断发展。

团队精神是大局意识、协作精神和服务精神的集中体现,其核心是协同合作,反映的是个体利益与整体利益的统一,进而保证组织的高效率运转。团队精神可以使团队成员齐心协力,朝着一致的团队目标努力。通过对群体意识的培养,团队精神引导成员形成共同的归属感和认同感,从而形成强大的凝聚力。团队精神的树立可以在成员间形成良性竞争从而实现有效激励。

团队精神是创业团队形成组织创业精神的必要基础,组织创业精神和创业行为需要通过团队精神得以进一步深化,因此,对于创业团队,尤其是外部环境瞬息万变的科技企业创业团队,优秀的团队凝聚力和活跃的创新思维是其生存的基石,创业团队精神是每个创业团队应当关注的重点。

创业团队精神主要包括三方面,一是责任感,即团队成员工作积极性很高,对团队有使命感和归属感;二是创造力,即团队成员具备产生新思想、发现和创造新事物的能力;三是容错度,即团队对创新的不确定性具有较高容错度,团队成员敢于创新。

组建创业团队的必要性在于,创业团队能够通过有效的组合,使各成员充分发挥自身的优势,从而达到扬长避短的效果。创业团队与普通工作群体相比,在信息共享、协同合作、参与决策等方面都进了一步。团队成员能够充分利用自己的一技之长在合适的职位上发挥优势,获得自我提升的巨大空间;同时,不同个体的互补更容易碰撞出创新的火花。

2. 创业团队的类型

一般而言,创业团队大体上可以分为核心主导型创业团队和群体型创业团队,如表7.1所示。

表 7.1　创业团队类型

类型	区别	优点	缺点
核心主导型创业团队	存在核心主导人物	决策程序简单,效率高;组织结构紧密,稳定性高	易形成权力过度集中;易导致领导者过度自信
群体型创业团队	没有明确的核心人物	利于沟通和交流;成员关系密切,相互扶持;工作氛围融洽	结构松散;决策效率低;易形成多头领导

核心主导型创业团队中存在一个核心主导人物充当领导者。这种团队的形成往往是领导者有了创业的想法并根据自己的想法邀请其他人加入团队,这些受邀加入的团队成员更多时候是支持者的角色。核心主导型创业团队结构明确,具有较强的稳定性,领导者的行为对其他个体影响巨大;决策程序相对简单,组织效率较高。但容易形成权力过分集中和领导者过度自信等现象,不利于合理决策的制定和团队的运作。

群体型创业团队中没有明确的核心人物,大家根据各自的特点进行自发的角色定位。在创业初期,各位成员均扮演着协作者或者伙伴的角色。群体型创业团队成员关系密切且地位平等,有利于沟通和交流。但也存在许多问题,如整体结构较为松散;集体决策的决策方式导致决策效率低下;成员在团队中相似的地位易形成多头领导局面。

综上所述,这两种创业团队形式有利有弊,需要每个创业团队根据自身实际情况选择使用。

3. 创业团队的构成

一个完整的创业团队需要具备四项要素。①

(1)人员

团队成员是创业团队的核心。创业团队的成员选择要十分慎重,只有适合的成员被吸收进入团队,才能保证创业团队的有效运转。首先,团队成员拥有共同点是非常重要

---

① McFletcher D. , Teaming by Design: Real Teams for Real People, Chicago, IL: Irwin Professional Publishing, 1996.

的,其共同点主要体现在创业观相同和价值观相同。同时,对一个创业团队而言,成员之间仅仅有共同点是不够的,还需要有互补点,一个创业团队需要有人决策、有人管理、有人宏观把握、有人制定计划有人负责实施,因此,创业团队成员需要多元化,形成优势互补,这种互补包括性格、能力和资源上的互补。

创业团队中,成员的结构越合理,创业成功的可能性越大。当科技企业创业团队中只存在纯粹的科研成员时会产生一系列问题,如产品开发与市场脱节、缺乏合理的战略制定、账目混乱等。因此,创业团队在成员的构成上要把握两点共同和三点互补,即创业观、价值观相同,性格、能力和资源互补。

(2)目标

明确的目标是创业团队成立的基础。高效团队的一大特点在于,团队成员对其所要达到的目标具有明确的认识,并认可该目标。清晰且受到成员认可的目标有助于团队成员个人目标与团队目标的趋于一致,并为实现团队目标不懈奋斗;可以使团队成员配合团队的政策和决定,充分发挥个人的潜能,创造出"1+1>2"的合作成果。除此以外,明确的目标能够使团队清楚认识到自身需要哪些方面的人才,在寻找合作伙伴或雇佣员工时可以给出明确的定位,从而引进合适的人才,有效提高团队综合实力。

(3)职能分配

合理的职能分配是创业团队成功的必要条件。创业团队的成员必须要有职能上的分配,即规定每个成员在创业中的责任和权力。首先,创业团队要根据每个成员的优势确定其职责,从而保证每个成员都能最大限度的发挥自己的作用,提高整个团队的效率;其次,创业团队还需要明确规定每个团队成员所拥有的权力,当成员个人拥有与其职能相对应的权力时,才能更好地工作。一般而言,在创业团队发展的初期阶段领导权相对比较集中,随着创业团队的不断成熟,领导者所拥有的权力会逐渐下放,大多数高科技创业团队采用了十分民主的扁平化管理体系。

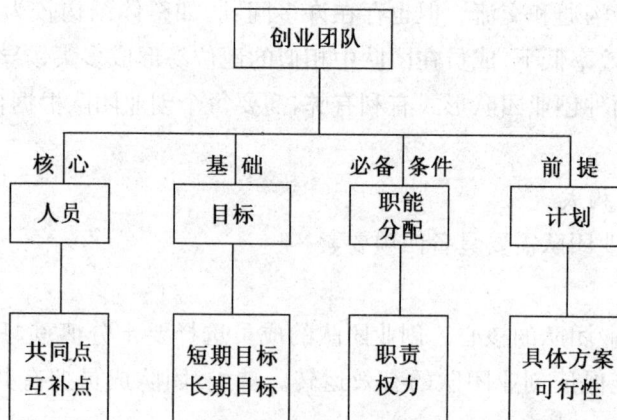

图 7.1　创业团队要素

（4）计划

准确详细的计划是创业团队成功的前提。计划不仅服务于团队短期的目标,还要支撑团队的长期战略目标。创业团队的计划一般包含两部分内容,一是给出实现目标的具体行动方案,如团队成员个数、每位成员的工作时长、评价和激励团队成员的方式等;二是确保创业团队的计划可以顺利进行,即计划需要具备可行性,否则就只能是纸上谈兵。

第二节　创业团队的组建

一、创业团队的组建过程

1. 识别创业机会

创业机会的识别是创业的起点,也是创业团队组建的起点。创业者通常在发现了合适创业机会的基础上,根据创业机会和由此产生的创业思路进行团队构建。

2. 撰写商业计划书

商业计划书的撰写是创业团队组建的前提。识别创业机会之后,创业者应撰写一份商业计划书,帮助自己理清思路,同时对自身的优劣势、已有的资源和需要筹集的资源形成清晰的认识。

3. 寻求创业伙伴

创业伙伴的寻求是创业团队组建的核心。创业者应当结合实际情况,寻找能够与自己有共同目标且优势互补的创业者。创业者可以通过媒体广告、朋友介绍、招商洽谈会、互联网等形式寻求创业合作伙伴。

4. 达成创业协议

创业协议的达成是创业团队组建的必要步骤。在寻找到合适的合作伙伴之后,还需要双方多次进行细致的沟通与交流,从而达成一致的创业协议。合理的创业协议可以维持创业团队成员的稳定,也有助于加强创业团队的内部合作。

5. 明确成员责权利

创业团队成员责权利的明确是创业团队组建的重点。团队成员责权利相关细则的制定,要有前瞻性和可操作性,不仅要考虑到创业初期的管理,还要考虑到企业成长之后的情况。创业者需要妥善处理创业团队内部的利益关系,制定合理的薪酬制度和激励制度。

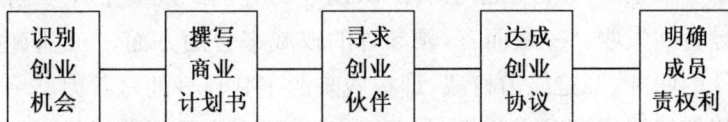

识别创业机会 — 撰写商业计划书 — 寻求创业伙伴 — 达成创业协议 — 明确成员责权利

图 7.2　创业团队组建过程

二、创业团队高效运作的方法

1. 共同的创业理念

共同的创业理念和思路是形成团队凝聚力的基础。共同的创业理念决定了团队创业的目标,创业团队的性质以及创业的行为准则。团队中的成员需要相互配合、紧密合作,形成既各司其职又相互帮助的氛围,这样才能提高团队工作效率。如果未能形成一致的创业理念,即使把再多高素质的人组合在一起也难以保证创业目标的实现。创业团队中的每一个人都是一股与其他人紧密联系且不可或缺的力量。

2. 创业团队成员的互补性

创业团队的构成要有互补性,即团队成员在性格、能力和资源上要具有可以互补的差异性,其中,能力包括专业技能和人际关系技能,资源主要是指社会资源。创业团队的异质性有助于提高团队决策的科学性,团队成员会从不同的角度分析问题,也会产生不同的解决方案,从而为创业提供更多的决策选择。在一个创业团队中,其成员的组成结构越合理,创业成功的可能性越大。

3. 纪律制度的建立

俗话说:"没有规矩,不成方圆",没有纪律制度的创业团队很难生存下去,很难保证成员之间工作协调一致,且纪律的缺乏易导致成员间矛盾频发甚至团队解散。创业团队想要谋求长期发展,就必须重视团队纪律的维系作用。要建立团队纪律最重要的一点就是领导者要身先士卒维护纪律。

4. 合理的报酬和激励体系

创业团队组建初期,就应建立绩效评估体系。绩效考评能够为成员的奖惩、职务调整和薪资安排提供依据,为成员与领导者之间提供正式沟通的途径,也能让员工了解自己工作的结果以及公司对他的期望,使员工有明确的改进方向。合理的报酬和激励体系的构建可以使创业团队成员在相对公平的氛围中工作,有助于提高工作效率,减少成员矛盾。激励体系的设立需要结合企业自身情况,比方说,对于科技企业,有时候一个合理的职业生涯规划比丰厚的薪酬更能吸引高素质的研发人员。

三、创业团队的协调管理

1. 权威领导问题

在企业管理和市场营销中,领导者的核心竞争力是热点问题;同样地,在创业团队中,领导者的作用也非常重要,领导者指引着团队创业的方向。现实中许多创业团队的消亡往往是因为领导者的失职。一般而言,领导者的权威来自两方面,一是职位权威,即权威来源于其所担任的职务;二是能力权威,即权威来源于其自身的号召力。一个优秀的创业团队领导者不能仅仅依靠职位获取权威,更需要施展自身能力和才华,靠人心来获取权威,只有这样才能形成无形的影响力,有效领导创业团队。

2. 相互信任问题

没有信任和合作的创业团队是维持不下去的,然而,信任有时是相当脆弱的,需要投入大量时间去培养却又容易被破坏,且破坏之后较难修复;此外,不能信任就难以形成合作,盲目信任容易产生巨大风险。这就要求创业者在组建创业团队时,既要培养团队成员之间的相互信任,又要建立合理的监督约束机制以避免盲目信任风险。

3. 不同意见问题

创业团队的工作要求高度的协作,因此,团队成员需要不断进行内部沟通和协调,由于团队成员的异质性,经常会产生不同的思路和意见。这种不同意见的产生有利有弊,一方面,它可以帮助团队从多方面综合考虑问题并给出更多决策选择,也可以激发团队的创造力;另一方面,处理欠佳的不同意见会引发团队矛盾,阻碍团队工作的进行,这就要求有善于倾听不同意见并概括总结出最优意见的领导者来克服这些矛盾,因此,领导者要具备高超的协调能力。

4. 利益分配问题

创业者需要重视团队成员利益分配问题,妥善处理内部利益关系,在创业企业内部形成一种良好的共同创业氛围。一个合格的激励机制能够尽可能公平公正地反映每一位团队成员的贡献,体现出特定的企业目标,同时还有助于实现团队成员的个人目标。

第三节　创业团队激励机制

激励是组织通过设计适当的奖酬形式和工作环境,以一定的行为规范和惩罚性措施,借助信息沟通来激发、引导、保持和规范组织成员的行为,以有效地实现组织及个人目标的过程。创业激励就是在企业创建过程中,由创业团队成员的不同需求出发,对不同成员设定不同的绩效标准和奖酬制度,以最大限度地激发创业人员的积极性和创造性,进而实现组织和个人目标。

合理的激励机制可以吸引优秀人才,丰厚的福利待遇、快捷的晋升途径和各种优惠政策是国有企业吸引人才的重要手段,也是创业企业可以借鉴的方式;激励机制不仅可以吸引人才,还可以留住人才,良好的激励制度可以维持创业团队成员的稳定;同时,激励机制可以开发成员潜在能力,促进成员充分发挥才能与智慧;最后,激励机制可以造就良性的内部竞争环境,在良性竞争性的环境中,组织成员受到的环境压力会转变为其工作的动力。总而言之,一个恰当的激励机制可以帮助创业团队更好的发展。

一、创业激励机制设计的原则

创业企业激励机制设计是一个系统工程,不仅要从战略层面考虑,做到支撑企业长期目标;也要从操作层面考虑,做到具备实际可执行性。

1. 战略性创业激励机制设计原则

（1）战略目标原则

激励机制的设计需要与创业企业的长期战略目标相一致，激励机制是驱动员工更好实现企业目标的方式和手段，合理的激励机制可以加速企业的发展，帮助企业向着目标一步一步不断前进。

（2）企业类型原则

不同类型企业的激励机制在激励方式选择、激励强度上会有所不同。对于科技企业而言，其相对于传统企业来说更加重视智力资本管理，因此基于智力资本的产权激励机制设计会更加重要。宽带薪酬就是一个针对科技企业所提出的概念，所谓"宽带薪酬设计"就是在组织内用数量少且跨度大的工资范围来代替原有数量多且跨度小的工资范围，将原来数十个薪酬等级压缩成几个等级，取消原来狭窄的工资级别所带来的工作间明显的等级差别，但同时将每一个薪酬级别所对应的薪酬浮动范围拉大，从而形成一种新的薪酬管理系统及操作流程。这种激励体系有助于适应企业战略动态调整的需要，支持组织扁平化设计，关注成员技能和能力的提高，有利于开展轮岗制度和成员职业生涯发展，从而促进企业绩效。

（3）生命周期原则

在不同的生命周期阶段，企业的激励机制设计应有所区别。一般来说，创业初期应做到将公平放在第一位，创业团队成员收入差距不宜过大，从而保持创业团队成员稳定性；成长期应做到公平与效率兼顾，建立相对正规的工资制度，采用晋升激励、榜样激励、目标激励等多种激励方法；成熟期与衰退期应做到以效率为主，形成良性的内部竞争体系，激发员工工作热情以延缓企业生命周期。

2. 操作性创业激励机制设计

（1）激励方式多样化

现代企业管理模式所具有的两种典型形态是欧美模式和日本模式。日本模式是以"人本主义"为核心的从业人员主权型，对企业内雇员的激励主要通过三种手段：终生雇佣制、年功工资制和企业内部考评晋升制。无论是对雇员还是对经理，都充分利用了人的社会性和合作性动机的激励机制。欧美企业激励模式则主要是通过市场的竞争造成对在职经理或员工的工作压力，那些不努力的经理或员工会被充分竞争的经理人市场或劳动力市场所淘汰。日本企业更多的是从合作的一面实行激励，与管理学中的激励理论较接近；欧美企业更强调"产权"的约束，从人不会自动合作的一面进行制约，与经济学中的委托人对代理人制约的激励机制相接近。实践表明，每一种模式都有各自的优势，但也都存在一些不足。企业管理激励模式的发展趋势将是两种激励模式的融合，将"正向激励"与"负向激励"结合起来，既强调市场竞争的外部激励作用又强调企业文化与内部协作等激励的作用。

（2）隐性激励机制的作用

经济效用理论指出，金钱的边际效用随着收入的增加而下降；而劳动与工资产生的替代效应和收入效应表明,当工资率较高时,收入效应可能超过替代效应,即工资的增加反而会使劳动供给下降。这些理论表明,物质激励的作用是有限的,尤其对于重视其他激励方面的科技企业员工来说更是如此。对于科技企业创业团队成员,许多隐性激励也非常重要,如地位和声誉等。但要使这些隐性激励真正发挥作用,至少要做好以下两个方面的工作:一是,公平的竞争环境,公平的竞争使团队成员感受到来自成功的正激励,也感受到来自失败的负激励;二是,健全的社会评价体系,认可研发人员的人力资本价值,在他们获得高收入回报的同时,也可以实现自我价值。

（3）绩效标准的制定

激励的依据从根本上来说是绩效标准,也就是效率优先,绩效面前人人平等,唯才是举,用能力的高低来判别人才。能力的高低必须通过一定的外在形式表现出来,这就是绩效标准,如研发人员获取的成果数量与级别、发表论文的数量与级别;经营人员创造的经济效益;营销人员的销售数量;生产人员的生产数量等。企业要坚决避免论资排辈、根据级别论功行赏的不良风气,真正做到对人才的客观公正评价,只有这样才能保证激励机制的有效性。

二、创业团队产权激励

1. 产权激励基本原理

产权是经济所有制关系的法律表现形式,它包括财产的所有权、占有权、支配权、使用权、收益权和处置权;产权的功能包括激励功能、约束功能、资源配置功能、协调功能。以法权形式体现所有制关系的科学合理的产权制度,是用来巩固和规范商品经济中财产关系、约束人的经济行为、维护商品经济秩序以及保证商品经济顺利运行的法权工具。产权激励是对人力资本的首要激励,产权激励就是通过产权合约的形式将企业所有权卖给员工,是长期激励的一种有效形式。一般来说,产权合约最重要的激励对象是企业投资者,即权益层,这种激励是通过产权持有人对企业剩余索取权和控制权来实现的。

现代经济活动中,产权激励也被广泛地应用于对企业经营层和操作层的激励,主要有两种方式,首先,产权不再简单地以现金或实物资本的投入数量来确定,还可以通过对企业经营层和操作层的人力资本定价来确定。针对经营层的激励手段主要有股票赠予、股票购买计划、期股激励和期权激励等;针对操作层的激励手段主要有员工持股计划、管理层收购等。其次,产权合约被分解成剩余索取和剩余控制两个子合约,在这样两个子合约中,企业产权被分割,所有权与控制权相分离。在不改变产权归属的情况下,通过合约的形式,分配给企业经营层与操作层一定的剩余索取权与剩余控制权。

（1）产权激励的优点

人力资本外部性在现实社会中普遍存在,而且是一个正外部性,即一个人的人力资本在给自己带来收益的同时也会给他人和社会带来收益。企业人力资本的外部性主要表现在企业的规模收益递增。新经济增长理论是建立在人力资本的"外部效应"基础之上的,即经济的持续增长源于人力资本的外部效应,卢卡斯首次明确提出了人力资本的"内在效应"和"外部效应",前者是指人力资本能给其所有者带来收益,后者是指人力资本能促进社会经济发展,但其所有者并不能以此而获益。知识经济时代企业绩效提高和财富创造主要依赖于人力资本的外部效应。但强化外部性可能对人力资本所有者造成损害并导致人力资本的使用效率低下和人力资本投资不足,所以人力资本外部性的解决方法就是明确人力资本产权。

人力资本投资是指形成和提高人的经济活动能力的一种投资行为,主要包括教育、培训、医疗、保健和迁移等方面的投资。人力资本投资具有两个重要特征:一是,长期性,这主要是指教育投资;二是,风险性,人力资本投资的成本发生在现在,其收益却发生在未来,而未来意味着不确定性且时间越长风险越大,风险还来自信息的不充分、市场环境的变化和生命风险。人力资本投资与其他投资决策一样,是为了追求利益。收益是人力资本投资的决定性因素,收益的获得需要产权制度的保障。在没有制度的保护下,由于人力资本投资者和收益者不同而产生的成本收益承担主体不同的缺陷,将导致人力资本投资的不足。因此,人力资本投资的激励机制主要是人力资本产权制度。企业人力资本产权制度不仅能促进通用性人力资本投资,而且能激励专用性人力资本投资。

企业经营绩效和国家社会经济的发展不仅取决于静态的人力资本存量,更取决于人力资本使用效率。首先,人力资本效率取决于人力资本存量,并与其存量正相关,这说明要提高人力资本的效率必须提高人力资本存量。其次,人力资本效率取决于人力资本的配置,同等价值的人力资本在不同的使用时间、使用地点、使用方式条件下可能具有不同的效率,有时甚至相差很大,这表明人力资本配置、人力资本效率的重要性。而人力资本的配置与产权有着密切的关系。另外,人力资本效率还取决于人的努力程度,即人力资本的实际供给量。高存量和有效配置的人力资本只具有潜在的高效率,要使潜在的高效率变成现实,人力资本还必须在使用过程中得到完全供给,供给越充分,效率会越高,如果人力资本载体在工作中出现偷懒等现象,将造成人力资本效率的重大损失。导致人力资本供给不足的原因是多方面的,主要原因是缺乏产权激励。

(2) 产权激励的缺陷

产权激励坚守经济人的假设,忽视了现实中人并不能做到完全理性的事实,人是具有人格价值的,人寄身于某种组织,总希望自己在组织中是必要的且是重要的。很多情况下,尊重人格的力量是激励的目的,而不是利用人格力量来达到企业目标,人们在日常生活工作中并不遵循效用最大化的这一假定。

产权激励是靠委托人与代理之间权利安排来实现的,但这种产权配置只是激励的必要条件,人的追求动力来自对某种效用满足的期望。追求效用的手段是各自权利的交换,即利用手中令对方效用得到满足的权利去换取对方能使自己效用得到最大满足的资源,因此产权界定明晰是实现交换的前提条件。当权利界定明晰时,资源拥有者产生的动力来源于界定给他的权利带来的效用或预期的效用。如果效用大,则权利接受人对其权利倍加关注,时刻关心其资源的增值保值;如果某种权利界定不能使接受人效用满足或效用很小,这种权利界定是没有意义的,资源没有得到合理使用。因此,激励是权利配置以后的事了,产权配置本身并不一定能带来激励。

2. 创业企业产权激励机制设计

(1) 对创业企业家的产权激励

在创业企业家不是新创企业所有者的情况下,创业企业家应得到一定程度的剩余索取权,其中,股票期权这种激励方式被大部分企业所认可。股票期权指买方在交付了期权费后即取得在合约规定的到期日或到期日以前按协议价买入或卖出一定数量相关股票的权利。股票期权是一种不同于职工股的崭新激励机制,它能有效地把企业高级人才自身利益与企业利益很好地结合起来。

长期以来,我国企业的经理人,尤其国有企业经理人,其薪酬和企业业绩不挂钩,加剧了委托代理矛盾,损害了国家和股东的利益。股票期权机制引入我国的公司治理实践,虽然适应了解决上述问题的迫切要求,但其发展并不是一帆风顺的。1993 年,万科尝试实施股票期权计划,最终因缺乏法律依据而没能如愿。1997 年,我国企业第一次使用股票期权制,此后,股票期权激励模式发展迅速,具有代表性的有北京模式、上海贝岭模式、武汉模式等。然而,由于受到法律规定的限制,在当时不成熟的资本市场条件下,处于争论、试点探索阶段的股票期权无法得以广泛推行,已实施的也是在法律规范空隙下生存,这种状况一直持续到 2005 年。2005 年以来,以下三个方面的变革为规范推行股票期权奠定了基础。一是,始于 2005 年的股权分置改革基本完成后,股票全流通已经成为可能;二是,《公司法》和《证券法》等法律法规得到进一步完善;三是,证监会、国资委等先后出台一系列配套的措施。以上条件为实施股票期权激励提供了直接的操作依据,经理人股票期权激励的推广才有了环境基础和制度保障。截至 2010 年底,共有 201 家公司公布股权激励方案,占沪深上市公司总数 9.74%,可见目前股权激励在我国上市公司的应用还不是非常普及,与美国等西方发达国家相比还有不小的差距,但总体上看,从 2006 年实施该项激励政策以来,采取股权激励方式的上市公司表现出明显的递增趋势。①

(2) 对关键研发人员的产权激励

对于科技企业而言,研发人员是企业发展的关键,科技企业的运作在很大程度上依赖于这些研发人员的工作及其技术创新成果。因此,对于研发人员的激励是科技企业的重中之重。对于关键研发人员的产权激励主要是对其知识产权的激励。

知识产权制度可以保护智力成果发明人的权利,使权利人获益,使企业、个人等权利人享有知识产权带来的独有利益,有利于激励权利人的创新,提高本企业或个人的技术水平。

---

① 刘武君:《人力资本所有者产权激励内涵与模式比较》,《人力资源》2013 年第 2 期,第 105 – 109页。

从单个企业内部来说，企业制定合理的知识产权制度可以平衡企业和研发人员之间的利益，既激励了研发人员加大创新力度、提高专利的商业化程度；又使企业的研发投入的现实回报程度提高，提高了企业的竞争能力和科研水平。

科技企业知识产权激励体系涉及以下两个方面：

第一，知识产权激励文化。科技企业的知识产权激励文化是以知识产权激励原则为宗旨，以知识产权激励目标为导向建立起来的。由于科技企业中研发人员流失率较大，在企业内部建立知识产权激励文化很有必要。这就需要以情留人，完善企业研发部门的文化建设，通过宣传、教育、培训等形式形成有自己特色的企业文化，努力使研发人员对企业产生认同感和归属感。科技企业产权激励文化的建立具有深远意义，首先，有利于研发人员和企业形成共同的知识产权价值观体系，形成良好的知识产权创新氛围；其次，有利于提高企业管理层和研发人员的知识产权意识；同时，知识产权激励文化建设有利于提升企业形象，打造良好的企业信誉；最后，企业在知识产权激励文化建设中，不断接触先进的知识产权管理理念，能够及时反映出企业知识产权激励现状中存在的问题并作出及时调整。

第二，知识产权激励制度一般包含三个方面的内容：知识产权奖励制度、知识产权界定制度和知识产权管理制度。首先，知识产权奖励制度是指对企业技术创新、产品研发等活动有贡献的关键研发人员给予一定的奖励，这种奖励是随着研发产品价值的不同而不同，包括物质奖励和精神奖励。物质奖励是给研发人员一定数量的研发项目奖金或其他形式的奖金，企业应该本着全程激励的原则建立全面的知识产权物质奖励制度；精神奖励是指在精神层面满足研发人员自我实现的需要，例如企业给研发人员署名权等。其次，科技企业的知识产权界定制度包含两个方面：其一，将以国家的法律法规为依据得到授权的商标权、著作权、专利权、版权等界定为企业的知识产权；其二，除了国家规定授权的知识产权以外，企业内部机密的方法、工艺、流程等，企业可以自行将其界定为技术机密或商业机密，并规定哪些可以作为知识产权激励的内容。最后，知识产权管理制度的建立需要从企业全局考虑，系统地协调和管理企业知识产权方面的问题。确保在研发人员专利申请或专利研发等环节中出现问题时及时地对其提出解决办法，避免在研发人员被技术领域之外的事情耽误研发进程或降低其研发积极性。知识产权管理制度的建立不仅需要在组织结构上建立知识产权管理部门，还需要在人员配备上给予大力支持，应将知识产权专业管理人员配置在知识产权管理部门，做到人岗高度匹配，以解决知识产权侵权等问题。另外，知识产权管理制度还应涉及知识产权相应的配套激励措施，如知识产权价值评估体系等。

（3）对普通员工的产权激励

员工持股计划是指通过让企业的在职员工持有本公司的部分股份，从而拥有参与经营决策权、享有剩余索取权的一种制度。这里的持股是广义的概念，既可以是现实股份，也可以是企业赋予员工在将来的一定时间以一定的价格购买该企业股份的权力。

对于科技企业而言，企业的人力资本是一种经济资源，专属于资本所有人，是企业最宝贵的财富。但公司单一的年终奖短期激励机制缺乏有效性和长期激励性,加大了人力资本的封闭性,难以激励员工创造更多价值。随着现代科技高度发展以及市场经济的高速发展,人力资本对企业业绩的贡献与日俱增。通过员工持股,员工与企业风险共担、利润共享,让员工以主人翁的身份为公司服务,能够激发员工的潜能,提高员工工作的能动性、创造性和积极性。

第四节 创业企业层级激励

一、对创业者的激励

对创业者的激励主要包括内部激励和外部激励。

1. 内部激励

内部激励即创业者进行的自我激励,自我激励是个体具有的不需要以外界奖励和惩罚作为激励手段,并能为设定的目标自我努力工作的一种心理特征。

自我激励教育首先是一种积极的自我暗示,辅助创业者树立积极的创业观和价值观;其次自我激励教育是一种向上的自我暗示,通过对外部刺激的内化吸收,形成正面的积极的动机;最后自我激励教育是自律的自我暗示,通过对自我约束的强调,注重主体性的构建。总而言之,创业者的自我激励是一种内导性模式,是个体思想由认识内化到行动外化的过程。创业者在创业过程中需要充分调动自身积极性,实现个人需求不断向更高层次的发展。精神激励对于社会的发展和进步具有重要的作用,特别是在艰苦的创业活动中,它对于创业者的作用远非物质激励可比。

2. 外部激励

对创业者的外部激励主要包括企业中的股权激励以及经理人市场中的激励。股权激励相关内容在第四节已经详述,此处不再赘述,只介绍外部经理人市场激励的部分。

外部经理人市场是为适应社会主义市场经济发展的内在需求而产生的一种新的人力资源配置方式。与传统的计划调配方式相比较,职业经理人市场作为资源配置方式应具有以下特征:一是,自主性,市场经济要求经济活动主体必须有充分的自主权,且经济主体间的活动和经济关系已经货币化、信息化和契约化,经理人市场的运行必须打破"部门所有和企业所有"的格局,使职业经理的流通成为可能;二是,公平性,职业经理或企业在市场上的权利和机遇是平等的,均能够在市场上进行平等竞争,且供需双方的交换是平等的,职业经理在付出智力的同时,企业需付出相应的报酬;三是,竞争性,通过竞争可以挖掘出一批优秀的、满足社会经济和公司企业需求的职业经理,同时筛选出经济效益和社会效益俱佳的企业,从而按照优胜劣汰和供求匹配的原则,使经理人资源得到最佳配置;四是,求利性,盈利和效率是市场经济的较高选择,正是这只"看不见的手"调节着各种市场经济活动和行为,使各种社会资源按价值规律和竞争机制供需匹配,促进社会经济的发展;五是,法治性,市场经济是一种法治经济,外部经理人市场也必须在一定秩序下运行。

外部经理人市场对创业者具有激励约束的功能,这表现在当经理人在经营管理活动中运用自己的经营管理知识和技能带领公司的员工取得成功时,经理人会得到公司的奖励、社会的认可和自我价值的实现等激励,无形中提升自己的身价;同时经理人在经营管理活动时的一些行为也会受到公司章程、合同、组织机构、道德、媒体、法律等的约束,一旦出现违法犯罪行为,会被公司处罚、媒体曝光、法律严惩,最终身价大跌,被市场淘汰。

二、对创业团队成员的激励

为了形成和强化创业企业成员之间团队合作精神和意识,在企业中,必须关注团队成员的激励问题。

1. 认同激励

企业认同感又称组织认同感,是指员工对企业各种目标的信任、赞同以及愿意为之奋斗的程度。认同激励对企业具有重大价值,认同感能大大降低企业的监督成本,员工不是看上级的眼色去做事,而是遵从自己内心的指引,这样就能实现员工较高的工作效率,使企业实现长期发展。

认同激励不是让员工去认同企业的业绩和规模这一标签,去认同约定俗成的规章制度和行事法则,而是文化和价值认同。建立认同感也好,企业文化也好,学习性组织也好,按照经济学的原理来解释,都是大大降低了企业的监督成本,提高了员工工作的自主性和工作效率。

2. 兴趣激励

兴趣是指人对事物的特殊的认识倾向。孔子曰:"知之者不如好之者,好之者不如乐之者",可见兴趣是最好的老师,培养兴趣乃是成功的一个重要因素。在工作的兴趣激励中,管理者必须为员工寻求工作的内在意义,也就是要为员工创造工作的意义和价值;员工体会到工作的内在价值与意义,才会真正为了这份工作而积极努力,发挥自己的最大力量。一般而言,兴趣激励有以下三种方法:

(1) 界定工作职能

企业需要对工作内容、工作职能、工作关系进行设计,包括对现有设计的调整和修改,通过合理有效地处理员工与工作岗位之间的关系,从而满足员工个人需要,实现组织目标。其主要内容有:确定工作责任、工作权限、工作方法;确定工作承担者与其他人相互交往联系的范围、建立友谊的机会及工作班组相互配合协作的要求;确定工作任务完成所达到的具体标准;确定工作承担者对工作的感受与反应等。在工作设计中考虑员工的因素越多,对员工的激励效果就越强。

(2) 工作内容多元化

企业可以为员工适当增加一些与现任工作相关联的新任务,增派一些原来由经验丰富的员工、专业人士甚至经理做的工作；还可以企业只为员工设定绩效目标，让员工自行选择合适的方式去实现它们。

（3）轮岗制

企业可以安排新员工在各个岗位上轮流观察一段时间，切身体会不同岗位的工作情况，这可以为其以后工作中的协作配合打好基础；对于管理骨干更要实行岗位轮换，使得管理层对业务有更全面的了解，提高其对全局性问题分析判断的能力；对于销售部门和设计部门的人员也可以安排轮换，从而改善新产品开发质量。

3. 信任激励

信任激励是一种基本激励方式。上下级之间的相互理解和信任是一种强大的精神力量，它有助于单位团队精神和凝聚力的形成。对员工的信任主要体现在平等待人与尊重下属的劳动、职权和意见上，这种信任体现在"用人不疑，疑人不用"上。授权是充分信任员工的一种好的方法，充分授权对员工而言是信赖和尊重。信任可以缩短员工与管理者之间的距离，使员工充分发挥主观能动性，使企业发展获得强大的原动力。

科技企业的建立和发展离不开每个创业团队成员的努力，因此，信任激励是非常好的激励方法。首先，信任激励做到了"以人为本"，这一思想把人提高到了至高无上的位置，它不仅要求在发展上、在利益分配上必须以人为根本，还要求在发展过程中、在利益创造的过程中也要以人为根本；其次，信任激励符合科技企业的员工诉求，高科技行业是高风险行业，这种特性决定了对科研工作必须持严格、规范、谨慎的工作态度，且高科技行业外部环境变化迅速，人员流动率较高，这对科技企业的员工造成了前所未有的压力，从而不可避免地导致焦虑心态的产生，不少员工已经感觉到了信任危机，这种状况下的员工需要理解，需要信任，需要调节心境，需要释放压力，因此信任激励对于科技企业创业团队的维系至关重要；同时，信任激励符合青年员工的心理预期，科技企业是青年人才扎堆的地方，而青年人追求被信任的欲望非常强烈，由于他们的工作经历较短，人际关系尚待建立，工作地位尚待争取，工作能力尚待被认可，所以他们特别渴望得到信任。

三、对关键研发人员的激励

科技经济在世界范围内迅猛发展，中国经济也出现了新经济的曙光，新经济就是知识经济，人才经济。随着全球化竞争的加剧，对创新的要求越来越高，科技企业的研发人员构成了创新的主体，在技术创新上越来越具有重要的地位和作用，因此，怎样激励研发人员是每一个科技企业应当思考的问题。

1. 薪酬激励

薪酬激励是指通过对员工合理发放薪酬，达到有效提高员工工作积极性的目标，在此基础上促进效率的提高，从而最终促进企业的发展；企业盈利的同时，员工的能力也能得到很好的提升，从而实现自我价值。

薪酬激励的设计要注意保证公平，注意长期薪酬与短期薪酬的结合。物质激励首先要考虑构建合理的薪酬体系,即对外有竞争力,对内有公平性。就内部公平而言,主要是合理确定员工的级别和按绩效付酬;薪酬的对外竞争力则可以通过薪酬调查资料来确定。一般来说,企业在确定薪酬水平时主要考虑市场、企业、员工三方面因素。

2. 职业发展激励

职业生涯管理的目的在于把员工的需求与组织需求统一起来,帮助员工一起规划其在公司的未来发展,使他们感受到组织的重视,感受到在组织中发展的美好前景,从而培养其归属感,最大限度地调动他们工作的积极性。

（1）系统规划职业生涯

一旦科技企业明确未来长期发展的方向,就需要根据发展需求逐步建立相应的核心技术能力,并对核心人才进行储备,从而更好地规划人才需求;在满足组织发展需求的同时,也能及时地向员工提供组织发展的方向和内部发展的机会,从而为员工未来的长期发展绘制美好的前景。首先,管理者要将员工的发展作为公司长期发展的必要投资;其次,要在员工中选拔出关键员工或是具备潜力的员工,对这些员工制定特殊的发展计划,设定导师制度以帮助他们快速成长为企业的高级技术人才或管理人才,而对于一些处于职业瓶颈期的员工,可以考虑横向发展,为将来纵向发展提供稳健的基础;同时,企业需要明确发展战略目标,使员工明确组织未来发展的方向,并切身感受到他们的付出与公司目标关联紧密。

（2）培训需求和企业业务发展方向相结合

培训需求要和公司业务发展方向相结合,不能一味根据员工的个人兴趣爱好选择培训,这样的培训对公司业务和员工在公司的成长都不能起到很大的促进作用。科技企业需要根据公司战略结合自身发展策略与培训部门一起制定培训计划,具体可分为以下四个步骤:一是,确定所需要的核心能力;二是,评估当前能力和所需能力的差异;三是,确定培训计划;四是,实施培训。另外,培训对能力提高所起到的作用是有限的,员工还需要在日常工作中进行实践锻炼。

（3）短期轮岗制度

研发人员热衷于挑战性的工作,把技术创新带来的成就看作一种乐趣,一种自我价值的体现。但是企业毕竟是以创造最大化的利润为最终目标,所以各种创新都是要转化为市场销售业绩的,否则创新对于企业来说是没有意义的。如何使研发人员能将新技术与市场需求相结合,这需要研发人员深入了解客户的需要并基于客户的需要进行创新,只有这样的创新才会给公司的业务带来收益。那么,如何使研发人员更深入地了解市场需求?企业可以适时地分配关键技术人员去销售市场的技术部门工作一段时间,使他们更多地进入到客户第一现场,了解客户习惯,积累到无法从办公室或实验室获得的经验后,再将这些经验引入到产品的创新中去,使新产品更具市场竞争力。同时,销售市场部门的工作经验可以使研发人员在其他方面也得到一定的提高,比如沟通能力、冲突的解决能力等,为研发人员综合素质的全面提高打下了良好的基础。

（4）多重职业生涯路径

多重职业生涯路径是发达国家企业中激励和留住专业研发人员的一种普遍做法。我国对专业研发人员传统的激励方式大多是将其提拔到管理层，这种做法有严重的弊端，管理工作可能不符合某些研发人员的职业目标，研发人员一方面会因为缺乏兴趣而做不好管理工作，另一方面又脱离了专业技术工作，使他们经过多年积累的技术、知识、经验和能力都不能发挥作用，这对于组织来说是一种极大的浪费。因此，企业应该给科研研发人员提供一条不同于管理生涯路径的升迁机会——研发生涯路径，研发人员可以沿着这条路径由低到高发展。研发路径与管理路径的层级结构是平等的，每一个研发等级都享有与同级管理等级相同的地位和薪酬，以达到公平。这样既保证了对科研研发人员的激励，又能使他们充分发挥自己的专业特长。

3. 企业文化激励

企业文化激励的建立是为了将不同个性的员工凝聚在一起，从而更好地实现企业的战略目标。当所有人都有一个共同的目标时，所迸发的凝聚力和创造力是巨大的。企业文化要深入人心、以人为本，有感召力的企业文化可以形成强大的环境激励。

对于知识型员工，尤其是研发人员，要给予他们一定的自由度；同时，基于知识型员工自我实现的强烈需求，企业管理层要充分赋予研发人员话语权，倾听采纳他们合理化的建议，给予他们创新的机会，而不是一味地注重短期目标。

四、对普通员工的激励

在科技企业中，普通员工虽然不如研发人员重要，但也是企业不可或缺的组成部分，对于普通员工的激励可以通过如下方式进行。

1. 薪酬激励

薪酬激励是在正确评价员工业绩的基础上，通过薪酬的合理化，给员工以适当的激励。常见的薪酬激励方法包括计时工资与计件工资、基本工资与奖金、个人收入与企业效益挂钩等。

薪酬激励虽是一种相对重要的策略，但由于经济收入的增加和生活水平的提高，随着员工受教育程度和素质的不断提高，它实际的激励效用越来越小；而随着员工对自身成长的需求日益提高，社会价值的取向日益多元化，员工有着从工作中得到成长和自我实现的强烈愿望和要求。因此，薪酬激励虽然重要，但还需要辅以其他激励来激励员工。

2. 工作设计激励

工作设计是指为了有效地达到企业目标以及合理有效地处理人与工作的关系，对能满足个人需要的工作内容、工作职能和工作关系的特别处理。工作设计是管理者的一个重要课题，因为工作设计是否得当对激发团队成员的工作动机、增强团队成员的工作满意感以及提高工作效率都有重大影响。激励理论认为，在团队成员的需求向高层次发展时，他们的积极性主要来自与工作本身相关的因素，工作设计得当就能更好地满足团队成员的内在性需要。自从赫兹伯格提出双因素理论以来,工作设计理论得到了巨大的发展,许多公司纷纷通过"工作再设计"来提高团队成员工作的满意感,调动他们工作的积极性。

3. 员工参与和授权激励

诸多研究表明,管理者充分有效的授权能极大调动员工工作的积极性,有利于提高企业绩效。对于提高员工参与度,一个关键的问题是企业能否创造一个特定环境,使员工能够自主作决定。这就要求管理人员在执行授权的时候,做到积极主动,鼓励员工踊跃提出自己的意见。

建立授权的机制并定义行动的框架对于授权激励的实施十分重要。授权机制越具体越好,这样人们才会知道他们的权限是什么,在明确的授权框架内,企业和管理者完全可以放手让员工发挥;另外,企业在薪酬奖惩、晋升机会、绩效评估标准等方面,都要做相应的变革,以适应授权的需要。

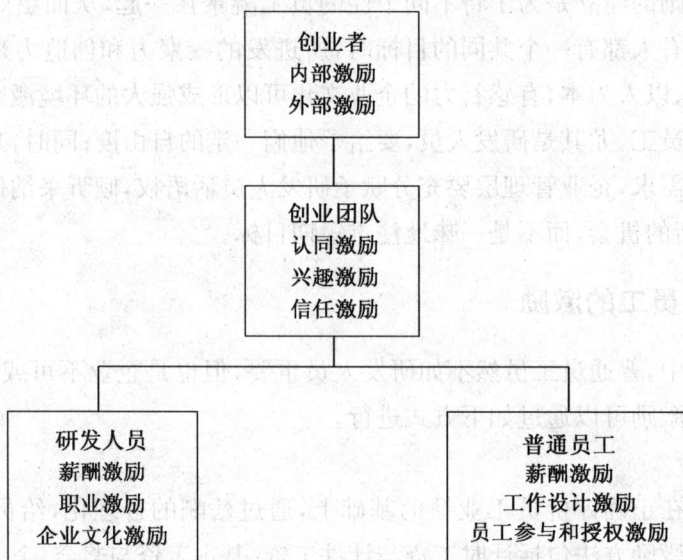

```
          ┌──────────────┐
          │    创业者      │
          │   内部激励     │
          │   外部激励     │
          └──────┬───────┘
          ┌──────┴───────┐
          │   创业团队     │
          │   认同激励     │
          │   兴趣激励     │
          │   信任激励     │
          └──────┬───────┘
      ┌──────────┴──────────┐
┌──────────┐          ┌──────────┐
│  研发人员  │          │  普通员工  │
│  薪酬激励  │          │  薪酬激励  │
│  职业激励  │          │ 工作设计激励 │
│企业文化激励 │          │员工参与和授权激励│
└──────────┘          └──────────┘
```

图 7.3 创业企业层级激励

思考题

1. 什么是创业激励?激励的方法有哪些?
2. 联系实际谈谈科技创业团队如何保持持续的创新性。
3. 科技企业怎样留住核心研发人才?
4. 联系实际谈谈创业团队组建时需要注意哪些问题。
5. 联系实际试着分析一下某个创业团队创业失败的原因。

第八章　创业企业的投资与融资

办企业总是要有资本的。小张把企业办起来后首先遇到的问题就是办企业的钱从哪里来？现实中融资渠道是多元的，小张需要对融资渠道进行选择。是股权融资，还是向银行贷款，还是进入资本市场融资？这些融资渠道各有利弊。对小张来说，需要量力而行。

第一节　创业企业的投资结构

一、创业企业的组织形式与资本结构

（一）创业企业的组织形式

企业创立之初，需要考虑诸多因素，其中选择合适的组织形式便是一个关键的因素，而且是必经的步骤，因为组织架构关系着企业的流程运转、部门设置和职能规划等的不同。对于创业者来说，选择何种组织形式受到多方面的影响，如投资者的选择、数量，债务责任的承担，投资的形式、评估，利润的分配和亏损的分担，税收的缴纳，管理机构的选择，企业是否永久存在等。我国创业者可以选择的组织形式有个人独资企业、合伙企业和公司企业，另外还可以选择个体工商户、家庭承包经营户等个体或家庭经营形式，或通过收购、承包、租赁现有企业等形式。

1. 个体工商户

根据《个体工商户条例》，个体工商户是从事工商业经营的自然人或家庭。个体工商户或以个人为单位，或以家庭为单位从事工商业经营。个体工商户的所有权与经营权是集于投资者一身的，只适用于小规模的经营主体。个体工商户必须在县以上工商行政管理机关依法核准登记，取得营业执照后才可以开始经营。个体工商户需要按照税务部门的规定正确建立账簿，准确进行核算。对于不同的个体工商户，税务部门的税务征收方式有所不同：对于账证健全、核算准确的个体工商户，实行查账征收；对于生产经营规模小又无建账能力的个体工商户，实行定期定额征收；对于具有一定情形的个体工商户，税务部门有权核定其应纳税额，实行核定征收。

2. 个人独资企业

根据《中华人民共和国个人独资企业法》（简称《个人独资企业法》），个人独资企业是

指依照《个人独资企业法》在中国境内设立,由一个自然人投资,财产为投资人个人所有,投资人以其个人财产对企业债务承担无限责任的经营实体。个人独资企业在法律上为自然人企业,不具备法人资格。独资企业拥有无限的经济责任,在破产时借方可以扣留业主的个人财产。个人独资企业按照现行税法的规定不缴纳企业所得税,而需要缴纳个人所得税。个人独资企业对于创业者来讲最大的优势在于设立门槛比较低,设立、解散或转让的程序简单;经营灵活,税赋单一,利润归个人所得,不需要和别人分摊;企业的资产所有权、控制权、经营权和收益权高度统一,决策效率高且易于保守商业秘密。但是也存在着一些劣势:投资者风险比较大,业主对于债务需要承担无限责任;企业规模较小,难以进行大规模的投资活动,同时也难以扩张,因此较难获得外部资金的支持;企业的连续性不是特别高,业主因个人原因如生病、入狱、死亡等不能经营企业时,个人独资企业就会随之解散。

需要注意个人独资企业与个体工商户的异同。相同点:两者的投资主体都只能是自然人,不能是法人或者其他组织;两者都需要对投入的资产实行申报制,不需要经过法定的验资机构验资;两者都必须以个人或者家庭财产承担无限责任;两者都需要必要的资金、场所、从业人员及生产经营条件。不同点:个人独资企业需要合法的企业名称和固定的生产经营场所,而个体工商户并没有这个要求;个人独资企业的所有权和经营权可以分离,而个体工商户的所有权和经营权是集中于投资者一身的;个人独资企业可以设立分支机构,而个体工商户不能设立分支机构,一般来说个人独资企业的规模大于个体工商户。

3. 合伙企业

根据《中华人民共和国合伙企业法》(简称《合伙企业法》),合伙企业是指自然人、法人或其他组织依照《合伙企业法》在中国境内设立的,由两个或者两个以上的自然人通过订立合伙协议,共同出资经营、共负盈亏、共担风险的企业组织形式。合伙企业在法律上为自然人企业,不具备法人资格。合伙人既可以用货币、实物、知识产权、土地使用权或者其他财产权利出资,也可以用劳务出资。合伙人以实物、知识产权、土地使用权或者其他财产权利出资,需要评估作价的,可以由全体合伙人协商确定,也可以由全体合伙人委托法定评估机构评估,然后依照法律、行政法规的规定,依法办理相关财产权的转移手续;合伙人以劳务出资的,其评估办法由全体合伙人协商确定,并在合伙协议中载明。合伙人的出资、以合伙企业名义取得的收益和依法取得的其他财产,均为合伙企业的财产。如果合伙人之间转让其在合伙企业中的全部或部分财产份额时,应当通知其他合伙人。

合伙企业分为普通合伙企业和有限合伙企业,其中普通合伙企业又分为一般的普通合伙企业和特殊的普通合伙企业。普通合伙企业是由两个以上(没有上限规定)普通合伙人组成。在普通合伙企业中,合伙人对合伙企业的债务承担连带责任。特殊的普通合伙企业是指以专业知识和专门技能为客户提供有偿服务的专业服务机构。在特殊的普通合伙企业中,如果一个或者数个合伙人在职业活动中因故意或者重大过失造成合伙企业债务的,应当承担无限责任或者无限连带责任,其他合伙人以其在合伙企业中的财产份额为限承担责任。普通合伙企业应当建立执业风险基金、办理执业保险。合伙企业一般适宜投资额不太大、生产技术工艺不太复杂的中小型企业。

有限合伙企业是由 1 名以上普通合伙人（GP）与 1 名以上有限合伙人（LP）组成的合伙企业，是介于普通合伙与有限责任公司之间的一种企业形式，其中普通合伙人执行合伙事务并承担无限责任；而有限合伙人不执行合伙人事务，不对外代表企业，只按合伙协议比例享受利润分配，以其出资额为限对合伙的债务承担清偿责任，有限合伙人可以用货币、实物、知识产权、土地使用权或者其他财产权利作价出资，但不得以劳务出资。当有限合伙企业只剩下普通合伙人，则应转为普通合伙企业；如果只剩下有限合伙人，则应解散有限合伙企业。风险投资企业比较适合采用有限合伙企业的组织形式。

与个人独资企业相比较，合伙企业具有以下优势：可以从较多的合伙人处筹集资金，共同承担债务，减少银行贷款的风险，扩大了企业资金的筹集能力和信用能力；合伙企业的人合特质，能够充分发挥合伙人的不同优势，各尽其才、优势互补，增强企业的经营管理能力。同时，合伙企业也有一些劣势：合伙人之间的连带责任使得合伙人的经营性行为需要对其他合伙人负责，加重了合伙人之间的风险；产权转让比较困难，需要经过其他合伙人的一致同意；企业寿命不易延续很久，合伙企业的人合特质，使得任何一个合伙人退出、破产、犯罪、丧失行为能力、甚至是死亡都有可能导致合伙企业的解散。

4. 公司企业

根据《中华人民共和国公司法》，公司是指依法设立的，由股东投资形成，具有独立的法人财产，独立从事生产经营活动，以营利为目的并以其全部财产对债务承担责任的企业法人。公司是法人，具有法人资格，这是公司区别于个人独资企业和合伙企业的一个很重要的方面。公司的所有权和管理权分离，产权属于股东，股东有权分享公司的盈利，并以出资额为限对公司承担有限责任。股东一般不能退股，只能转让所持有的股份。根据公司法规定，公司可以分为有限责任公司和股份有限公司。

有限责任公司是指根据《中华人民共和国公司登记管理条例》（简称"《公司登记管理条例》"）规定登记注册，由为数不多（一般由 2 人以上 50 人以下）的股东出资设立，每个股东以其认缴的出资额为限对公司承担有限责任，以其全部资产对其债务承担责任的经济组织。股份有限公司是指根据《公司登记管理条例》规定登记注册，其全部注册资本由等额股份构成，公司的股东是以其认购的股份为限对公司承担责任的企业法人。设立股份有限公司应当由 2 人以上 200 人以下为发起人，其中须有半数以上的发起人在中国境内有住所。股份有限公司的设立，可以采取发起设立和募集设立的方式。发起设立是指由发起人认购公司应发行的全部股份而设立公司。募集设立是指由发起人认购公司应发行股份的一部分，其余股份向社会公开募集或者向特定对象募集而设立公司。创业初期的中小企业，一般适合设立有限责任公司的形式。

设立公司，应当依法向公司登记机关申请设立登记。符合公司法规定的设立条件的，由公司登记机关分别登记为有限责任公司或者股份有限公司；不符合设立条件的，不得登记为有限责任公司或者股份有限公司。依照公司法设立的有限责任公司,必须在公司名称中标明有限责任公司或者有限公司字样;而依法设立股份有限公司的,必须在公司名称中标明股份有限公司或者股份公司字样。有限责任公司变更为股份有限公司的,或者股份有限公司变更为有限责任公司的,公司变更前的债权、债务由变更后的公司承继。

公司与个人独资企业和合伙企业相比,具有以下的优势:有限责任,公司的股东以认缴的出资额为限承担有限责任,降低了风险;筹资方便,可以通过出售股份来筹集资金;所有权转移方便,上市公司股票可以通过交易市场进行购买或者售卖,非上市公司的股权转移或者股权认购也比较方便;公司所有权和经营权相分离,可以聘用专业的经营者来管理公司,企业的管理水平高;企业的发展稳定,公司的持续时间不会受到股东和管理者个人因素的影响。公司作为现代经济中最重要的经济组织形式,也存在一些劣势:公司设立条件严格、门槛高、程序复杂,组织费用高;公司税赋较重,需要缴纳双重所得税,公司代理成本比较高;保密性较差,公司是一种公开性、公众性的企业;法律对公司的强制性规定较多,尤其是股份有限公司中的上市公司,没有其他企业形式灵活。

对于初创企业来讲,采用不同的组织形式,将面临着不同的设立条件、承担着不同的债务风险、面对着不同的融资条件等。因此,创业者应当根据自己的经济情况、创业团队情况、创业目的以及所属行业来选择最适合企业发展的组织形式。

表 8.1　不同组织形式的投资比较

组织形式	个体工商户	个人独资企业	合伙企业	公司企业
出资人数	自然人或家庭	一个自然人	普通合伙企业 2 人以上 有限合伙企业 2—50 人	有限责任公司 2—50 人 股份有限公司 2—200 人
出资人责任	以个人资产对债务承担无限责任	以个人资产对债务承担无限责任	普通合伙人承担无限连带责任;有限合伙人承担有限责任	股东以出资额为限承担有限责任
注册资本	无要求	无要求	协议约定	有限责任公司为 3 万元,股份有限公司为 500 万元,法律另有规定的除外
出资方式	无要求	无要求	普通合伙人可以用货币、实物、知识产权、土地使用权或者其他财产权利、劳务出资;有限合伙人可以用货币、实物、知识产权、土地使用权或者其他财产权利作价出资	货币、实物、知识产权、土地使用权等可以用货币估价并可以依法转让非货币财产

组织形式	个体工商户	个人独资企业	合伙企业	公司企业
出资转让	不存在此问题	不存在此问题	需要经过全体合伙人一致同意	有限责任公司需经其他股东过半数同意;股份有限公司股份可以自由转让
所有权与经营权	合一	合一	合一	分离
所有权转移	困难	困难	困难	容易
融资	难	难	较难	容易
税赋	定额,不缴纳企业所得税	定额,不缴纳企业所得税	缴纳个人所得税,不缴纳企业所得数	双重税赋,缴纳个人所得税和企业所得税

合伙企业和公司企业可以通过投资者筹集大量的资金,个体工商户和个人独资企业限制了投资者数量,制约了企业筹集资金的能力。由于科技型创业企业自身的特点,即在初创阶段需要大量的资金来支持科技创新及研发,而且在经历初创期之后还会需要追加更多的资金,这就需要合适的组织形式能够为科技创业企业提供较好的融资能力。因此,合伙企业和公司企业这两种组织形式更适合科技型创业企业。

(二)创业企业的资本结构

企业的资本结构是指企业债务和权益的数额与比例关系,以及用于企业经营的债务和权益的类型。那么最优的资本结构是什么样的呢? 1958 年佛朗哥·莫迪利亚尼和莫顿·米勒最早提出,一个最优的资本结构存在于破产和债务的相互平衡中。也就是说,一个企业应该同时使用权益和债务来为企业运营提供资金,因为相对于一个不负债的企业来讲,资本结构中同时具有债务和股本的企业可以向股东提供更多的回报。

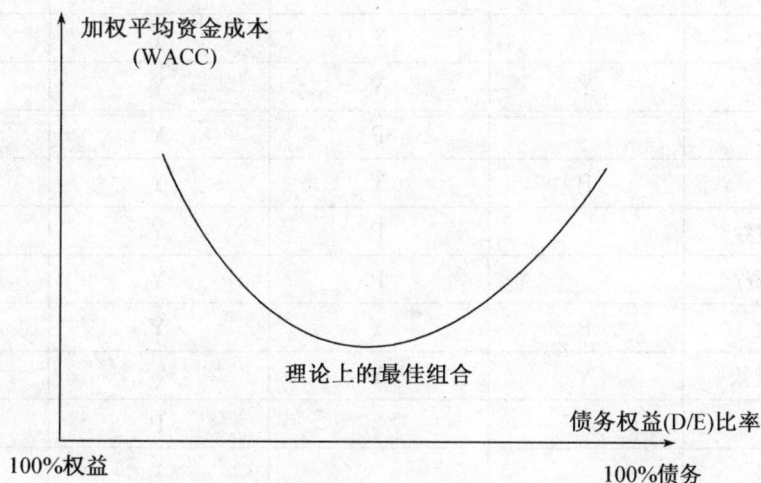

图 8.1 加权平均资金成本与债务权益比率(WACC vs D/E)

从图 8.1 可以看出,一个企业完全为权益资本或者完全为债务资本,其资本成本都很高。在这两种极端情况中间,理论上存在着一种理想的最佳资本结构,此结构能够充分发挥债务和权益的作用,实现资金成本最低。在决策最合理的资本结构时,股东和管理者必须平衡偿还债务的违约风险和追求发展机会的权益资本的可获得性。目前,财务管理方面的研究人员还没有找到最优的资本结构,而学者和从业人员所能得到的最佳结构就是满足短期目标。从另外一个角度来看,合理的资本结构更可能取决于公司所处的发展阶段。

表 8.2　企业在不同发展阶段的债务和权益类型

融资类型	公司发展阶段			
	早期——后期			
	初创	新兴成长	低于中等规模的企业	中等规模的企业
	0—100 万美元	100 万—1 000 万美元	1 000 万—5 000 万美元	5 000 万—5 亿美元
保理	Y	Y	Y	Y
应收账款融资	Y	Y	Y	Y
存货融资	Y	Y	Y	Y
不动产融资/售后租回		P	Y	Y
设备租赁	Y	P		
带权证的设备租赁	Y	Y	P	
订单融资	P	Y	Y	Y
微型贷款	Y			
过桥贷款		Y	Y	Y
信贷额度	Y	Y	Y	Y
循环贷款		P	Y	Y
佣金融资	P	Y	Y	Y
工业收入债券		P	Y	Y
债务人持有资产		P	Y	Y
定期贷款	P	Y	Y	Y
SBA 保证贷款	Y	Y		
垃圾债券			P	Y
商业票据				P/Y
私募配售优先票据 & 优先无担保债务				Y

融资类型	公司发展阶段			
	早期——后期			
	初创	新兴成长	低于中等规模的企业	中等规模的企业
	0—100 万美元	100 万—1 000 万美元	1 000 万—5 000 万美元	5 000 万—5 亿美元
优先债务	Y	Y	Y	Y
次优债务			P	Y
次级债务		P	P	Y
私募股权	Y	Y	Y	P
上市股权				P/Y

注：Y＝是，P＝可能取决于公司特点和所处行业。资料来源：肯尼思·H.马克斯、拉里·E.罗宾斯、冈萨罗·费尔南德斯、约翰·P.芬克豪斯、D·L.威廉斯，2016：《成长性公司的融资与资本运作模式》，中信出版集团。

现实中，对于一家特定的企业来说有一系列可替代的资本结构可以运用，并且随着企业发展阶段的变化而变化。一般来说，对于初创企业，融资渠道存在由内源融资向外源融资方式依次排列的次序。内源融资主要是指企业经营活动结果产生的资金，即企业内部融通的资金，主要由留存收益和折旧构成，是最稳妥也是最有保障的资金来源。相对于负债，内源融资具有如下优势：企业内部自有资金使用起来最灵活也最有优越性，筹集成本低，不需要抵押，没有形成逆向选择问题，没有放大与财务危机相关的问题。但是如果创新企业只依赖内源融资的话，创新企业将面临很多难题。首先，创新企业可能拥有有利可图的、社会需要的创新机会，但是这个创新机会需要超过内源融资所能募集的资金来实现，对于规模小、积累少的初创企业来说比较困难。其次，创新投入需要一段时间内相对稳定的投资，而商业周期导致的利润波动使得仅仅依靠内源融资来为创新项目提供资金变得不稳定；特别是高科技风险企业所需启动资金巨大，内源融资往往只是杯水车薪，缺口巨大。所以，为了缓解创新型创业企业的资金风险，外源融资显得非常重要。

由于科技型创业企业是高科技产业或者新兴行业，经营管理人员的经验可能还不够成熟，开展创新活动很难准确定位，技术研发能否取得成功具有相当大的不确定性；并且在初创阶段需要大量的资金支持，而且在经历初创期之后还会需要追加更多的资金。此时，外源融资就显得特别重要。外源融资主要包括权益型融资和债务型融资。其中，债务型融资主要是承诺在一个特定的时间段中进行定期支付的融资方式。权益型融资主要是指可以形成资本、股权，对剩余收益有索取权的融资方式。对于科技创业企业来说，外源权益型融资更有优势，因为外源权益型融资使得创新投资的高风险承担主体增多，从而可以降低和缓解个体风险,通过利益共享能够实现风险共担。又由于创新投入属于沉没成本,且投资时间长,科学技术知识等无形资产难以质押,缺乏稳健的现金流且担保能力弱,这些都会导致科技型创业企业获得债务型资本较困难。同时,由于科技创业企业的信息不对称性、道德风险和逆向选择等问题,导致外源债务型融资很难成为其融资来源的主体。

总之,对于科技型创业企业来说,内源融资和外源权益型融资是其主要融资方式,其中内源融资也属于权益型融资,因此,科技型创业企业的资本结构中权益型比重会更高一些。

二、创业者的出资方式与原始股权的设置

(一)出资方式的分类

不同的企业组织形式对应着不同的出资方式。总体上来说,出资方式有以下几种:货币,实物、知识产权、土地使用权等可以用货币估价并可以依法转让的非货币财产,劳务,股权等。在实践中,最常见的出资方式为货币出资,知识产权、土地使用权、房屋、股权、债权等出资方式也日益增多。我国《公司法》规定:股东以货币出资的,应当将货币出资足额存入公司在银行开设的账户;以非货币财产出资的,应当依法办理其财产权的转移手续。

1. 货币

货币是最普遍和最直接的出资方式。货币方式出资不需要进行任何评估作价;如果股东的一方是外国投资者,也可以使用外币出资。货币是流动性最高的财产形式,不管是设立公司还是合伙制企业,都需要一定数量的流动资金,以支付公司创建和公司运营时的开支,具有很高的财务灵活性。同时,货币出资形式一般不会出现出资溢价的问题,可以简化财务处理手续。我国《公司法》第二十八条规定:"股东以货币出资的,应当将货币出资足额存入有限责任公司在银行开设的账户。"以贪污、受贿、侵占、挪用等违法犯罪所得的货币出资后取得股权的,对违法犯罪行为予以追究、处罚时,应当采取拍卖或者变卖的方式处置其股权。

2. 实物

实物即为民法上的物,包括动产和不动产等有形财产,可以是办公用房、生产经营设备、交通运输工具、原材料及其产品等。作为出资的实物主要是动产,不动产处于次要地位。该出资实物要求是公司生产经营所必须的,否则这种出资就没有意义。以经营性资产出资,应同时将与该业务密切相关的商标、特许经营权等一并投入公司。实物出资要由合法的评估机构进行评估作价。以实物方式进行出资,必须对该实物拥有完整的所有权和处分权,在出资时需要转移实物的占有权并且办理相应的转移财产权的手续,但是设立担保的实物和租赁给他人的实物都不能作为出资的方式。

3. 知识产权

根据与贸易有关的知识产权协定(TRIPS)的定义,知识产权主要包括著作权与邻接

权、商标权、地理标志权、工业设计权、专利权、集成电路布局图(拓扑图)设计权和对未披露信息的保护。以知识产权出资必须明确权属,且在法定保护期内,以防止出资入股后引发权属争议;知识产权必须可以用货币评估作价,并可以依法转让。在进行知识产权评估时,还需要区分是外购知识产权还是自创知识产权。如果出资人以需要办理权属登记的知识产权出资,已经交付公司使用但未办理权属变更手续,公司、其他股东或者公司债权人可以主张认定出资人未履行出资义务。

技术出资是指技术成果权利的出资。技术成果主要是指专利技术(含国防专利)、计算机软件著作权、集成电路布图设计专有权、植物新品种权、生物医药新品种权,以及科技部、财政部、国家税务总局确定的其他技术成果。技术出资不仅不需要现金,而且新公司法也不再限制技术等非货币出资的比例。根据《关于个人非货币性资产投资有关个人所得税政策的通知》中,技术出资被拆分为技术转让和出资认缴两个交易。其中,技术转让会产生个人所得税和其他与技术转让相关的税务负担。因此,有税务专家认为如果想将技术注入公司,不一定以技术出资的形式,可以通过创始人带入公司成为公司财产,依法利用税收优惠转赠股本。

4. 土地使用权

土地作为一种固定且稀缺的资源,一般只能以使用权的方式进行流转,所以土地的出资形式也只能是土地使用权,不是土地所有权。我国土地的所有权归属于国家或者集体,而用于出资的土地使用权只能是国有土地使用权,不能是集体土地使用权;如果是集体土地,要通过征用的方式变更为国有土地才能进行出资。国有土地使用权有两种取得方式:一是以出让方式缴纳出让金获得,即股东以土地使用权作价后向公司出资而使得公司获得土地使用权;另一种是以划拨的方式获得。出资本身是一种盈利行为,所以以土地使用权出资只能是出让方式,而不能是划拨土地使用权。土地使用权的出资方式需要进行评估,并且不能是设定担保等权利的土地使用权。土地使用权的出资必须进行变更登记,并且需要交付土地。若出资人以划拨土地使用权出资,或者以设定权利负担的土地使用权出资,或者出资人以土地使用权出资时已经交付公司使用但未办理权属变更手续,公司、其他股东或者公司债权人可以主张认定出资人未履行出资义务。

总之,以非货币形式进行出资必须要注意以下四个问题:(1)出资人必须对出资财产拥有合法的权利;(2)需要对非货币出资进行评估作价,核实财产,不得高估或者低估作价;(3)必须办理权属转移登记或者交付;(4)出资人以符合法定条件的非货币财产出资后,因市场变化或者其他客观因素导致出资财产贬值,公司、其他股东或者公司债权人请求该出资人承担补足出资责任的,人民法院不予支持,但是,当事人另有约定的除外。

5. 劳务

劳务主要包括简单劳动和复杂劳动,不属于非货币财产,具有不可转让性并且难以评估。在合伙企业中,普通合伙人是可以用劳务出资的,但是有限合伙人不可以以劳务方式出资。根据《合伙企业法》规定,合伙人以劳务出资的,其评估办法由全体合伙人协商确定,并在合伙协议中载明。根据《公司登记管理条例》的规定,股东或者发起人不得以劳务、信用、自然人姓名、商誉、特许经营权或者设定担保的财产等作价出资。在公司内部制衡机制不是很完善的现行法律下,允许劳务出资会造成股东尤其是中小股东之间的权利侵害。因此,与合伙企业不同,公司法是不允许公司股东以劳务出资的。

6. 股权

根据《公司登记管理条例》的规定,股东或者发起人可以以其持有的在中国境内设立的公司股权出资,以股权出资的,该股权应当权属清楚、权能完整、依法可以转让。根据《公司法司法解释三》第十一条规定,出资人以其他公司股权出资,符合下列条件的,人民法院应当认定出资人已履行出资义务:(1)出资的股权由出资人合法持有并依法可以转让;(2)出资的股权无权利瑕疵或者权利负担;(3)出资人已履行关于股权转让的法定手续;(4)出资的股权已依法进行了价值评估。根据《公司登记管理条例》的规定,具有以下情形的股权不得用作出资:(1)已被设立质权;(2)股权所在公司章程约定不得转让;(3)法律、行政法规或者国务院决定规定,股权所在公司股东转让股权应当经批准而未经批准;(4)法律、行政法规或者国务院决定规定不得转让的其他情形。根据《股权出资登记管理办法》规定,投资人以持有的股份有限公司股权实际缴纳出资,出资股权在证券登记结算机构登记的,应当按照规定经证券交易所和证券登记结算机构办理股份转让和过户登记手续;其他股权依照法定方式转让给被投资公司。股权出资实际缴纳后,应经依法设立的验资机构验资并出具验资证明。

(二)科技型创业企业原始股权的设置

创始人合伙创业,每个人的出资方式可能各不相同,贡献的性质、多少和大小也很难进行对比,所以创业企业的股权设置往往成为一个难题。如果股权设置不合理出现问题,可能会导致企业办不下去,甚至合伙人反目成仇。因此,企业创立之初的股权分配对于企业的发展特别重要。股权分配应该遵循公平和效率的原则,同时创始人需要对公司有一定的控制力。特别是在企业的初创阶段,股权的分配既要体现已有的贡献,又要为未来的发展预留空间。

首先,核心创始人要拥有足够的控制公司的股权,持股比例越高越好。初创企业的创始人在天使轮之前必须拥有绝对的控股地位,在种子期和天使轮阶段不要出让太多的股权。如果股权份额不足,就需要借助其他控制工具,比如通过股东协议、公司章程对公司管理权、融资时股权退出方式及顺序进行安排,搭建有限合伙平台,一致行动协议等。比如华为创始人任正非虽然只保留了1%的股权,但是对于公司的重大决策仍然拥有一票否决权。阿里巴巴的马云虽然是小股东,因为设置合伙人体系,公司七个董事中有五个与其有一致行动协议,因此,马云就拥有话语权,对公司拥有控制权。京东的刘强东通过投票权委托的方式,使其上市前在只拥有20%股份的情况下拥有50%的投票权;同时通过AB股计划,刘强东一股拥有20个投票权,使其总共拥有将近90%的投票权。

其次,要预留一部分股权,并且利益结构要合理。这部分预留的股权主要是给将来的核心员工、新的合伙人或者引进的投资人。对于科技型创业企业来说，技术研发是核心且长期的过程，需要引进大量的人才，要想吸引或者留住人才，可以使用预留的股权进行股权激励；科技型创业企业在前期研发时需要投入大量的资金，就必然要面对引进投资人的问题，引进投资人就需要一定的股权进行稀释。在初期，创业企业需要有人提供资源，比如人脉资源、销售资源等，这些资源可以折算成现金，如果可以直接付钱尽量不要给股权；如果资源方一定要，可以少给点股权，因为股权可以享有表决权和控制权。

最后，设立一个良好的防利益冲突机制。如果企业股权架构不能够控制公司的话，一定要考虑到可能出现的情况；同时还要考虑到股权的退出机制，防止合伙人的退出导致企业利益受损。在融资的时候要根据自己对资金需求和运用情况提前融资，而不是等到快没钱的时候再选择融资，投资人一般都只会锦上添花很少雪中送炭。如果等到快没钱的时候再融资的话，有可能在接下来融资中对股权稀释等问题比较被动。关于股权的退出机制，创始人可以发放限制性股权，分期兑现，同时公司可以回购股权，即约定创始人在离开企业之后几年内不能做类似的事情，否则股权被收回，等等。

科技型创业企业的原始股权结构设计，不仅是为了建立一个稳定的团队，吸引人才并留住人才，实现人才激励，最终目的是为了企业的长久发展。因此，初创企业的原始股权结构设置特别重要，同时，利用好股东协议、企业章程等实现分权或有效控制也有一定的意义。总之，早期企业的股份特别宝贵，一定要珍惜。

第二节　创业企业的资金需求

对于初创企业来说，资金是特别重要的资源，很多企业因为资金的缺乏制约了其发展的进程，甚至难以存活下去。资金对于一个企业特别是初创企业来说，其重要性体现在三个方面：一是，企业需要一定的启动资金，二是，企业需要大量的资金进行研发或者日常开支的使用，三是，企业需要大量的资金用来宣传和开拓市场。但是，由于创业的不确定性，以及创新活动较高的复杂性、较低的可行性、较差的可采纳性等特点，使得科技创业过程是一个充满技术风险、信息风险、市场风险、融资风险的过程。因此，创业企业为了获得足够的资金支持，需要考虑创业企业融资的风险性和阶段性。

一、创业企业融资的风险性

创业风险是指企业在创办过程中所面临的来自外部环境和内部经营管理方面的威胁。外部风险即不是由企业的自身原因所产生的风险，如价格风险、利率风险、汇率风险；内部风险是指由于企业自身投资和经营活动所产生的风险，如企业在战略目标定位、项目选择、组织结构、人员素质等方面所面临的风险。一般来说，企业外部风险可以通过进入期货市场、外汇市场采取对冲等方式进行风险管理，以锁定或者转嫁风险。而内部风险具有风险承担主体多样性、风险症状表现多样性和风险形成原因多样性的特点,内部风险主要由投资者和经营者自己承担。内部风险可以通过优化投资者和经营者的投资行为和经营行为进行规避。科技创业风险基本上属于内部风险,而且比一般的投资和经营风险更大。

创新风险是由于外部环境的不确定性、创新的难度与复杂性、创新者能力与实力的局限性导致的创新活动达不到预期的可能性,以及出现预期和实际变动差距的可能性。撇开各种投资都会碰到的风险如管理风险、外部环境风险等,综合国内外学者的研究和创新实践,创新风险大体有以下几种:

1. 创新技术选择的风险

知识创新是一种信息生产过程,而信息产品具有技术复杂、固定成本高的特点,信息生产的固定成本绝大多数是难以收回的沉没成本。首先,创新的技术选择错误、缺少创意、研发失败,都将会导致为此所支付的投资石沉大海,带来无法估量的损失。例如,生物制药研发周期很长,能够实现的医药价值及经济效益在研发前和研发过程中都难以精确计算,因技术不可行而中止创新的案例数不胜数。典型的例子是摩托罗拉公司的铱星计划,由于高估了全球卫星电话的需求,导致数十个通讯卫星送入轨道后不得不销毁的结局,给摩托罗拉公司和相关利益者造成了巨大损失。其次,技术的先进性风险。随着产品生命周期的缩短和科技进步速度的加快,创新成果被超越的风险大大增加,创新成果很容易被竞争对手替代。

2. 转化风险

转化风险是指由于新知识向新技术转化过程中存在较大的不确定性所产生的风险。从创新目的来看,知识创新追求学术价值,技术创新追求商业价值,两者动机不一致,存在衔接难题。在我国,大学和科研机构从事的科学研究与企业进行的技术创新长期以来两张皮,无形中加大了新知识向新技术、新产品的转化风险。技术本身的脆弱性会在研发、试验,以及市场化和产业化过程中大大增加故障发生概率,从而带来一定程度的损失。特别是在产品的研发和试验阶段不确定性和风险特别大,比如存在中试风险。中试是指创新产品大规模量产前的小规模试验,开始涉及生产流程问题,但因中试设备和工艺流程不过关、材料不匹配、设计不合理、性能不稳定等原因,很容易导致中试失败。

3. 市场风险

一般来讲,新技术、新产品实现其市场价值容易受到市场范围、进入时机、顾客需求、产品性能、竞争优势以及市场开发等不确定性因素的约束。首先,创业者对新产品市场规模和顾客接受度难以估量;其次,新产品推向市场后,因外观、质量、性能不被顾客了解,或者由于人们的消费惯性,新产品很难马上被市场所接受;然后,随着科技进步日新月异,新产品和新技术被赶超的时间大大缩短,如果企业不能尽快制定有效的营销战略,尽可能快的占领销售渠道并获得市场认可,很可能无法实现"惊险的跳跃";最后,创新成果迟迟不能推向市场固然会被竞争对手赶超、失去创新价值,但过早推向市场也可能达不到预期效果。例如贝尔实验室在 20 世纪 50 年代就推出图像电话,但是 70 年代才实现其商业价值。

4. 财务风险

财务活动贯穿于科技创新的整个过程。在创新活动的大部分阶段,创新成果很难形成稳定的收入,创业者以净投入为主,需要源源不断的资金供给,资金失血的风险和资金期限错配的风险比较突出。尤其在创新活动的前期,因为距离市场较远,创新成果暂时无法实现市场价值,对创业者的融资能力要求很高,任何一个环节中断,都可能导致创新活动失败。在创新活动的后期,即使已经有了一定销售收入,但因盲目投资、期限错配、资金回笼缓慢、银行断供而导致的资金链断裂隐患也较多。

根据风险与收益对称的原则,高风险往往伴随着高收益。创新活动不成功则已,一旦成功,将会形成暂时的市场垄断,获得高额收益。正是因为创新活动所具有的高风险、高收益的特征,融资方式的选择至关重要。

二、创业企业融资的阶段性

《亚洲风险投资期刊》将风险投资的阶段也就是创新创业的阶段和融资类型分为:种子期/研发、创建期/早期、扩张期/开发、夹层融资/搭桥融资(首次公开发行上市前,作为风险投资的一部分)、外部或内部收购、反转/重构、其他阶段。美国全国风险投资协会将风险投资的阶段和融资类型分为:早期/种子期;创建期,其他早期;扩张期,中期、搭桥融资;公开市场(首次公开发行前);收购/公开收购(管理层收购/杠杆收购);夹层融资。

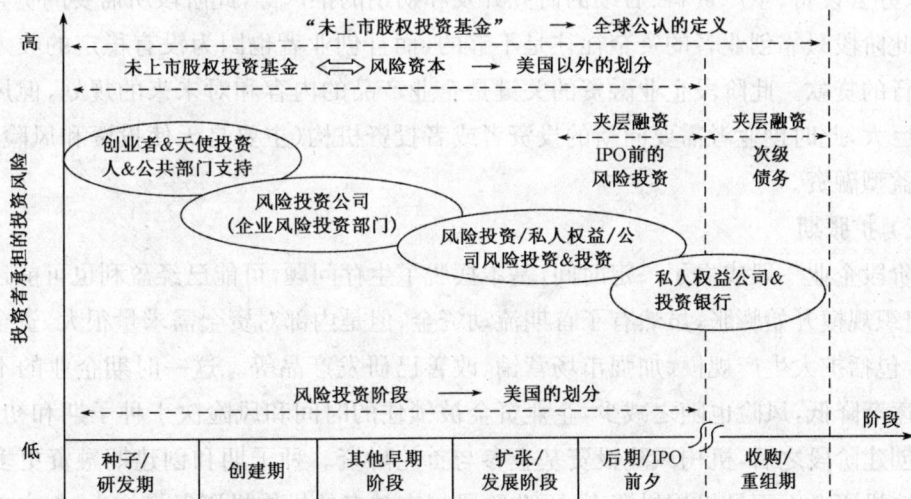

图 8.2　创业过程的划分

图片来源:马丁·黑米格,2005:《风险投资国际化》,复旦大学出版社。

一般来说,新创企业的不同成长阶段风险不同,对资金的需求也各不相同,因而对融资的要求也不同;而不同渠道的资金对不同时期的偏爱程度也有所不同。因此,投资者对企业的投资往往也是阶段性的,企业各期的成长特点可以帮助投资者确定各个阶段投资的情况。

(一) 种子期

此阶段新创企业刚刚起步,创业者凭借某种新想法、某项新发明、新技术或者专利创办企业,只有创业者或者技术专家,没有管理人员,甚至企业规划都没有完成,没有进行正式的市场调研。此时,企业的技术或者某一高新技术产品正处于酝酿与发展阶段,还谈不上商品化,也没有什么规模,企业希望能够进行产品开发、市场调研,甚至需要招募合适的企业核心人员,组建商业管理团队,制定详细的企业发展规划,获得足够的有形及无形资源。种子期不确定性最大,自有资金极少,几乎没有固定资产,同时资金被锁住的时间最长。这一时期,创业者需要投入相当数量的资金用于新技术或者新产品的研究和开发,或者对自己的创意进行测试和验证。一般来说,这一时期所需要的资金并不是特别多。此阶段主要的资金来源是创业者本身或亲朋好友;如果创意或者研究项目很吸引人,有可能吸引到被称为"天使投资"的个人风险投资者;同时,创业者也可以申请获得公共部门的支持。

(二) 创建期

此阶段产品有了初步的成功,已经进行了细致的市场调研和开拓,集合了核心管理层,建立了一定规模的生产能力,发展了商业计划,但还没有将产品投入商业化销售。为了实现产品的经济价值,就需要开始创立企业,然后对产品进行试生产或者对产品进行深入开发和推广。创建期需要一定数量的启动资金,主要用于租用厂房或者办公楼、购买机器设备、办公设备、生产资料、后续的研究开发和初期的推广等,此阶段所需要的资金往往巨大。此阶段只靠创业者的资金往往是不够的,而且创业者也因为没有稳定的收入很难获得银行的贷款。此阶段企业融资的关键是企业产品的内容和对未来的规划,但风险仍然十分巨大,此时创业者需要向新的投资者或者投资机构(主要是天使投资和风险投资)进行权益型融资。

(三) 扩张期

此阶段企业一般成立了一定时间,基本摆脱了生存问题,可能已经盈利也可能还没有盈利,组织规模开始膨胀,虽然有了首期流动资金,但是内部对资金需求量很大,资金的用途广泛,包括扩大生产规模、加强市场营销、改善已研发产品等。这一时期企业的不确定性程度逐渐降低,风险也随之减少,企业资金被锁住的时间和风险次于种子期和初创期。公司在创建阶段之后,机构风险投资基金参与首轮融资。种子期和创建期融资更多地牵涉到天使投资者而不是机构投资者,而此阶段越来越多的机构投资者将加入,与之前各期的初始投资者合作。此阶段风险投资者是最重要的。

(四) 后期、IPO 前期

后期,即 IPO 前期,此阶段管理团队趋于成熟,产品质量好、市场竞争力大、市场占有率高,企业和产品都具有良好的市场形象。这一时期企业具有稳定增长,但增长速度没有扩张期的快;企业是否盈利不太确定,但是相比之前阶段,公司盈利的可能性更大,出现正的现金流量。此阶段公司需要提高市场占有率,并准备公开上市,资金被锁住的时间短,更多关心的是退出,私募股权融资和搭桥融资是此阶段资金的重要来源。其中,搭桥融资是暂时的融资,通常可以较快获得,给予企业时间准备长期筹资,一般是在公司上市前6个月到1年的时间内所需要的。搭桥融资经常能够通过公开承销的方式收回收益。

(五) 收购重组期

收购重组期,即投资者的退出阶段,创业者和其他投资者会试图"收割"他们的投资成果,投资者的退出渠道主要包括公司首次公开发行(IPO)和并购。IPO既是退出的渠道也是融资方式。IPO可以为早期的投资者提供一种实现投资回报、获得流动性和多样性的渠道,同时可以以更低的价格和更快的速度筹集资金。管理层收购(MBO)和杠杆收购(LBO)能够帮助在位的管理层从私人公司或者公共公司手中购买生产线或者营业,一般都包括通过创业管理层收购一定比例的股权来重新激活某项业务。

收购融资是指为收购其他公司提供资金,包括夹层融资。夹层融资一般是指企业有正的净利润,收入接近或者超过一定数量之后获得的融资,用来支持盈利业务的扩张。这种融资本质上是高级债务资本与股权资本的结合体,应用次级债以及搭桥贷款为杠杆收购、管理层收购、收购以及资产重组提供融资。一种夹层融资是有认股权证的次级债务。这些债券一般是可以赎回的,可以让企业在未来使用成本更低的债券进行替换,这种赎回性很重要,因为该融资所承担的风险要高于一级债,成本也很高。夹层融资提供者之所以要求利率高于一般的贷款利率,主要是因为该融资或者以公司资产的第二优先权作为担保或者根本没有担保。

第三节　创业企业的融资渠道

在创业发展的不同阶段,企业的资金需求并不相同。但无论具体到哪一个阶段,企业都存在自有资金不足的可能。实际上,创业企业的发展本身就离不开外源融资的支持。外源融资就是企业通过一定方式向企业之外的其他经济主体筹集资金。一般来说,可以将其分为两类:债务型与权益型。相关研究表明,在金融体系和法律制度并不健全的发展中国家(比如中国),以商业信用、众筹等为代表的非正规金融同样也是创业企业的一个重要融资来源。

一、债务型融资

(一) 直接与间接的债务型融资

债务型融资是一种承诺在一个特定的时间段中进行定期支付的融资方式。也就是说,借款人以契约的方式,向债务工具的持有人定期支付固定的金额(利息与本金支付),

直至一个明确的日期(到期日)支付最后一笔金额。通常情况下,债务型融资可以分为两
类:直接债务型融资与间接债务型融资。前者主要表现为向公众发行企业债券,后者则是
向企业外部的各种金融机构借款。在我国当前以银行为主导的融资体系中,债务型融资,
尤其间接的债务型融资,仍然是企业获取资金的主要途径。这一点可以很明显地通过社
会融资规模的构成及占比反映出来。社会融资规模是指一定时期内,实体经济从整个金
融体系获得的全部资金总额,是一个增量概念,包括:人民币贷款、外币贷款、委托贷款、信
托贷款、未贴现的银行承兑汇票、企业债券、非金融企业境内股票融资、保险公司赔偿、投
资性房地产和其他金融工具融资十项指标。其中,前六项均为债务型融资,前五项为间接
债务型融资。从下图可以看出,近年来间接债务型融资占社会融资规模的比重虽然在持
续下降,但仍然占比70%以上。企业债券融资,也即直接债务型融资,有较大幅度的上
升,2016年占社会融资规模的比重为16.85%。此外,股票融资占比仍然较低,但近几年
也呈现出上升的趋势。

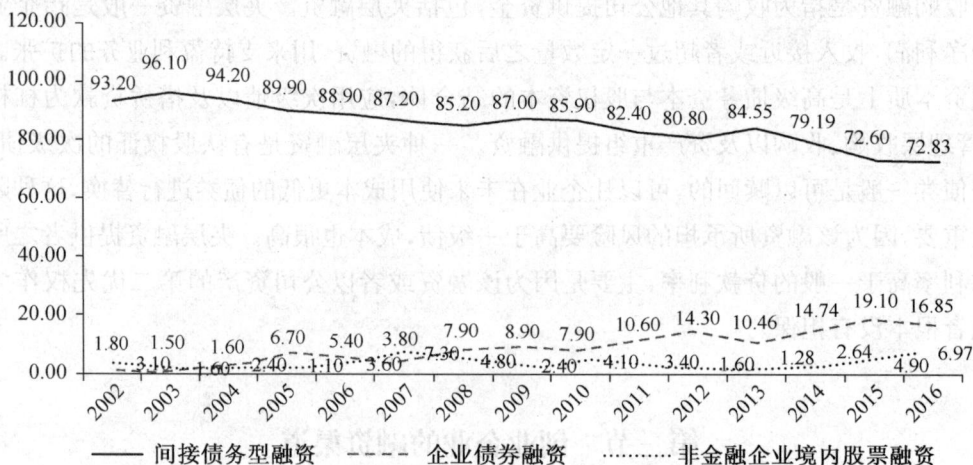

图8.3 社会融资规模的构成及占比

在讨论债务型融资与权益型融资的选择问题之前,我们首先聚焦到直接债务型融资
与间接债务型融资的选择问题。企业债务型融资方式的选择受到多种因素的影响,既受
到筹资成本、信息不对称、债务契约特征等共性因素的制约,也受到如行业特征、自有资
本、负债水平、净值状况、盈利能力、规模大小、声誉等企业特质个性因素的影响。因此,并
不能简单判定哪一种债务型融资方式是相对更优的。实际上,多样化的融资方式可以满
足多样化的融资需求。但一般来说,与间接债务型融资相比,企业债券融资是一种对市场
进入"门槛"要求更高的债务型融资方式,比较适宜那些自有资本大、负债水平低、净值高、
盈利能力强、规模大以及声誉较好的成熟的企业群体。因此,对于创业企业而言,间接债
务型融资仍然是相对更为重要的债务型融资方式。

(二) 间接债务型融资(银行贷款)的获得

间接债务型融资就是向银行等金融中介机构进行融资。我们以银行贷款为例,对间

接债务型融资的获得进行介绍。具体来说,我们首先介绍银行贷款的种类,然后从银行家的立场来考察创业者申请贷款时需要考虑的因素,最后再介绍银行贷款的程序。

1. 银行贷款的种类

(1) 按贷款期限分类。贷款按期限长短可以划分为短期贷款、中期贷款和长期贷款。根据《中国人民银行贷款通则》,短期贷款指贷款期限在一年以内(含一年)的贷款;中期贷款指贷款期限在一年以上、五年以下(含五年)的贷款;长期贷款指贷款期限在五年以上的贷款。在企业实际操作中,通常将长期贷款界定为期限在一年以上(不含一年)的贷款,主要用于企业构建固定资产和满足长期流动资产占用的需要。

(2) 按贷款有无担保分类。贷款按有无担保可以划分为信用贷款和担保贷款。信用贷款指没有担保、仅依据借款人的信用状况发放的贷款。担保贷款指由借款人或第三方依法提供担保而发放的贷款,包括保证贷款、抵押贷款、质押贷款。保证贷款指按规定的保证方式以第三者承诺在借款人不能偿还贷款时,按约定承担一般保证责任或者连带责任而发放的贷款。抵押贷款指按规定的抵押方式以借款人或第三者的财产作为抵押发放的贷款。质押贷款指按规定的质押方式以借款人或第三者的动产或权利作为质物发放的贷款。一般来说,抵押贷款的贷款额不超过抵押物变现值的 70%,质押贷款的贷款额不超过质押物的 80%。

(3) 按贷款用途分类。银行贷款的用途复杂多样,这里主要介绍流动资金贷款和项目贷款。流动资金贷款是为满足客户在生产经营过程中的周转性和临时性资金需求而发放的贷款,又可按照期限分为临时流动资金贷款(三个月以内)、短期流动资金贷款(三个月至一年)和中期流动资金贷款(一年至三年)。流动资金贷款还可按使用方式分为逐笔申请、逐笔审贷的短期周转贷款和在规定时间及限额内随借、随用、随还的短期循环贷款。项目贷款指银行发放的,用于借款人新建、扩建、改造、开放、购置固定资产投资项目的贷款,又可分为基本建设贷款、技术改造贷款、科技开发贷款。其中,科技开发贷款指用于新技术和新产品的研制开发、科技成果向生产领域转化或应用而发放的贷款。

(4) 按贷款风险程度分类。贷款按风险程度可以划分为正常、关注、次级、可疑和损失五类,后三类合称为不良资产。正常类指借款人能够履行合同,没有足够理由怀疑贷款本息不能按时足额归还。关注类指借款人目前有能力偿还贷款本息,但存在一些可能对偿还债务产生不利影响的因素。次级类指借款人的偿债能力出现明显问题,完全依靠其正常经营收入无法足额偿还贷款本息,即使执行担保,也可能会造成一定损失。可疑类指借款人无法足额偿还贷款本息,即使执行担保,也肯定要造成较大损失。损失类指在采取所有可能措施或一切必要的法律程序之后,贷款本息仍然无法收回,或只能收回极少部分。

(5) 按贷款偿还方式分类。贷款按偿还方式可以划分为一次性偿还贷款与分期偿还贷款。一次性偿还贷款指借款人在贷款到期日一次性偿还贷款本金的贷款,其利息可分期支付,也可在归还本金时一次性付清。短期贷款大多采用这种方式。分期偿还贷款指借款人按贷款合同规定分次偿还贷款本金与利息的贷款。一般来说，中长期贷款通常都是分期偿还的。

2. 申请贷款需考虑的因素

银行家在评价借款人的信用时，通常会采用如下5C原则：品质（character）、能力（capacity）、资本（capital）、抵押（collateral）和保险（coverage）。梯若尔根据哈佛商学院关于银行信贷的笔记对这5C原则进行了概括：

（1）品质。对于许多银行家来说，品质决定了一项小额的商业贷款是否能够获得通过。与品质有问题的借款人打交道，可能会遇到很多麻烦——不配合银行工作、欺诈、诉讼以及销账，这些都是很大的妨碍因素。花费在一项有问题的贷款上的时间、法律支出以及机会成本会远远超过潜在的收益。（不过，这一因素对于由一个团队来管理的大公司来说就不那么重要了）

（2）能力。能力指的是借款人经营业务以及成功偿还贷款的能力。对能力的评价是基于管理层经验、历史财务状况、产品、市场运营以及竞争状况来作出的。

（3）资本结构。如果借款人的资本结构中有足够多的股权，那么银行就可以心下稍安。运营过程中需要利用资本时，首先会求助于股权，因此股权可以降低银行的风险。同时，银行家还把股权多少看作借款人对其自身业务承诺的一个指示信号。银行家如果知道借款人在业务失败的情况下还有足够的钱可以输，则会得到很大的安慰。

（4）抵押。抵押指的是在公司贷款违约或者破产的情况下，银行对于借款人资产的索取权。银行有担保利益，通常使得它在资产清算时，相对于其他债权人来说在收益索取方面具有优先权。银行还可能会要求借款人将公司业务之外的个人资产也用于抵押。对于银行来说，抵押品是一种担保，也是除了现金流之外的另一种支付来源。

（5）保险。保险仅指商业保险，或者"关键人物"保险（当管理层能力集中在少数个人身上时，常常会要求"关键人物保险"）。当主要经理人去世或者丧失行为能力时，如果公司业务无法达到既定目标，这类保险能够保证银行获得偿付。

但对于创业企业来说，上述5C原则可能并不能够很好地得到满足。实际上，在创业的初期阶段，由于创业的风险性，以及企业经营的不稳定性，创业企业通常并不能够顺利地获得贷款。但创业企业应尝试与银行家建立关系，因为信任是贷款申请中至关重要的因素。创业者应主动向银行家介绍自己的企业，促使他们对企业发展情况进行了解，以备贷款之需。

此外，不同银行向创业者发放贷款的接受能力存在巨大差异，创业者应选择那些能够较好地满足自己需求的银行。比如说，规模较大的银行可能会更为关注企业背后的财务数字，而规模较小的本土或区域性银行则可能更愿意了解创业者本身，更愿意和创业者一起工作。近年来，我国支持科技创新的政策性银行、科技银行或科技贷款事业部取得了较大发展，为创业者融资提供了更多选择。

还有一点需要提醒创业者注意的是，创业企业的融资是一个持续的过程。虽然企业一般都想与特定银行发展稳定良好的业务关系,但我们建议创业者应该考虑与更多的银行开展业务,这样可以减少银行政策改变的风险,以及保证企业融资在面临困难时有更多的选择。

3. 银行贷款程序

贷款业务一般包含贷款申请、贷款调查、贷款审查与审批、贷款发放、贷款归还等步骤。

(1)贷款申请。借款人提出贷款申请,必须填写《借款申请书》,同时提供银行要求的下列一种或多种相关材料:① 借款人的基本情况,如《公司章程》《营业执照》、法人代表证明等;② 提供经审计的近三年财务报告及申请借款前一期的财务报告;③ 贷款人认为需要提供的其他相关资料,如项目可行性报告、项目有关批文及许可证等。借款人应及时依法向贷款人提供所要求的有关资料,不得隐瞒,不得提供虚假资料。

(2)贷款调查。贷款调查的内容包括借款人的基本情况、经营状况、财务状况、信誉状况、经营者素质、贷款用途、担保情况、潜在收益和风险等。经贷款人调查了解,借款人有下列情形之一的,贷款人不得对其发放贷款:① 建设项目贷款按国家规定应当报有关部门批准而未取得批准文件的;② 生产、经营或投资项目贷款按照国家规定应取得环境保护等部门许可而未取得许可的;③ 借款人实行承包、租赁、联营、合并、合作、分立、股权转让、股份制改造等过程中,未清偿或落实贷款人原有贷款债务的;④ 不具有法人资格的分支机构未经借款授权的;⑤ 国家明确规定不得贷款的。

(3)贷款审查与审批。主要审查以下内容:借款人主体资格是否合法,有无承担民事责任能力;借款人是否符合《贷款通则》规定的贷款基本条件;调查部门提交的资料是否齐全;借款人生产经营、财务状况、信誉状况、发展前景及内部管理是否良好;贷款用途是否合法、合规;贷款金额、期限、利率是否合规;第一、第二还款来源是否充足、可靠、合法、有效;借款人信用总量和各分项信用余额是否控制在最高综合授信额度及各分项授信额度内;客户经营中存在的主要问题及对贷款安全的潜在影响;对按规定应实施法律审查的,提交法律部门进行审查。之后,由信贷审查委员会根据国家金融法规、货币政策和银行经营方针,对贷款审查部门报送的信贷业务再进行审查。在贷款调查、审查部门和贷款审查委员会提出明确调查、审查意见的基础上,按照授权范围和权限以及授信额度进行审批,决定贷与不贷、贷多与贷少以及贷款方式、期限和利率。

(4)贷款发放。银行对审批同意的贷款将及时办理贷款发放手续。属于保证贷款的,须由保证人与贷款人签订保证合同。抵(质)押贷款则须与抵押人或出质人签订抵(质)押合同,并依法办理抵(质)押登记。在此基础上,银行与借款人签订借款合同,约定借款种类、用途、金额和期限、利率和计息、还款资金来源及还款方式、担保、借贷双方的权利和义务、违约责任及双方认为需要约定的其他事项。借款合同生效后,借款人即可填写《借款借据》,办理提款手续。借款人应依法接受贷款人对其财务状况以及使用贷款情况的监督。

(5)贷款归还。借款人应按借款合同约定使用贷款,并按期足额还本付息,一般可由借款人开出结算凭证归还本息,也可由银行直接从借款人账户中扣收贷款本息。如遇法定利率调整,期限为1年以内的,执行合同利率,不分段计息;期限为1年以上的,则于次年1月1日起执行新的利率。借款人提前还贷应在借款合同中约定,并按照合同约定执行,若事先未约定的,应征得贷款人同意。贷款到期,由于客观情况发生变化,借款人经过努力仍不能还清贷款的,应当在贷款到期日前提出贷款展期申请,经贷款人同意,可以展期。每笔贷款只能展期一次,短期贷款展期不得超过原贷款期限,中长期贷款展期不得超过原贷款期限的一半,且最长不得超过3年。借款人未按照约定期限归还贷款的,应按照中国人民银行的有关规定支付逾期利息。我国《贷款通则》还规定,若借款人无法按照合同约定归还一个或多个贷款人的一笔或多笔贷款时,所有贷款人都可以按照合同约定要求其提前还款。

(三)创业贷款、科技贷款与创业企业融资

以上介绍的是一般性的以银行贷款为代表的间接债务型融资的获得。接下来,我们介绍更具针对性的创业贷款、科技贷款以及这两类贷款的获得。我们知道,创业企业,尤其科技型创业企业,所需要的金融支持需要适应创业的高风险高收益特征,而一般性的银行贷款可能并不能够很好地满足这一点。但正如前文所分析的,目前我国融资结构仍然以银行信贷为主导,银行资金应该成为创业企业的重要融资来源。为促进金融支持实体经济发展,也为促进金融与科技的深度融合,创业贷款、科技贷款应该说是金融创新的一个重要方面。

1. 创业贷款与创业企业融资

一般来说,创业贷款是指具有一定生产经营能力或已经从事生产经营的个人,因创业或再创业提出资金需求申请,经银行认可有效担保后而发放的一种专项贷款。大学生创业贷款,则是银行等资金发放机构对高校学生(大专生、本科生、研究生、博士生等)发放的无抵押无担保的大学生信用贷款。为支持青年或大学生创业,国家各级政府出台了许多优惠政策,涉及融资、税收等方方面面。根据中国共青团网站所披露的相关文件,2006年4月20日,共青团中央与国家开发银行联合发布《共青团中央、国家开发银行关于联合实施"中国青年创业小额贷款项目"的通知》(中青联发〔2006〕19号)。该文件是共青团网站所披露的第一份直接关于创业贷款的文件。2009年3月16日,共青团中央与国家开发银行进一步联合发布《关于深化实施"中国青年创业小额贷款项目"的通知》(中青联发〔2009〕8号),对相关规定做了进一步的细化。择其与创业者相关要点简介如下:

(1)贷款要素。贷款对象:中国青年创业小额贷款项目的资金支持对象为全国40岁以下青年,贷款项目重点向初次创业的、具有小额融资需求的青年倾斜,努力填补初次创业青年融资渠道空白、以创业带动就业,扩大项目受益面与覆盖面。贷款额度:青年创业小额贷款每人单笔额度一般在10万元以内,最多不超过100万元;青年创办的中小企业贷款单户额度一般在500万元以下,最多不超过3000万元。贷款期限:一般不超过3年。贷款定价:在条件成熟的地区,贷款利率执行在人民银行公布的同期贷款利率基础上适当上浮,使利率水平覆盖风险与成本,并能确保合作机构合理的利益分享水平。

(2)担保方式。积极推进青年创业小额信用贷款:建立和完善青年资信评价体系,对优质客户可发放"免担保、免抵押"的小额信用贷款,扩大贷款覆盖面。大力发展创业青年互保、联保贷款:以行业集贸市场、商品一条街等行业市场的创业青年为对象,引导和鼓励创业青年加入"信用互助组织""信用联盟"等信用共同体;完善信用共同体内在激励约束机制,调动内部成员自我管理的积极性;积极推动和发展"公司+青年""专业市场+青年""企业+加盟店"等信贷模式,提高青年初次创业成功率。大胆创新小额贷款项目的抵质押担保方式:进一步扩大青年创业申请贷款可采用的抵质押品范围,探索应收账款、股权、期权、分红、存单、专利、商标和商铺使用权等权利质押贷款。针对特定行业,以企业产业链或交易环节为核心,设计金融产品,通过仓单质押、提单质押、提货权转让等形式,使企业的原材料、库存产成品以及处于销售周转过程中的商品可供银行抵押融资。

(3)参考模式。统贷模式:指开发银行向当地政府现有的融资平台或团组织新建的融资平台批发贷款,融资平台再以委托贷款等方式向青年创业者或青年创办企业发放贷款的模式。转贷模式:指开发银行向地方合作银行提供转贷款,地方合作银行向当地青年创业者或青年创办企业发放微贷款的模式。直贷模式:指开发银行直接向青年创办企业发放贷款的模式。相关流程具体见原文件。

进一步聚焦到大学生创业贷款。一份比较重要的文件是《国务院办公厅关于加强普通高等学校毕业生就业工作的通知》(国办发〔2009〕3号),该文件提出鼓励和支持高校毕业生自主创业,并要求对高校毕业生从事个体经营符合条件的,免收行政事业性收费,落实鼓励残疾人就业、下岗失业人员再就业以及中小企业、高新技术企业发展等现行税收优惠政策和创业经营场所安排等扶持政策。文件还指出,在当地公共就业服务机构登记失业的自主创业高校毕业生,自筹资金不足的,可申请不超过5万元的小额担保贷款;对合伙经营和组织企业就业的,可按规定适当扩大贷款规模;从事当地政府规定微利项目的,可按规定享受贴息扶持。另一份比较重要的文件是《国务院办公厅关于做好2014年全国普通高等学校毕业生就业创业工作的通知》(国办发〔2014〕22号),该文件提出实施大学生创业引领计划。具体到信贷方面,文件要求各银行业金融机构积极探索和创新符合高校毕业生创业实际需求特点的金融产品和服务方式,本着风险可控和方便高校毕业生享受政策的原则,降低贷款门槛,优化贷款审批流程,提升贷款审批效率。文件还要求通过进一步完善抵押、质押、联保、保证和信用贷款等多种方式,多途径为高校毕业生解决反担保难问题,切实落实银行贷款和财政贴息。在电子商务网络平台开办"网点"的高校毕业生,可享受小额担保贷款和贴息政策。

为贯彻落实党中央、国务院关于促进高校毕业生就业创业工作要求,引导和支持更多的大学生创业,人力资源社会保障部、国家发展改革委、教育部、科技部、工业和信息化部、财政部、人民银行、工商总局、共青团中央联合发布《人力资源社会保障部等九部门关于实施大学生创业引领计划的通知》(人社部发〔2014〕38号)。文件提出要普及创业教育、加强创业培训、提供工商登记和银行开户便利、提供多渠道资金支持、提供创业经营场所支持、加强创业公共服务等。其中，涉及银行信贷的内容要求银行业金融机构为创业大学生办理企业开户手续提供便利和优惠，要求各地认真落实小额担保贷款政策，在符合规定前提下，加大对创业大学生的支持力度，简化反担保手续，强化担保基金的独立担保功能，适当延长担保基金的担保责任期限，落实银行贷款和财政息贴，重点支持吸纳大学生较多的初创企业。文件出台后，各省市亦相继出台了大学生创业引领计划。创业者在申请创业贷款时有必要详细研究当地的大学生创业引领计划以及相应的创业贷款要求。

2. 科技贷款与科技型创业企业融资

科技贷款是科技金融的重要组成部分，是高新技术企业最重要的债务融资工具。科技贷款，从狭义上讲是指高新技术企业获得的贷款；从广义上讲是指除了包括高新技术企业获得的贷款外，还包括科研院所、科技中介机构等事业单位获得的贷款，以及非高新技术企业获得的用于技术改造、设备更新的专项贷款。本节中所讲的科技贷款主要是狭义上的，即对科技型企业的贷款。

(1) 科技贷款的来源。我国科技贷款的主要来源渠道有商业银行科技贷款、政策性银行科技贷款和民间金融科技贷款。商业银行科技贷款是科技贷款的主要来源。在商业银行科技贷款中，国有商业银行的资金供给相对较大，但是放贷意愿不够，有可能存在"惜贷"行为；城市商业银行、股份制商业银行等中小金融机构的体制灵活，但有可能因为自身专业性不够、风险控制能力不强而使得科技贷款功能和作用发挥不充分。政策性银行科技贷款主要是根据国家的产业政策为相关企业或科研单位提供贷款。国家开发银行主要为科技开发项目、科技型中小企业提供科技贷款，农业发展银行主要为农业科技企业提供科技贷款。由于政策性银行自身金融资源、功能定位和经营上的固有缺陷，对科技型创业企业的贷款支持比较有限。民间金融科技贷款是指高新技术企业从民间机构取得科技贷款。民间金融科技贷款是商业银行科技贷款和政策性银行科技贷款之外的很重要的补充，特别是对于地处经济不发达地区的规模较小的科技型创业企业来讲，民间金融科技贷款是重要的资金来源。

(2) 科技贷款的特征。科技贷款的成本较高，由于科技型创业企业大多是规模小、无形资产占比高、可抵押资产不足、风险抵抗能力不强的高风险性企业，所以银行等金融机构为了弥补科技贷款的风险，必然会对利率提出较高的要求，这就使得科技贷款成本高于普通贷款成本。同时由于不同规模、不同行业、不同成长阶段和不同区域的高新技术企业所具有的风险不同，所以在获取科技贷款的难易程度上也有所不同。一般来说，规模较小的、风险较大的、初创期的、所面对的科技金融环境较差的高新技术企业获得科技贷款的能力更弱一些。因此，大学生在创办科技型企业时可以通过加强公司治理、增加财务信息透明度、提高企业整体素质、信用度和市场认可度等方式来为获得科技贷款创造条件。

(四) 债务型融资的优势与劣势

如果将债务型融资与权益型融资进行比较，则可以概括出债务型融资的优势与劣势。

优势主要表现为:1. 债权人无权参与企业的发展和增长,因此创业者的权益(尤其对公司的控制权)不会被稀释;2. 债务工具包括指定的偿还计划,创业者可以合理规划债务工具的偿还;3. 债务型融资,可以根据企业的经营情况和财务状况,灵活商定债务条件,控制筹资数量,以及安排取得资金的时间;4. 与权益型融资相比,债务型融资的资本成本相对较低,主要表现为手续费等筹资费用、租金等用资费用,以及利息等资本成本。劣势主要表现为:1. 债务型融资所筹集的资金具有使用上的时间性,需要到期进行偿还,不能形成企业稳定的资本基础;2. 企业采用债务型融资方式获取资金,需支付债务利息,会导致现金从公司经营和发展中转出,从而形成企业的固定负担;3. 贷款文件中的相关限制协议可能会对创业者经营企业的自由进行约束,比如对企业的财务状况提出更高的要求;4. 贷款规模往往受到企业自身财务状况的制约,可能无法满足企业大规模筹资的需求。

二、权益型融资

(一)股票融资与股权融资

权益型融资是创业企业筹集资金的另一种方式。权益工具承诺持有者按份额享有公司的净收益和资产。通常情况下,权益工具的持有者可以定期得到股利支付,并有权就公司的重大事项和董事长的选举进行投票,但这一工具没有到期日。一般来说,权益型融资可以分为股票融资与股权融资。但实际上,股票是股权的表现,股权是股票的内涵。人们往往把通过公开市场买卖股票作为一种证券投资,而把对未上市企业的资本投资称为股权投资。相对应地,对于企业而言,前者为股票融资,后者为股权融资。正因如此,中国证券监督管理委员会 2014 年公布并实施的《私募投资基金监督管理暂行办法》中,对私募投资基金投资的方式分为买卖股票、股权等;对创业投资基金界定为,主要投资于未上市创业企业普通股或依法可转换为普通股的优先股、可转换债券等权益的股权投资基金。显然,权益型融资的一个重要组成部分是通过股票市场来融资,但这需要创业企业发展到一定阶段才能够实现。我们将在第十一章对创业企业上市和资本市场运行进行具体介绍,这一小节则侧重于讨论股权融资。

(二)直接与间接的股权融资

企业上市前所进行的权益型融资,可以是大众作为一般投资人对企业直接进行的股权投资。这种直接的股权融资近几年借助于互联网金融有了很大的发展,但这一股权融资方式往往因投资人对创新项目高风险的识别能力和承受能力有限,难以成为创业企业融资的主体。另一种股权融资是间接股权融资,对应于投资人通过某种形式,组建专门的投资机构,再由该机构对未上市企业进行权益投资。也就是说,间接股权融资主要是向机构投资者融资,包括风险投资(VC)与私募股权(PE)融资。由于机构投资者作为专业化的投资人,投资能力强,风险识别和管理能力高,且大量持有企业股票,其"用脚投票"的成本过高,更为关注企业的长期收益,会寻找更具创新能力的企业,也有动力对企业进行监督,促使其进行更多的创新。因此,我们认为间接股权融资构成创业企业融资的主体。

(三) 风险投资、私募股权与创业企业融资

1. 风险投资、私募股权的相关概念与内涵

风险投资的概念最早可追溯到 15 世纪英国、西班牙等国支持创建远洋贸易企业的财务性投资活动。在当时创建远洋贸易企业无疑需要冒险,故英文中借用"venture"一词来指"创建企业"这类特定意义上的冒险创业活动。支持创业的财务性投资活动就是后来被业界所俗称的"创业投资"(venture capital),也即"风险投资"。美国风险投资协会则将风险投资界定为,由职业金融家投入到新兴的、迅速发展的、具有巨大竞争潜力的企业中的一种权益资本。

20 世纪 80 年代之前,VC 主要投资于成长性企业,也即所谓的经典狭义创投。后来由于美国大量成熟企业需要关停并转让,1980 年出现了并购基金,VC 也从狭义发展到了广义。鉴于证券基金以"公开股权"为投资对象,并购基金以非公开交易的股权作为投资对象,故称之为"私人股权投资基金",即 PE。2000 年网络泡沫破灭后,整个 VC 业急速回调。2004 年并购基金快速发展起来,最终从 VC 中独立出来。到 20 世纪 90 年代后期,狭义 PE 的投资领域开始向传统 VC 延伸。于是,PE 概念也发展到了广义层面,从而与广义 VC 完全等同。现在提到美国最顶尖的 PE 机构,一般人不会再称之为"门口野蛮人",改称"总统俱乐部"了。

我们知道,PE 是从 VC 中发展出来的,广义 VC=广义 PE=狭义 VC+狭义 PE(并购基金)。而 PE 的本质就是 equity,就是没有上市的股权,其投资周期较长,参与企业经营管理的程度很高,可以说是介入实体经济最深的金融资本。但由于未上市股权的流动性不好,信息披露也不是很充分,不太适合普通投资者参与,因此主要采取 private 的私募方式,对投资人的门槛要求很高。即所谓"私募"不是说 PE 见不得光,而是高门槛的意思。

2. 中国风险投资、私募股权的相关概念

中国的股权投资是舶来品,在其与中国实际相结合的过程中,相关概念与内涵也发生了变化。1995 年至 2001 年,针对各类 PE、VC 基金,我国试图以《产业投资基金管理办法》的形式进行特别立法。从 2001 年起,考虑到创业投资基金的特殊性,又将其从《产业投资基金管理办法》中拿出来单独立法。2005 年 11 月 15 日,国家发改委等八部委联合出台了《创业投资企业管理暂行办法》,2011 年 11 月,国家发改委发布《促进股权投资企业规范发展的通知》。根据上述文件,我国逐渐地并最终放弃了"产业投资基金"这一概念,转而使用"股权投资基金"概念。

根据 2014 年证监会发布的《私募投资基金监督管理暂行办法》,私募投资基金被界定为,以非公开方式向投资者募集资金设立的投资基金。私募基金财产的投资包括买卖股票、股权、债券、期货、期权、基金份额及投资合同约定的其他投资标的。根据该《办法》,创业投资基金被界定为,主要投资于未上市创业企业普通股或者依法可转换的普通股的优先股、可转换债券等权益的股权投资基金。从以上对私募投资基金和创业投资基金的界定可以看出,私募股权投资基金是私募投资基金的一种,创业投资基金也是私募投资基金

的一种,同时是股权投资基金的一种。即创业投资基金包含于私募股权投资基金包含于私募投资基金,三者之间的关系可以用图 8.5 来表示。

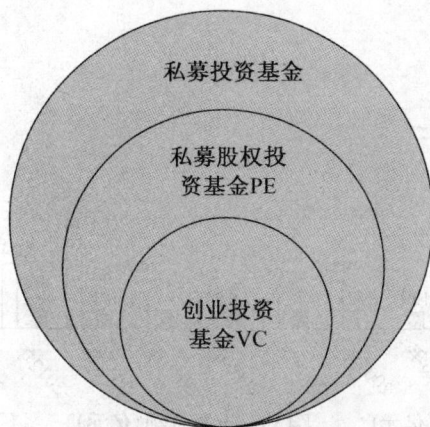

图 8.5 中国创业投资基金、私募股权投资基金与私募投资基金

风险投资(又称创业投资)是指向主要属于科技型的高成长性创业企业提供股权资本,并为其提供经营管理和咨询服务,以期在被投资企业发展成熟后,通过股权转让获取中长期资本增值收益的投资行为。可见,风险投资等同于创业投资。

如果将中国的 VC、PE 与美国的 VC、PE 进行比较,可以发现,中国的 VC 等同于美国的 VC,但中国的 PE 不等同于美国的 PE。中国的 PE 不是专门意义上的并购基金,而美国的经典 PE 是专门意义上的并购基金。

3. 风险投资、私募股权的获得:创业者视角

近几年,我国股权投资发展非常迅速,为创业企业的融资提供了契机。如图 8.5 所示,2014、2015、2016 年,天使、VC、PE 都呈现出爆发式增长。从结构的角度来看(见图 8.6),PE 发展最为迅速,天使投资仍相对落后。2016 年,天使、VC、PE 的投资总额分别为 122 亿元、1 313 亿元、6 014 亿元,占总投资额的比例分别为:1.64%、17.63%、80.73%。①

在股权投资呈现爆发式增长的今天,创业企业进行权益型融资的难度也许在一定程度上有所降低。但是,相对于发达国家而言,我国当前股权投资的发展仍然相对落后,创业企业的股权融资仍然存在很大难度。此外,不同风险投资家所能带来的增值服务可能并不相同。合适的风险投资家可以从多方面为企业创造价值,比如说能够带来更为丰富的管理经验和行业资源,从技术、管理等多方面实现企业的价值增长。所以说,创业者在

---

① 清科关于天使、VC、PE 的数据是根据他们数据库中所收录的天使、VC、PE 机构的相关数据来统计的,即数据本身与机构性质有关,这与本文对 VC、PE 的概念划分有所不同。但在总体上,可以将此处的 VC 数据对应于上文界定的 VC 概念,将此处的 PE 数据对应于上文界定的 PE 概念范围剔除 VC 概念范围的部分。

做出股权融资的决定之后,须进一步精心准备,寻找并吸引合适的投资者。

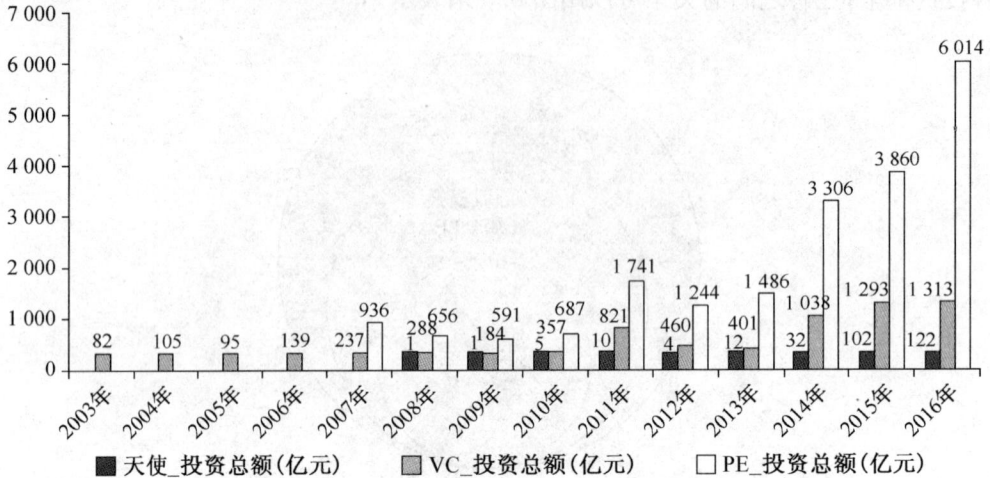

图 8.6　天使、VC、PE 投资总额(数据来源:清科研究中心)

关于决定主攻哪一家私募股权公司和合伙人,蒂蒙斯认为应寻找符合如下特点的投资者:(1) 正在考虑新投资建议并且能够提供所需资金的投资者;(2) 对公司所处特定成长阶段感兴趣的投资者;(3) 理解并喜欢在该特定行业投资的投资者;(4) 能提供好的商业建议、道德支持并能接触到商业圈和融资圈的投资者;(5) 有信誉、道德并且与创业者关系良好的投资者;(6) 有 10 年以上成功提供咨询和创建小型公司业务记录的投资者。勒纳、利蒙和哈迪蒙认为应该从私募股权公司的声誉、所处位置、特定 GP 的声誉、人脉等多个方面进行综合考虑。下表即是他们给出的一些创业者可能需要考虑的问题。

表 8.3　创业者需要考虑的问题

1. 这家私募股权公司/合伙人有我所在行业的专业能力吗?

2. 这家私募股权公司位于哪里? VC 最好是在当地;LBO 交易不一定这么要求,但是在附近还是更好一些。

3. 这家公司是否已经投资了类似的企业? 是否投资了类似于我客户的企业? 是否投资了类似我收购过的企业? 投资者如果了解更大的商业生态系统并在系统内拥有强大的网络,会有助于投资者指导企业发展。

4. 这家公司/GP 已经让多少家企业上市了? 更优秀的业绩意味着这家私募股权公司在投资银行家和上市进程中涉及的其他专家中拥有更强大的人际网络。

5. 这家私募股权公司最近募集基金是什么时候? 刚封闭的基金比接近存续期末的基金有更长的时间跨度,接近基金存续期末时,GP 会期待收获好的回报,并募集下一只基金。

6. 其他创业家会怎么说? 私募股权公司会乐于提供一份已经投资的企业列表,并通常会将这些投资组合中企业的名字放在其网站上。像汤森路透或者 Capital IQ 这样的数据库也会提供私募股权公司目前或者之前投资过的企业列表。

续　表

7. 这家私募股权公司还能提供哪些其他资源？有些私募股权公司有专职的人力资源专家,这些专家能帮助投资组合中的公司招聘企业高管;有些私募股权公司则提供市场营销或公关方面的帮助。虽然企业总是能从外部招聘到这些人才,但内部资源可能更高效。

资料来源:乔希·勒纳、安·利蒙、费尔达·哈迪蒙,2015:《风险投资、私募股权与创业融资》,清华大学出版社。

　　关于资金的获得,蒂蒙斯通过对风险投资过程的考察,认为风险资本的可获得性和成本主要取决于如下几点因素:(1)管理团队素质和商业机会;(2)行业、市场、技术的吸引力和适合度;(3)向上的发展潜力和向下的风险;(4)预期成长速度;(5)公司成立的时间和发展阶段;(6)所需资本量;(7)创始人对公司成长、控制、资金流通率和收获的目标;(8)与投资者目标和战略的合适程度;(9)投资者和创始人的相对砍价能力。Tyebjee和Bruno则从90个风险资本家手上获得41个项目的数据,收集了决定创业企业吸引力因素的信息,大致可以分成五个维度[1]:市场吸引力(规模、成长性、客户);产品差异化(独特性、专利、技术优势、利润率);管理能力(营销、管理、融资的能力和创业家的业绩);环境威胁抵御能力(技术生命周期、进入壁垒、业务周期的稳健性、下行风险保护)、可退出方式(被合并、收购或上市的可能性)。勒纳、利蒙和哈迪蒙则指出,寻找融资的创业者在获得尽职调查的机会之前,必须准备一次所谓的电梯游说,也就是一份描述想法或者企业、团队和市场的简短总结(大约1—3分钟),但又要呈现足够的细节吸引潜在投资者。下表8.4给出了电梯游说的指导建议。

表 8.4　电梯游说法则

1. 一开始要表现出兴奋和充满能量。第一句话应该通过强调问题的严重性来抓住听众。"公司数据库以每年 ＊＊% 的速度在增长,花费公司 ＊＊ 百万美元。"

2. 表达简洁。用简洁的表达方式解释公司在(或者将要)做什么。"我们的数据压缩系统减少了数据仓库的规模,同时又使得搜索速度和效率提高了1倍。"

3. 避免科学细节或者行话。由于创业者通常是技术发明者,他们希望清楚解释他们技术的运作原理。但这会让听众难以理解,会让他们失去兴趣。相反,创业者应该描述解决方案,而不谈及具体的细节。"我们用了一种创新的,超快的压缩技术……"

4. 建立信誉。如果企业的产品或者它解决的问题在一些重要的新闻媒体上被提及,或者知名专家参与其中,一定要说出这个事实!"我们的产品由 MIT 的一位教授开发,并用在美国航天局的火星项目中。"

资料来源:乔希·勒纳、安·利蒙、费尔达·哈迪蒙,2015:《风险投资、私募股权与创业融资》,清华大学出版社。

---

① Tyebjee T., and Bruno A. A Model of Venture Capitalist Investment Activity, *Management Science*, 1984, 30(9): 1051 - 1066.

如果电梯游说引起了投资者的兴趣,他们可能会需要更多的信息。所以,创业者有必要制定更为详细的商业计划书,以对创业企业做进一步的介绍。而商业计划书的设计则需要充分考虑上文所提及的蒂蒙斯以及 Tyebjee 和 Bruno 的研究结论。

(四) 权益型融资的优势与劣势

相较于债务型融资,权益型融资的优势主要表现为:1. 股权合约的性质更适合高风险高收益项目;2. 由于股权持有者拥有的是公司的所有权,因此可以直接分享公司盈利能力和资产增加的好处;3. 股权融资不需要抵押,所筹资金没有到期日,无还本压力,也无固定的股利负担;4. 股权融资不会放大与财务危机相关的问题;5. 股权融资是企业稳定资本的基础,可以增加企业的信誉。劣势主要表现为:1. 稀释了现有的权益持有者对未来发展的所有者权益;2. 股权融资容易被恶意收购从而引起控制权的变更;3. 股权持有者是剩余索取人,也就是说,该公司在向股权持有者支付前,必须完成向所有债权人的支付;4. 股权融资的资本成本一般要高于债权融资;5. 股权融资具有较高的信息披露及沟通成本。

三、非正式融资

现阶段,与欧美等发达地区相比,我国的金融发展水平仍然较低,金融体系和法律制度仍不健全。因此,来自朋友和家庭的借款、商业信用、众筹等非正式融资的重要性进一步凸显。其中,来自朋友和家庭的借款往往是创业企业成立前后的第一笔资金;商业信用是创业企业融资渠道的重要补充,不仅可以直接增加创业企业的财务收益,而且还可以扩大生产和促进流通;众筹则是一种新的融资方式,其快速发展为创业企业提供了更多的融资机会。

(一) 来自朋友和家庭的借款

对于一家初创企业来说,公司早期最常用的融资方式主要是向朋友和家人等个人寻求借款和投资。这种融资方式主要是通过朋友和家庭成员在对创业者的可靠程度、信誉度和应对困境的能力做出基本判断和充分信任的基础上进行的,而不仅仅依赖于项目的价值或者根本就不依赖于项目的价值,所以对于创业者来讲这种获取资金的方式没有失去企业控制权的风险。正如科伦比亚集团总裁詹姆斯所说"从亲朋好友那里融资比从专业的投资者那里融资更好,原因如下:1. 这使初创公司有更大的成功可能性;2. 在建立初期,你不用以很低的价值放弃公司 30%—45% 的股份;3. 当你明确市场机会和产品开发方法时,你有做决策的自由"。但是,在获得亲朋好友的借款时,对待他们要向对待其他投资者一样,要将有关的风险信息告知。

这种融资方式主要是建立在创始人的关系网络之上的,所以被称为非正式融资。虽然相对于第三方融资方式来讲,来自朋友和家庭的借款金额不是很大,但是这些资金往往是初创企业成立前后的第一笔资金。

（二）商业信用融资

商业信用是指在商品交易中以延期付款或者预收货款等方式进行购销活动而形成的借贷关系，包括收取客户的预付金、押金、定金，给客户赊款、开具商业汇票等。商业信用融资就是巧妙地运用了商业信用，吸引一批长期稳定的客户，并在此基础上筹集一笔可观的无息资金。由于资本市场不完善，商业信用可以提供比金融机构更低的费用为创业企业融资，相当于提供了一定期限的零利率贷款融资，期限的长短依赖于商业信用条款。这种融资方式不仅可以直接增加财务收益，还可以扩大生产和促进流通。

商业信用的优势主要体现在以下三个方面：1.因为商业信用自身的特点使其具有获取信息的比较优势，收集信息成本较低，从而筹资成本也较低，一般来说企业采用商业信用没有实际成本；2.筹资便利，商业信用与商品买卖同时进行，无需办理正规筹资手续；3.限制条件少，选择余地比较大。当然，商业信用也存在一些缺点，比如筹资金额较小，融资期限较短等。

在使用商业信用进行融资时，需要具备三个融资条件：1.企业要有一定的商业信用基础，企业提供的服务在市场上和客户心中有较高的价值，信得过且迫切需要；2.让商业信用的合作方受益，要想使得商业信用延续，企业在通过商业信用获得对方资金的同时，也要让利给对方，才能达到双赢的融资结果；3.使用需谨慎，商业信用的使用要以企业的债务承受能力为限，如果到期无法兑现有可能会破坏企业自身的信誉。

（三）众筹融资

自2011年众筹概念引入中国以来，随着互联网金融领域的快速发展，互联网众筹快速发展起来，成为一种新型的融资方式。从发展渊源来看，众筹脱胎于家族和社区融资，至今已有数百年的历史。而基于互联网平台的众筹融资，是这种古老融资模式在新的媒介上以新的方式重新展现。根据国际证监会组织的定义，众筹融资是指通过互联网平台，从大量的个人或组织处获得较少的资金来满足项目、企业或个人资金需求的活动。通俗地讲就是通过互联网平台连接起来，大家一起筹资做项目，一起分享成果获得利益。

1. 众筹融资的分类

一般来说，众筹可以分为捐赠众筹、回报众筹、股权众筹和债权众筹等四种形式。捐赠众筹是指参与众筹的项目或者公司无偿获得投资者资金上的捐赠，通常是扶贫捐助和爱心救助等项目。回报众筹是指融资人通过互联网平台发布项目，支持者通过投入一定的资金获得某种实物或者服务回报的众筹模式。股权众筹是指初创企业通过股权众筹网站将融资项目、融资额度、团队介绍、出让的股权数额等项目基本信息公布在互联网上，由股权众筹网站审核通过的合格投资者认购股份，成为初创企业投资人的一种融资模式。股权众筹是风险投资的补充，属于通过网络进行的较早期的私募股权投资。股权众筹在我国的发展比较缓慢，主要是因为相关的法律不够完善，股权众筹由于需要发行股份融资，容易被认定为非法集资。债权众筹是指融资人通过债权众筹平台将融资项目、融资额度、利息、还本付息期限等公布在网上，投资人通过认购债权获得在一定期限后取得本息权利的众筹模式。债权众筹在我国发展迅速,主要是因为我国具有较为发达的民间信贷市场,通过互联网平台的发展成为债权众筹,P2P 网贷是债权众筹的一种典型模式。

2. 众筹为创业企业提供融资机会

众筹融资是未来发展互联网融资的主要趋势之一。根据《私募股权众筹融资管理办法(试行)(征求意见稿)》(简称《管理办法》),股权众筹融资仅要求融资者为中小微企业,不对融资额度作出限制。虽然《管理办法》未对财务信息提出很高的披露要求,但是要求发布真实的融资计划书,并通过股权众筹平台向投资者如实披露企业的经营管理、财务、资金使用情况等关键信息,及时披露影响或可能影响投资者权益的重大信息。

初创型小团队是众筹服务的主要目标之一。这主要是因为创业团队一般规模都比较小,实力比较弱,处于自身核心产品或者服务的草创开发阶段,无法通过资本市场进行必要的融资。而众筹正是基于互联网展开的,更为开放、门槛低、风险小、自带营销宣传功能,同时对创业企业的成长性要求不高,只要创业想法有可能成功,能够从中获得一定的回报,就可能进行投资,因此,众筹可以很好地满足初创小团队的融资需求。这种通过大众的智慧来判断初创企业的项目能否获得资金并能够及时获得商业项目反馈的融资方式,不仅可以提高企业的融资能力和营销能力,还可以提高企业的盈利能力,甚至可以提升成员的人脉、资源和经验等。众筹这种筹资的同时还筹人、筹智、筹力的行为,对于初创小团队来讲不仅可以满足融资需求,同时还有可能会产生协同双赢效果。

根据世界银行的预测,到 2025 年,全球众筹规模将达到 3 000 亿美元,发展中国家将达到 960 亿美元的规模,其中有 500 亿美元将在中国。这为我国大学生创业提供了一个非常便利和快捷的融资渠道。

思考题

1. 创业企业的出资方式有哪些?特点是什么?

2. 创业企业在不同发展阶段所面对的主要风险分别是什么?

3. 科技贷款作为高新技术企业的重要债务融资工具,与股权融资相比,具有哪些优势?

4. 风险投资对于创业企业发展的推动作用主要体现在哪些方面?

5. 基于互联网金融发展起来的众筹融资方式最大的优势是什么?

第九章　科技企业的战略管理

小张创业成功,科技企业办起来了。小张办企业不是一锤子买卖,而是有长远目标,不仅要解决企业的可持续发展问题,还要把企业做大做强做优。基于这个目标,他需要寻求企业的长期战略,他想要知道战略管理包括哪些内容。

第一节　创新创业的市场环境分析

对于初创企业来说,应该准确观察和把握一个地区的市场环境。首先,成功的创业者能识别出客户,对客户需求作出正确理解,并将其运用到所有的经营活动中,以获得竞争优势。其次,创业者对于行业发展情况应有准确的认知和敏感度,抓住机遇且避开雷区。最后,创业者需要密切注意市场结构的迹象和分布,这样将有助于初创企业捕捉行业和市场结构变化的良机,从而觅到新的更有前景的创业机会。

一、目标市场

(一) 客户是谁

由于受到有限资源的约束,创业者需要采用集中策略来跨越鸿沟。创业者首先要解决的问题就是选择正确的目标客户。那么创业者到底如何确定目标客户集中在哪里呢?

首先,创业者要学会识别潜在客户。企业的潜在客户可以描述为:需要企业产品(或服务)的人,买得起这些产品(或服务)的人和愿意购买这些产品(或服务)的人。潜在客户具有以下特征:对企业来说,潜在客户就是最重要的 VIP,潜在消费者并不依赖任何企业,他们不会干扰企业的经营活动。他们是企业的服务对象。企业不是通过服务潜在客户来讨好他们,而是通过满足客户的需求来实现自身的利益;潜在客户并不是一组统计数字,他们首先是人,也具备常人的感受和情绪,是那些有想法和需求的人,企业的任务恰恰就是迎合他们的需求。

其次,企业要了解潜在客户的消费偏好。了解消费者在何处购买:创业者需要知道目前消费者在何处购买此类产品(或服务),并且要确定哪些因素可以使他们转而购买你的产品(或服务);了解消费者何时买,了解消费者的购买时间和频率,有利于创业者就营业时间、广告宣传时间以及各个时期的备货等问题做出正确的决策;了解消费者如何购买,了解消费者的购买方式,便于创业者就企业销售中的信用政策和价格政策做出决策。

最后,企业要了解从哪里获取消费者信息。一般来讲,信息来源可以分为:第一手资料,即从直接参与相关活动的人员处获得的资料。比如,在一个有关家具方面的调查中,从家具制造商或批发商那里得到的资料。第二手资料,即已经存在于某些地方,在调查研究中可以使用的数据。这些数据可能不是为了某种具体的目的而收集成的。第二手资料可以从各种贸易商(或制造商)协会、相关政府机构、公共服务机构或各种出版物中收集。

(二) 客户需求

彼得·德鲁克认为:"熟知市场与顾客的只有一人,那就是顾客本人。"因此只有听取顾客的意见、观察顾客,充分理解顾客的行动,才会知道谁是顾客、他们想买什么、想怎么买、买后用来干什么、对产品有什么期待、发现了产品的什么价值等。对于创业公司来说,需要通过理解目标客户是谁以及他们的需求是什么,来平衡销售部和市场部不同的意见,与技术人员讨论什么能做,什么不能做,这其中有很多定位、取舍和匹配的问题。客户是企业产品需要面对的最终购买者,直接到客户中去,了解和分析客户的需求是创业者需要做的第一步,也是创业机会的重要来源。很多企业自以为很了解客户,实际上却往往以自己的感受代替了消费者的感受,或者以点带面,不能全面地、客观地分析客户的需求,导致自己的产品不对路。

从真实的客户需求开始。成功的创业者应该基于真实的顾客需求来开发新产品或服务。令人奇怪的是,只有很少的创业者能开发出满足客户真实需求的产品,大部分产品研发都以不能产生销售而失败。

什么是真实的客户需求? 真实的需求指客户存在未解决的问题,而现有的产品或服务又不能提供一种解决方案。相对于现有产品或服务,如果新产品或服务能够更好地解决客户的问题,也可以说存在真实的需求。由于顾客都有保持现状的倾向,新产品必须足够好才能实现客户的转移。例如,使电脑运行速度增加两倍的微型集成电路芯片存在真实的客户需求,而速度只能增加 2% 的电脑则不会有市场。

创业者如何判断是否存在真实的客户需求呢? 一般而言,需要遵循四个步骤:第一步,寻找客户,发现什么使客户沮丧和抱怨,这些都是真实客户需求的信号。识别出客户问题所在后,第二步就是拿出这个问题的解决方案。否则,从创业者的角度来看,顾客问题毫无意义。当创业者找到顾客问题的解决方案后,第三步就是满足顾客需求的经济性。例如,只有以顾客愿意承担并且创业者有盈利的价格向顾客提供所需要的产品,创业才有意义。反之,创业者虽然有能力开发这种软件,但所花成本大于顾客愿意承担的价格,那么创办这样的企业、生产这样的产品就不会盈利。最后一个步骤是识别出可能替代已存在的或很快就会出现的创业方案的其他一些方案,这一点对创业者来说,往往不容易做到。但是,成功的创业者必须知道如何批判性地将自己的方案和别人提供的方案进行比较,尽力超越自负心理。

评估顾客偏好及新产品和服务市场。创业者启动新事业时,需要从潜在客户那里获取相关信息,另外也会用到像客户观察、与行业专家讨论、调研发展趋势等技术。

如何选择最适宜的市场呢?第一,如果目标市场已经成熟,对顾客和市场偏好的评价要相对容易些,一般会用到像焦点群体和调查研究这样的技术。原因是市场成熟时顾客偏好的特征比较明显,也比较稳定。例如,今天汽车的销售商都知道客户需要什么样的汽车。另外,市场成熟后,顾客也会感觉到与创业者沟通自己的偏好相对容易。第二,尽管创业者可以用已知的解决方案开发现有市场上的新产品和服务,但是他们最好专注于运用新的方案创造性地开发新的市场。这是因为,现有公司面临超越原有做事方式的一些障碍,比如现有市场统治的现象,他们容易倾听现有客户而忽视潜在客户。另外存在用户短视的问题。创业者不跟随现存企业,开发现有市场,选择不会引起现有公司关注和跟进的策略,有助于创业的成功。

(三) 发现痛点

创业本质上要求创造或认识到新事物的一个商业用途。更进一步地说,创业是有价值的机会与富有创业精神的个体之间的结合。机会产生于变化的经济、技术和社会条件,但只有当一个或更多精力充沛的、具有高度积极性的个体识别到机会并认为它值得利用时,与这些机会相关的事情才可能发生。这是一个重要的观点:机会的潜在价值有很大差异,其结果是只有一部分机会值得利用。换句话说,只有一部分机会比其他商业机会更好,其所在行业成长更快或有利可图,或客户需求更容易识别或满足。另外,有些机会更容易得到保护而免于竞争。

初创公司想打造一款好的产品,当然最好做到面面俱到。但是,面面俱到只是理想状态,对于初创公司来说,人力物力财力可能都无法达到理想状态。最好的办法就是把一两个不超过三个的功能点做透。什么都想做,什么都想做好,这样的初创团队成功率几乎为零。为什么呢?因为初创公司的团队能力包括整合资源的能力都是非常有限的,没有充足的兵力与弹药,就不具备全面开战的实力。

在选择产品功能痛点上,一定要选择客户感知最强,或者客户最具有刚性需要的功能点,把它做到最透。曾经有一家创业公司从母婴类空气净化产品入手,一上来就罗列了十几个用户痛点。但是经过仔细梳理,发现最重要的是PM2.5和除甲醛。这两个痛点才是所有父母最关心的问题。于是他们努力把PM2.5值降到接近于0,除甲醛除得最干净。虽然产品外形做得并不美观,体积也过于庞大,但是这两个功能做得比欧洲同类产品更好。然后他们将这两点加以强调并精准宣传,最后获得了非常好的市场反响。站在客户的角度来看,他们最关心的就是你的核心功能能否做到最好。

二、市场吸引力

(一) 市场规模

市场规模即目标产品或行业的整体规模,具体包括目标产品或行业在指定时间的产量、产值等。作为一个创业者,想要达成既定创业目标,除了需要对市场有比较深刻的理解，从宏观层面上获得一个市场规模的总体结论也是非常重要的。

创业者要看清市场趋势。市场规模可以让你发现市场趋势。市场动向常常会朝一个方向发展或者在一段时期内朝另一个方向发展。此外，这些趋势常常说明无论即将出现什么样的替代品，都可以潜在地影响市场规模。即便是已经建立的最大的公司也不能100%的占有市场份额。判断市场规模有以下方法。

1. 自上而下的估算市场规模的方法。看一下你的产品或服务的整体市场，然后对你的市场份额进行实际的预估。以酒店行业为例，2012年，美国旅行者在假期租房上的花费是230亿美元，如果万豪国际占据了138亿美元，你可以考虑将剩下的92亿美元作为你的市场规模。

2. 自下而上的分析方法。决定你将把产品销售到哪些地方，该放在多少地方存储，市场上有多少在售的竞争品。尽量客观一些，这会帮助你思考在五年内会有什么现实意义上的增长。然后，将你的份额与整体的目标市场相对比，如果能占到目标市场的五分之一，那么你的计划在现实意义上就是可行的。

3. 关注竞争。你所从事的行业是否拥挤？哪种类型的公司走在前沿？如果你是行业内某一特殊类钢铁的唯一制造者，那么你有可能占整个市场份额的50%。但是，旅游行业的新干线很少能够占市场份额的10%。

4. 评估静态的市场规模。在静态市场做事情可能会面临激烈的竞争。你和你的竞争对手每天都在争夺相同的用户。我们再来看一下酒店行业，一家全新的酒店公司一定要考虑经济酒店的增长速度是不是比豪华酒店的增长速度快。这将说明长期的目标市场规模会如何改变，可以帮助预测趋势。

预测要实事求是，这在判断市场规模时是最重要的。这不仅意味着你要客观公正地看待你的产品或服务，也意味着你要客观公正地看待用户的需求和意愿。否则，你会发现自己所在的行业市场规模太小，无法拓展业务。

（二）市场成长性

产品具有生命周期。研究显示，与可选择的现有产品相比，新产品在质量、可靠性和业绩等顾客价值的很多方面都存在劣势。由于学习新东西有个过程，在起始阶段产品发展比较慢。提高产品性能的许多创意会被证明是行不通的，尤其是一个问题刚解决，新问题又接踵而至，对提高业绩造成障碍。例如，在刚制造飞机时，改进机翼和发动机性能的每一个努力只能使飞机多飞几英尺。但是，后来通过攻破诸多技术上的难题，早期的飞机创业者获得了解决机翼和发动机问题的关键方法，飞行效果得到了很大提高。业绩的迅速改善持续了一段时间之后，又会到达一个收益递减的阶段，即提高业绩的任何投入只能获得极少的业绩回报。例如，与较早期阶段相比，为了使飞机能够再多飞行一英里就得花费更多的投资。从以上的分析看出，新产品业绩的发展模式呈现S型，研究人员把它称为S曲线（见图9.1）。

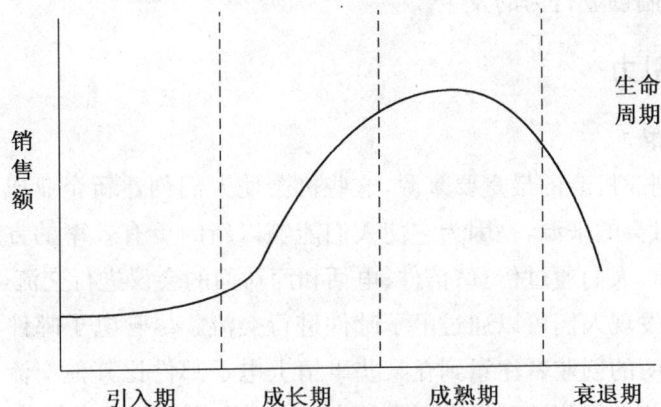

图 9.1　新产品业绩发展的 S 曲线

S 曲线对创业者来说具有重要意义。第一,由于起始阶段的新产品在顾客价值的许多方面都劣于现有产品,因此对创业者来说,引入新产品非常难。为了渡过初始阶段,创业者需要资金的支持以维持企业的生存,直到新产品产生绩效为止。或者创业者不太在乎新产品绩效并愿意接受这种产品的市场利基。第二,创业者应该明白,新产品业绩的改进是投入的函数,而不是靠时间。除非为新产品开发进行投资,否则新产品不会自然地优于现有产品。第三,能够识别出 S 曲线中产品发展的加速点,这是重要的创业技能。如果搞清楚什么时候产品业绩会起飞,创业者就能够拿准什么时候雇用员工、扩大生产,以及筹集资金。最重要的是,创业者需要预测出产品发展是否会加速。如果新产品业绩没有得到快速发展,就不会在顾客价值方面超过现有产品。

(三) 企业结构

在发达的市场经济国家,市场结构主要是指企业规模分布。在大企业比重高的地区和小企业比重高的地区,新企业成立的概率不同。可以从职业选择理论、经验学习理论和竞争理论三个不同的视角进行解释。创业者的职业选择理论认为创业者面对领工资和自己创业两个选择,因为大企业的稳定性和高工资使员工创业的机会成本较高,而小企业员工更容易放弃工作而选择创业。所以小企业越多的地区,创业发生的概率可能越大。经验学习理论认为小企业的员工为创业做了更充分的准备,因为小企业使员工更容易全面接触到企业的所有业务以及生产运营过程,使员工积累创业经验教训。因此,小企业是新企业最有效的孵化器。竞争理论认为大企业由于在吸引熟练或高素质劳动力、资本、中间投入以及客户等方面都有较强的竞争力甚至垄断力,从而增加了创业的难度。大企业通常采用垂直一体化的组织结构,不仅将中间投入的供给内部化,大大降低企业的生产成本,还将创新与技术都保护在企业边界之内,使得自身在市场上具有绝对优势,从而提高了新企业的进入壁垒。由于中国正在经历市场化转型,市场结构还包括企业所有制分布。国有企业比重高的地区,地方政府受到国有企业的影响较大,在制定政策和分配资源时会有所偏向,市场经济环境较差,导致创业成本和失败率较高,从而降低创业者对该地区创业成功的预期,限制创业行为的发生。

三、行业吸引力

(一)技术变革

技术变革是创业机会的最重要来源,这些机会使人们创建新企业成为可能。技术变革之所以是创业机会的来源,是因为它使人们能够以新的更有效率的方式做事。比如在发明电子邮件以前,人们通过传真、信件、电话和面对面的会议进行交流,但在因特网发明以后,一些创业者发现人们可以通过电子邮件进行交流。尽管电子邮件不能完全代替其他交流方式,但精明的创业者注意到在某些事情上电子邮件比其他交流方式更好。也就是说,新技术发明使人们能够开发出更有效率的交流方式——电子邮件,因而成为一个有价值的机会来源。

与较小的技术变革相比,较大的技术变革是创业机会的更大来源,因为较大的技术变革,使利用新技术带来的效率提高很多。比如,相对于硬度比钢硬 10 倍的新材料,硬度比钢硬 50% 的新材料就是一个较小的创业机会来源,因为比钢硬 10 倍的新材料有更多用途。实际上,在一项有关将麻省理工学院拥有的发明进行商业化的研究中,发现一项发明代表的技术进步越重要,人们越有可能建立企业来利用它。

(二)社会变化

社会与人口变化也是创业机会的重要来源。想想你穿的衣服和听的音乐,它们或许与你的父母当年所喜欢的衣服和音乐有所不同。人们偏好的变化使警觉的创业者能够提供人们需要的产品和服务。假设你预测明年在大学生中的流行时尚将发生改变,人们将开始穿套装走进课堂,而不是牛仔裤、圆领汗衫和棒球帽。你就可以利用这个社会变化去创办一家公司,满足大学生穿夹克戴领带上课的需要。

除了社会趋势,人口变化也是创业机会的重要来源。人口趋于老化,为创业者提供了为老年人生产产品的机会,如生活辅助设施。人口更加远离主要城市,也为创业者提供了机会,使他们能修建远离城市中心的购物商场,或者提供像光盘之类的产品使人们在长途往返中得到娱乐。

为什么社会和人口变化是创业机会的来源呢?第一,社会和人口变化改变了人们对产品和服务的需求。由于创业者通过销售顾客需要的产品和服务来赚钱,因而需求的变化就产生了生产新事物的机会。第二,社会和人口变化使人们针对顾客需求所提出的解决方案,比目前能够获得的方案更有效率。比如,大量妇女参加工作这个变化,创造了更高效午餐准备方案的需求。这个机会导致了冷冻午餐的出现。

(三)经济周期

经济周期(business cycle)也称为商业周期或商业循环,它是指经济运行中周期性出现的经济扩张与经济紧缩交替更迭、循环往复的一种现象。宏观经济环境的扩张或收缩,对创业者非常重要。

当经济周期处于扩张阶段时,是宏观经济环境和市场环境日益活跃的季节。这时,市场需求旺盛,客户可支配收入增多,订单饱满,商品畅销,生产趋升,资金周转灵便。创业企业更容易在这样宽松有利的环境中进入,他们在经济扩张时期创业成功的概率也会更高。

当经济周期处于收缩阶段,是宏观经济环境和市场环境日趋紧缩的季节。这时,市场需求疲软、订货不足、商品滞销、生产下降以及资金周转不畅。创业企业在供、产、销和人、财、物方面都会遇到很多困难与挫折,创业企业处于较为恶劣的外部环境中。但经济衰退既有破坏作用,又有"自动调节"的作用。这是因为在经济衰退中,一些企业破产,退出竞争,一些企业亏损,陷入困境。在这一阶段,创业企业进入市场需要有强有力的比较优势,才能竞争过其他企业。

第二节 创新创业战略制定的要素

为了正确评价企业的创新能力,首先必须弄清楚获取创新成功的决定因素,也就是说到底哪些因素对企业创新具有重要的影响作用。一般来说,成功的企业创新,是时间、空间和人三种要素结合的产物,如果能做到"天时地利人和",那么创新创业的过程会更加顺利。

一、赢在时间

产品生命周期是指产品从投入市场到最终退出市场的全过程,该过程一般经历产品的萌芽期、成长期、成熟期和衰退期四个阶段。在产品生命周期的不同阶段,产品的市场占有率、销售额、利润额并不相同。在产品萌芽期,侧重产品开发投入,有产品销售量,但增长较慢,利润额多为负数。当销售量迅速增长,利润由负数变正数并迅速上升时,产品进入了成长期。经过快速增长后,销售量逐渐趋于稳定,利润增长处于停滞时,说明产品成熟期来临。在成熟期的最后一阶段,产品销售量缓慢下降,利润开始下滑。当销售量加速递减,利润也较快下降时,产品便步入了衰退期。

创业者之所以要考虑产品生命周期,目的是知道自己的产品是否有足够的生命力。如果一个产品在市场中已经处于其生命周期的衰退阶段,那么产品无论如何有竞争力,也不能有大的作为。所以关注产品生命周期,实际上也是关心企业能否在市场中生存下来,是否可以创造足够的财富。

(一)萌芽期战略——瞄准市场,先声夺人

创业者可以选择的营销策略主要有以下几种类型:

第一,迅速夺取策略。即以高价格和高促销水平推出新产品的策略。采用此策略必须具备如下条件:产品鲜为人知;了解产品的人急于购买,并愿意以卖方的定价支付;企业

面临潜在的竞争,必须尽快培养对本产品有"品牌偏好"的忠实顾客。

第二,缓慢夺取策略。即以高价格和低促销水平推出新产品的策略。适用于如下情况:市场规模有限;顾客已经了解该产品;顾客愿意支付高价;没有强大的潜在竞争对手。

第三,迅速渗透策略。此策略是指用低价格和高水平促销费用推出新产品的策略。实施该策略所必须具备的条件是:市场规模大;顾客并不了解该新产品;市场对价格比较敏感;有强大的潜在竞争对手。

第四,缓慢渗透策略。此策略是指以低价和低促销水平推出新产品的策略。实施该策略应该具备的条件是:市场规模大;产品有较高的知名度;市场对价格敏感;存在潜在的竞争对手。

(二)成长期战略——顺势增长,保证质量

企业在成长阶段主要目标是尽可能维持高速的市场增长率。为此,可以采取以下市场推广策略:第一,改进产品质量,增加花色品种,改进款式、包装,以适应市场的需要;第二,进行新的市场细分,从而更好地适应增长趋势;第三,开辟新的销售渠道,扩大销售网点;第四,改变广告宣传目标,由以建立和提高知名度为中心,转变为以说服消费者接受和购买产品为中心;第五,适当降低价格以提高竞争能力和吸引新的顾客。

(三)成熟期战略——不断创新,站稳市场

成熟产品是企业理想的产品,是企业利润的主要来源。因此延长产品的成熟期是该阶段的主要任务。延长产品成熟期的策略可以从以下三个方面考虑:第一,发展产品的新用途,使产品转入新的成长期;第二,开辟新的市场,提高产品的销售量和利润率;第三,改良产品的特性、质量和形态,以满足日新月异的消费需求。

(四)衰退期战略——面对现实,尽早放弃

对处于衰退期的产品,可以采用的策略主要有维持策略、转移策略、收缩策略和放弃策略。一般来说应该采取放弃策略,主要包括立刻放弃、逐步放弃和自然淘汰三种类型。因此,如果创业者选择的产品恰好正在步入衰退期,那么最好的办法就是尽快放弃,重新选择。

二、赢在空间

赢在空间战略是指创业者在创立公司和投入新产品或服务之前,需要了解想进入的市场的动态,以确信他们采取了正确的市场战略。企业可以采取的市场战略有如下几种:

(一)既有市场战略

企业在原有产品和市场的基础上,通过提高产品质量、加强广告宣传、增加销售渠道等措施,来保持老用户,争取新用户,逐步扩大产品的销售量,提高原有产品的市场占有率。既有市场战略立足于现有产品,是企业最基本的发展战略。该战略是由现有产品和现有市场组合而形成的,所以企业战略管理人员应当系统地考虑市场、产品及营销组合的策略,以达到促进市场渗透的目的。主要包括三大基本战略。

第一,成本领先战略。在这种战略的指导下企业决定成为所在产业中实行低成本生产的厂家。企业经营范围广泛,为多个产业部门服务甚至可能经营属于其他有关产业的生意。企业的经营面往往对其成本优势举足轻重,成本优势的来源因产业结构不同而异。它们可以包括追求规模经济、专利技术、原材料的优惠待遇和其他因素。例如,在电视机方面,取得成本上的领先地位需要有足够规模的显像管生产设施、低成本的设计、自动化组装和有利于分摊研制费用的全球性销售规模。

第二,差异化战略。差异化战略是将公司提供的产品或服务差异化,形成一些在全产业范围中具有独特性的东西。实现差异化战略可以有许多方式:涉及品牌形象、技术特点、外观特点、客户服务、经销网络及其他方面的独特性。最理想的情况是公司使自己在几个方面都差异化。

第三,专一化战略。专一化战略是主攻某个特殊的顾客群、某产品线的一个细分区段或某一地区市场。专一化战略可以具有许多形式,其整体围绕着为某一特殊目标提供较好的服务这一中心建立,它所开发推行的每一项职能化方针都要考虑这一领域中心思想的崭新焦点。

既有市场战略在企业可选的发展战略中,风险最小、所需资源投入最少,最直接地实现了企业的最终价值。精明的管理者从不忽视企业现有产品市场组合,尽力通过增强、维持现有产品市场组合的竞争地位来发掘其潜力,在其臻于成熟时,也要设法扩展其增长量和利润度。

(二) 新开发市场战略

包括两个方面的内容,一是,给产品寻找新的细分市场;二是,企业为老产品寻找新的用途,在传统市场上寻找、吸引新的消费者,扩大产品的销售量。包括五大典型战略。

1. "滚雪球"战略

目标市场的"滚雪球"战略是企业最常用的一种策略,即企业在现有市场的同一地理区域内,采取区域内拓展的方式,在穷尽了一个地区后再向另一个新的区域进军的拓展战略。采用这种"滚雪球"式的循序渐进市场开拓战略,可在一定程度上降低市场开拓经营风险,使企业稳扎稳打、循序渐进,不断扩大目标市场范围,对企业及品牌根基的牢固大有裨益。这种战略选择也存在时间稍长、企业发展速度缓慢等不足。但这种选择对于中小企业逐步滚大企业、打响品牌却是最佳选择之一。

2. "保龄球"战略

企业要占领整个目标市场,首先攻占整个目标市场中的某个"关键市场"——第一个"球瓶",然后利用这个"关键市场"的巨大辐射力来影响周边广大的市场,以达到占领全部目标市场的目的。这种目标市场开拓战略称之为"保龄球"战略。

3. "采蘑菇"战略

"采蘑菇"市场开拓战略是一种跳跃性的拓展战略。企业开拓目标市场时,通常遵循目标市场"先优后劣"的顺序原则,而不管选择的市场是否邻近。也就是首先选择和占领最有吸引力的目标区域市场,采摘最大的"蘑菇";其次再选择和占领较有吸引力的区域市场,即采摘第二大的"蘑菇",不管这个市场和最有吸引力的市场是否邻近,以此类推。"采蘑菇"的目标市场开拓战略,虽然给人挑肥拣瘦的感觉,存在缺乏地理区域上的连续性的缺点,但却是一种普遍适用的选择。

4. "农村包围城市"战略

这种先易后难的目标市场开拓战略,对实力尚弱、品牌知名度不是很高的中小企业比较适用,首先选择比较容易占领的周边市场,一方面积蓄力量和营销经验,另一方面积极向"中心城市"市场进行潜移默化的影响和渗透,往往可以实现最终占领"中心城市"市场的目的。尤其是目前"中心城市"市场的竞争相当激烈,众多企业纷纷往里挤以图分一杯羹,却忽略了在农村及小城镇市场有需求的情况下,其不失为中小企业市场开拓战略的首选。

5. "遍地开花"战略

遍地开花战略是企业在开拓其目标市场时,采用到处撒网,遍地开花的方式,同时向各个目标市场发动进攻,以达到对各个目标市场同时占领的目标市场开拓战略。这种目标市场开拓战略需要企业同时具备强大的资金支持,且由于"遍地开花",因此对管理等问题提出严峻挑战,所以这种目标市场开拓战略的成功系数比较小,而且成功者寥寥,失败者居多。可见这种战略并不适合目前我国的中小企业。

(三)混合市场战略

为了提高竞争力,企业不断开发新的产品,并利用新的产品开拓新的市场。从采用情况来看,一般是较大型的企业采用混合市场战略。因为大型企业相对来说拥有较多的战略业务单位,这些业务单位很可能分布在完全不同的行业和产业群中,他们所面临的外界环境、所需要的资源条件完全不相同,因而若对所有的战略业务单位都采用统一的战略,就有可能导致由于战略与具体的战略业务单位不相一致而导致企业的总体效益受到伤害的情况。

在某些时候,混合型战略也是战略态势选择中不得不采取的一种方案。例如,企业遇到较为景气的行业前景和比较旺盛的消费者需求,因而打算在这一领域采取增长型战略,但如果这时企业的财务资源并不是很充分的话,可能无法实施单纯的增长型战略。此时,就可以选择部分相对不令人满意的战略业务单位,对他们实施抽资或转向战略,以此来保证另一战略业务单位实施增长型战略所需的充分资源。由此,企业从单纯的增长型战略转变成了混合型的战略。混合战略按照不同的分类方式主要分为以下几类。

1. 按照各自战略的构成不同划分,可以分为同一类型的战略组合和不同类型的战略组合。所谓同一类型的战略组合是指企业采取稳定、增长和紧缩中的一种战略作为主要的战略方案,但具体的战略业务单位又是由不同类型的战略形态来指导。因此,从严格意义上来说,同一类型的战略的组合并不是"混合市场战略",因为它不过是在某一战略态势中的不同具体类型的组合。不同类型组合是指企业采用稳定、增长战略和紧缩战略中的两种以上的战略形式的组合，因而这是严格意义上的混合型市场战略。这种战略要求企业的高层管理者能很好的协调和沟通企业内部的各战略业务单位之间的关系。

2. 按照战略组合顺序不同划分，可以分为同时性战略组合和顺序性战略组合。同时性战略组合是指不同类型的战略被同时组合在一起的混合型战略。战略的不同组合有好几种，最常见的如下：一是在撤销某一战略经营单位、产品系列或经营部门的同时，增加其他一些战略经营单位、产品系列或经营部门。这其实是对一个部门采取清算战略，同时对另一个部门实施增长战略。二是在某些领域或产品中实施抽资转向战略的同时，在其他业务领域或产品中实施增长战略。在这种情况下，企业实施紧缩战略的业务单位可能还未到应该放弃或清算的地步，甚至有些可能是仍旧有潜力的发展部门，但是为了提供其他部门发展所需要的资源，只有实施紧缩型战略。三是在某些产品或业务中实施稳定战略，而在其他一些产品或部门中实施增长战略，这种战略组合一般适用于资源相对丰富的企业，因为它要求企业在并没有实施收缩来获取资源的前提下以自己的积累来投入需要增长的业务领域。

顺序性战略组合是指一个企业根据生存与发展的需要，先后采用不同的战略方案，从而形成自身的混合型战略方案，因而这是一种在时间上的战略组合。常见的顺序性战略组合有：一是在某一特定时期实施增长型战略，然后在另一时期使用稳定性战略。这样做是为了使企业能够发挥"能量积聚"的作用。二是首先使用抽资转向战略，然后在情况好转时再实施增长战略。采用这种战略的企业主要是利用紧缩战略来避开外界环境的不利条件。

三、赢在人和

(一) 人力资源战略

1. 设定目标

在许多商业环境下为员工设定目标是一种非常有效提高其积极性和绩效的方法。为了使激励作用最大化，设定的目标必须满足如下标准：第一，目标必须具有挑战性。目标对员工来说应有一定的压力，因此员工必须努力工作以实现目标。第二，目标必须是可实现的。设置员工不可能实现的目标，不能提高他们的积极性或绩效。第三，目标必须明确。只告诉员工"要尽力"或"增加产出"，实际上是无效的。为了激发员工的工作热情和获得更出色的绩效，设定的目标必须明确（例如，"在一个月内将产出提高15％"）。第四，目标必须被员工接受。如果设定的目标与他们自己的愿望或目的不符，员工会拒绝目标，不会付出努力。第五，在实现目标的过程中必须提供相关的反馈。员工应该被告知自己的执行情况。如果缺少这种反馈，人们不了解他们的努力是否得到回报，就可能会失去干劲。

设定符合这些标准的目标是一项有效提高员工工作积极性和绩效的技术。例如，在最近的一项研究中，一家比萨连锁店的经营者发现运送比萨的司机没有严格按照停车标志停车,这种行为会使他们个人和公司面临事故或诉讼的风险。这位经营者通过设置目标并伴有具体反馈的方法来改变这种行为,为每位司机设定了明确的目标:在固定停车点停车的比率要达到75%(在研究开始时这个比例只有45%)。继续观察他们的停车情况,并对每周达到目标的程度给予反馈。正如图9.2所示,效果很显著:在设置目标和给予反馈后很短的时间内,司机的绩效就接近了目标水平。然而,当反馈不再持续时,这个比率又回到了先前的水平。

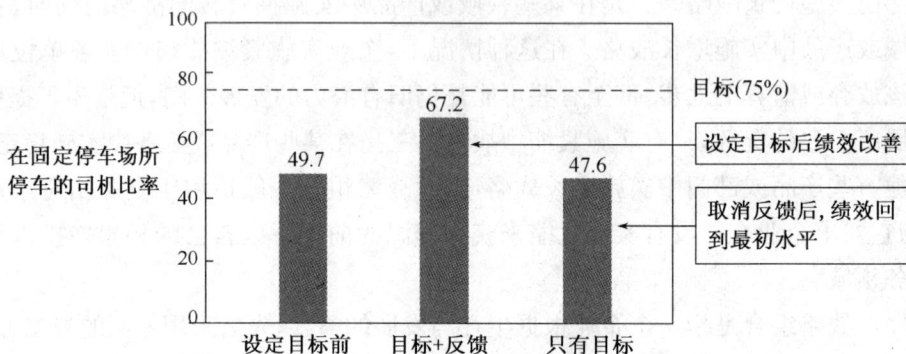

图9.2 设定目标:激励员工的有效技术

许多创业者已经不仅仅关注与工作绩效相关的目标,他们关注的是愿景,即他们希望实现的成就及企业未来的前景。将这些愿景明确地传递给员工和其他人,能够极大地促进新企业的成长。

2. 将报酬与绩效联系起来

期望理论是一个重要的激励理论,已被许多不同的研究所证实。它明确地指出只有存在以下三个条件,人们才会受到激励而努力工作:(1)他们相信付出努力能够提高绩效(即期望);(2)良好的绩效将会得到报酬(这就是手段);(3)所得到的报酬是他们所需要或重视的(效用)。当缺少这三个因素中的任何一个时,动力都会降到非常低的水平。

创业者比其他人更乐观,对自己能够完成某项任务的信任程度更高。他们往往认为对每个人来说,努力与绩效是紧密相关的,而绩效与报酬也是紧密相关的。因一旦投入的努力在最初没有取得成功,他们往往会加倍地努力而不是放弃。因此,在经营新企业时,创业者应当认真考虑这一因素,以下几个实用的措施可以帮助他们使员工的积极性保持在较高水平上。

首先,确保努力工作可以获得良好绩效。这意味着要保证员工拥有完成工作所必需的培训、设备和知识。其次,确保良好的绩效能够得到认可和报酬,即绩效与报酬之间有紧密的联系。可以通过为新企业建立包括薪资、红利和其他奖励在内的报酬系统以达到这一目标。最后,确保为良好绩效所提供的报酬是员工真正想要的。金钱对员工来说很重要,但有时员工会重视其他奖励,如特殊的福利待遇、灵活的工作时间或休假安排、表扬和认可等。

总之,如果员工感到在努力和绩效或绩效和报酬之间的关联程度密切而清晰,他们的动力就会提高。打破或减弱这些联系就会使员工士气低落,失去动力。精明的创业者应当注意到这些事实,并尽一切努力在新企业中创造有助于员工保持高水平动力的环境。

3. 公正

在商业环境下,受到不公正待遇的员工的积极性会急剧下降。他们通常会直接卷入负面行为中,一部分原因在于他们对所受到的不公正待遇感到愤怒,另一部分原因在于这是一个"扯平"的办法——得到他们觉得自己应该得到的,即使不得不自己动手来拿。公平,即群体中每个人的付出与所得之间的比例是相等的:每个人所做贡献越多,所得到的回报应该越大。

然而所得与付出之间的不平衡并不是人们感受到不公正待遇的唯一原因。当人们感到分配报酬的程序不公平时(程序公平)或当他们感到报酬分配者没有充分地解释他们的决定或没有在行为中显示出足够的尊重(交互公平)时,也会产生不公平的感觉。

这对创业者有以下几个方面的启示:第一,他们应当对新企业中的员工保持公平。这意味着努力使报酬与绩效尽可能紧密相关,这样员工的贡献越大,所得的回报越大。第二,在评定绩效和分配报酬时建立公正的程序很重要。这种程序应被所有的员工所了解。这一点后面还会提到。第三,礼貌地对待员工。尊重他们是非常重要的,这也是保持员工高水平动力的基本条件。

4. 设计具有激励性的职位

保持或增强新企业员工积极性的技巧在于:为其设计具有内在激励性的职位。几乎没有人喜欢完全是常规性的经常重复的工作,以及自己很少或完全不能控制的工作。创业者乐于创造新事物,具有典型的兴奋型性格,因此容易忽视这一现象。他们忽略了员工可能没有机会分享自己的感觉。应当注意到,职位设计即安排职位以提高人们对某些工作的兴趣非常重要。有两个基本措施有助于保证员工的工作不是完全常规性的。第一种方法是工作扩大化,即扩大某个职位的工作,使之包含多样化的任务和活动。第二个基本方法是工作丰富化,指不仅仅给予员工简单的任务,还给予他们一些需要更高技能和责任感的任务。

工作设计需要符合以下原则:第一,人们在为实现所认同的具有挑战性的目标而奋斗时,会比在没有清晰的目标时工作更努力;第二,人们在意识到他们的努力、绩效和所得到的奖赏之间有明确的联系时,会比缺乏联系或联系较弱时工作更努力;第三,人们在感到他们得到公正的待遇(在报酬、程序和尊重方面)时,会比感到不公平时工作更努力;第四,人们在承担经过设计以引起其兴趣的职位时工作会更努力。

新企业可以运用所有的这些原则。实际上,新企业在这方面比大型的现存企业更有优势。大企业的复杂而不可靠的薪酬体系和组织政策往往会起到妨碍作用。但员工激励中的这些关键要素并不会自动出现,创业者或被授权做这项工作的人必须花费精力坚持这些原则。

(二) 团队战略

创业团队是创业企业高层管理团队的基础和最初组织形态。具体是指初始合伙人团队,即拥有共同目标、共担创业风险和共享创业收益的一群联合创建新事业的人。也就是说,它不包括与创业过程相关的各种利益相关者,例如核心员工、外部投融资者、专家顾问等。在技术和市场快速复杂变革环境下,无论是新企业还是大公司,都需要依靠创业团队去构筑动态能力和获取竞争优势。如何组建一个优秀的创业团队,如何培养和提升创业团队的领导力,如何开展卓有成效的创业领导,是创业者必须关注的关键问题。

从内部因素来看,创业失败的一个主要原因是创业团队内部问题。因而,投资家在甄选创业投资项目时,通常把创业团队的卓越表现作为首要考察和评估的内容。风险投资家约翰·多尔重申了乔治·多瑞阿特将军的格言:与拥有二流团队和一流创意的企业相比,我更喜欢拥有一流创业者和团队却仅有二流创意的企业。类似地,著名投资家阿瑟·洛克(Rock,1987)说:"没有一个卓越的团队,即使有一个伟大的创意,也无法实现或难以有效实现这个创意。"

在合伙人创业团队,每一个成员作为合伙人都有诸多优势,从而构筑起团队创业的整体优势,例如增强整个合伙人创业团队的智力资本的宽度和深度。蒂蒙斯提出的创业过程理论模型深刻地阐述了创业团队的重要性。蒂蒙斯指出,创业过程是一个高度复杂的动态过程。创业团队、创业机会和创业资源是影响创业过程的三个关键要素。成功的创业过程需要在这三个关键要素之间实现高效的动态平衡。

创始人是创业团队的核心成员。在创业过程中,创业团队是获取创业机会、帮助创业企业整合、创建和重构创业资源与能力的决策和执行主体。由于变化多端的外部环境总是深刻地影响创业企业的创业机会和创业资源的获取,创业团队需要不断调整自身与创业机会以及创业资源的匹配关系,以达成动态平衡。

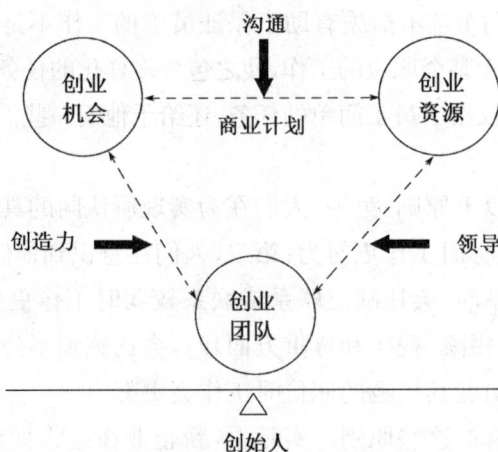

图 9.3　蒂蒙斯创业过程模型

资料来源:Timmons & Spinelli,2004

在最初阶段(机会发现创造主导阶段),创业团队的能力相对较弱,创业资源相对匮乏,创业团队的核心任务是发现和创造最具市场吸引力的创业机会。在第二阶段(资源能力提升主导阶段),创业团队的核心任务是最大限度地提升自身的能力,战略性地获取创业资源,竭尽全力地利用最初阶段获取的创业机会。在第三阶段(动态平衡实现主导阶段),创业团队的核心任务是进一步提升自身的能力,更有效地获取创业资源,最大限度地实现创业机会,从而达成创业团队、创业机会和创业资源三者的动态平衡。在第四阶段(机会继续寻求主导阶段),创业团队的能力已经足够强大,创业资源已经足够雄厚,原有的创业机会已经得到充分利用。因此,此时创业团队的核心任务是继续发现和创造更多、更好的创业机会。随着这些阶段的循环往复,创业企业不断成长,并逐步走向卓越。

企业创业过程中比较常见的是,先有一个创始人单独或两个联合创始人合作创办一个新企业,然后有其他合伙人陆续加入该企业与创始人组成一个创业团队。大量证据表明,组建一个优秀的创业团队必须具备两个基石:一是,构建优秀的团队心智结构;二是,构建优秀的团队治理结构。

优秀的团队心智结构通常需要具备四个特质:成员志同道合、能力卓越互补、行为风格匹配和相互信任尊重。

良好的团队治理结构有如下两方面要求:

首先要求股权设计适。为建立优秀的团队治理结构,不存在适用于所有情境的最佳合伙人股权的进入、分配和退出机制。为避免今后可能产生的创业冲突,合伙人股权的进入、分配和退出机制的设计需要遵循以下原则。第一,公平开心原则。在讨论和制订合伙人股权的进入、分配和退出方案的过程中,需要最大限度地让合伙人感到公平合理、开心舒畅。这样,方案制订完成后每个合伙人能够专心致力于为实现创业愿景和目标而共同努力奋斗。在讨论过程中,合伙人之间需要开诚布公地交流自己对股权分配、退出的想法和期望。第二,股权进入原则。慎重将下述人员当成合伙人:短期资源承诺者、天使投资人、兼职人员和早期普通员工。第三,一股独大原则。最大责任者、最可信任者、最佳决策者一股独大。通常情况下,创业团队的股权分配绝对不能搞平均主义。否则,会出现创业团队没有实际控制权人的局面,容易陷入谁说了都不算的僵局。第四,股份绑定原则。创业团队需要执行股份绑定、分期兑现的原则,按照合伙人在创业企业工作的年数或月数逐步兑现股权。任何合伙人必须在企业至少工作1年才可持有股份。股份绑定计划一般按4-5年期执行。第五,股权稀释原则。在融资方案最终敲定之前,一定要将相关股权稀释、融资文件给独立、专业的律师审定,确保合伙人的权益。新的融资或新增合伙人将稀释原有合伙人的股份。第六,退出回购原则。对退出的合伙人,一方面,可以全部或部分收回股权;另一方面,必须承认合伙人的历史贡献,按照一定溢价或折价回购股权。在什么情况下合伙人可以退出、什么情况下合伙人必须要退出以及具体回购价格的确定,一定要事先非常明确地约定。合伙人之间可在合伙人协议里明确约定股权的退出机制;第七,动态调整原则。合伙人需要事先在合伙人协议里非常明确地约定动态调整股份的条款。

特别是股份平均的创业团队需要尽快调整股份结构,以避免潜在的创业风险与冲突。

其次,职权责利对等。为有效保障创业团队分工与协作关系的落实,需要明确每个合伙人的职、权、责、利,并保证每个合伙人的职权责利对等。职务是合伙人的身份标志,并由此产生计划、组织、领导和控制等基本职能;职权是指合伙人为履行岗位职责所拥有的开展活动或指挥他人的权力;责任是指合伙人行使职权所需要承担的任务和后果;利益是指合伙人因行使职责而得到的报偿和奖惩。拥有一定的职权是保障合伙人履行职责的必要条件之一。合伙人的职权责利的配置主要依据创业团队的愿景目标、合伙人的创业胜任力、合伙人的股份大小、合伙人的现有贡献和潜在贡献等因素来确定。合伙人的职权责利对等是指授予给合伙人的权力应能保证其履行相应职责、完成所分派的任务,做什么事给什么权;而合伙人应负的责任大小应与其获得的权力大小相当,有多大的权力就应该承担多大的责任;合伙人所获得的利益多寡必须与其所承担的责任大小相当,有多大的责任就应获得多大的利益。大多数合伙人之所以对自己担任较低的职务感到不舒服,是因为作为合伙人他们原本处于同等地位。如果他们同等地对企业的债务负责,同等地商讨创业团队的愿景目标和战略方向,那么他们最不愿意看到的就是其他合伙人让他们承担一个次要角色。因此,在确定每个合伙人的职权责利之前,合伙人之间需要开诚布公地交流自己对职权责利的想法和期望。

不管合伙人在创业团队中担任何种职责,他们都必须以一种能够被其他合伙人所接受的方式去履行,否则就会出现管理冲突。每个合伙人必须干得称职,而这意味着创业团队必须设立问责制,并明确每个合伙人的权力清单和责任清单。

(三) 组织战略

创业者在创建新企业之初,首先要考虑的就是组织形式的选择。目前企业主要有三种基本组织形式:个人独资企业、合伙企业和公司制企业(包括有限责任公司和股份有限公司)。创业者首先应了解不同类型企业组织形式的特点以及可能存在的法律风险,然后根据自有资本情况、企业运作经验、企业税费与运营成本、企业设立程序繁简、利润分配与责任承担、组织存续期限、行业特点等选择适合自身发展的企业组织形式。

企业组织架构是企业流程运转、部门设置及职能规划等最基本的结构依据,常见组织结构形式包括简单结构,按职能划分成各个部门的结构,按区域划分的结构以及将职能、区域和产品种类相结合的矩阵结构。企业的组织架构就是一种决策权的划分体系以及各部门的分工协作体系。组织架构需要根据企业总目标,把企业管理要素配置在一定的方位上,确定其活动条件,规定其活动范围,形成相对稳定的科学的管理体系。

对于初创企业来说,一般最开始的组织结构即为简单结构。在初创企业的简单结构中,企业拥有者即为企业的管理人,他们做出公司大部分的决定,其他职员只是管理层的延伸。这种结构的优点在于:决定都由管理层做出,不会违背管理层的意愿;职能分化少;较少管理层级,管理者能快速了解一线信息。这种结构的缺点在于:职员可能利用监管缺失做自己的事;职员职能不明确,不明白自己的工作要求。

第三节　创新创业战略执行

战略执行是一个组织在战略制定以后所面临的普遍问题,一个好的战略也只有在它得到成功的执行以后,才能够为这个组织带来卓越的绩效。战略执行应该关注通达环节,人员招募及相关的组织制度。通达环节中,创业者应该注重客户和资源;人员招募需要配合组织岗位的设计,对人才进行系统性的评估;制度环节主要强调财务制度和人力资源管理制度两个方面的配合。

一、通达环节

(一) 客户价值管理

第一,要理解顾客价值。企业应当贴近顾客,满足顾客的需求。顾客价值不是一个概念,而是一种战略思维、是一种准则,这个准则和思维用另外一种方式来表达就是"以客户为中心"。一个能够创造客户价值的公司应该基于现代价值链进行思考,一切从客户开始,为客户创造价值,由客户的偏好决定企业和服务所付出的努力,由技术和服务的价值引导资源的投入,最后获得公司的资产和核心能力,这样的企业是拥有市场能力并能实现持续增长的企业。

第二,顾客是竞争能力的源泉。时至今日,已经有越来越多的企业认识到顾客的重要性,并加深了对顾客在帮助企业构建新的竞争力中所起作用的理解。2000 年之后,企业的竞争力不再是由企业内部的资源决定,而是由客户资源决定,因而需要企业转变自己对于市场和顾客的认识,需要企业从内部视角转换到顾客视角,然后从客户的角度来设计和组织企业的所有活动。

第三,要打破企业和客户之间的边界。世界知名品牌如苹果、谷歌、微软、丰田、IBM、可口可乐、维珍航空,其共同点就是每个品牌都是人们生活的一部分。无论在什么地方,无论使用什么样的语言,无论习惯于什么样的文化,这些品牌都不会让使用者有任何障碍。换句话说,这些企业已经和客户无边界。作为经营的第一个基本元素,客户价值决定经营的价值,这就需要经营者站在顾客的立场,运用顾客的思维方式,集中公司的能量,打破企业和客户之间的边界,与客户互动,一起创造价值。

(二) 资源整合

通常而言,创办一个新企业,创业者往往可以充分整合资源,采取三种方式:创建一个新企业;收购现有企业;许可经营。每种创业方式的选择都有有利因素和不利因素,选择哪种方式开始创业取决于创业者的创业目标以及可整合的资源。

1. 创办一个新企业

创建一个企业是指从零开始创建一个企业,是与创新与企业家精神密切联系的一个概念,即古典意义的创业。多数创业者都认为创业最好的方式是开办一个新企业,而不是收购一个现成的。这种方式给予创业者最大的满足感,但同时也意味着要承担比购买现成企业更高的风险。开办自己的企业有不少好处。总的来说,开始创立一个企业的前期花费要比收购一个企业的费用低,而且开发一种独特的产品时能发挥创业者的独创天赋,可以从事全新市场的开发,创建自己偏好的管理模式,不会有在收购旧企业时一同收购其缺陷的问题。当然开办新企业也有风险:创业者必须从零做起,办理新创企业的一系列繁琐的程序;寻找和发展自己的目标客户、开发企业运行的制度、流程和体系,制定市场营销计划、学习一系列法规政策;等等。

2. 收购现有企业

如果从未办过企业,那么购买并经营一个现成的企业就有许多好处。企业在建立客户关系、开发业务、训练员工和建立库存等方面有了一定的基础,在市场上也有相应的知名度和影响。收购旧企业能节省企业开办初期所要投入花费的时间、人力和金钱,充分利用卖方投入的资产、组织形式和经营体系,建立起自己的基本客户群。通过收购现有企业来创业要注意的问题是选择合适的收购对象,调查评价出售企业的动机,评估收购企业的市场价值,确定合理的交易条件。创业者在收购一个企业的时候,也同时购进了一定数目的有形和无形资产。在确定一个收购价之前,一定要弄清楚所购入的是什么和它们的现值是多少。

3. 特许经营

特许经营是指特许人通过合约将某种特许权转让给受让人进行经营,特许人从受许人的经营利润中提取一定的比例作为回报。特许经营是一种程序化的、指导经营关系的协议,是围绕双方签订的合法特许协议进行的一种市场营销活动。被许可一方有权以个人所有者身份从事经营企业,但要根据特许权人一方所限定的方式进行经营。特许公司通常给系统或加盟成员提供企业名称、商标、产品、专利或技术、经营程序等方面的使用权。

特许经营提供了独特的创业机会。进行特许经营,成为被许可方,对创业者而言是个很好的选择,它可以帮助创业者增加收益,且无须很高的启动资金;可以利用现有的技术和渠道,且无须很高的启动资金;可以利用现有的技术和渠道,且无须为初期的开拓绞尽脑汁。当然,由于公司实行的是标准化经营,被许可方不能凡事都按自己的意愿去做,通常会受到一定的制约,在很多事情上无法自己做决定;另一方面,特许授予者通常不会分担企业损失,被许可方在制定销售价格、介绍新的产品和服务和撤出不赚钱的产品时都可能会受到限制,因此,新企业的竞争能力受到一定的限制。

以上三种创业方式均有有利条件与不利因素。无论选择哪种方式进行创业,最终都需要有效的计划来运作。

二、人员环节

(一) 员工招募

创业公司在开始寻找合适的人选之前,关键是要定位创业企业为了实现既定的业绩目标,需要寻找什么样的人。人力资源管理有两项准备工作:职务分析和职位描述。职务分析,决定了该职位在具体知识、技能和能力方面包含和要求什么;职位描述总体描述某个职位在职责、责任和工作条件方面包含的内容。对于创业者来说,特别是在新企业紧张忙碌的创业阶段,创始人不得不做每一项具体工作。他们通常只需要对想要找的人或者这个人实际要做些什么有一个清晰的想法,以及对要做的工作和承担的责任有一个简单的书面描述就足够了。即使没有对特定的职位进行分析并形成一份清晰的职位描述,创业者依然要进行挑选求职者的工作,这是必须完成的任务。

一旦准确地确定了需要什么样的员工,寻找员工的工作就开始了。创业企业经常通过创始人的社会网络来满足最初对人力资源的需要。但如果创业企业持续成长,这些来源可能就不够了,从这些来源中无法找到足够数量的潜在雇员或具有新企业所需要的知识和技能的人。这时,创业者必须扩大寻找范围。一方面可以选择合适的媒体精准地投放广告。另一方面,可以定向拜访大学的就业中心。另外,把现在的客户发展成员工也可能是重要的来源。

在吸引大量求职者之后,对其进行选择也是另一项重要工作。有几项是普适性的选拔工具,比如结构化面试。结构化面试是向所有申请者询问同样的问题。这些问题经过筛选,都是与实际工作相关的问题,比如一些情境问题。不同面试人对同一个申请者有大致相同的评价,这些评价有助于预测其工作绩效。另外一项效度较高的技术是查阅员工个人资料——根据员工的知识背景、经验、爱好和以往绩效来预测未来岗位绩效。

(二) 组织设计

正式和规范的组织机构对于创业企业来说,往往有些可望而不可即。近些年,有关组织设计的各种新概念,例如扁平化、信息技术领域的"网络化"和"动态化"、非正式组织等层出不穷。然而一个不能忽视的事实是,绝大多数企业,无论大小新旧,都仍然沿用金字塔型的组织架构。金字塔型是一种常常意味着落后、僵硬和效率低下的组织架构,但同时也是一个历经风雨、长盛不衰的制度。虽然金字塔形组织有很多需要改进的地方,但它应该算是设计组织架构时的相对最优选择。

根据管理经济学与组织架构原则,组织架构设计有如下的三个关键方面:1. 决策权限分配;2. 员工激励机制;3. 业绩评估体系。组织架构的这三驾马车之间相互联系相互依存。特定的决策权限分配,需要有相应的员工激励机制和业绩评估体系加以配合,否则很难促使拥有决策权的人做出有利于企业的决策,也无法监督和评估决策人的决策质量和决策后果。只有决策权限分配、员工激励机制和业绩评估体系相互协调的组织架构设计才是比较理想的选择,这应该是初创企业在设计组织架构时值得参考的重要原则。

组织架构设计中最根本的问题就是如何进行决策权限的分配。最直接的就是各部门的设置和职责的规定。初创企业的部门设置,可以按照职能来划分如生产、销售、研发、财务和人力资源等,也可以按照业务类别来划分,或公司设立统一的职能部门统一负责。初创企业的部门设置最好能够简单明了,避免过多的管理层级,一般有三个管理层级就足够多了;并且要特别注意组织中信息沟通的渠道是否畅通,部门间的合作是否协调有效。

组织设计需要注意的几个问题:

1. 营销部门和财务部门的设置

收入是企业的命根,最初几个月的销售情况常常就决定了初创企业的命运。如果说大企业是靠"管"出来的,初创企业就是靠"销售"出来的,因此营销部门的组织设计对初创尤为重要。有研究表明,许多初创企业在一年内就倒闭的直接原因是财务管理不善,应收账款中的坏账太多,频频发生流动资金短缺问题。创业者要特别注重财务监控问题,不能简单地把财务管理视作"记账",要由有专业技能的专人来负责,并且有相应的激励机制和评估体系。

2. "因人设职"还是"因事设职"

初创企业一般都面临着人才短缺的问题,因为创业者一般不可能具备所有的专业管理知识,但又付不起专业营销经理、财务经理等的工资,并且初创企业相比大企业往往更依靠某一个或某几个人为企业创造收入。在这样的情形下,一定程度和范围内的因人设职也是非常可取的,但需要切记因事设职永远是主流,因人设职最好只是特殊情况。

三、制度环节

(一) 预算管理制度

创业者在创建新企业之前,需要问自己三个最重要的问题:我需要多少资金? 我应该去哪里筹集这笔资金? 我需要做哪些安排来获得这笔资金?

1. 创业资金数量

大多数新企业不需要筹集太多的创业资金。根据美国调查局提供的数据,60%的新企业只用了不到5 000美元的资金就创建起来,只有3%的新企业的创业资金超过了10万美元,而且即使是高成长潜力企业,通常也只有很少的创业资金。

2. 创业成本和资金用途的清单

从新企业融资的角度来看,首先要做的事情就是编制一份创业成本清单,或为使企业运转起来而发生的成本清单。企业在启动过程中的任何营运成本都需要计入创业成本。一旦估算出创业成本,就能弄清对筹集资金和新企业启动来说非常重要的几件事。第一,能测定企业开始创建时需要的资金总量。这一估算对确定从什么地方筹集所需资金至关重要。第二,能决定一旦获得资金将如何运用它。明确将如何运用创业资金是重要的,因为除非向投资者说明你将如何利用他们的资金,否则将不能获得融资。

（二）财务制度

创业者利用四个重要工具来计算所需资金的数量：创业成本和资金用途的清单、预编财务报表、现金流量表和盈亏平衡分析。

1. 预编财务报表

预编财务报表是在创业者所收集的有关市场、消费者、竞争对手、产品研发、运营以及企业其他方面信息的基础上对新企业的财务进行预测。预编损益表分析新企业的盈亏账目；预编资产负债表显示企业的财务结构，使投资者能够进行比率分析。当编制预编财务报表时，大多数创业者很快就吸取了两个教训。首先，在损益表中列示的盈亏账目估计值极大地依赖创业者对销量的估计，因此，准确的财务报表主要取决于准确的市场估计。其次，在损益表中列示的盈亏账目估计值也极大地依赖于准确的成本估计。由于人们天生倾向于低估成本，所以大多数创业者在此陷入了困境。此外，编制新企业的财务报表时，应该将财务报表与同行业的其他企业进行仔细地对比，用来确定报表的数字是否切实可行。

2. 现金流量表

现金流量表是在某个给定时点对新企业拥有现金数量的计算。新企业需要使用现金流量表来进行管理。如果一个企业的现金流量为负，那么将不能支付账单并可能破产。

由于损益表不能衡量一个企业的现金数量，所以对于现金流量的管理很困难。因此，很多企业在保持盈利的状况下却没有偿付能力。这是为什么呢？在损益表中有很多支出如折旧，影响企业的盈余但不涉及真正的现金流。企业通过资产折旧能够有盈余或亏损，但没有在真正的现金流中反映出来。此外，现金的流入和流出，比如收入和支出，在同一时间并不总是发生，尤其是销售发生很久之后消费者才支付费用。在消费者通过信用方式购买或者延期付款的情况下这种事情经常发生。

3. 盈亏平衡分析

创业者需要掌握的另外一个工具是盈亏平衡分析，用于计算支付成本所需的销售数量。盈亏平衡分析也让你考虑，为了增加企业的固定成本所需要增加的销售数量。为了计算销售盈亏平衡水平，请按照下面的做法：制定产品和服务的价格；估算产品和服务的变动成本；从销售价格中减去每单位的变动成本来计算边际贡献；用销售价格除边际贡献估算边际贡献率；估算企业的固定成本；用边际贡献率除固定成本来计算盈亏平衡销售量。

筹资的最大问题不在于获得足够的资金以启动新企业，这相对要容易些，更困难的是能够在新企业早期阶段的恰当时候获得足够的资金，并确保新企业不能将现金耗尽。新企业的早期阶段基本上都有过负现金流的经历。负现金流意味着新企业在运营中所创造的现金量少于所使用的现金量，这可能使新企业倒闭，除非创业者能够及时获得追加投资。要避免负现金流，关键是在不需要现金的时候就去筹集。

（三）人力资源管理制度

那些想将新企业做大做强的创业者面临着这样一个重大转变：从一个团队的领导者转变为多个团队的领导者和企业的中心人物，但又能根据需要将关键任务授权给他人。对于那些通过自主行动而不是借助他人工作来获得成功的创业者来说，这通常是一个困难的转变。但新企业要继续成长，这一转变又极为必要。尽管这种转变包括许多不同的变化，但主要有三项基本任务：吸引、激励和留住高绩效员工。最初是由创业者自己来完成这些任务，他们亲自挑选每个人加入到组织中，在激励和留住员工方面起着核心作用。但随着企业的成长，他们必须把这些工作委托给他人。

1. 招聘和选拔高素质的员工

新企业在进入劳动力市场吸引高素质员工时处于明显的劣势。创业者如何完成这一重要的任务呢？这涉及两个基本的问题：（1）创业者能在哪里寻找到高素质的员工？（2）使用什么独特的技术从中选拔出优秀者？

首先，寻找高素质的员工要知道需要什么人以及到哪里去寻找。这意味着需要两项准备工作：一是职务分析，决定该职位的具体知识、技能和能力方要求；二是职位描述，总体描述某个职位的职责、责任和工作条件的内容。在其他因素相同的情况下，选择那些知识、技能和能力与工作要求最相匹配的求职者。如果没有对特定的职位进行分析并形成一份清晰的职位描述，创业者依然要进行挑选求职者的工作，但是，这时候，挑选符合工作要求的求职者就会更加困难。

一旦准确地确定了需要什么样的员工，寻找这些员工的工作就开始了。新企业经常通过创始人的社会网络来满足对人力资源最初的需要。换言之，创业者倾向于雇自己了解的人，无论是通过个人接触直接了解，还是通过他们熟悉和信任的人推荐。来自现在或以前雇员的推荐，在雇用员工方面特别有帮助。但如果新企业持续成长，这些来源可能就不够了，从这些来源中无法找到足够数量或具有新企业所需要的知识和技能的人。

这时，创业者必须扩大寻找范围。一种方法是通过精心选择的媒体发布广告。例如，可以将广告发布在能够到达特定目标受众的商业杂志上。另一个有效的来源是拜访大学的就业中心。近年来，企业已经借助网站寻找员工，求职者也通过网站来找工作。

创业者不应忽略企业现在的顾客可能成为新员工的这个来源。顾客了解新企业的产品，熟悉其运作，因此他们可能是非常有效的推荐来源。最后，职业"猎头"也非常有用。风险投资家通常与新企业有工作关系，能够帮助受资助的企业获得管理人才。

其次，通过选拔选出出类拔萃者。经验表明，很多时候新企业通过努力能够吸引到大量的求职者，在其中进行筛选是另一项重要工作。由于资源有限，严重的失误，雇用了不称职或缺乏职业道德的人，对新企业来说，往往比大的现存企业要付出更高的代价。那么创业者如何有效地完成这项任务呢？答案就是将几种技术组合起来使用。

结构化面试可以极大地提高面试的效度。结构化面试是指向所有申请者询问相同问题的面试，这些问题经过仔细选择，确实与工作相关。某些问题（情境问题）询问申请者如何应对特定的工作情境(例如,"如果存货出现短缺,你会怎么办?");有一些问题与工作知识有关——申请者是否具备必需的知识;还有一些问题考查申请者在当前条件下从事工作的意愿(例如,"你对于在非常忙的时期加班工作有何想法?")。经验证明,在选拔员工方面,结构化面试是很有效的技术:不同的面试人对同一个申请者有大致相同的评价,通过这些评价可以预测其工作绩效。尽管结构化面试并不完美,但它还是一项有用的技术——能够帮助创业者在选拔申请者时做出正确的决策。

阅读个人资料——员工在工作申请表上提供的有关背景、经验和爱好的信息。这类信息在预测工作绩效上具有中等效度,它所涉及的问题应与工作中所面临的问题相关。例如,假设工作需要经常出差,在申请表上可能会问:"你愿意出差吗?"或"在以前的工作中你经常出差吗?"显然,愿意出差的申请者比那些不愿出差的申请者更适合这项工作。但要记住:用这种方式获得的信息仅在这些信息与所讨论的工作相关时才有用。对于选择特定工作的最佳人选来说,结构化面试是一项有效的工具。

一般来说,最好在面试中进行实际工作预览,努力向求职者全面而且准确地展示公司的情况。这种方式会减少令人不快的意外的发生,被雇佣后的新员工更容易在企业中留下来。

最后,仔细检查工作申请者提供的全部推荐材料和所有关于过去经验和培训的声明,这点非常重要。并非所有人都是完全诚实的,在这一普遍的规律面前,新企业的工作申请者也不例外。从安全的角度出发,在雇用之前,创业者至少要检查申请人简历的主要方面。大部分时候信息是正确的,但在少数情况下,可能会很惊讶地发现其中潜伏着危机。

2. 激励员工:实现新企业人力资源价值的最大化

新企业初期的雇员往往是由熟人、以前的同事或亲密的朋友推荐的,这些人具有较大动力。但一旦新企业开始成长并雇用其他雇员时,如同在其他组织中一样,激励问题就产生了。

激励被认为是为了达到某一目标而激发、引导和维持人们行为的过程。换言之,激励是指激发和引导员工以达到某一期望目标的行为。为了充分理解激励,需要理解以下四点:没有刺激(动力)就不会发生任何事;随意的激励不会完成任何事;为了达到特定目标,行为必须被引导;一般这种引导会持续一段时间。激励别人是创业者的一项关键任务。

3. 留住高绩效员工

优秀的人才总是供不应求,因此新企业面临着所有企业都要面对的难题:如何留住高绩效的员工。在这方面有许多策略,其中两个最重要的是:制定有效的薪酬体系以及使员工具有很强的责任感和忠诚度。

其一,薪酬体系,将报酬与绩效联系起来。最适合新企业的薪酬体系是在人力资源管理领域中所说的绩效付酬体系,这种薪酬体系认为雇员对企业成功的贡献不同,而且他们的薪酬应该与其贡献大小相一致。换言之,这一体系尽力实现分配公正。这种薪酬体系有几种不同的形式,最常用的一种是绩效工资计划,根据员工绩效的提升程度来增加他们的基础工资。对其绩效的评价越高,得到的回报就越多。

另一种个性化的绩效付酬计划是红利。在这种计划下,员工根据各自的绩效得到红利。这种计划的另一种形式是奖励——有形的奖赏,包括带薪假期、电子设备或其他人们想要的东西。在新企业中,创业者也会向员工提供企业的股票或是股票期权。研究发现,向员工提供股票的新企业比那些不这样做的新企业成长更快,并能获得更大的成功。如果设计和执行得当,所有这些绩效付酬计划都能取得良好效果。其优势主要在于这些计划可以将激励转化为对员工很重要的实际行动,绩效和奖赏之间的关联得到了强化,增强了员工对公司目标的责任感,使员工获得了公正感。

然而,像其他管理方式一样,绩效付酬计划也有其不利方面。其中最重要的是可能会使员工出现“只做能得到报酬的事情”的心态。绩效付酬计划的另一个问题是,在经济萧条时期难以坚持这一计划。在这种条件下,创业者需要创造性地留住一流的员工,此时与员工进行有效沟通是非常必要的。其间,创业者应尽一切努力来证明自己确实做出了卓有成效的业绩。例如,他们可以向辛勤工作的员工提供非货币性的支持,如采取灵活的工作时间和提供照看孩子的服务。关键在于使有抱负的、工作努力的员工能够容忍暂时的困境——包括绩效与报酬之间的差距。但要保持他们的积极性,重要的一点就是使员工确信这种情况不会持续很长时间。如果员工认为这种情况不会改变,工作积极性就会下降,一旦有机会他们就会离开企业。

另一种薪酬体系是依据团队绩效而不是个人绩效进行激励。在这种计划中,团队中所有成员依据团队的整体绩效获得报酬。这能带来绩效的提升和团队成员之间高度的凝聚力,但对许多喜欢根据自己的业绩决定事业升迁的人来说可能会感到不满。同时它也鼓励了搭便车的行为,某些团队成员付出更大的努力而其他人因此得到了好处。

对新企业来说,可能最有用的是全员绩效付酬计划。在该计划中,所有员工都可以分享企业的利润。利润分享计划将企业盈利的一部分分配给员工,员工持股计划是用股票或以特定(优惠的)价格购买企业股票的期权来奖励员工。这些计划使员工成为企业的股东,这对保持员工的积极性非常有效——他们的期望与企业一致。总的来说,构建一个有效和公正的薪酬体系是新企业留住优秀员工的主要技巧。

其二,建立员工承诺。员工承诺是个体认同和融入组织,因而不愿意离开组织的程度。新企业中,至少在最初由创始人招募和雇用员工时,组织承诺水平较高。当新企业快速成长,招聘工作被授权给他人时,就可能会出现组织承诺水平下降的风险,这是创业者不能忽视的重要问题。

实际上,存在三种不同类型的组织承诺。一种是持续承诺,主要是指离开的成本。如果辞职会使个人失去很多,员工会衡量这种成本,从而继续留在企业。例如,在员工将股票兑现前,公司向退休基金会交纳的股票是免税的,这能够提高持续承诺,因为员工在股票大幅升值前会一直留在企业中。第二种承诺是情感承诺——主要是指员工对组织正面的感情。如果接受并高度认同他所在组织的价值观,那么这种员工比那些持负面意见的人更不易离开组织。最后,员工留在企业还可能是规范承诺的结果——他们会因为对由于其离开而受到负面影响的其他人怀有责任感而选择留下。这三种形式的承诺对于新企业来说都很重要,因为每一种承诺都有助于留住员工。

如何增强信任感呢? 首先,使工作有趣而且给予员工某些工作自主权是非常重要的。其次,可以通过将员工利益与组织利益结合在一起来提高情感承诺。在这方面员工持股计划能够取得较好的效果,正如前面所提到的那样,它能使员工成为新企业的"合伙人"。最后,积极倾听员工的建议能够提高情感承诺。当创业者认真倾听员工的意见时,他们的态度传达出一个员工关注的信息——企业是对员工负有承诺的。员工承诺越高,离职的可能性就越小。

其三,克服"控制权障碍"。权力下放对创业者来说有时难以做到。然而,如果不能及时授权,就会使成长中的新企业前景黯淡。企业成长是一个持续过程,只是这一过程被人为地划分为不同阶段。在不同的发展阶段,关键要素也不相同。在早期,创业者的技能、才干和知识——他们完成不同任务的能力——对于企业的成功最为关键。然而随着企业的发展,它们对企业成功的重要性开始下降。同时,创始人授权能力的重要性开始上升。自此,授权能力对于企业取得成功很关键。实际上,授权能力与企业招聘、激励和留住优秀员工的能力也是紧密相关的。

创业者必须随着企业的成长改变他们的领导方式。他们要担当团队领导,带领一群干劲十足的人们朝着共同的目标努力,这一目标就是创业者所描述和承诺的愿景。他们变成多个团队的领导者,关键决策的制定者,要将大量的职权和自主权授予企业中领导不同团队的人。不论企业成长过程中发生什么事,创业者必须做到真正的"放手"。

思考题

1. 考虑五种不同的新企业,并解释对每一类企业,你将如何保持开发机会的利润? 为什么采用这种方法?

2. 选出你所了解的三个行业。这些行业的哪些方面有利于或不利于新企业的创建? 为什么?

3. 获取有关潜在顾客对某项新产品反应信息的最直接手段是直接询问他们,但为什么这个方法有时会产生误导?

4. 为什么成功地完成招聘、激励和留住一流员工的工作能够使创业者更容易地跨过控制权障碍?

第十章　科技企业的运营和管理

小张毕竟是初出茅庐办企业,企业也是开门"七件事",最重要的是,如何管人、管钱、管生产、管销售。科技企业还要管创新。所有这些都涉及科技企业的运营和管理问题,运营和管理的目标是追求质量和效率。

第一节　科技企业的生产运营

如何运营和管理科技企业? 区别于传统企业,科技企业的竞争优势更多地建立在科学技术上,因而科技企业的运营与传统企业的运营有很大不同。

一、供应链管理

传统企业的很多竞争优势建立在生产运营上,例如成本领先(低成本优势)、大批量生产能力。而科技企业的大部分竞争优势是技术领先带来的进入壁垒和市场垄断。尽管不同于传统企业对生产运营的极度重视,但是,对顾客需求的正确把握和高品质等要求依然将生产运营置于科技企业的战略高地。科技企业的生产运营是指对企业提供产品和服务的系统进行全面设计、运行和管理方式的改进,这是一个对科技企业生产过程、传递产品的系统进行的全面管理。生产运营将系统中的各个过程和元素协调好,并将其进行有效统一,从而形成互动,使整个系统所产生的效率更佳。

随着经济全球化的深入,市场需求的变化呈现多样化,科学技术不断发展,生产运营除了要考虑企业运营产品的基本价格、产品质量、生产时间等各方面的竞争外,还必须将基于产品售中和售后服务、产品柔性管理和环保的竞争全面考虑进去。科技企业在生产运营方面需要更为有效的策略。科技企业的特殊性决定了其供应链具有与其他产业不同的三个特点:

一是,下游科技企业对供应商的依赖性更高。供应商对科技企业的技术发展具有巨大影响力,这是其他产业的供应商所无法比拟的。在科技企业中,供应商数量一般较少,原材料和零部件供给量相对而言也较低。换言之,能否从上游产业获取足够的关键性原材料和零部件关系到科技企业的生存和发展。

在科技领域,关键性原材料和零部件稀缺的可能性是相当大的,特别是对于那些刚进入科技市场的新建企业，在已建大中型科技企业垄断关键供应商的情况下，如何获得充足的原材料和零部件，是一个相当重要的问题。

二是，科技企业本身的特点决定其整个供应链的高度不确定性。由于科技产品生命周期较短，这些科技企业所获取的市场知识和技术知识是不充分的。特别是在突破式创新的条件下，科技企业往往面临着一个新的市场核心技术，其对新市场和新技术经验的缺乏则更为突出。

三是，科技企业供应链要求高效专业的分销渠道。科技企业的产品一般具有技术先进、功能复杂、价格昂贵等特点，从而导致其分销渠道具有与传统产品不同的特征：

其一，选择经销商时注重专业化要求。由于科技产品的技术和用途往往是高度专业化的，所以科技企业在挑选经销商时，对经销商的专业背景、从业人员的专业素养更为看重。

其二，分销渠道职能的转变。与传统企业不同，在科技企业的分销渠道的职能中，研究、咨询、培训、售后服务、财务支持等作用非常突出。一方面，由于科技产品技术含量高，用户往往缺乏产品使用和维修的相关知识和技能，这就对分销商提出了相应的服务咨询等方面的要求；另一方面，对分销商的高要求，导致合格分销商的短缺，这往往又要求科技企业通过财务支持来快速建立起自己的分销商网络。

其三，分销渠道级数少、宽度窄。科技产品往往是面向特定消费群销售，具有价格昂贵、产品生命周期较短、客户购买频次少的特点。如果分销渠道广而深，则缺乏产量和销量基础，而且多渠道级数会导致更高的产品价格。短而窄的分销渠道不仅便于控制，而且可以合理匹配较短的科技产品生命周期。

科技企业供应链的特殊性决定了科技企业的供应链管理过程区别于其他企业，在需求、生产计划、采购方面，科技企业需要采取更为弹性灵活的策略。

（一）需求管理及预测

需求的不确定性和复杂性会影响整个供应链的有效运作。只有有效地识别客户需求，并对需求进行有效的管理，将需求管理及预测用来指导企业的生产运营计划，才能使科技企业对不断变化的市场作出快速的反应，提高客户满意度，从而增强企业的核心竞争力。

在市场个性化及需求化不断增大的今天，科技企业持续成功需要更加具有前瞻性及准确性的需求预测管理。科技企业的经营环境相对于传统的经营模式已经产生了根本性的变化，过去的企业战略的重心在于企业的内部，现今的生产模式更加依存于市场，也就是企业的外部。整个市场愈加趋向于多元化和客户需求的个性化，因此市场模式也由单一稳定型向动态多变型发展。此外，随着竞争不断加剧，市场要求厂家缩短供货周期，并具备产品类型的多样化转换能力。传统竞争因素如质量、价格、交货期和服务仍然是市场关注的重点，而短周期、多品种的需求更加强烈。当前市场对科技企业需求管理的要求的变化主要体现在以下几个方面：

1. 快速交货能力

由于产品的生产与设计已相对稳定,而越短的交货期将越能够优化市场对资金流、计划实施的保证程度,因此厂家快速响应订单交货的能力成为市场竞争的一个主要因素。这意味着科技企业在各个环节都必须缩短其运行周期,从研发到采购到生产及物流都要求尽可能减少周期,周期缩短就会减少变更的可能性,从而能够更准确地预测客户需求的交货时间。

2. 生产周期缩短

随着科技技术的应用,批量化生产的效率有了大幅度提高;但同时客户需求程度的提高及科技企业间竞争的加剧,也使得产品结构日趋复杂、工艺难度增加。在这种情况下,寻求经济批量,平衡各工序产能及生产周期产量,以最大化地提高设备利用率,在生产环节进一步缩短生产时间,有利于缩短产品的供货周期。这是科技企业和传统企业共同的必修课。

3. 需求个性化

随着生产效率的提高,产品的供应量及种类的增多使得客户在使用中具有更大的选择余地。同时在工业社会中,客户的观念也在逐步向需求的外在化、个性化、自然化方向发展,许多产品的设计与生产甚至都有客户的直接参与,这种个性化、多样化的市场需求趋势给予了科技企业新的压力。

4. 多品种小批量

个性化多样化需求已成为必然的趋势,由此带来生产领域的多品种小批量(甚至单件)的生产模式需求的日益增多。因此,如何使生产更加柔性化及优化产品工序成为许多科技企业研究的课题。

在买方市场中,生产和供给主要围绕目标市场并以市场需求为导向来进行运作。这就要求科技企业首先要了解客户核心价值及需求,主要精力集中用到市场及产品的研究,并优化供应及生产的流程以保留现有客户,挖掘潜在客户,针对不同的需求制定不同的计划策略,才能快速地应对不同客户的需求变化。

需求预测是企业根据历史数据和未来市场调研结果,估计未来一定时间内特定产品的需求量。顾客的需求是多变的,而所对应的企业的物料及加工能力、产能则是计划性的,需要一定的运作周期。因此科技企业无论是在计划层面还是在执行层面,都需要较为准确的需求预测来提高反应速度和满足客户需求,同时较为准确的长期需求预测也为管理层有效地配置资源、安排资金、人员调配等各个方面提供战略性的指导。科技企业需求预测有两种类型:定量预测和定性预测。

1. 定量分析法

定量的需求预测一般是基于历史数据和未来预测基础上的数据分析的结果。过去的使用量作为历史数据是十分重要的,具有一定规律的历史数据可以反映出某种产品的销售走势,有些产品则有季节性的淡旺季规律可供参考。科技企业可以使用的定量方法有移动平均数和指数加权平均数,以及简单策略预测法。当然,运用简单策略法有一个假设的前提:未来的市场及供应均无明显的变化,所以可以运用重复性的逻辑进行简单的推测。

2. 定性分析法

定性预测则不是对历史数据的分析计算,而是更多依靠对市场的了解、专业人员的经验,或者专家评估等方法,运用较为主观的分析与判断对未来的需求或趋势进行推测。

定性预测法需要考虑多方面影响因素,例如外部的市场因素:社会整体经济状况、政策策略、市场的发展方向、客户偏好的变化以及竞争对手的特点及战略等;对内的因素则包括自身产品的优劣势、企业的人员结构特点、企业内部的投资策略、定价策略及销售策略等。在进行需求预测时,需要综合考虑这些影响因素以便得到相对准确的推断。

(二) 生产能力计划和主生产计划

生产能力计划的目的是充分利用科技企业有限的资源,为客户提供所需的产品和服务。因此,生产能力计划主要回答生产什么,如何生产,何时生产,在哪儿生产,如何分配资源等问题,对产品、生产数量、交货期、库存、设备、人员、利润、资金等生产对象进行计划和控制。需求预测是制定生产能力计划的首要步骤。在需求预测的基础上,第二个步骤是制定能力需求计划。能力需求计划是为了满足物料需求计划而对所需资源的控制和计划。详细的计划需要考虑已投放订单和即将投放的订单所形成的总负荷,它的制订依赖工艺路线、批量和相应的机器本身的资料。目的在于给每台机器在适当的时间段分配适当的负荷,以保证物料需求的实现,对客户而言,就是保证交货期的实现。

在制定完生产能力计划之后,科技企业需要考虑如何实现生产能力计划。那么,不得不提主生产计划,因为主生产计划是实现生产能力计划的主要步骤之一。主生产计划(MPS)是MRPⅡ闭环系统的重要组成部分,目的是要保障生产计划和销售计划对规定的需求与所用资源相一致。主生产计划把需求预测和经营规划考虑在内,协调它们与生产计划的关系。主生产计划把企业的产品或是经营的计划系列化、具体化,将需求预测和订单量的数据作为物料需求计划的依据,也作为生产能力计划和最终装配计划编制的依据,起到从综合计划到具体计划过渡的作用。MPS会根据科技企业的能力确定要做的事情,通过均衡地安排生产,以实现生产规划的目标,使科技企业在客户服务水平、库存周转率和生产率方面都能得到提高,并及时更新、保持计划的切实可行和有效性。

(三) 采购与物料

在预测完需求、制定好计划后,供应链管理要求科技企业合理采购和管理物料,这是供应链管理的基础任务,也是生产运营的基本工作之一。科技企业的本质决定了其对新产品研发的重视,其需要不断缩短研发周期。采购环节在研发项目管理中非常重要,因为任何一个科技企业都必须保证研发物料采购的有效性,即采购成本低、采购质量高和采购实施效率高,从而保证研发物料采购与研发项目管理的目标相协调,进一步促进研发项目的顺利进行,缩短产品研发周期。

采购是科技企业正常生产运营中一个非常重要的战略环节,采购管理水平的高低决定着采购是企业利润的"摇篮",还是企业利润的"坟墓"。大量项目的交付延期或失败,从表面上看是各自管理领域的失误,但究其原因,研发物料采购有效性较低是研发项目交付延期或失败的主要原因,即能否提升研发物料采购有效性已经成为科技企业发展的瓶颈之一,如何解决这个问题已经被科技企业的采购管理层提上日程。对包括研发物料采购在内的物料采购流程进行优化是科技企业生产运营的重要任务之一。

采购流程的优化对于提升科技企业供应链的响应速度、采购的工作效率、降低采购成本和保证采购质量起着十分重要的作用。采购流程优化有两个重要目标:一是降低物料采购成本。为了提高科技企业的效率和市场竞争力,通常的做法就是在不影响产品质量的前提下尽可能减少成本。成本的减少可以在采购的各个流程中实现,采购成本的减少可以转化为公司利润。因此通过优化采购流程来降低成本、提高利润,对于科技企业来说是十分重要的。二是缩短采购周期,减少交货延迟率。为了更好更快地研发出新产品,缩短研发周期是十分必要的。而研发物料的采购周期的长短也直接影响着项目的研发进度,是科技企业竞争力的一个体现。对采购流程环节的简化以及沟通的加强等,可以有效缩短采购周期,减少交货延迟率,从而迅速满足研发部门的物料需求,促进研发项目的顺利进行。

采购流程主要包含三种优化方法:

1. 作业成本法

作业成本法(Activity Based Costing,简称 ABC 法)是指通过对现有采购流程进行诊断分析,消除低效活动,对流程进行精简整合,在原有流程的基础上完成业务流程的重新设计。

ABC 法的基本思想是:产品成本的产生源于作业的消耗,而非资源的消耗。其中所谓的作业就是企业为了获得产品或提供劳务而进行的活动。进行作业的实质目的就是使产品增值或产生顾客价值。而作业又与动因直接相关。动因是指进行业务活动的原因,可以划分为三种类型:直接增值的作业称为有效动因,辅助增值的作业称为辅助动因,非增值的作业称为无效动因。科技企业运用 ABC 法对采购流程进行优化,需要遵循一些具体的原则:首先,保留必要作业;其次,对于非增值作业,注意控制成本;最后,删除非必要作业的非增值活动。

简而言之,运用 ABC 法的重点是消除采购流程中的非增值活动并对增值活动进行调整,其基本规律可以概括为用 ESIA 代表的四个词,即清除、简化、整合和自动化。

2. 构建采购联盟

采购联盟(联合采购)是指具有相同购买者需求的同类科技企业之间,通过相互合作,合并各企业的不同需求而形成的一个联盟体。通过联盟体,可以集中向供应商订货,从而扩大采购批量,使采购数量较少的企业采购到所需的物料;除此之外,运用采购联盟可以达到取得价格折扣的规模、降低采购成本的目的,为科技企业提供一种新型的采购方式。

采购联盟和集中采购有诸多相似的地方,但是两者的区别在于前者是指同类科技企业之间共同采购相似的原材料,是同一行业中不同企业之间为了获取各自利益而制定的一种规范或协议框架;后者是指一个科技企业内部各部门之间集中起来参与到企业的采购活动中,是企业上级对下级下达的一种命令、要求。

采购联盟作为一个采购服务提供商,通过为其他多家科技企业做采购,集小订单成大订单,可以获取采购规模优势。此外,采购联盟直接与供应商交易,减少了中间层次,大大降低了流通成本,也保障了物料质量。它依靠专业的服务和齐全的品种,为科技企业提供采购的便利性。采购联盟成员的组织形式主要有三种:委托式、协同式和合资式。其中,合资式采购联盟是应用较为广泛的采购联盟形式,指成员企业共同投资建立一个独立的采购组织,由该组织完成成员企业的采购业务,成员企业在此基础上风险共担、利益共享。当采购成员企业间的采购合作比较复杂,可以优先选择合资式。因为该形式可以避免协同式的缺乏稳定性和长远利益、成员之间沟通不充分以及效率低下的问题,同时也避免了委托式中对购买者的高要求。

3. 调整采购部门的组织结构

采购参与研发的组织结构体现了在组织结构中采购与研发的相对位置。其组织结构有很多:两部门相互独立、研发下专设采购部、依赖协调员的研发与采购结构以及项目团队式。建立协同小组,重要目的是建立研发部门与采购部门的沟通桥梁,需要采购人员、研发人员同时进入项目小组,这样能在很大程度上改善采购人员在研发物料采购问题的被动局面,可以保证采购人员较早地参与到研发项目中,能够时刻关注着研发物料采购需求的变化。

扩大职责范围主要指加大采购人员在项目研发过程中的话语权。为了提高研发物料采购的内部有效性,科技企业需要在项目研发过程中,加大项目管理团队中采购人员的话语权,即采购人员在研发设计阶段,有权力指出哪些物料不易采购或不可采购,而研发人员则需在不影响项目研发效果的情况下,结合项目设计需求认真考虑并及时反馈给采购人员新的物料需求计划。

二、质量管理

在生产运营过程中,质量管理是供应链管理的后续工作。而目前质量管理方面最常用的方法是全面质量管理。

(一) 全面质量管理(TQM)

随着科技的进步和经营管理的需要,20 世纪 60 年代美国通用电气公司的质量管理专家费根堡姆在其出版的经典著作《全面质量管理》中首次提出了"全面质量管理"这一概念。他认为,所谓全面质量管理即"为了能够在最经济的水平上,考虑到充分满足顾客要求的条件下进行市场研究、设计、制造和售后服务,把企业内各部门的研制质量、维持质量和提高质量的活动构成一体的有效体系"。费根堡姆认为,企业应该树立"大质量概念",

即要认识到现代经济中质量的广泛性,不仅包括产品质量、服务质量,还包括工作质量,用工作质量保证产品或服务质量;不仅要管理生产制造过程,而且要管理采购、设计直至储存、销售、售后服务的全过程。全面质量管理强调为了取得经济效益,必须充分满足顾客的要求,企业所属各单位、各部门都要参与质量管理工作,对产品生产过程进行全面质量控制。

实施全面质量管理,追求卓越绩效,是目前大多数科技企业应对日益激烈的市场竞争的重要举措之一。而科技企业在质量管理中如何做到目标明确,有的放矢,抓住质量管理活动的重点,有效提高质量管理水平,则是管理者们共同关心的问题。

全面质量管理要求科技企业全体人员及各个部门同心协力,把经营管理、专业技术、数量统计方法和思想教育结合起来,建立起产品的研究与开发、设计、生产作业、服务等全过程的质量管理体系,有效地利用人力、物力、财力、信息等资源,提供符合规定要求和用户期望的产品和服务。科技企业要提高竞争力,实现可持续发展,就应当从自身实际情况出发,从企业的方方面面落实全面质量管理。全面质量管理对科技企业提出了很多要求。顾客是全面质量管理的核心,全面质量管理首先要关注的问题就是以顾客为中心,尽可能地满足顾客的需要;提高和保证质量是全面质量管理的目的和归宿,科技企业要认真贯彻执行国家及行业内部的质量要求标准,将企业自身的工作进行标准化;要增强质量意识,重视全员教育,思想决定行动,行动影响成败,只有当全体员工都充分认识到提高质量管理的重要性时,全面质量管理才有坚实可靠的基础;将质量改进与企业经济效益挂钩,用经济效益驱动质量管理;建立完善的质量责任体系,只有实行严格的责任制,才能建立起正常的生产运营秩序,以保证产品质量的提高;加强质量文化建设,良好的质量文化氛围可以增强企业员工的凝聚力,使每位员工都能以厂为家,把企业的利益同个人的利益紧密联系在一起。

(二) 全面质量管理与科技企业的竞争力

质量管理对企业竞争力的影响是质量管理领域的基础性问题之一,因为它关乎质量管理作为一个整体是否具备有效性,同时也是实施质量管理的前提。

全员参与的质量管理有利于科技企业质量文化的形成,有利于员工积极性和创造性的充分调动,使每一位员工都积极地参与质量管理,并将完美质量作为本职工作的目标,最终促成产品质量和工作质量的全面提高;科技企业的全面质量理念认为质量不仅仅是指产品的技术性能,还应包括满足顾客需求的性能,所以全面质量管理能够促进顾客满意度的提高;全过程的质量管理,要求科技企业在市场调研、研发设计、生产制造和销售服务等各个环节中都把好质量关,使各环节中反映出来的质量问题能够得到及时的解决,从而能够有效地降低成本,提高企业的竞争力。

通过全面质量管理提高科技企业竞争力可以从以下四个方面展开:

1. 树立以顾客与市场为中心的经营理念

当今的质量社会,科技企业的竞争优势不再仅仅是来自垄断的技术,也更多来自吸引和保持顾客的能力。科技企业只有通过了解顾客需求,建立与顾客之间的合作关系,不断满足顾客期望,才能真正赢得顾客,留住顾客。

2. 加强资源的优化配置

科技企业的资源包括人力资源及其他财务、基础设施、相关方关系、技术、信息等。现代科技企业中,人力资源是全面质量管理的动力所在,是资源中的关键资源;同时随着信息技术的迅猛发展,信息资源在科技企业发展中的重要作用也日益凸显。所以,科技企业应着重加强人力资源、信息资源等的优化配置,以提高企业质量管理水平,增强企业的市场竞争力。

3. 突出全面质量管理中领导的作用

领导是企业的决策者,决定着企业发展的根本方向,控制着企业资源和各项管理措施的落实,协调着企业内部各部门的各项活动。科技企业中领导的作用对于企业的发展是至关重要的,对于企业的质量管理更是不可替代的。科技企业全面质量管理的成效与企业领导的质量意识、参与程度有着极大的关系,科技企业领导自身质量管理意识的提高,在质量管理中领导作用的发挥,能够极大地提高企业的质量管理水平,提高企业的整体绩效。

4. 建立有效的测量、分析与改进系统

科技企业要想在市场竞争中始终保持良好的竞争态势,就必须重视改进工作。主要工作包括建立有效的测量、分析与改进系统,有序持久地开展持续改进工作,使企业的产品质量和相关的服务不断地满足顾客的要求和市场的变化。

第二节　科技企业的人力资源管理

科技企业所有业务的正常运转和全面质量管理的有效实施都离不开"人"这一要素。科技企业应优化人力资源的配置,重视人力资源的管理和开发,以保证生产运营和质量管理的持续有效。

科技企业可以通过人力资源规划、职务分析等措施明确员工的工作职责和评价准则,对人员的配置、布置、文化层次、技术水平等进行综合的统筹规划,并为每一部门、岗位等制定工作基本标准和评价的方式、方法、准则等,按照工作标准的要求规定从事工作的人员所必要的能力,同时通过招聘、培训等各种有效的方法,保证每一岗位上的人员都有能力胜任本职工作。另外,科技企业还应该重视人力资源的开发,在企业内部的所有层次上建立良好的工作环境,如价值共享、相互信任、鼓励和激励的环境、有必要的资源和培训条件等,激发员工的积极性和创造力,挖掘潜能,提高他们的工作效率、工作质量和工作成效。

一、人力资源规划

科技企业在人力资源配置方面,首先,应该做好人力资源规划,这是人力资源工作开展的大纲,科技企业要依据人力资源规划这条主线来开展工作。科技企业在开展员工的招聘与调配工作时,一定要与相关部门做好有效的沟通,搞清楚他们的需求所在,切实保证各个部门人力资源配置的合理性,同时也最大化满足员工自身发展需要。另外,科技企业也要创造人才的合理流动,在薪酬、职务上形成阶梯状分布,给员工创造更多的晋升机会。人才流动除了能够给科技企业增加活力,还可以形成职位空缺,给员工以更多的晋升机会,激发他们的工作积极性。在薪金等级、职位上也要有一定的层次感,形成合理的阶梯分布。

科技企业应当不拘一格选拔人才,并逐步形成富有生机与活力的用人机制。科技企业应当将吸收、发展、激励和保留措施同时并用,吸收一流的杰出人才加入,才能使企业成为一流的企业;给人才以发展的机会,才能长久地留住人才;不断地激励人才,才能增强员工的动力和使命感,使其为企业做出更大贡献。科技企业还应当建立一个可以造人才的机制,通过自身培养人才,建立起稳定的、忠诚本企业的人才队伍。

二、技术型人才的聘用

科技企业的人员流动速度往往较快,因此,科技企业更加需要提高聘用的成功率,降低优秀技术型人才潜在的流失风险,以提高企业的管理效率和节约人员成本。

(一)技术型员工的培训与开发

建立起适合本企业特点的培训体系是保证科技企业持续发展和员工队伍稳定的关键。彼得·圣吉的《第五项修炼》中明确指出建立学习型组织的必要性。就科技企业而言,人力资源是一种"易耗型资源",需要不断地开发才能适应竞争的要求,培训就是防止人才折旧的最好方法。就技术型员工个人而言,没有了"全民职工"的身份,没有了"铁饭碗",技术型员工可以追求的就是"终生雇佣能力"。所以提供正规培训比提供高薪更能吸引技术型人才。因此,科技企业应在科学的经济分析基础上建立起自己的培训体系,以保证既不作无用的投资,又不"为他人做嫁衣"。

此外,技术型员工培训中有两个重要环节。一是,新进人员培训,大部分的新进技术型员工都抱着较大的期待进入企业,这时被培养的意愿与可能性最大,新进技术型员工进入企业的前两周,系统化的培训可以快速提高效能,减少挫折与不必要的摸索。二是,企业核心业务的培训,对于科技企业来说,要以技术提升为主。

内训制度也是满足企业对人力资源需求的重要途径之一,科技企业尤其如此。技术型员工队伍的稳定与否,不仅与员工的报酬高低、工作环境的好坏有关,同时与工作期间是否有培训和进修的机会,能否对其自身的提高和今后的发展有所帮助有直接关系。值得注意的是,科技企业的内训,不仅要学习技术方面的硬技能,还要学习企业内部的管理制度、上下协调关系等"软知识"和"软技能",并进行专业技术知识、能力的开发性培训教育。科技企业的内训还要做到培训目标明确化、培训内容计划化、培训方式制度化、培训方式固定化、培训对象分类化、培训效果检验化。这样不仅可以增强技术型员工的稳定性,还有利于特殊人力资本的形成和积累。通过培训使科技企业内部产生不同层次的学习团队,通过企业的集团信仰和价值观念的潜移默化的作用影响技术型员工的行为,使其自觉与企业的目标保持一致。同时,在鼓励技术型员工学好本职专业技术的基础上,学习其他专业知识,实现工作轮换制以培养更多的"通才"。这种手段不仅可以调动和发挥技术型员工潜在的积极性和创造性,还有利于科技企业内学习团队的全面发展和技术上的创新和开发。

(二)技术型员工的绩效与薪酬管理

1. 技术型员工的绩效管理

对于科技企业而言,在技术型员工绩效考核方面,客观精确量化考核更优于主观模糊定性考核。因此,人力资源部门的基础工作一定要跟上来,只有有了详细的岗位职责范围、规范的操作流程、科学有效的考核指标,绩效考核工作才能真正起到应有的作用,尤其是要与有关主营业务部门、财务部门、行政部门等结合更为紧密,实施操作性更强的考核指标来评价。

目前,不少科技企业都逐步开始考虑,采用何种绩效考核方法能够有效激励技术型员工的问题,也在积极引进一些科学的考核机制或考核软件,并大胆尝试一些新的考评方法,如平衡计分卡考核、关键绩效指标考核等。现简要介绍一下上述的绩效考核方法。

(1)平衡计分卡

平衡计分卡是一种绩效衡量方式,它突破了传统的仅关注财务和生产力的衡量方法,是从企业战略高度思考,综合考虑财务指标与非财务指标、业务指标与非业务指标、当前指标与未来指标之间的平衡关系的一种绩效衡量工具。平衡计分卡作为一种战略绩效管理及评价工具,主要从财务、客户、内部流程、学习与创新这四个方面来衡量企业:

财务指标是科技企业最终的追求和目标,也是科技企业存在的根本物质保证。而要提高企业的利润水平,必须以客户为中心,满足客户需求,提高客户满意度。而要满足客户,必须加强自身建设,提高企业内部的运营效率。而提高企业内部效率的前提是企业及员工的学习与创新。也就是说这四个方面构成一个循环,从四个角度解释科技企业在发展中所需要满足的四个因素,并通过适当的管理和评估促进科技企业发展。而当某一个循环结束后,科技企业又会面临新的战略目标,从而开始新的创新,新的循环。可以说利润策略、客户策略、内部行为策略、学习策略基本囊括了一般科技企业在发展中的几个关键因素。平衡计分卡也正是由这四个方面构成。

(2)关键绩效指标

关键绩效指标(key performance indicators,简称 KPI),是指企业决策经过层层分解产生的可操作性战术目标,是企业战略决策执行效果的监测指针。

KPI 是衡量企业战略实施效果的关键指标,其目的是建立一种机制,将企业战略转化为内部过程和活动,以不断增强企业的核心竞争力和持续地取得高效益,使考核体系不仅成为激励约束手段,更成为战略实施工具。

如何提取 KPI 绩效指标?科技企业可以从以下三个方面获取。第一,企业的战略目标。根据企业的总体战略目标制定出部门的工作目标,再将部门的工作目标分解到每个岗位、每个人身上。第二,岗位职责说明书。根据岗位职责说明书,可以比较容易地找到岗位的关键绩效指标。第三,平衡计分卡。平衡计分卡也是一种提取 KPI 的方式,前文已述,它主要以四个维度来提取 KPI 指标。第一维度是财务类指标,如销售额、成本、利润率、存货周转天数等。第二个维度是客户类指标如客户满意度、客户投诉次数、新增客户数量等。第三个维度是内部运营类指标如员工出勤率、合格率、产出率、报表准确及时率等。第四个维度是学习发展类指标如内部员工满意度、培训完成率、骨干员工流失率等。

无论是平衡计分卡还是关键绩效指标,都强调事前计划、过程辅导与事后评价。在激励科技企业的技术型员工时,利用平衡计分卡,抓住工作重点,指明工作方向,激发他们的工作兴趣,以事前约定、事中辅导、事后兑现的绩效管理方式来激励他们是较理想的管理方式之一。

2. 技术型员工的薪酬管理

薪酬管理是科技企业人力资源管理中最难的一个环节。一方面,技术型员工都希望自己获得企业的认可,得到较高的收入;另一方面,科技企业需要降低成本,追求最大人力资本回报。如果科技企业在薪酬制度中能充分体现这两方面的因素,将有利于提高技术型员工的工作积极性,促进企业进入发展的良性循环;反之,那么接踵而至的便是技术型员工的心灰意冷以及企业的高人力成本。怎样建立科学合理的薪酬体系,如何发挥薪酬的最佳激励效果,以求吸引和留住人才,造就一支高效、稳定的技术型员工队伍,实现可持续发展,是科技企业人力资源管理的一项非常重要的工作。

在科技企业,理想的薪酬制度应达到三个目的。第一,提供具有市场竞争力的薪酬,以吸引有才能的人。第二,确定组织内部的公平,合理确定企业内部各岗位的相对价值。第三,薪酬必须与工作绩效挂钩,激励技术型员工的工作动机,奖励优秀的工作业绩。

首先,薪酬水平是否合理,直接影响到科技企业在人才市场的竞争力。为技术型员工提供有竞争力的薪酬,最能吸引并且留住人才,尤其是那些出类拔萃的技术型员工,使他们一进门便珍惜这份工作,竭尽全力,把自己的本领都使出来。薪酬缺乏市场竞争力,其后果是企业人才流失。这是对企业人力资源的极大浪费。

其次,技术型员工关心薪酬差别的程度更高于关心薪酬水平的程度。然而技术型员工个人能力及其工作态度的区别必然带来个人薪酬的差别,如何使这种"差别"既能鼓励先进又能被大多数技术型员工所接受,而且又体现公平,这对薪酬管理来说越来越重要。

在现实的薪酬管理中,这一点往往被忽视。因此,科技企业薪酬设计时,应遵循"公平与公正"原则,特别是对内公平,即在不同部门之间或同一个部门不同人之间,薪酬水平必须反映岗位责任和能力的大小,也就是薪酬差别必须合理。企业内部薪酬的不合理,会造成不同部门之间以及相同部门个人之间权力与责任不对称,使部分员工在比较中失去公平感,造成心理的失衡。想要加强科技企业薪酬的对内公平,就必须合理地确定企业内部不同岗位的相对价值,就是要做好企业内部的岗位评价,针对岗位本身,从岗位的复杂性、责任大小、控制范围、所需知识和能力等方面来对岗位的价值进行量化评估,这是从根本上解决薪酬对内不公平的关键所在。当然,有竞争力的薪酬,不仅仅体现在薪酬水平上,更重要的是体现在薪酬结构上。一个合理的薪酬结构、管理良好的绩效支付制度能留住优秀的员工,淘汰较差的员工。

再次,必须重视内在的报酬。报酬可以划分为两类:外在报酬与内在报酬。外在报酬主要指企业提供的金钱、津贴和晋升机会,以及来自上级和同事的认同。内在报酬是和外在报酬相对而言的,是基于工作任务本身的报酬,如对工作的胜任感、成就感、责任感、受重视、有影响力、个人成长和富有价值的贡献等。事实上,对于技术型员工,内在报酬和员工的工作满意度有相当大的关系。因此,科技企业可以通过工作制度、员工成就感、人力资本流动机制来实现内在报酬,让技术型员工从工作本身中得到最大的满足。

另外,科技企业可以为技术型员工提供技术发展通道。对于科技企业而言,技术型人才是最核心的人才,要想为其建立技术发展通道,就要实行基于技能的薪酬体系。基于技能的薪酬体系是指以员工的能力为基础确定其薪水,薪酬标准从技能的最低到最高划分出不同级别。基于技能的薪酬制度能够在调换岗位方面带来较大的灵活性,当技术型员工能够证明自己有能力胜任更高一级工作时,他们所获得的报酬也会顺理成章地提高。此外,基于技能的薪酬制度还改变了管理的导向,实行按技能付酬后,管理的重点不再是限制任务指派使其与岗位级别一致,相反,最大限度地利用员工已有技能将成为新的着重点。这种评估制度最大的好处是能够传递信息使员工关注自身的发展。在科技企业中,运用这种制度可以在一定程度上鼓励优秀的技术型人才安心于本职工作,而不至于去谋求报酬虽高但不擅长的管理岗位,从而也降低了组织失去优秀技术专家而接受不良管理者的风险。

最后,增强与技术型员工的沟通交流,让员工适度参与报酬制度的设计与管理。科技企业人力资源领导应该与技术型员工进行相互交流沟通,开放相关的薪酬信息,让员工了解到只要通过努力就能得到与付出成正比的报酬。让技术型员工参与报酬制度的设计和管理,是在报酬的激励作用减弱时,能够恢复其作用的一种重要方式。技术型员工对报酬制度设计与管理的更多参与,无疑有助于一个更适合员工需要和更符合实际的薪酬制度的形成。在制度设计过程中,针对报酬政策进行沟通、促进管理者与技术型员工之间的相互信任,这能使薪资系统变得更加有效。沟通、参与和信任会显著改善技术型员工对报酬的看法、对薪资制度含义的理解及对该制度的回应。

（三）员工关系管理

员工关系是一种特殊的人际关系,它将范围界定在企业内部以及与企业经营有密切关联的集体或个人,它基于工作交往而产生,但其影响面又不仅仅局限于一种简单的工作关系的人际关系。员工关系包括企业内的群体间关系、个体间关系、个体与群体间关系,甚至包含与企业特定团体(供应商、会员等)或个体的某种联系,后者常被称为外延的员工关系。

科技企业员工关系管理的内容主要指协调员工与企业、员工与员工之间的关系,引导建立积极向上的工作环境。具体内容包括劳动关系管理、员工人际关系管理、沟通管理、员工情况管理、企业文化建设、服务与支持(包括为员工提供有关国家法律、公司政策、个人身心等方面的咨询服务,协助员工平衡工作与生活)、员工关系管理培训(包括组织员工进行人际交往、沟通技巧等方面的培训)。

在科技企业的员工关系管理实践中,需要结合企业文化来管理员工关系。如何以企业文化为基础实行员工关系管理? 要认识到以下几个方面:

1. 制定人性化的管理制度

科技企业的管理制度是企业所有成员行为规范的底线。科学管理理论要求对各个部门、各个岗位划分明确的权利和责任,以制度的形式巩固下来,企业管理的主要任务是依据制度来维持企业运转,完成企业的经营目标。科学管理理论忽视员工个性差异和需求,不考虑员工内心情感甚至更高层次的需求,以硬性的制度来要求员工,最终会让员工对企业产生不满情绪,造成企业人才流失。而人性化的管理制度既继承了科学管理的优势,又摒弃了科学管理的局限性,在满足员工需求的基础上保障企业的短期经营和长期发展。

人性化的管理制度是以企业文化为指导思想,以企业核心价值观为准则,以员工需求为前提,以员工满意为目的的管理制度。如果企业强调制度的硬性要求,那么一旦员工产生违背制度的行为,企业就会给予相应的处罚,员工会抱怨企业,而这些抱怨并不能通过简单的制度约束解决。因此这种处罚机制恶化了员工关系,给员工关系管理带来了巨大挑战。而人性化的管理制度有利于调节企业内部人际关系,真正激发对企业的认同感、责任感和归属感,有利于员工关系管理。

2. 设计合理的职业发展道路

职业发展管理是人力资源管理的重要部分。在人力资源管理系统中,职业发展管理的目的就是要为员工提供合适的职业发展道路,极大地发掘员工的潜力,为员工发展和企业发展提供有力保证。合理的职业发展道路会结合科技企业发展需要和员工职业理想的要求,既满足企业的发展目标,又综合考虑员工的职业发展意愿。设计适合员工的职业发展道路,通常需要组织和个人共同配合。一方面,员工个人要在与企业沟通过程中描述自身的职业发展规划,表达希望组织能够给予的职业发展支持。另一方面,企业需要在发展愿景和使命的指导下制定发展战略,进而制定人力资源管理体系,最后设计符合员工需求的职业发展道路。这是一个系统的过程,它涉及人力资源管理系统中的人力资源开发、岗位分析、员工培训、绩效考核等方面,通过这几个方面的调整和配合,为员工职业发展提供具体的目标、要求和步骤。

3. 建立有效的沟通渠道

沟通渠道是企业信息传递的主要途径,可分为正式和非正式的沟通渠道,按照沟通方向可分为向上沟通渠道、向下沟通渠道和水平沟通渠道。正式的沟通渠道是企业内部按照一定的原则和规定进行的信息传播与交流,通常表现为自上而下的依靠权力系统的沟通,它具有信息传播效果好、权威性高、约束力强等优点,但由于受到企业组织结构的影响,其传播速度慢,且可能是集中在某一范围的传播。非正式沟通渠道指的是除正式沟通渠道之外的信息交流传递的载体,该渠道成员之间自由交换信息,不受组织的监督。非正式沟通渠道具有传播速度快、形式多样化的优点,但其缺点是沟通信息源不确定,信息容易失真。有效的沟通渠道应该将正式沟通渠道和非正式沟通渠道进行结合,既利用正式沟通渠道的有效性,又发挥非正式沟通渠道的人性化,利用企业文化引导非正式沟通渠道的信息传播,培养"小团体""小组织"中的意见领袖,确保信息的真实性,根据员工信息沟通的需要传播企业信息,为企业与员工、员工与员工之间的沟通提供新的途径。

4. 营造和谐的工作氛围

工作氛围是指企业中内部成员的人际关系和工作环境的总和,主要包括企业机制、领导方式、领导风格、企业文化和管理者的价值观。硬件设施和工作环境是员工职业诉求的两个重要方面,而相比硬件设施,良好的工作氛围和舒适的工作环境更能提高员工的满意度。良好的工作环境有助于提高人际关系的和谐,提高员工彼此之间的相融程度,从而激发员工积极工作,提高其工作效率。相反,若员工对工作氛围和环境现状不满,员工内心就会感到压抑,缺乏工作热情,丧失积极的工作态度。营造和谐的工作氛围,体现了科技企业以人为本,尊重人、关怀人的管理思想。只有避免管理的强制性,更加人性地对待员工,真正做到为员工考虑,才能有利于员工关系管理。

在营造良好的工作氛围方面,科技企业需要在优秀的企业文化、人性化的领导方式、和谐的人际关系这些方面做出努力。营造和谐的企业工作氛围,需要优秀的企业文化为指导,提倡尊重人性、尊重个性,以员工的利益为出发点。人性化的领导方式突显了领导者"柔性管理"的理念,即善于运用非物质激励来提高团队的凝聚力和创造力,以充分激发员工的潜能和调动员工的积极性。和谐人际关系是员工关系管理的目标之一,良好的工作氛围能促进和谐人际关系的产生,而和谐的人际关系有利于巩固良好的工作氛围,二者形成一个良性循环。

第三节　科技企业的财务管理

无论是生产运营,还是人力资源管理,科技企业运营的这些过程都离不开处理财务关系的活动,这一节将从筹资、投资、营运资金这三个方面对科技企业的财务管理进行分析。

一、筹资管理

筹资是资金盈余方通过借贷、购买有价证券等形式把资金的使用权让渡给资金短缺方,并取得相应报酬的一种经济行为。在市场经济中,企业筹资方式总的来说有两种:一是内源筹资,二是外源筹资。内源筹资主要是指企业的税后未分配利润、股东增资扩股等;外源筹资包括直接筹资、间接筹资等。

直接筹资是指资金盈余者与短缺者相互之间直接进行协商或者在金融市场上由前者购买后者发行的有价证券,资金盈余者将资金的使用权让渡给资金短缺者的资金融通活动。股票筹资、公司债券筹资、国债筹资、租赁筹资等都属于直接筹资的范畴。

间接筹资是指资金盈余者通过存款等形式,将资金首先提供给银行等金融机构,然后由这些金融机构再以贷款、贴现等形式将资金提供给资金短缺者使用的资金融通活动。间接筹资主要指银行性筹资,财政性筹资也属于间接筹资的范畴。

筹资管理中所谓最佳的筹资战略就是使科技企业的筹资成本最小的战略。无论采取何种筹资方式,都必须考虑负债筹资与权益筹资的比例,即资本结构问题,确保企业处于最佳资本结构状态。适用于科技企业的筹资方式主要有以下两大类。

(一)争取政府政策支持

政府财政性资金不仅起到引导作用,更重要的还在于放大科技企业自身的筹资能力。对于轻资产企业,政府性基金资助包括技术创新基金和企业信用担保基金。而技术创新基金对科技企业的直接资助只是杯水车薪。对于我国主要以银行为金融中介的筹资体系来说,能否解决科技企业的筹资困境还主要在于科技企业能否获得银行贷款。在这里,信用担保基金可以为科技企业向银行抵押贷款时提供信用担保,能够放大政府专项基金资助的功能,并且可以引导其他资金为科技企业筹资提供服务。

信用担保基金可以通过以下几种途径为科技企业的筹资提供服务:一是政府财政出资建立信用担保体系,由政府相关部门或成立专门的信用担保机构为不具备银行抵押贷款条件的科技企业提供信用担保。二是政府财政出资建立信用担保公司,吸引其他资金进入担保公司进行市场化运作。建立信用担保公司,一方面可以扩大信用担保体系规模,另一方面可以有效地规避市场风险、提供高效的服务、完善社会担保体系。三是政府提供资金和政策等方面的支持,完全引入社会资金建立健全社会信用担保体系。信用担保机构是担保体系中最重要的组成,通过政府信用担保基金等多种渠道资金设立具有独立法人资格的担保机构,属于不以盈利为目的的政策性非金融机构。

(二)金融机构融资

1. 知识产权质押

科技企业的主要特征是资产形态轻,企业更加注重打造自身软实力。因此,企业专利、技术、著作权、品牌等无形资产和知识产权是科技企业获取高利润的重要源泉,也是科技企业的核心竞争力所在。

以企业核心知识产权作为质押标的物向银行申请贷款可以解决科技企业无资产抵押的筹资困境。知识产权质押筹资的基本流程是:首先,科技企业向银行提出知识产权质押贷款申请,提交知识产权相关的证明材料以及能够证明企业知识产权潜在价值的信息;其次,银行对申请材料进行审查,并可能需要实地调查企业经营情况以及知识产权的可行性和先进性。通过对企业知识产权的评估和专家论证,银行根据实际情况确定是否发放贷款或是否需要引入担保;最后,科技企业需要将知识产权质押登记并向银行交付质押物以获得最终贷款。

2. 订单筹资业务

订单一方面反映了科技企业产品市场的需求情况,另一方面也是科技企业营业收入根本来源的标志。对于科技企业存在有订单而无资金的困境,可以采取利用订单开展筹资的创新模式,解决科技企业的资金困境。订单筹资是指企业在获得信誉良好的买方产品订单时,在企业生产有能力、技术有保障并且能提供有效担保的情况下,利用与买方所签订的订单或购货合同向银行申请专项贷款的业务。订单筹资的主要业务流程是:首先,科技企业与买方签订购销合同取得购货订单,凭购销合同和购货订单向银行提出贷款申请。其次,银行需要确认合同和订单的真实性以及有效性,以此确定企业的授信额度。最后,银行同意放贷并与科技企业签订订单筹资合同以及可能的相关担保合同,并开立销售结算专用账户。为了控制风险,银行应该规定贷款的用途,并制定在买方支付订单货款时直接从专用账户中扣还贷款的规则。

3. 创业风险投资

初创期的研发成功以及产品的市场需求存在不确定性,高风险以及前期需要资金长期投入都让企业外部筹资困难重重。风险投资无疑是初创科技企业处在初创期和成长期时较好的筹资方式。科技企业需要提供具有良好前景的项目或方案,与风险投资机构保持交流沟通、紧密合作,尽早让风险投资机构在科技企业最需资金资助的初创期进入。

二、投资管理

科技企业的投资管理不同于传统企业。对于传统企业来说,长期投资主要投向企业的固定资产,而科技企业中技术创新投资是长期投资的主要领域。此外,由于技术市场的逐步完善,企业之间的技术引进、转让、合作等活动也越来越频繁,规范、合理的技术资产评估作价方法对于科技企业也日趋重要。

(一) 技术创新投资

技术创新是指把一种或若干种新设想、新发现发展到实现和成功应用的阶段,其不仅关注技术的创造性和技术水平的提高,更关注技术在经济活动中的应用,特别是要在市场中取得成功。广义地说,它包括以技术发明为前提,创造新产品、新工艺、开辟新市场、获得新资源和形成新的生产组织结构等多方面内容。因此,可以认为技术创新是一个融研究开发与企业经营管理为一体的系统过程。

作为技术创新的投资主体,科技企业可以在国家宏观政策的指导下,根据市场需求的变化和市场竞争格局,自主地选择符合本企业发展目标的创新项目,自主地进行筹资和投资,并承担相应风险。企业技术创新一般包括三个阶段:一是技术创新的构思及评价阶段;二是以实现技术创新构思并获得技术创新成果为目的的研究和开发阶段;三是技术创新成果的商业化及进入市场阶段。就整个过程而言,科技企业的某项技术创新投资具有投资周期长短不确定、成功率低、资金的投入及收益不确定等特点。因此,科技企业关于某项技术创新的投资管理,难以从立项初期就作为一个整体进行投资决策分析等投资管理工作。比较可行的办法是将整个创新过程按照上述的三个阶段进行分解,分阶段进行管理。那么,每一个阶段都被视为一个相对独立的投资过程,而上一阶段所投入的资金在下阶段初期进行投资决策分析时将作为历史沉积成本,不予考虑。

(二)高新技术资产转让价格评估

科技企业是技术创新的温床,大企业与中小企业、中小企业之间兼并、技术转让、技术入股等企业活动也越来越频繁,技术资产的评估与作价已成为热点问题。但由于科技企业的技术资产具有无形性、附着性、垄断性以及价值形成与补偿的特殊性、流通过程的复杂性等特点,其转让价格的评估非常困难和复杂。

传统的评估模型有从高新技术资产的供给方出发考虑高新技术资产研制成本补偿和转让利润来定价的,也有从高新技术资产的需求方出发考虑高新技术的收益现值来评估的。科技企业高新技术资产的转让价格不仅受到高新技术资产的研制成本和高新技术资产获利能力的影响,而且更主要的是决定于双方的交互作用。因此,应综合考虑高新技术资产供给方和需求方两方面的因素。首先应考虑构建高新技术资产转让价格的区间模型,再确定高新技术资产转让价格的具体数额。这样的评估思路能更有效地保障科技企业高新技术资产评估结果的科学性和合理性,公正地维护技术资产交易双方的权益,有利于技术成果的快速扩散。

三、营运资金管理

科技企业的营运资金是指一个科技企业投放在流动资产上的资金,具体包括应收账款、存货、其他应收款、应付票据、预收票据、预提费用、其他应付款等占用的资金。用来反映科技企业在资产运营方面的效率的指标,主要包括存货周转率、应收账款周转率、流动资产周转率、总资产周转率。下面具体说明这些指标的含义和计算。

(一)存货周转率

存货周转率是销售成本除以期初存货和期末存货的平均值所得的值,其反映了科技企业对存货管理的效率。计算公式为:

$$存货周转率＝销售成本/平均存货$$

$$存货周转天数＝360÷存货周转率$$

$$=360\div(销售成本\div平均存货)$$
$$=(平均存货\times360)\div销售成本$$

公式中的销售成本数据来自损益表，平均存货来自资产负债表中的"期初存货"与"期末存货"的平均数。

这个指标一般来说依行业不同而有着各自的标准，但相比较而言，科技企业一般比传统工业企业保持大得多的存货周转率。这一方面是由于科技企业销售的快速增长客观上决定了存货的快速周转；另一方面科技企业在成熟期前对资金的扩张性需求及融资的相对困难，也使得其在主观上必须加强对存货的管理，减少在这方面的资金占用，从而提高存货周转率。

（二）应收账款周转率和流动资产周转率

应收账款周转率是指科技企业赊销收入净额除以应收账款的平均余额所得的值，反映了在本期应收账款平均余额周转的次数。计算公式为：

$$应收账款周转率=销售收入\div平均应收账款$$
$$应收账款周转天数=360\div应收账款周转率$$
$$=(平均应收账款\times360)\div销售收入$$

流动资产周转率是指销售收入被科技企业全部流动资产平均余额所除的值，反映了流动资产的周转速度。计算公式为：

$$流动资产周转率=销售收入\div平均流动资产$$
$$平均流动资产=(年初流动资产+年末流动资产)\div2$$

对于科技企业来说必须保持很高的应收账款周转率，否则就无法实现应有的快速发展，其原因与保持高存货周转率相同。至于科技企业的流动资产周转率，由于其流动资产的主要组成部分存货和应收账款都要求保持高周转率，因此整个流动资产也相应地表现为高周转率，会相对节约流动资产，等于扩大资金投入，这样相当于企业在一个会计期间内获得了更多的资金支持，既减轻了企业融资的压力，也增强了企业的盈利能力。

（三）总资产周转率

总资产周转率是指科技企业销售收入与平均资产总额的比值，其计算公式为：

$$总资产周转率=销售收入\div平均资产总额$$
$$平均资产总额=(年初资产总额+年末资产总额)\div2$$

该指标反映了科技企业全部资产平均余额在本会计期间内周转的次数，周转越快，反映企业销售能力越强。对于绝大多数科技企业，一方面其固定资产在总资产中的比例要远小于传统企业；另一方面就现行会计制度而言，占科技企业长期性资金支出重要部分的研究开发性支出是作为期间费用来处理的，没有资本化。因此，绝大多数科技企业中长期资产的比重相对较小，这使得其总资产周转率和流动资产周转率相差并不悬殊，都保持着一个较高的数值。

第四节　科技企业的创新管理

学习是人类自我提升的一种方式，创新是科技企业发展的原动力，学习和创新两者之间的关系密不可分。学习是科技企业创新的决定因素，可分为两类：一类是个体学习，个体学习是行为主体不断地按照自我发展所需而寻找和发现自己和其他行为主体的行动方式和结果，并依据这个搜寻结果作出判断，并有针对性地采取有效行动，对有利于个人目标实现的行为进行反复学习，综合研究，深入探讨，并重复执行，对不利于个人目标实现的行为则有效防预和避免，或在原有基础上进行加工处理，或者加以修正。另一类是组织学习，组织学习是指科技企业任务和计划的制定及其运营管理行为规则的形成过程。任何制定任务、规则和计划的过程都是科技企业采取行动之前的学习行为。这种行为是科技企业通过员工相互作用，建立在组织自我学习的基础之上的，学习对于任何科技企业的创新和发展均具有极为重要的意义。建立在学习基础上的行为方式的改变就是一种前沿性的创新，因为学习是知识革新的过程，是创新意识形成的基础。在科技企业成长的过程中，其运营管理复杂性不断变化，这种变化是随外界环境变化而变的，对复杂性进行运营管理的过程不仅是一个不断持续地创新的过程，更是科技企业不断提高其运营管理集成能力的具体实现形式。科技企业可通过不同的途径和形式不断地加强学习与培训，不断地革新本企业的专业基础知识，使企业员工的基本素质有较大提高，为企业文化创新奠定基础，从文化涵养上简化运营管理流程，使企业获得更为深远的创新。

一、科技企业的技术创新

技术创新指以市场为导向，以提高产品竞争力为目标，从新产品、新工艺的设想开始，经过技术获取（研究开发或引进）、工程化、商业化生产到市场应用的全部过程的综合。对于这个定义，说明如下：第一，技术创新是以市场为导向的。技术创新与纯科学技术活动的区别就在于它对市场的强调，只有纯技术的创新和突破而没有市场价值的不应算是技术创新。第二，技术创新是一个综合性的过程。不仅要有研究开发新产品新技术新工艺等科技活动，还要有经济活动、生产经营活动、市场活动和人力资源活动等。它包括了科技、经济、生产、经营、文化、艺术、教育、金融等内容，而不仅仅是单纯技术开发和进步。第三，技术创新具有效益性。任何层次规模的技术创新活动都需要以一定数量资源投入，获得相应财富增加和生产效益提高，从一定程度上提升科技企业竞争力，这也是科技企业进行技术创新活动的根本动力所在。

（一）科技企业的技术核心能力

所谓科技企业的技术核心能力，就是科技企业通过特有技术要素和技能或各种要素和技能的独特的组合来创造具有自身特性的技术，以产生稀缺的、不可模仿的技术资源的企业能力。就科技企业核心技术而言,一般具有某些特性,例如难以模仿性:某些核心技能本身就是由科技企业独有的稀缺资源以及对这种资源的运作能力所构成的,有的甚至是无形的或者具有环境匹配性、整体组合性以及专利保护等,其他企业很难有效地模仿;难以替代性:核心技术往往是一组先进技术的和谐组合,既包括先进技术本身,也包括保护、激活、使用和发展这种先进技术的能力。这种领先技术的有机整合及其对市场已形成的导向和控制等,往往使其他企业没有能力超越,或者在一定时期内根本无法实施超越。由于核心技术所具有的特性,其在科技企业发展中占据着至关重要的作用。科技企业要获得竞争优势,实现持续稳定发展,必须提高企业的技术核心能力;在制定技术创新战略时,必须从技术核心能力的培育、积累和构筑来考虑。

科技企业可以通过重大技术创新来构筑技术核心能力。但由于当今时代技术变化日新月异、竞争环境的不确定性,一个科技企业要通过单纯的重大技术创新来产生核心能力比较困难。可以考虑采取另外一种方式,即通过创新项目的组合实现科技企业特定性的技术要素高效率组合,培育和提高企业的技术核心能力。比如我国家电行业的龙头企业海尔,其产品中所蕴含的任一单一技术要素,与国外企业相比,并不具有竞争优势。但这些产品却已在国内、国际市场上取得竞争优势,主要得益于不同技术要素的组合所形成的核心能力。可以考虑采取以下三种技术核心能力培育模式:

1. 内生型模式

当不同层面知识交叉时,在节点上能够孕育新的知识。科技企业内不同研发项目的组合,正是创造出了不同知识层面的节点。通过科技企业内不同技术项目的研究开发,实现不同项目研究后产生知识的交叉和积累;通过不同研究开发项目之间的组合,实现技术资源的互补与共享,强化企业核心技术以及由核心技术反映的企业核心知识,提升企业技术核心能力。采用这一模式的科技企业应具备以下条件:一是企业具有较强的研究开发能力,现有产品和工艺中所包含的技术知识具有较高水平,在同行中具有一定的优势。二是企业长期以来注重对自身知识资源的积累,而且知识存量水平较高。一方面,具有较完善的研究开发机构,且有较强的科技成果和研究经验的积累;另一方面,有一批具有较高研究开发水平的科技人才,并能保证研究开发队伍的稳定性和同类研究项目的连续性,防止因研究开发人才外流而带来的知识溢出,以保证知识积累的持续性。三是企业具有较强资金实力。由于科技企业的知识基本上是通过自主技术项目的开发积累的,就必须通过加大对研究开发的投入,不断创造和积累知识;四是不同的组合项目之间要能有效地整合,即要求科技企业有较强的研究开发管理能力,能有效地实现不同项目的联结。

2. 外生型模式

培养科技企业核心能力不一定要在内部研究开发上全都超过竞争对手,既可以利用内部资源,也可以通过兼并与收购吸纳外部资源,并与内部资源进行整合,培育新的核心能力,或拓展原有的核心能力平台。外生型培育模式必须在获取整个外部企业的前提下,才能真正获取被兼并企业中的技术核心能力。兼并收购后,还必须采取独特的联结方式实现原有外部技术资源与科技企业原有内部资源的协同与整合,实现外部资源的内生化,因而潜伏着较大的风险,投入成本较高。采用这一模式的科技企业必须具备以下条件:一是,具有消化外部技术和知识资源附着载体的能力。被并购企业中除了能为并购企业带来提升和强化技术核心能力的关键技术和知识资源外,还有辅助性的资源,而且有的外部资源对并购企业来说是没有价值的,对这样的资源要能较好地处理。二是,要实现组织、文化、管理、财务等方面的有效整合。并购企业和被并购企业的文化、管理、组织等要素往往存在冲突,并购企业要具有实现这些要素整合的能力。三是,有较强的资金支撑能力,能满足企业扩张的需要。

3. 混合型模式

把科技企业原有的核心能力,与从外部引进的技术项目中所蕴含的技术和知识相融合,构筑和培育科技企业的技术核心能力。其中科技企业原有的核心能力是科技企业长期自主研究开发的结果,而从外部获取的技术知识则可以通过技术项目的引进、技术合作项目开发等途径得以实现。采用这一模式的科技企业必须具备以下条件:一是,外部项目所蕴含的技术知识与企业自身研究开发项目所蕴含的技术知识具有较强的相关性;二是,科技企业具有对外部项目所蕴含技术知识的消化吸收能力;三是,通过消化吸收学习得到的知识必须与企业原有积累的知识进行融合,创造新的内外知识的连接方式和知识结构,使外部知识内生化,使之具有本企业的特性。只有实现外部技术和内生技术能力的结合,产生新的整合技术,才能实现技术跨越。而技术跨越是后发企业获取和实现技术核心能力的必要途径。

科技企业在构筑技术核心能力的同时,还必须善于把核心技术转变为核心产品。一是,集中企业核心技术并将其植入核心产品中,率先在市场上建立起竞争优势,占领更大的市场份额;二是,推进品牌建设,培养良好信誉度,并善于从已赢得商誉的核心产品中迅速扩张核心力、核心产品的市场份额;三是,控制数量、提高质量,为核心产品开拓并扩大应用领域,不断减少新产品的开发成本、时间和风险。四是当原有核心能力的反面开始过多、过强地阻碍众多的新项目时,通过资本营运对原有核心能力实施扩张或更替。

(二)科技企业实施技术创新的措施

1. 围绕市场制定技术创新发展战略

科技企业必须预测市场潜在需求,围绕市场制定技术创新发展战略,为企业技术创新提供长期指导,为企业技术进步和发展提供动力。从技术创新战略的制定来看,一般有两种模式:一是强调战略要与现有的资源、条件相匹配的模式;二是强调充分利用有影响力的资源并创新和扩大资源去实现当前看来无法达到的目标的模式。前者侧重于现实性与可行性,是大多数企业采用的模式。后者偏重于期望的目标,对资源留有一定的"缺口"。由于技术战略的长期性和指导性要求企业敢于提出更高的目标,技术战略的超越性要求企业不局限于现有资源的约束。对科技企业来说,为求获得更大的发展,宜采用后一种模式。在制定技术创新战略时,必须注意把握好以下几个方面的内容:

（1）科技企业的技术定位和市场定位。技术定位：是从已出现的科学发现、技术发明中寻找可能的市场，还是从已有的或潜在的市场需求出发，开发新技术或应用已有技术创造新的适合需要的产品。市场定位：是按企业的分析判断对潜在市场的确认，还是根据竞争态势分析对拟占领的细分市场的确认。

（2）科技企业所在产业的技术类型。技术含量越高的产业，技术创新的依赖度也越高，技术创新活动越需要进行统筹安排。

（3）科技企业所在产业未来的发展趋势、技术的走向及近期产业内部可能发生的技术变革。明确了行业的技术发展态势，也就明确了科技企业技术创新在其中所处的位置，从而选择正确的创新战略。

（4）竞争对手的技术创新战略。竞争对手目前在研究和开发哪些新技术和新产品，这些新技术和新产品的前景如何，对这些技术创新情报的分析，有助于本企业形成技术创新思路的实现途径。

2. 建立面向市场的技术创新科学决策机制

首先，必须强化信息的收集与管理。在技术创新过程中，科技企业面临着各种不确定因素。充分、及时、准确地获得包括市场信息、技术信息、经营环境、外部支撑系统和政府的政策法规等各方面信息，是正确决策的基础，可以减少技术创新的风险，提高创新成功的可能性。因此，除了政府为科技企业技术创新提供现代化的通信网络外，科技企业自身必须高度重视信息对技术创新的作用，成立专门机构，完善信息网络，建立信息反馈系统，跟踪国内外科技发展动态和市场演变趋势，及时、准确、快速收集、捕捉各类信息，特别是与本企业技术创新相关的信息，并进行优化和处理，为科学决策提供依据。

其次，必须建立科学决策制度。根据所掌握信息，结合科技企业自身实际，对技术创新各种因素（如投资能力、盈利水平、资源条件、技术开发能力、生产技术基础、销售服务能力等）进行综合分析和判断，把市场需求作为技术创新课题的立项基础，按照技术创新项目的性质和重要程度建立不同层次的决策程序，建立健全科学决策制度，尽可能减少决策失误。

最后，必须建立决策执行系统。在决策者做出决策后，必须迅速贯彻落实指令。必要时可根据市场变化情况作出相应调整，并对落实效果负责。

3. 选择适合科技企业发展的技术创新模式

高技术产业发展模式多样，概括起来主要有两种，即技术领先发展模式和技术追赶发展模式。美国是典型的技术领先发展模式，而日本、韩国则是技术追赶模式中的典范。技术领先发展模式以领先创新为主要特点。领先创新是技术创新的最高境界，也是使企业成为技术领先者和市场领袖的基本条件。由于领先创新的产品面对的是一个几乎没有竞争的市场，领先创新一旦成功，在一段时间内可以享受创新带来的超额利润。但领先创新又有着创新成本较高、风险较大的特点，需要投入大量的人力、物力、财力，因而多为实力雄厚的企业所采用。模仿创新是技术追赶发展模式的主要形式，它并不主要进行新技术的研究开发工作,而是以领先者的创新成果为目标,通过引进、购买等手段掌握吸收领先创新的核心技术,并在此基础上生产出具有一定竞争力的产品投放市场。这种创新模式投资少,获得技术的速度快。由于模仿创新者不做新技术的开拓探索者和率先使用者,只做有价值技术的追随学习者和改进者;不独自开辟全新市场,而是充分利用并进一步发展领先者所开辟的市场,这就使得模仿创新所面临的技术、资金、市场等多方面的不确定性大大降低,创新费用也随之降低,比较适合于那些技术开发力量薄弱而制造能力相对较强的企业。对于中小科技企业,为降低风险,提高资金使用效率,模仿创新可作为技术创新的主要选择之一。随着科技企业的发展壮大,不断积累创新能力,逐步加强研究开发投入,最终过渡到领先创新阶段,开发并拥有科技含量高的产品,在市场上占据并保持领先地位。

4.强化技术创新的管理

好的技术还必须有好的管理才能出效益,只注重技术而不注重管理,同样不能出效益。因此,科技企业必须对技术创新全过程进行严格管理,并且随技术的水平高低、规模大小调整经营管理方式,提高经营管理者的素质,以适应技术创新的需要。同时,在技术的选择上避免盲目性,在技术的论证上避免不实性,在立项的决策上避免草率性,在项目的实施上避免混乱性,尽可能减少技术创新的风险。

二、科技企业的组织创新

20世纪80年代以来,科学技术的迅猛发展使产品生命周期缩短,市场更新速度加快,而经济发展的全球化、区域化和集团化又使竞争日趋复杂多变。特别是随着知识经济时代的到来,对企业组织结构的创新提出了新的挑战,为了适应这种外部环境变化,企业在组织结构方面纷纷进行了创新尝试,在理论上又归纳出新的组织理论,学习型组织、虚拟组织、战略联盟、流程再造、网络组织等组织结构理论的提出和发展,反映了企业组织结构呈现出来的新发展趋势。

科技企业组织结构创新在进程上有两种选择:渐进式创新和激进式创新。美国组织学家、哈佛商学院的教授格雷纳用"演变"和"变革"来描述企业组织结构创新的程度。他指出,演变是指企业组织温和变化,并不产生剧烈的动荡,即渐进式创新。变革是指企业组织脱胎换骨式的重大变化,即激进式创新。不同的科技企业可能选取不同的创新方式,即使是同一企业也有可能在不同的内外环境条件下选择不同的进程。也就是说,科技企业应根据所处的环境、存在的现实问题及确定的方向目标等对这两种创新方式作出相应的选择。

激进式创新这种方式往往涉及科技企业组织结构重大、根本性的改变,且创新期限较短,因而能够以较快的速度达到目的,但这种创新方式会导致组织的平稳性差,严重的时候甚至会导致组织崩溃。

科技企业对组织结构创新进程的选择主要取决于外部环境变化对企业组织结构所带

来的压力程度,以及科技企业原有的企业组织结构形式与外部环境的适应程度。如果科技企业的组织结构形式与外部环境较相适应,或者外部环境的变化对企业的组织结构所带来的压力不大,则科技企业倾向于采取渐进式创新。而在企业外部环境发生重大变化时,科技企业有必要采取激进式组织结构创新以适应环境的变化。但是激进式创新不宜过于频繁,否则会影响企业组织的稳定性,甚至导致组织的毁灭。因此两次激进式创新之间的时间应比较长,且在这之间企业只宜进行渐进式创新。

三、科技企业的文化创新

(一) 文化创新在科技企业发展中的作用

企业文化在科技企业中集中表现在企业的文化力。科技企业的文化力是科技企业的核心竞争力之一。它是指由于科技企业文化的建立和发展,给科技企业带来的竞争能力和创新能力。由于企业文化具有独特性,科技企业的文化力也具有本企业的特点。科技企业的文化力是一个综合的能力表现,主要体现在由企业文化的创新所带来的企业的凝聚力、学习力、创新力以及辐射力。

企业文化创新是科技企业发展的推动力。文化创新在科技企业发展中所起的作用主要体现在以下几个方面:

第一,企业文化创新能在科技企业内部形成强大的凝聚力。

企业文化,实质就是建立在共同的企业精神、企业理念和共同的价值观念之上的相同的价值取向和相同的行为模式。人们常说:一根筷子易折,十根筷子难断。先进的企业文化,使员工们形成一个团队,为科技企业的发展献计献策,这种对企业的归属感所激发的力量是非常巨大的。企业文化用一种无形的文化力量形成一种行为准则,价值观念和道德规范,凝聚企业员工的归属感,积极性和创造性,引导企业员工为科技企业的发展而努力。

第二,企业文化创新,能够引导形成学习型企业。

通过企业文化创新,形成学习型企业。这种企业的学习力能够为科技企业的发展提供智力支持。学习型组织及其互动共享的学习系统,是科技企业应对变化、创造未来的比较持久的竞争优势。在现代社会,企业的学习力已经成为促进科技企业发展的重要力量。

第三,企业文化创新,能够形成科技企业各方面的创新力。

通过企业文化创新,产生观念上的创新,进而促进制度创新、技术创新、管理创新。企业文化的创新力,不仅是指企业文化本身的创新能力,而且还包括由于企业文化的创新带来的观念创新、制度创新和理论创新。企业的创新力是企业创新的综合能力。发展是硬道理,而发展是通过创新来完成的。科技企业也不例外。

第四,企业文化创新,可以增强科技企业对社会的辐射力。

企业文化的辐射力是科技企业和社会联系的桥梁,是科技企业持续发展的助推力。企业文化的辐射力是指科技企业在形象设计、广告、销售等领域体现本企业特色并为社会所接受的能力。科技企业的发展程度,决定于社会对其接纳的程度。科技企业生产出的产品,不仅仅是一种物质,而且也是一种文化,如果这种文化与社会文化格格不入,那企业就很难生存。科技企业应该重视企业文化的辐射效应,不断推动企业的发展。

(二)科技企业文化创新的基本思路

企业文化可以通过创新促进自身的发展和企业的发展。那么如何实现科技企业的文化创新呢?

1. 建立以能力为基础的企业文化体系

建立基于能力的企业文化体系,形成一种基于能力的绩效管理体系。这种企业文化体系,重点是利用远景目标激励和引导员工个人和企业整体,为科技企业招聘员工和提拔人才提供合理的选拔机制。企业理念是培育企业文化、最大限度地发挥人的潜能的得力工具。而所谓的企业理念是指导人们工作中的思维及行动的所有规范和信念体系,它包括远景规划、使命、价值观和原则,以及指导组织如何运作的公约。建立以能力为基础的企业文化体系包括建立基于能力的企业理念、建立基于能力的人才战略、建立基于能力的竞争机制这三个方面。

2. 建立学习型组织的企业文化体系

科技企业可以通过文化创新建立以人为本的学习型组织,实现个人学习到团队学习的过渡,进而形成全员学习的学习型企业。学习型企业面对任何复杂的外界变化,都能灵活伸展并进行系统思考,创造无限生机,并进而使企业成为一个具有生命的有机体。

3. 进行企业文化手段的创新

如何将信息技术应用到企业文化的发展过程中,是企业文化手段创新的重要课题。所谓信息技术是指有关信息的收集、识别、提取、传递、处理、检索、检测、分析和利用的技术,主要包括通信技术、计算机技术、多媒体技术和网络技术等。

科技企业文化创新的过程就是不断吸取世界上先进的社会文化的过程,也是将先进文化提炼为企业理念并且融入企业员工的行为中的过程,这个过程其实就是信息的转化过程。所以企业文化创新必须以信息技术为重要手段。

企业文化手段的创新主要表现为企业文化的网络化,企业文化的网络化不但是企业文化创新的重要手段,也是企业文化创新的重要内容。科技企业必须站在历史的高度,努力发展企业的网络,实现企业文化的网络化。

思考题

1. 科技产业供应链不同于其他产业供应链的特点有哪些?
2. 什么是全面质量管理?科技企业的全面质量管理有哪些特点?
3. 如何提取关键绩效指标?选定的标准是什么?

4. 科技企业员工关系管理的内容有哪些?

5. 科技企业有哪些筹资方式?

6. 科技企业的营运资金管理包含哪些方面?

7. 科技企业的技术核心能力有哪些构建模式?

8. 文化创新在科技企业发展中有哪些作用?

第十一章 创业企业上市和资本市场运行

　　小张当年主要是靠自己的创意和拥有知识产权的创新成果创业的。创业的资本来自风险投资公司。经过几年的努力,创业成功了。新的发展问题是进一步扩大规模和拓展发展的义务。这就需要得到新的更大规模的投资。与此同时,他创业时得到的风险投资也在考虑退出。这样对小张的公司来说就提出了上市问题。

第一节 资本市场及其对创业企业的价值

　　主板、中小板、创业板、全国中小企业股份转让系统(新三板)、区域性股权交易市场共同构成了我国多层次资本市场,为不同融资需求的企业提供了差异化的金融服务。

一、多层次资本市场简介

　　在资本市场上,不同的投资者与融资者都有不同的规模大小与主体特征,存在着对资本市场金融服务的不同需求。我国资本市场从20世纪90年代发展至今,逐渐形成了由主板、中小板、创业板、全国中小企业股份转让系统(新三板)、区域性股权交易市场等构成的多层次资本市场体系。

　　1. 主板市场

　　主板市场对发行人的营业期限、股本大小、盈利水平、最低市值等方面的要求标准较高,上市企业多为大型成熟的蓝筹企业,具有较大的资本规模以及稳定的盈利能力。主板市场是资本市场中最重要的组成部分,很大程度上能够反映经济发展的状况,有"国民经济晴雨表"之称。目前,我国可以进行主板上市交易的有上海证券交易所(以下简称上交所)、深圳证券交易所(以下简称深交所)。

　　2. 中小板市场

　　中小板市场也称中小企业板,设立于2004年6月,主要为行业细分龙头企业提供融资服务,是深交所多层次资本市场的有机组成部分,是创业板的过渡。从生命周期的角度看,在中小板上市的企业一般处于成长期,具有高成长、高收益的特点;从创新能力来看,中小板上市企业大多拥有自主专利技术,部分企业被列为国家火炬计划重点高新技术企业和国家科技部认定全国重点高新技术企业;从上市门槛来看,中小板的上市要求比创业板的更为严格，接近于主板上市条件。

3. 创业板市场

创业板市场设立于 2009 年 10 月，是专为自主创新型企业及其他成长型企业发展提供融资服务的平台，是中国多层次资本市场的重要组成部分。该市场充分匹配了中国经济多元协同发展的优势，包容性强，市场化程度高，成长性突出，创业创新特色显著，是孵化科技型、成长型企业的摇篮。根据深交所数据，经过 8 年的发展，截至 2016 年 12 月 31 日，创业板上市公司累计 570 家，平均每年有 80 多家企业在创业板上市。可以说，创业板是多层次资本市场中最具活力的市场之一。

4. 全国中小企业股份转让系统

全国中小企业股份转让系统（新三板），是经国务院批准设立的第一家公司制证券交易场所，也是继上交所、深交所之后，大陆第三家全国性证券交易场所，全国中小企业股份转让系统有限责任公司为其运营管理机构。新三板于 2013 年 1 月 16 日正式揭牌运营，是定位于非上市股份公司股票公开转让和发行融资的市场平台，为公司提供股票交易、发行融资、并购重组等相关服务，以及为市场参与人提供信息、技术和培训服务。一般来说，新三板主要为创新型、创业型和成长型中小微企业提供资本市场服务。

5. 区域性股权交易市场

2012 年 9 月，证监会印发《关于规范证券公司参与区域性股权交易市场的指导意见（试行）》，提出"区域性股权交易市场"，这是监管部门较早正式肯定区域性股权交易市场的存在及作用。区域性股权交易市场是为特定区域内的企业提供股权、债券的转让和融资服务的私募市场，是我国多层次资本市场的重要组成部分，亦是中国多层次资本市场建设中必不可少的部分。该市场对于促进企业特别是中小微企业股权交易和融资，鼓励科技创新和激活民间资本，加强对实体经济薄弱环节的支持，具有积极作用。

总体来说，我国资本市场支持科技型创业企业发展主要有以下两个功能：（1）资源配置功能。科技型创业企业可以通过资本市场募集资金，实现高速发展或加快技术创新；另外还可以利用兼并、重组等资本运作手段，实现有效资源向科技型创业企业积聚，实现企业的技术升级，发展壮大。（2）优化内部治理功能。拥有完善的现代企业管理制度和法人治理结构的创业企业更容易获得资本市场的青睐。这就倒逼着要借助资本市场发展壮大的创业企业优化和规范内部的治理结构。完善的现代企业管理制度和法人治理结构能促进创业企业降低企业的决策和运营风险，提高经营效率和发展能力。

从市场准入来看，主板市场主要为大中型蓝筹企业服务，创业板市场主要为高成长性的中小企业和高科技企业服务，新三板主要为创新型、创业型、成长型的中小微企业服务，区域性股权市场主要为特定区域内企业提供服务。因而，区域性股权市场要求最低，容纳的企业数最多，2016 年挂牌企业 1.74 万家，展示企业 5.94 万家；新三板次之，2016 年挂牌企业 10 163 家。但从融资额来看，2016 年区域性股权市场的融资额为 2 871 亿元，新三板的融资额为 1 419 亿元，而据投中集团数据显示，同期主板、创业板市场的 IPO 和再融资额达到 1.33 万亿。这表明,当前我国多层次资本市场的融资结构,在总体上仍然呈"倒三角"分布(见图 11.1),中小企业数量众多,融资需求旺盛,但是融资金额较少。

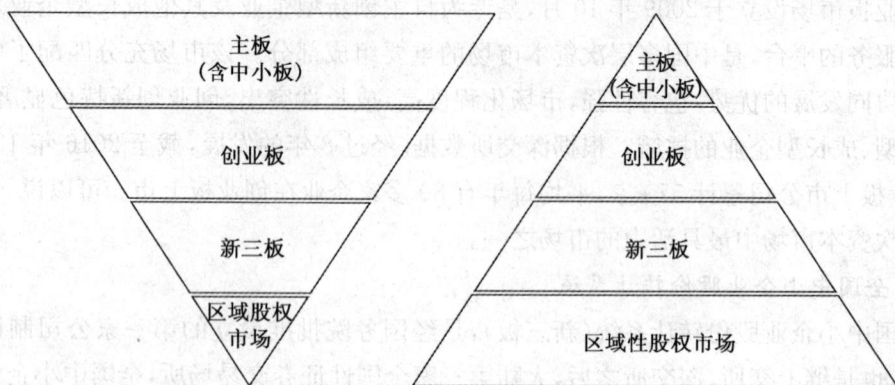

图 11.1　多层次资本市场的"正三角"与"倒三角"分布

　　在未来的发展中,我国资本市场的融资结构将由"倒三角"逐渐向"正三角"转变,发挥新三板与区域性股权市场的融资功能。未来新三板市场将继续发挥培育和服务功能,促进挂牌企业稳健经营、规范成长,实现创新驱动发展。新三板服务新经济、培育新动能、支持创新创业的积极效应将得到持续释放。具体来看:(1)挂牌企业将延续较快增长态势;(2)挂牌公司整体研发强度将维持较高水平,人才集聚能力将进一步提高;(3)挂牌公司业绩将持续向好,示范效应显著;(4)挂牌企业公司治理及内部控制将不断改善,规范程度将越来越高。区域性股权市场将健康稳定发展、基层融资服务更具个性化。区域性股权交易市场未来发展主要体现在以下两个方面:(1)发展将越来越规范,注重防范和化解金融风险,追求健康稳定的发展;(2)切实服务基层实体经济,充分利用其门槛相对较低等特点,为区域内中小微企业提供丰富的个性化融资服务,拓宽中小微企业直接融资渠道。

　　未来主板、中小板将持续发挥示范和引领作用,一方面 IPO 发行节奏逐渐加快,注册制有望推出;另一方面,主板、中小板将与新三板对接,承接更多新三板挂牌企业转板IPO。而创业板市场在继续发挥为科技型创业企业融资功能的同时,注重政府管理,倡导市场自律,强化中介机构的责任与权利,并逐渐完善退市制度。

二、多层次资本市场对于创业企业的价值

　　创业企业为什么要上市? 有如下理由:

　　1. 有利于合理估值以及进一步融资

　　对于科技型创业企业来讲,虽然可以通过银行贷款、创业贷款、科技贷款等方式进行债务融资,但由于缺乏抵押以及科技创新的高风险性,贷款额远远满足不了其研发需求;而如果引入风险投资等外部投资者,虽然在一定程度上解决了企业当下的资金需求,但是企业却是以较低的价格出让股权,融资成本较高。因而,对于创业企业来讲,可以通过上

市的方式获得低成本的资金以及持续融资的能力。

企业上市最大的一笔费用通常是承销费,几百万到几千万不等,虽然看起来很高,但却是一次性支出,相比企业上市的巨大收益,不足为道。根据 wind 数据库的统计数据,截止到 2016 年 12 月 30 日,创业板市场的平均市盈率为 61.61,而企业在非上市时的估值仅为盈利的几倍。可见,上市对于企业的估值会带来数倍的提升。企业上市之后可以通过增发新股的方式获得廉价而持续稳定的资金,并且不存在还本付息的压力,有利于企业为其研发项目持续注入资金,促进发展。

一方面,正是由于上市困难,上市企业会传递一种"优质企业"的信号,消费者们会认为企业有良好的盈利能力、市场前景以及高质量的产品,因而上市企业会在公众中树立良好的品牌形象,既有利于企业产品的销售,也有利于企业吸引人才;另一方面,很多股票和债券的投资者也会更加关注企业的信息,很多财经新闻平台也会发布企业的资讯,而这无疑也会增加企业的知名度,拓宽企业的市场。

2. 方便投资者的退出

企业在生产经营过程中,公司股东内部往往因为观点分歧、不看好公司的发展或因资金缺乏而急于出售股权,套取现金,而非上市公司股权的流动性很差,卖家与买家的心理价差往往很大,因而可以通过上市打通投资者的退出渠道。

我们以 2016 年股权投资的退出方式为例,分析投资者退出渠道的选择。从表 11.1可以看出,2016 年我国的私募股权投资基金 VC、PE 主要以新三板交易的方式退出,除此之外,通过 IPO 退出是最主要的退出方式,这表明新三板挂牌和 IPO 是当前我国股权投资者最重要的退出方式。因而,企业上市在很大程度上方便了股权投资者的退出。

表 11.1　2016 年 VC、PE 的退出方式

	VC 退出	PE 退出
新三板	61.5%	71.4%
IPO	13.8%	10.0%
股权转让	11.1%	6.5%
并购	7.8%	5.8%
管理层收购	1.8%	1.5%
回购	0.7%	0.1%
借壳上市	0.7%	0.7%
清算	0.0%	0.3%
其他	0.0%	3.2%
未披露	2.6%	0.5%

数据来源:《中国股权投资市场 2016 全年回顾与展望》,清科研究中心。

3. 完善公司治理结构

企业上市的前提条件是企业建立现代企业制度的股份有限公司,并有完善的公司治理结构。我国上市公司的治理架构是董事会、监事会和股东大会分权制衡,董事会负责经营管理,监事会负责监督,而股东大会负责决策。通过权力的制衡,有利于公司平稳高效的运行。

另外,企业上市之后必须接受严格的监管制度和信息披露制度。企业的管理层信息、财务信息、生产经营信息、重大事件等都要定期披露,因而其较高的透明程度有利于公众对其监管,促使其内部管理更加透明、规范,决策更加高效、合法。

4. 有利于公司的兼并和收购

非上市公司由于受到较强的融资约束,很难聚集大量的资金进行兼并重组。但是公司一旦上市,就有了通过资本市场便捷融资的机会,因而,可以通过增发股票募集资金来完成兼并收购,实现公司业务范围、规模的快速扩张。

5. 有利于建立和完善激励机制

股票可以作为用来吸引和留住人才的一种工具,许多公司利用公司的股票和股票期权计划作为奖励,吸引并留住优秀的员工。用工资和股票相结合的方式来招聘和支付主管人员薪酬的做法也是一种非常有效的激励机制。而公司上市后,大大提高了股票的估值和流动性,不仅原股票持有者得到回报,也使得公司未来的股票激励更有吸引力。

三、创业企业的资本市场选择

(一) 不同资本市场的流动性与估值

不论企业上市是为了进一步融资,还是为了方便投资者的退出以及提高知名度等,不同资本市场的流动性与估值都是企业应该考虑的。高流动性有利于增发股本的认购,也表明参与的投资者多,公司更有可能被关注,有利于提高知名度和树立品牌;高估值有利于企业在后续融资中以较少的股本,获得更多的融资额,也有利于股权投资者以更合意的价格卖出股票。因而,创业企业应该选择估值高以及流动性较好的资本市场上市。

1. 不同资本市场间的流动性比较

市场流动性是指在资产价格没有遭受太大损失的前提下,能够以一个合理的价格变现的能力。从微观层面来讲,流动性有三个基本的要素:大量交易的能力,不变价格交易的能力,以及及时交易的能力。因而,流动性的衡量可以从成交量和价格波动两方面考虑[①],在成交量一定的情况下,价格波动越小,表明资产的流动性越好;同样,在价格波动一样的情况下,成交量越多的资产流动性越好。所以,一般来说,现金的流动性是最高的,活期存款与短期国债也属于流动性很高的资产。

---

① Amihud Y., Illiquidity and Stock Returns: Cross-section and Time-series Effects, *Journal of Financial Markets*, 2002, 5(1): 31-56.

具体到资本市场,从成交量来看,主板市场的成交量最高,2016 年上证 A 股的成交量为 49.42 万亿,中小板的成交量为 33.68 万亿,创业板的成交量为 21.53 万亿;从图 11.2 反映的股票市场价格波动率来看,中小板和创业板的波动性是较大的,指数的最高值是最低值的 2—3 倍,而上证指数的最高值仅是最低值的一倍多。因此,从成交量与波动性两方面可以看出,主板市场的流动性较强,而中小板和创业板的流动性较弱。

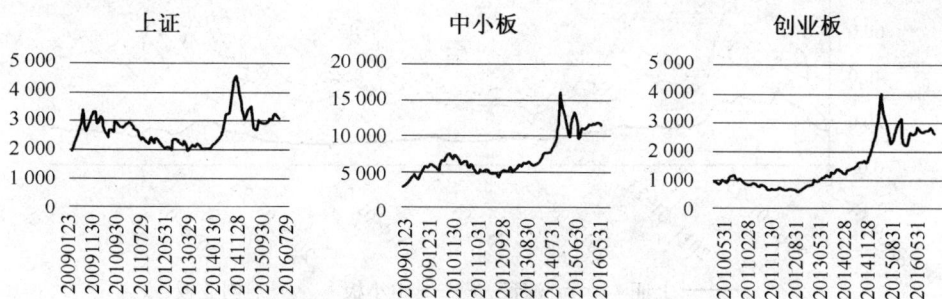

图 11.2　上证、中小板、创业板历史走势

反观新三板的流动性,与主板、中小板、创业板市场相差甚远。截止到 2016 年年底,在新三板上挂牌的企业数量达到 10 163 家(股转系统数据),2016 年的做市转让和协议转让一共 1 912.28 亿元;而沪深 A 股一共才 3 000 多家,2016 年的成交金额达到 104.63 万亿元。因而,新三板市场的流动性远远不如主板、中小板和创业板市场。

从流动性的角度来看,新三板仅仅是便于股权协议转让的场所,融资功能较弱,因而并不适合创业企业的融资,新三板对于创业企业来讲,只是上市前的一个过渡,企业应该选择流动性较好的主板、中小板或创业板上市。

2. 不同资本市场间的估值比较

我们以市盈率指标来刻画企业的估值。市盈率的计算方法为每股市值除以每股盈利,该指标越高,表明市场给予股票的估值越高,该指标越低,表明估值越低。我们用平均市盈率来刻画资本市场的整体估值。从图 11.3 可以看出,创业板市场的估值是最高的,而主板市场的估值是最低的。这表明,虽然创业板企业可能当前盈利能力不高,但是投资者普遍看好创业板企业的高成长性,给予高估值。对于科技型创业企业来讲,在其成长期面临产品的研发与生产,因而资金大部分都要用于因研发投资或市场推广而产生的销售费用,盈利能力较低但成长性较高。科技型创业企业选择在创业板上市是非常合适的,即使当前盈利能力低,市场给予的高估值也有利于企业进一步融资。

(二)不同资本市场的服务对象与上市(挂牌)条件

企业可以选择在主板、中小板或创业板上市,也可以选择去新三板挂牌。不同的资本市场的服务对象不同,因而也有着不同的门槛。科技型创业企业在上市(挂牌)前,需要对不同资本市场的上市(挂牌)条件有所了解,选择适合的资本市场,进而提交申请,准备上市(挂牌)。

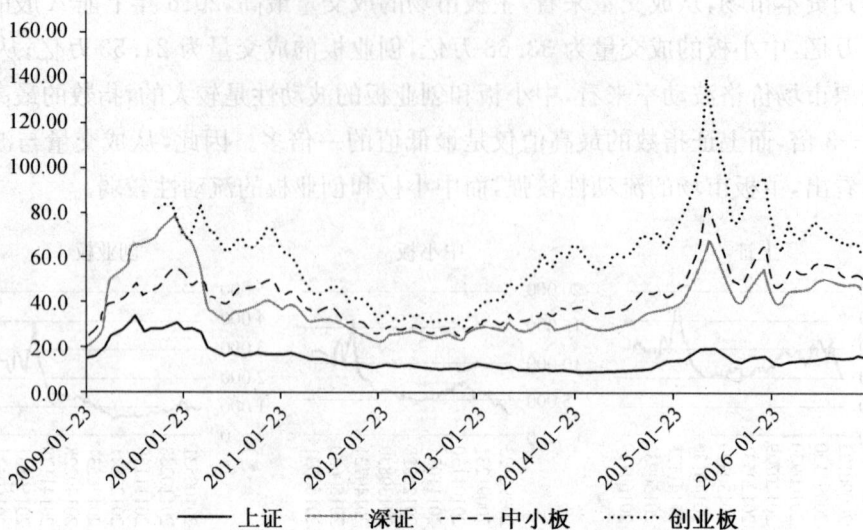

图 11.3 上证、深证、中小板、创业板的估值比较

　　我国多层次资本市场中，区域股权交易市场是为了方便非上市企业与投资者达成交易，交割股权而设立的区域性场所，只接受区域内企业的挂牌，因而其服务范围不如全国中小企业股份转让系统(新三板)。而中小板虽然当初设立的初衷是为创业板的推出做铺垫，其服务对象也定位于中小企业，但其在发展过程中上市要求逐渐趋于严格，目前其上市门槛越来越接近主板市场。因此，我们主要比较主板市场、创业板市场以及新三板市场的上市(挂牌)要求，进而分析科技型创业企业的最优资本市场选择。

　　我们将主板、创业板、新三板的比较在表 11.2 中呈现，可以看出，主板、创业板、新三板在服务对象以及上市(挂牌)要求上存在诸多不同，从服务对象来看，主板市场更希望成熟的蓝筹企业在该市场上市，因而其对拟上市企业的资产、盈利能力、财务状况等要求较高；而创业板和新三板服务的是中小科技型创业企业，对企业盈利能力逐渐放宽，创业板要求的净利润比主板低，且如果净利润没有达到要求，营业收入达到要求也可以。新三板对企业的要求进一步放宽，只需要企业有稳定的持续经营能力即可，对企业盈利和财务方面没有具体要求。因此，从不同资本市场的服务对象及资质要求来看，创业板和新三板更符合科技型创业企业的选择。另外，虽然中小板和创业板都是服务于中小企业，但中小板的上市条件越来越趋于严格，创业板的上市条件较低，尤其是降低了企业的盈利性要求。

　　综上所述，通过对不同资本市场的估值、市场流动性、服务对象及上市条件四个方面分析，我们认为最适合科技型创业企业上市的资本市场为创业板市场。

表 11.2　不同资本市场间的比较

不同资本市场	主板	创业板	新三板挂牌
服务对象	多为成熟期蓝筹股	自主创新企业及其他成长型企业	创新创业型、成长型中小微企业
组织形式	股份有限公司	股份有限公司	股份有限公司
经营时间	3 年以上	3 年以上	2 年以上
盈利能力	同时具备:最近 3 个会计年度净利润均为正数且累计超过人民币 3 000 万元;最近 3 个会计年度经营活动产生的现金流量净额累计超过人民币 5 000 万元或营业收入累计超过人民币 3 亿元;最近一期末不存在未弥补亏损	符合一条即可:最近 2 年持续盈利,且净利润累计不少于 1 000 万元;或最近一年净利润不低于 500 万,且营业收入不少于 5 000 万元,最近 2 年营业收入增长率均不低于 30%;最近一期末净资产不少于 2 000 万元,且不存在未弥补亏损	稳定、持续经营能力
生产经营	合法、合规,符合国家相关产业政策;符合独立性要求	发行人应当主要经营一种业务,其生产经营活动符合法律、行政法规和公司章程的规定,符合国家产业政策及环境保护政策	主营业务方面要业务突出,有明确方向
公司治理	要求较高	要求较高	无明确要求
股本要求	发行前不少于 3 000 万,发行后最低 5 000 万	发行后股本总额不少于 3 000 万元	无
整体要求	严格	较严格	容易

第二节　创业企业上市的前期准备

一、改制重组过程中应注意股权结构的设定

(一)股权结构与公司治理

股权结构是指公司不同股东的持有比例及其相互关系,通常用股权集中度来衡量,并将公司的股东分为大股东、次大股东、中小股东等。股权结构是治理结构的基础,描述了公司配置权的配置结果。

股东在公司中的主导能力与股东持股比例有关。公司的第一大股东是控股股东,其持股比例超过 50% 为绝对控股,在 50% 以下为相对控股;具有绝对控股股东或相对控股比例很高的股东结构为超稳定的股东结构;若相对控股股东持股比例过低,不足以与次大股东抗衡,就会产生投机行为。第一大股东、次大股东以及能够进入董事会的股东为公司

的主要股东,他们的行为影响公司的发展方向。

对股权结构和公司治理相关性的研究结果显示,不同的股权结构代表不同的利益及权利配置,并通过对经营激励、代理权竞争、监督机制的不同效应,形成不同特质的治理机制。根据孙永祥和黄祖辉的研究,我们将不同股权结构所带来的治理机制刻画在表11.3。

表 11.3　股权结构与治理机制

	股权很集中,有绝对控股股东	股权很分散	股权有一定的集中度,有相对控股股东和其他大股东
经营激励	好	差	一般
代理权竞争	差	差	好
监督机制	一般	差	好

对于经营激励,股权的集中度越高,激励作用越大,特别是在大股东拥有绝对控制权的情况下。当大股东拥有绝对控制权的时候,通常会派出代表或自己亲自担任公司董事长和CEO,这样经营者的利益与股东的利益是一致的;而对于股权分散的公司来讲,经营者的利益很难和股东的利益相一致,经营者利用剩余现金流的乱投资情况往往不可避免。

代理权竞争指的是经理人的竞争。经理市场的存在或经理更换的压力,是促使经理努力工作的重要原因。在大股东绝对控股和股权很分散的情况下,都是不利于经理人的变更的。在大股东绝对控股时,该股东所委派的代理人不大可能在与其他人争夺代理权时失利,除非代理人已经不被控股股东信任;在股权高度分散时,经理或董事长作为经营决策者,在公司治理结构中的地位变得较为突出,信息掌握得也最充分,因而他们的想法很容易影响那些没有参与公司经营的小股东,并且搭便车的动机也使得这些小股东缺乏推翻经理或董事长的动力。所以,股权的高度集中或很分散都是不利于经理人的更换的,而在股权较为集中时,各大股东都有能力,也有动力参与公司的经营,当经理人经营绩效不佳时,各股东由于拥有一定的股权,也更可能拉拢其他股东的支持,换掉经理人。

对公司经营管理的监督机制,是公司发展、绩效提高以及确保资金和资源流向公司的重要保障。只有公司的各部门相互监督、相互制约,才会尽可能地杜绝权利的滥用、贪污腐败等事情的发生。股份有限公司最有效的监督还是股东的监督。当公司的股权结构很分散时,小股东很容易产生“搭便车”的想法,不利于对经理及董事长形成监督;而当公司的股权结构很集中时,往往容易形成控股股东“一言堂”的局面,小股东没有实力与大股东抗衡,也不利于公司内部的监督与权力制衡。只有当公司股权具有一定的集中度,而且搭便车的成本高昂时,各股东才会积极参与公司的经营,这时股东之间会相互监督、相互制衡,共同促进公司的发展。

如果从经营激励、代理人竞争、有利于各方相互监督的角度考虑,分散的股权结构是表现最差的,最不应该被采用;而大股东绝对控股的股权机构虽然在一定程度上有利于激励经营者努力工作,但却不利于更换掉绩效不佳的经理人,也不利于股东之间的相互监督。因此,综合考虑,股权有一定的集中度,但大股东又达不到绝对控股的股权结构是最有利于公司的长期经营发展的。

（二）改制重组过程中公司股权结构的设立

1. 改制重组的方式

对于创业企业来讲，起初通常是有限责任公司，而如果企业选择上市，必须改制为股份有限公司。改制重组的过程，是企业建立现代企业制度的过程，通常有整体改制和部分改制两种方式。

整体改制是指以企业全部资产为基础，整体变更为股份有限公司，如图11.4，过程简单，花费时间少，是当前中小型企业选择的主要改制方式。整体改制有利于原来商标、专利、商誉等无形资产的承继，也有利于新股东的加入和机制的转变。部分改制重组是指企业以部分资产为基础，通过吸收其他股东的资产注入设立新的企业，如图11.5。部分改制通常适合于规模较大，不良资产或关联交易过多的企业。企业在改制重组前，大股东往往控制了绝大多数股权，因而无论是整体改制重组还是部分改制重组，企业的改制过程通常都伴随着新股东的引入以及股权结构的变更。因此，引入何种新股东以完善公司的股权结构，监督管理层的行为，参与公司的经营，是企业在改制重组时应该考虑的。

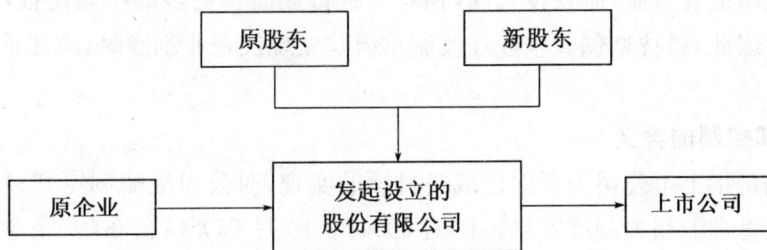

图 11.4　整体改制重组

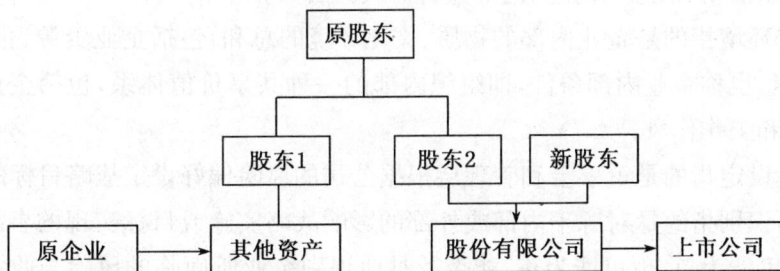

图 11.5　部分改制重组

2. 改制重组过程中新股东的引入

（1）引入有业务往来的合作伙伴。创业企业在引入新股东时，首先考虑的可以是供应链上的合作伙伴。主要有以下几点好处：首先，通过增资扩股的方式引入合作伙伴作为新股东，可以为企业带来新的资金，缓解企业本身的融资难问题。其次，这种方式可以巩固上下游关系，稳定原材料及产品价格。创业企业由于规模小，原材料的需求较小，产品供给能力较弱，因而议价能力较弱，与上下游企业的关系也不是很稳定，而如果将上下游企业变为公司的股东,无疑会增进合作,降低市场风险。最后,引入合作伙伴可以使企业学习到先进的管理、营销经验。创业企业的上下游企业,很多都是成熟期、产品规模化生产的企业,也是成长期创业企业的下一个发展阶段,因而与成熟期企业巩固关系,学习其先进的管理经验和营销经验,有利于创业企业日后的发展。

(2)引入专业风险投资机构。科技型创业企业通常伴有新生者劣势的问题,这些劣势主要包括:资源匮乏,缺乏健全的内部组织系统、组织认同感较低,缺乏广泛而稳定的外部网络联系、影响力有限,缺乏成熟企业所具有的信誉和合法性等。许多研究结果表明,除了提供资金支持,风险投资为企业提供的价值增值服务更能促进企业的发展。具体来说,风险投资的增值服务主要体现在以下几个方面:后续融资增值服务、管理增值服务、生产经营增值服务、上市支持增值服务等。其中,上市增值服务主要指在科技型创业企业上市前,风险投资机构会给予其有利于上市的服务,主要指承销商、保荐人、会计师事务所、律师事务所、资产评估机构的推荐。

二、改制重组过程中应完善企业的内部控制

对于科技型创业企业,研发投入高,相对传统行业面临更多的不确定性,内部控制显得尤为重要。因此,科技型创业企业在改制重组建立现代企业制度时,应注重内部控制的完善。

(一)内部控制的含义

内部控制是指上市公司为了保证战略目标的实现,对公司战略制定和经营活动中存在的风险予以管理的相关制度安排。根据 2004 年 10 月 COSO 公布的《企业风险管理综合框架》,企业内部控制包括八大要素,分别是内部环境、目标设定、事项识别、风险评估、风险应对、控制活动、信息与沟通、内部监督。具体含义如下:

(1)内部环境指的是企业内部的物质、文化环境的总和,包括企业资源、企业能力、企业文化等因素,也称企业内部条件,即组织内部的一种共享价值体系,包括企业的指导思想、经营理念和工作作风;

(2)目标设定指的是董事会和管理层根据公司的风险偏好设定战略目标的过程;

(3)事项识别指的是对源于内部或外部的影响战略实施或目标实现的事故或事件的识别,其影响可能为负,也可能为正,能否及时地识别企业所面临的风险与收益对于企业的长远发展有着重要的影响;

(4)风险评估指的是董事会和管理层根据公司日常经营活动及外部环境确定可能存在的风险;

(5)风险应对指的是在确定了决策的主体经营活动中存在的风险,并分析出风险概率及其风险影响程度的基础上,根据风险性质和决策主体对风险的承受能力而制定的回避、承受、降低或者分担风险等相应防范计划;

(6)控制活动指的是企业管理层制定和实施的各种政策与程序,以帮助管理层所选

择的风险应对措施得以有效实施;

（7）信息与沟通指的是企业及时、准确、完整地收集各种与企业经营管理相关的信息,并以适当的方式使信息在企业相关层级、人员之间及时传递、有效沟通和正确应用的过程;

（8）内部监督分为日常监督和专项监督,其中日常监督是指企业对建立与实施内部控制的情况进行常规、持续的监督检查,日常监督活动融入企业的经营活动中,能够实时监控,动态应对环境的变化;而专项监督是指在企业发展战略、组织结构、经营活动、业务流程、关键岗位员工等发生较大调整或变化的情况下,对内部控制的某一方面或者某些方面进行有针对性的监督检查。

（二）完善内部控制是构建现代企业制度的必要条件

1. 培育良好的内部环境

内部环境是其他要素的基石,如果内部环境不健全,其他要素无论多么健全,都不可能实现有效的内部控制。从欣泰电气退市案中,我们看到了公司内部自上而下的不诚信,自董事长到相关业务人员合伙造假;也看到了公司在人力资源控制上的不完善,重要岗位要么是董事长的亲人、要么专业能力较差,以及会计人员丧失职业操守。因此,我们建议创业企业从以下两个方面健全内部环境:① 公司通过多种渠道表明诚信和道德价值的重要性,将诚信和道德融入到公司文化,并自上而下贯彻执行;② 建立健全人力资源控制制度,企业在人员安排上,要保证重要岗位工作人员的专业性与独立性,不能让非专业或丧失职业操守的人员担任重要岗位,也不能让董事长或总经理等高层的亲属担任;③ 构建积极向上的企业文化,企业文化作为一种以经营管理为载体的企业经营性、竞争性文化,可以增强企业的凝聚力、向心力,激励员工开拓创新、建功立业的斗志。

2. 设定正确的战略目标

企业的目标有的是利润最大化,有的是社会价值最大化,有的是股东利益最大化,毫无疑问都是一种长期的利益最大化。上市虽然能够促进企业的发展,但上市并不是企业的目标,企业的目标应该是长期更好的发展。创业企业在战略目标的设定上,应兼顾企业的短期与长期利益,促进企业更好地发展。

3. 完善事项识别、风险评估与风险应对机制

创业企业的创新产品在研发、生产、推广等过程中,会遇到技术风险、融资风险、市场风险等,因而面临各种不确定性。如何准确识别风险、及时评估风险带来的影响,然后化解风险,对每个创业企业的生产经营都是非常重要的。

创业企业完善事项识别、风险评估与风险应对机制,具体如下:按照全面性和系统性原则梳理业务流程,建立风险控制流程,比如将企业经营活动的流程划分为规划计划、建设过程、物资采购、生产过程、产品销售、存货、人力资源、内部审计等部分;按照制度化和经常化原则,对风险控制流程建立风险数据库,对每一个流程步骤,分别从是否有经营决策风险,是否违反了法律法规,是否致使财务报表失真,是否使资产安全受到威胁,是否有营私舞弊的现象五个方面考虑是否存在风险隐患;对风险数据库进行风险评估,设定关键风险控制点。

4. 加强内部监督，防范内部风险

创业企业应该从股东、监事、审计人员三方面完善企业的内部监督：① 建立独立的、具有监督权威的内部审计部门，并不断提高内部审计部门的独立性与审计人员业务素质，加强各方面技能培训，以保证在审计检查工作中及时准确地发现问题；② 建立股东间的相互监督机制，加强监事会的监督力度，允许大股东及股东代表参与公司的经营管理，并提高股东及监事的独立性，防止股东间的合谋，大股东与监事的合谋。

第三节　创业企业上市后的资本运作

创业企业上市后，估值大幅提高、融资约束程度显著下降，却也面临着信息披露更加频繁以及来自股东的业绩压力问题。那么创业企业在上市后应该如何进行资本运作，来实现更好的发展？需要从信息披露、资本结构、并购、股权激励四个角度进行分析。

一、信息披露是创业企业稳定发展的前提

信息是事物及其属性标识的集合，可以分为编码信息和缄默信息。编码信息是可编码性较强，可以较为容易地通过现代通信技术快速低成本传播的信息。而缄默信息就是可编码性较低，需要具有相近的经验、习惯和语言的参与方在较近的地理空间内，通过不断对话和渐进的解释才能真实完整传递意义的信息。

（一）编码信息的披露与公司短期压力

编码信息具有可编码性强的特点，通常以年报、半年报、季报、临时公告的形式披露。定期报告的内容包括公司基本情况简介，会计数据、业务数据摘要，董事会报告，重要事项，股本变动及股东情况，董事、监事、高级管理人员及员工情况，监事会报告，财务会计报告等。除此之外，上市公司也要不定期地发布临时公告，公布某些可能对公司股价产生较大影响的事件。

上市公司编码信息的披露具有周期短的特点，季报每三个月发布一次。而短时间内公司可能由于受到市场需求变动、政策变动等影响，业绩发生较大的波动，从而造成二级市场股票价格的大幅波动。那么，这种信息披露方式对企业的经营会带来什么影响呢？从田轩等人的研究来看，这种周期较短的信息披露方式会给企业带来短期的绩效压力，使其更在意短期的盈亏，减少公司的创新投入，不利于公司的长期发展。[①]

对于一家传统企业来讲，企业的生产经营模式基本固定，日常的经营只是在原有模式上的不断重复，因此，传统企业的生产经营活动的不确定性较小，企业只需定期将其生产

---

① He J. , and X. Tian, The dark side of analyst coverage: The case of innovation, *Social Science Electronic Publishing* , 2013, 109(3):856 - 878.

经营情况披露给公众即可,投资者根据企业披露的资产负债、利润、现金等编码信息即可判断企业的生产经营情况,对企业做出合理的估值,从而做出投资决策。

对于科技型创业企业,需要进行大量的研发活动,而研发活动由于其复杂度高、难度大、可行性低、可采纳程度低等特点,面临着技术风险、市场风险、信息风险、融资风险等各种不确定性,却又蕴藏着很大的潜在收益,因而收益的波动性相较于主板传统企业来讲更加剧烈。股票市场的高波动性也使得管理层更加关注任期内公司股价的表现,从而使他们更加在意任期内公司的短期绩效,甚至不惜牺牲公司的长远利益。因此,对于科技型创业企业来讲,仅仅披露编码信息是远远不够的。

(二) 缄默信息的披露与公司估值稳定

1. 缄默信息的特点

缄默信息具有默会性、个体性、非理性、偶然与随意性的特点。默会性是指不能通过语言、文字、数学公式图表或符号明确表述,即不能进行明确的表述与逻辑说明;个体性是指缄默信息往往只存在于相关人员的大脑中,只有少数人精通了解;非理性是指缄默信息是通过人们的身体感官或者直觉、领悟获得的,不能通过逻辑推理获得,而编码信息由于其可编码性强,也可以进行逻辑表述,所以编码信息是能够经得起理性批判的,而缄默信息不能;所谓偶然性与随意性是指缄默信息比较偶然、比较随意,可能是在某个不经意的对话中体会到的,很难捕捉,所以获取的时候比编码信息要困难。因此,对于科技型创业企业,投资者要想获取其缄默信息,必须亲自到公司实地考察,通过与企业董事、高管等的不断交流,理解他们对企业发展过程中的总结、评价、期望,在有意与无意的交流中,获取到对投资者至关重要的投资信息。

2. 缄默信息的披露

并不是所有投资者都会到科技型创业企业进行实地考察,也不是每个人都能理解企业内部人员的观点,只有专业的投资者在与企业内部人员进行面对面的交流之后才能获得有关企业运营以及研发进程等缄默信息。因此,我们建议企业不仅要重视缄默信息的披露,更应重视缄默信息如何披露,我们认为创业企业应该多与机构投资者接触,让机构投资者理解企业目前的经营状况,以及研发项目的前景,对公司做出合理估值,而机构投资者的研究报告也有利于其他投资者对科技型创业企业有更好的了解,给出合理的估值。

为什么一定是机构投资者呢? 首先,散户由于其投资金额小,如果去企业实地考察成本较高,而机构投资者管理金额巨大,不会轻易做出投资决策,会去企业进行实地考察,因而机构投资者符合与企业内部人员面对面交流这一条件;其次,机构投资者具有理解企业研发活动的专业化团队,很多机构投资者,比如基金、券商的行业研究员都是长期专注于某一行业,行业经验丰富,并且很多研究员的学历背景也与这一行业相关,所以这些研究人员能够理解科技型创业企业的研发规划,并在理解的基础上客观地评价企业的研发方向是否有前景,最后给出一个合理的估值。

缄默信息的披露对企业在资本市场的发展是至关重要的,并不是所有投资者都理解企业的战略意图与研发前景。我们建议企业建立以机构投资者为核心的缄默信息传导机制。通过与专业的机构投资者进行面对面的交谈,将公司的战略与研发状况、发展前景传递给机构投资者,得到他们的理解和认同。机构投资者在对企业进行实地调研之后,会以研究报告的形式进行披露,内容包含该机构对企业的评价及估值,进而加深其他投资者对该公司的理解,形成一个良性的估值体系。

因此,对于科技型创业企业来讲,编码信息与缄默信息的披露都是非常重要的。编码信息应该尽量详尽、规范,清晰地向投资者反映企业当前的经营状况;而缄默信息应该通过与实地考察的投资者,尤其是机构投资者,进行面对面的交流,通过不断的对话,将一些可编码性较低却又很重要的信息传递给投资者。如果科技型创业企业能够做好编码信息与缄默信息的披露,那么投资者将会对企业有一个全面深入的了解,即使企业短期研发失败,也会对企业有一定的容忍度,给予企业一个长期合理的估值,有利于企业股票价格的稳定,将更多的精力投入到生产、研发活动中。

二、资本结构

(一) 资本结构及其调整

资本结构是指企业各种资本的比例及相互关系,可以是债务资本与股权资本的关系,也可以是短期资本与长期资本的关系。我们更关心的是创业企业在上市后如何调整其股权和债务的关系,即如何设计最优的资产负债率。

创业企业在上市前面临各种融资约束,而在上市后融资的便利性大大提高,可以通过配股、增发新股的方式提高股权资本的比例,也可以通过银行贷款、发行债券的方式提高债务资本的比例。因此,企业在上市后面临的融资约束大大降低,可以根据自身的发展状况与融资需求调整资本结构。

(二) 资本结构对创业企业研发投入强度的影响

关于企业资本结构(资产负债率)与企业研发投入的关系,学术界分歧严重,主要有以下三种观点:(1) 资产负债率的提高有利于促进企业研发投入,主要观点是高负债率可以作为一种成长性好的信号,象征着企业与更好的经营状况,因而也会提高其研发投入[①];(2) 资产负债率的提高不利于促进企业研发投入,对这一负向影响的分析主要是从财务松弛的角度,即松弛而不是紧张的环境更有利于企业的创新活动[②];(3) 资产负债率与企业的研发投入是一种非线性的关系,比如 U 型或倒 U 型关系。

---

① Balakrishnan S., and Fox, I. Asset specificity, firm heterogeneity and capital structure, *Strategic Management Journal*, 1993, 14(1): 3-16. Ryan H. E., and Wiggins, R. A. The Interactions between R&D Investment Decisions and Compensation Policy, *Financial Management*, 2002, 31(1): 5-29.

② Bester H., Screening vs. Rationing in Credit Markets with Imperfect Information, *American Economic Review*, 1985, 75(4): 850-855.

资本结构对研发投入的影响究竟是怎样的呢？结合前人研究，我们认为资本结构对其研发投入强度的影响很可能是非线性的。从图11.6可以看出，企业资产负债率对企业研发投入强度的影响为负，资产负债率越高越不利于企业的研发投入，并且在资产负债率较低和较高时，资产负债率的变动对企业研发投入强度的影响更大。具体机制分析如下：科技型创业企业上市后，研发创新在其发展过程中依旧占据重要地位，企业的研发投入依旧较高。当创业企业选择债务融资时，短期还本付息的压力会使得企业更加注重短期的

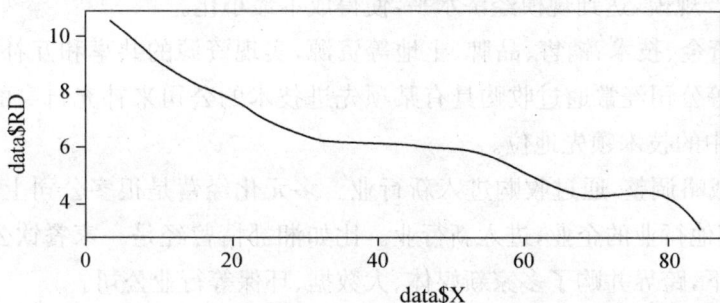

图 11.6　资本结构对企业研发投入强度的影响

业绩。这样，为了达到短期的业绩目标，企业很可能在业绩不佳或研发失败情况下牺牲长期的利益，减少研发创新上的资金投入。因此，对于科技型创业企业，应该增加股权融资的比例，减少债务融资的比例，这样可以减少企业的短期业绩压力，增加研发投入的比例，谋求长远利益。

三、并购是创业企业加速发展的推动力

兼并和收购简称并购，是公司控制权转移以及产权转移的重要形式。《科林斯经济学辞典》将兼并定义为"两个或多个厂商组合在一起"。《西方经济学大辞典》将收购定义为"一家公司接收另一家公司""收购通常是一家公司收购另一家公司普通股中能够起到支配作用的部分来实现的"。兼并与收购的主要区别在于：兼并行为完成后，只有一个公司作为独立法人存在，即兼并方；收购行为完成后，被收购方仍可以作为独立法人存在，仍具有法人资格，只是控制权转移到收购方手中。

（一）并购的动机

1. 短期财务动机

并购方可能出于短期的财务目的而去并购一家公司，主要体现在并购价值被低估、管理效率差、负债率低的企业：① 收购价值被低估的企业可以提高收购方的长期股权收益，在非充分有效的市场中，企业的价值存在低估的可能，收购方收购价值被低估的公司可以为股东创造更大的价值；② 公司在管理能力较强、效率较高的前提下，可以并购一些营运效率较低的企业，这样并购方可以利用其先进的管理经验，提高被并购企业的经营管理效率，增加盈利；③ 当并购方负债水平比较高时，可以通过兼并负债率低的企业，来降低整

体的负债水平,这样可以提高整体的融资能力。

2. 长期战略动机

企业并购的另一个重要目的是整合资源,实现其某种发展目标,借鉴周春生的研究,主要体现在以下四个方面:

(1) 希望通过并购扩大企业规模,实现规模经济。企业在新产品研发出来时,往往面临生产能力不足,生产成本较高的问题。通过并购同行业生产能力强的企业,可以使并购方迅速扩大生产规模,达到规模经济水平,使得成本最小化。

(2) 整合资金、技术、销售、品牌、土地等资源,实现资源的共享和互补。例如苹果公司、IBM、腾讯等公司经常通过收购具有某项先进技术的公司来补充自身的技术资源,以保证其在行业中的技术领先地位。

(3) 进行战略调整,通过收购进入新行业。多元化经营是很多公司上市后的经营目标,通过并购其他行业的企业,进入新行业。比如湘鄂情曾经是一家餐饮公司,后来在行业不景气情况下,跨界并购了多家新媒体、大数据、环保等行业公司。

(4) 减少市场竞争或提高自身的竞争实力。有时企业并购的动因一方面是为了减少竞争对手的数量,提高市场占有率;另一方面,当行业形成寡头垄断时,企业可凭借垄断地位获取超额利润。

(二) 并购的方式

1. 股权并购

股权并购是指投资人通过购买目标公司股东的股权或者认购目标公司的增资,从而获得目标公司股权的并购行为。股权并购的操作方式较为简单,不涉及对资产的评估,亦不需办理资产过户手续,较为节省费用和时间。

2. 资产并购

资产并购是指投资人通过购买目标公司有价值的资产(如不动产、无形资产、机器设备等),并运营该资产,从而获得目标公司的利润创造能力,实现与股权并购类似的效果。但资产并购需要对每一项资产进行详尽的调查,程序相对复杂,耗费时间较多。

3. 净壳收购

净壳收购模式一般指收购方在收购的同时或收购后把其部分资产与上市公司的全部资产进行整体置换,并由上市公司原大股东置换出上市公司全部资产的收购模式。在这种模式中,由于壳公司的原有全部资产被原大股东买回,因此收购方收购的实际上仅仅是上市公司这个"壳"。

4. 吸收合并

吸收合并的最终结果是只留下兼并方,被兼并方解散,其具体方式有以下四种:

(1) 以现金购买资产的方式,吸收公司以现金方式购买被吸收公司的全部资产,被吸收公司获得吸收公司的现金后解散;

(2) 以股权购买资产的方式,吸收公司以自身的股权购买被吸收公司的全部资产,被

吸收公司的股东分配这部分股权,然后解散;

(3)以现金购买股权的方式,吸收公司以现金购买被吸收公司的全部股权,吸收公司成为被吸收公司的唯一股东,随后解散被吸收公司;

(4)以股权购买股权的方式,吸收公司以自身的股权购买被吸收公司的全部股权,吸收公司成为被吸收公司的唯一股东,随后解散被吸收公司。

(三)科技型创业企业应该如何并购?

1. 财务动机还是战略动机?

创业企业在上市前往往面临着很强的融资约束,而上市后,定向增发、发行债券等方式都极大地方便了创业企业的融资,因而很容易产生并购冲动。那么创业企业应该利用资本市场融资便利的优势获得短期财务盈利,还是谋求长远的战略意图? 我们认为,短期财务动机主要是出于价值评估的角度、再结合自身的管理水平而决策的,而对于成立时间较短的创业企业,虽然积累了一定的经验,但其价值评估能力、管理水平仍然不如成熟的大中型企业,过早地注重财务目的,可能会分散其主营业务精力,降低核心竞争力,不利于长远发展。因此,创业企业应该以实现自身的发展战略作为并购的动机,通过并购提高自己的核心竞争力。

2. 多元化并购还是行业内并购?

在确定创业企业通过并购实现其战略动机之后,我们还应该关心的是创业企业的战略动机是什么,我们的观点是创业企业应该并购行业内的先进企业,整合资金、技术、销售、品牌、土地等资源,实现资源的共享和互补,而不是通过行业间的跨界并购,实现多元化经营。对于创业企业来讲,不断创新是其维持核心竞争力的保障。Seru[①]的研究表明,当企业进行较多的跨界并购时,部门间的竞争可能使得各部门更注重短期业绩,从而减少研发投入,不利于长期的创新产出。因而,创业企业在上市后,应该利用其资金优势,通过股权并购、资产并购、吸收合并等多种并购方式,并购同行业内技术先进或资源互补的企业,不断提升自己的创新能力,增强核心竞争力。

四、股权激励是创业企业良好发展的长效机制

(一)不同激励机制的比较

股权激励是一种以公司股票为标的,对其董事、监事、核心技术成员、核心业务成员等实行的长期激励机制。股权激励的目的是让能够促进公司发展的成员以股东的身份参与企业决策、分享利润、承担风险,从而更勤勉尽责地为公司的发展奋斗。

公司的薪酬大体可以分为固定薪酬、短期激励、长期激励和高层福利四个部分。从表11.4 中可以看出,不同薪酬组成部分对员工的激励作用是不同的。固定薪酬体现职位的

---

① Seru A. , Firm Boundaries Matter: Evidence from Conglomerates and R&D Activity", *Journal of Financial Economics*,2014,111(2):381-405.

基本价值,保障任职者的基本支出;短期激励是为了激励经营者提高短期业绩而发放的现金奖励;长期激励是将经营者利益与股东长期利益挂钩,促使经营者考虑公司长期的发展;福利体现公司对经营者的关怀,是重要的留住人才的策略。公司综合运用固定薪酬、短期激励、长期激励和高层福利激励员工更努力地工作。

表 11.4 不同激励机制间的比较

薪酬构成	内容	支付周期	决定依据	目标数量
固定薪酬	基本工资,以及固定发放的所有以现金形式发放的各种津贴	按月支付	一般与职位和资历有关	依据职位价值、市场行情以及经济状况决定
短期激励	根据短期业绩完成情况,发放的奖励薪酬,如年终奖	按年支付	短期业绩指标的完成情况	按照固定薪酬的比例计算目标值,并确定浮动区间
长期激励	与股东实际回报联系紧密的指标所决定的收益,在较长期内获得收益,如股票	长期	反映股东实际回报,以及企业长期业绩的指标	按照固定薪酬的比例计算
高层福利	为极少数高级管理者设计的特殊福利,如家庭医疗保险、俱乐部会员	长期	依据产业惯例,企业内部自行决策	通常为非货币形式

资料来源:《整体薪酬角度思考高级主管股权激励》,吴胜涛,2006 年 1 月。

(二)建立以股票期权激励为核心的长期激励机制

1. 创业企业上市后激励机制的选择

科技型创业企业往往选择在成长期上市,研发投入占比依然较高,这就注定创业企业即使在上市后也不会像成熟期企业那样以经营管理为主,而是以研发创新为主。成熟期企业研发创新程度较低,降低管理成本、开拓市场等是其日常经营的主要目标,因而高级管理人员与销售人员是企业的核心工作人员,企业应该以短期激励和高层福利为主,激励销售人员与高层管理人员提高绩效;而对于科技型创业企业,更应该激励的是研发成员,因而上市后应建立以研发成员为核心的激励机制。

研发由于其复杂性和创新性,注定是一个长期的经营活动。企业的研发人员在日常的研发活动中,应该有潜在高额回报作为激励。如果对研发人员的激励是以年终奖的形式,那么很可能导致研发人员不注重研发质量,只追求创新成果的数量,注重短期绩效而不利于企业的长期发展。因而对研发人员的激励应该是一种长期的激励,我们认为股票期权的激励模式更符合创业企业的选择,因为股票激励会使研发人员更在意公司股价的短期波动。

2. 股票期权激励模式的设定

股票期权是一种以股票为标的物的期权合约,是一种买入期权,即公司授予特定成员在未来某个特定时期可以以规定的价格购买一定数量的股票。因而,如果在未来的某个时期公司股价超过行权价,那么期权持有者就会选择行权,低价购买公司的股票,再高价卖出赚取差价;如果未来的某个时期公司股价低于行权价,期权持有者就不会行权,没有收益。

股票期权的优势是可以激励研发人员在某段时期内专注于研发投入,不在意股票市场的波动,在这段时期之后,如果研发成果促进公司股价大涨,那么其获得高额回报。因此,股票期权有利于研发人员长期专注于研发活动,提高研发的数量与质量。

股票期权应该注意行权价格、奖励数量和锁定期的设定,具体体现在:① 行权价格设计合理。行权价格制定过低,会使持有者认为即使不努力也会有奖励,行权价格过高会使持有者觉得即使努力也不会行权,因而期权的价格应结合公司的预期绩效、同行业公司的发展以及股票市场走势综合制定,更好地发挥激励作用。② 奖励数量不宜太少。太少可能激励作用不足。③ 期权锁定期不宜太短。可以结合公司的研发规划,分批行权,起到更好的激励作用。

思考题

1. 上市对于创业企业来讲有诸多好处,但也有上市失败的风险,企业应该如何权衡上市的风险和收益?

2. 创业企业上市前,除了改善股权结构以及加强内部控制外,还应做好哪些准备工作?

3. 创业企业上市后,融资更加便利,企业往往会加强研发投入,那么企业在研发投入增加的情况下应如何兼顾研发的效率?

第十二章　创新创业中的知识产权保护和运营

小张从创新到创业核心的要素是自己的创新成果。这也是他和他的企业的核心竞争力。他清楚地意识到，自己的创新成果要能实现市场价值，就要防止别人仿冒和剽窃。唯一可靠的途径是通过申报获得拥有自主知识产权的专利。在他获得专利以后还可以通过专利权的运营实现专利收入的最大化。

第一节　知识产权概述

知识产权是为了维护权利人的市场利益的权利。创新创业就是将人们的智力劳动成果实现市场化的过程，知识产权无疑是使智力成果市场价值得以实现的重要保障。

一、知识产权的定义

知识产权是人们对自己的智力创造成果和在经营管理活动中形成的工商业标记、信誉等依法享有的权利。知识产权的主体可以是个人、企事业单位，还可以是国家。知识产权的客体即为人们的智力创造成果，是人们在科学、技术、文化等知识形态领域中创造出的精神产品，本节将其称为知识产品。例如，商标权的客体就是商标，著作权的客体就是文字、图片、音乐等各种作品。

知识产权有广义和狭义之分，传统意义上的知识产权属于狭义知识产权，包括著作权和工业产权，工业产权还包括专利权和商标权。这种划分的依据是知识产权客体的应用范围。绝大多数情况下，著作权主要适用于能够给人带来精神享受的文字、图片、音乐等艺术作品，例如绝大多数人阅读小说、观看电影是为了获得精神上的愉悦，而不是为了进行生产活动。而专利权和商标权之所以被称为工业产权，是因为它们主要应用于工业生产和流通领域。例如，受到专利权保护的发明创造和外观设计主要应用于工商领域，受到商标权保护的商标则主要应用于商业流通领域。值得一提的是，这里所说的工业不仅包括传统意义上的工业，也包括农业、服务业等，所以事实上是产业的概念。

广义的知识产权除了以上狭义知识产权内容之外，还包括商业秘密权、地理标志权、植物新品种权、集成电路布图设计权等新型知识产权。它们的产生是由于随着科学技术的进步和经济管理实践的发展，不断出现新的知识产品，知识产权的保护范围也随之不断扩大。在这些新型知识产权产生的同时,一些传统的知识产权内容也有了一些新的发展。例如,随着信息技术的发展,著作权中就引入了软件著作权这一概念,用于对人们的软件作品进行保护。

二、知识产权的特征

知识产权的以下特征都是相较于物权而言的,物权是指人们对动产或不动产享有的直接支配和排他的权利,包括所有权和他物权。他物权,是指在他人所有的物上设定或享有的权利,例如承包经营权。

1. 无形性

知识产权客体,即知识产品的无形性,是区别于物权客体的主要特征。知识产品通常没有具体的物质形态,不占有一定的物理空间。这里需要厘清的是,知识产品是无形的,但它们往往需要有形的载体来呈现。例如一张电影光碟是有形的,但是这张光碟并非知识产权的客体,它只是电影的物质载体,光碟所呈现出来的电影内容才是知识产权的保护对象。购买了电影光碟的消费者,只是拥有了这张光碟的物权,并不拥有这部电影的知识产权。

2. 排他性

知识产权的排他性是指对于受保护的知识产品,只有经过知识产权人的许可或在有法律特别规定(如合理使用或法定许可等)的情况下,他人才能以特定方式加以利用,否则就会构成侵权。

与知识产权相似,物权也具有排他性,他人未经所有权人的许可,不得对物进行占有、使用和处分。但是知识产权的排他性与物权的排他性有所不同。

首先,排他的难度不同。有形的物一般是可以被占有的,而占有意味着占有人可以天然地排除他人的共享。因此,一旦物已经被占有,他人就无法未经占有人许可而获得已被占有的物,除非采取偷窃或暴力抢夺等手段。而知识产权则不同,无形的知识产品往往无法被低成本地独占,很容易就可以被未经许可的人使用,技术成本极低,盗版影碟的盛行就是典型例子。因此,需要通过法律强制性的将对知识产品的特定使用权规定为属于创造者所专有,他人未经许可使用该成果则构成侵权,必须承担相应的法律责任,才能降低知识产权人的排他成本。

其次,侵犯排他性的表现形式不同。对物权排他性的侵犯一般表现为对物的偷窃、抢夺、毁损或以其他方式进行侵占,而对知识产权排他性的侵犯则不同,一般与侵占承载知识产品的物质载体无关,而是表现为未经知识产权权利人许可,擅自对知识产品进行使用、处置。例如,有人在音像店偷影碟,这是侵犯了音像店对影碟的所有权,但并没有侵犯著作权人对电影的著作权。而有人自己在音像店购买了一张正版影碟,如果未经著作权人许可擅自将电影上传至网络中供公众观看或下载,虽然并没有侵犯任何人的所有权,却已经侵犯了电影著作权人的排他权。

最后,排他性受到的限制程度不同。物权和知识产权都会受到一定程度的限制,知识产权受到的限制则远多于物权,《著作权法》就规定了 12 种合理使用和 4 种法定许可,《专利法》规定了 5 种不视为侵犯专利权的情形和 3 种强制许可,这些均构成了对知识产权排他性的限制。例如,《专利法》规定,专为科学研究和实验而使用有关专利的,不视为侵犯专利权。

3. 地域性

知识产权的地域性也是其区别于物权的一个重要特征。物权的保护一般不受地域的限制,而知识产权的效力一般只限于本国境内,即在中国取得的知识产权仅在中国境内受到保护,当然有国际条约、双边或多边协定的特别规定的除外。这一点与前面的物权就形成了鲜明对比。而且即使是旨在进行知识产权国际保护的国际条约,有时也没有取消知识产权的地域性特征。例如中国 1985 年加入《保护工业产权巴黎公约》,但在中国合法获得的专利权和商标并不能在公约其他缔约国自动获得保护,仍然需要进行授权的申请并获得批准。

4. 时间性

所有权具有永续性,只要物没有出现被毁损、灭失等情况,所有权人对该物的所有权就可以一直存在。与所有权不同,多数知识产权的保护期是有限的,这就是知识产权的时间性。一旦超过法律规定的保护期限,该知识产权就不再受保护了。举例而言,我国的《著作权法》对普通作品所规定的保护期限是作者有生之年加 50 年,作者去世 50 年之后,该作品的著作权就不再受《著作权法》保护,出版社可以不经作者继承人的许可而出版该作品,其他人也可以自由地将该作品改编成其他文艺形式。从著作权的立法历史来看,通常早期的著作权立法保护期较短,20 世纪之后的保护期较长;发展中国家保护期较短,发达国家保护期较长;一般的文学、艺术和科学作品保护期较长,而摄影、实用美术作品、录音录像作品和电影作品的保护期较短。例如,根据《伯尔尼公约》规定,各成员国对电影作品的保护期为作品公之于众后的 50 年或者作品完成后的 50 年,对摄影作品和实用艺术品的保护期不低于作品完成后的 25 年。

与著作权相比,专利的保护期就短得多。《专利法》对发明专利的保护期限为 20 年,20 年之后任何人都可以自由使用该专利技术,即该专利技术从私人领域进入了公共领域。关于著作权的保护期限,各国一般根据其本国经济和文化发展的情况确定。

规定知识产权保护有期限,不能像所有权那样永续,原因在于知识产权是通过激励人们进行更多的创新,而赋予人们的垄断权。但是这种垄断不利于创新知识的扩散,而这对于社会科学文化发展同样具有重要意义。因此,如果知识产权可以永续存在,社会公众需要一直付费才能使用,由此形成对知识产权的过度保护,这就会导致公共利益受到损害。因此必须规定一定的期限,使知识产品从个人的专有财产适时的变为全人类公有的精神财富。

也有部分知识产权保护期是不受限制的,如商标权、商业秘密权等。商标是人们在生产经营过程中形成的,本身就属于非智力创造成果,它原本就不是他人进行创作或创造活动的基础;商业秘密属于非公开性信息,依据法律规定其原本就不能为公众所获得。因此,对于客体为非智力创造成果或非公开信息的知识产权而言,其保护期不受限制。例如,企业只要不倒闭,其商业秘密就可以获得持续的保护。但需要注意的是,商标需要在法定期限内进行续展才能一直受到保护。

三、知识产权的性质

知识产权是一种民事权利,即它是一种私权。公私法的划分是一种基本的法律分类,因此,以权利所根据的法律不同,可以将权利划分为公权和私权。法律可以分为两大类,一类用于规定私人彼此之间的关系,根据这类法律产生的权利就是私权;另一类用于规定私人与全体(国家是其代表)之间的关系,根据这类法律产生的权利就是公权。

知识产权法主要调整平等主体之间,包括法人(其他组织)之间、公民之间、公民和法人(其他组织)之间,围绕商业标识、智力成果和其他无形成果形成的财产关系,这种财产关系是以等价有偿、自愿交易的私法原则为基础的。

在现代社会,私权虽然体现的是私人之间的关系,但是依然会受到国家公权力依法进行的调整和干预。而知识产权与其他私权相比,受到的公权力的调整和干预相对还更多一些。例如我国《著作权法》规定了著作权合理使用和法定许可制度,我国《专利法》规定了不视为侵犯专利权的和强制许可的两种情形,实际上就是国家法律对著作权和专利权在特定条件下进行的限制,是公权力为了维护国家和公共利益,依法调整和干预知识产权的典型反映。但是,公权力的这些调整或干预并没有改变知识产权的私权性质,所有权等私权也会受到公权力的干预。这里知识产权和其他私权的区别,仅在于国家公权力调整和干预的范围和程度不同而已。

第二节 专 利 权

一、专利权概述

专利权是指国家为了鼓励发明创造,赋予该发明创造成果所有者的一种具有一定期限的独占实施权。

专利权的主要保护对象是技术。在人类社会发展过程中,技术和制度起到了极大的推动作用。抗生素的发明使数以亿万计的生命得到拯救;无论是电灯还是计算机等发明创造,都对人类生存方式的巨大改变产生了极其深远的影响。所以,促进技术进步、推广技术应用从而推动人类社会的进一步发展就显得十分必要。但是,专利权也是一种垄断权,专利法制度也会因此对创新技术的进一步研发、推广、应用造成一定的阻碍。因为专利权是国家赋予权利人的独占实施权,实际上是禁止专利权人以外的人实施该创新技术。虽然目的是为了鼓励创新、推动发展,但是专利权根本上看还是一种垄断权,其他智力成果权也是如此。

为了平衡这一矛盾,专利法实行"垄断换公开"的制度。也就是说,专利申请人必须向社会公开自己的方案、技术,才能够取得对该项专利的垄断权。同时,国家对专利权保护范围的大小也取决于权利人公开的技术范围的大小。"垄断换公开"的制度使得公众在技术申请专利阶段即可获悉其全部内容,可以在此基础上开展后续的研究工作,从而提高研发效率,避免因重复研发导致的物质和智力资源浪费。而且历史上许多重大的技术进步,都是经历了多次改进才得以完善并改变人类生活方式的。以蒸汽机为例,蒸汽机最早是在1679年由法国物理学家巴本发明,1769年经过瓦特改良的蒸汽机获得了专利,但是在1850年之前,蒸汽机都是只有少数人使用,经济效益不明显。直到1850年之后改良出新式涡炉,能提供高压动力,大大降低煤的消耗,蒸汽机才在产业界得以广泛应用。需要注意的是,虽然基础发明已有的专利权不会对改进发明专利权的取得产生影响,即只要符合专利法的相关条件,改进发明也可以取得一项新的专利权。但是创造者应当关注基础发明的保护期限,尤其是尚在保护期限之内的基础发明,基于这些发明实施改进需要得到基础发明专利权人的许可。也就是说,公众即使在合法获悉专利内容的基础上开展了后续研发工作,也不能够未经专利权人许可便实施该项技术进行生产经营;但是这种限制会随着专利垄断权的结束而消失,即专利权期限终止之后公众就可以实施该项技术。

通常我们会认为当研发出一项新技术之后,应该立刻申请专利进行保护,因为专利是保护新技术的最佳手段。这种观点实际上是存在一定误区的。首先,专利申请阶段其全部的技术内容也就同时公开了,这就代表着实施技术的方法和诀窍可以被任何人获取,这就增加了该技术被其他人利用相关设备自行实施的风险。一旦这种情况发生,专利权人可以依靠国家公权力,通过向行政机关或者司法机关申诉的方式维权,但是维权过程中耗费的巨大的时间成本和经济成本却不容忽视。因此,完全依赖于专利申请获取技术保护不一定适用于所有发明创造者,尤其是规模小、时间和财力都难以支持诉讼维权的创新创业者。其次,我国规定专利权的保护时间最长为20年,专利权的期限性使得任何人都可以在保护期限终止后无偿实施该项技术。而一项新技术从问世,到在市场上产业化应用从而获得回报,这中间可能需要经过相当长的时间。因此当技术还不成熟时就立刻申请专利,往往还没来得及获得足够的回报,保护期却已经结束,对企业来说并不一定是好的选择。综合考虑专利权"垄断换公开"契约及其期限性两方面因素,不难推断出专利保护并不适用于所有技术,有时候采用商业秘密手段取得保护不失为一种可行方式。通常情况下,专利权和商业秘密可以结合使用,这就需要企业基于自身特点选择灵活的技术保护策略。但值得注意的是,如果行业更新换代的速度较快,技术更替的时间不超过专利保护的最长期限20年,那么这类行业的技术成果还是比较适用于采取专利申请的手段加以保护的。

二、专利权的客体

专利权的客体是指专利法的保护对象。世界上的国家大多单独立法保护实用新型和外观设计,专利法则仅仅保护发明。我国则与多数国家的做法不同,我国的专利法不只保护发明,还将实用新型和外观设计也纳入保护对象的范畴,因此我国的专利也可以细分为发明专利、实用新型专利和外观设计专利。

1. 发明

专利法中的发明是指针对产品、方法提出的新的技术方案,是为了解决重大技术问题。要成为专利法意义上的发明,创造者的智力成果需要满足以下三种条件:

第一,必须是正确利用自然规律的结果。这里的自然规律排除了人类身体和精神世界的规律,仅仅包含人类身体和精神世界之外的物质世界的规律。需要注意的是,发现的自然规律本身只能称之为科学发现而不能称为科学发明,只有对自然规律的正确应用才能成为专利法意义上的发明成果。最典型的就是永动机,因为其缺乏正确利用自然规律的基础,违反了能量守恒定律或热力学第二定律,所以各国都不接受相关发明专利申请。

第二,必须是一种技术方案而不是技术。技术方案是各种技术手段的集合,目的是要解决重大的技术问题而不是其他问题,如情绪、心理等。技术方案与技术不同,技术更加具体,可以直接应用来解决现实问题,而技术方案则相对更加概括,虽然也是为了解决具体问题,但只是一种可实现的构思。

第三,可以被较为稳定地重复实施。技术方案只有满足为社会带来确定收益这个条件,对其加以保护才有意义,因此作为一种发明的技术方案应当具备可稳定重复实施的能力。举一个反例,如果一项技术方案高度依赖于实施人的情绪、心理等条件,那么就不能够被较为稳定地重复实施,也就不能称之为发明。

根据最终表现形态的不同,发明可以分为产品发明和方法发明。产品发明是指发明的最终表现形态是一种实物,例如制造品、零件、材料、各种机器设备、装置和工具等。同时需要注意的是,找到自然界原本就存在的物质仅仅是发现而并非发明。方法发明是指发明的最终表现形态是一种用来制造产品或解决具体技术问题而创造的操作方法或实现步骤,例如为制造某一产品采用的化学方法、物理方法、生物学方法和机械方法等。

2. 实用新型

实用新型是指对产品的形状、构造或者两者结合所提出的、是为了解决一般技术问题的新的技术方案,例如针对向内收的传统雨伞的不便之处,有人研究设计出反方向收的雨伞。由此可见,虽然都是技术方案,但实用新型和发明在创造性方面存在极大不同。实用新型经常被称为"小发明",通常被应用于解决一般实用技术问题,在技术的创造性上实用新型远低于发明。同时,实用新型解决一般技术问题的途径是改变产品的原有形状或构造,并不涉及新方法的应用。

具体来说,实用新型表现出以下特征:

第一,是具备一定的形状或构造的产品。根据实用新型的定义,其成果只能表现为产品形态。也就是说,实用新型应当通过产业方法制造、有确定的形状或构造、占据一定的空间。反之,自然界存在的物质则不可能成为实用新型。或者虽然是可以产业制造的,但是没有确定的形状的,比如气态的产品,就不能称为实用新型。

第二,其形状、构造或者两者的组合能够解决技术问题。考虑到实用新型实质上是一种技术方案,所以它应该能够基于正确利用自然规律来解决实际技术问题,比如儿童安全剪刀的圆头设计可以防止儿童在操作过程中受伤,折叠雨伞可以提高雨伞的便携性等。如果产品外形可以解决技术问题,就可以称之为实用新型;相反地,倘若产品的形状仅仅是美观的而不能解决技术问题,那么就只能归属于外观设计而不能够成为实用新型。

3. 外观设计

外观设计是指对产品的形状、图案或者两者的结合以及色彩与形状、图案的结合所作出的富有美感并适应于工业应用的新设计。例如造型优美的汽车、花纹美丽的地毯等。正如前文所述,外观设计只要达到产品美观以吸引消费者这一效果即可,并不被法律要求解决任何实际生活中产生的技术问题。具体来说,外观设计具有以下特征:

第一,外观设计需要以产品为依托。形状、图案或者形状、图案与色彩的结合只有被应用于工业产品,才能够满足专利法的要求而成为外观设计;一旦脱离了工业产品进行设计,这些形状、图案或者形状、图案与色彩的结合就不能称之为外观设计,而只能成为著作权法意义上的美术作品。同时,外观设计专利权取得的条件也需要注意,产品的整体设计才能获取专利权,无法被分割出来、单独出售、单独使用的局部设计则无法获取相关专利。

第二,是对产品形状、图案和色彩的设计,而不追求实用功能。外观设计的定义是产品形状、图案或者两者结合以及色彩与形状、图案的结合,因此不难看出色彩自身不能成为外观设计。因为如果单纯的色彩能够取得外观设计权,那么极易导致相关色彩短期内被全部垄断的情况发生,色彩自身的有限性会使得后来者处于不利地位,造成不公平的现象。

第三,富有美感。外观设计旨在提升产品对潜在消费者的吸引力,为了刺激消费者的购买意愿,外观设计应当具有美感以让人产生赏心悦目的感受。不过不同的消费者感受及评价美的角度存在差异,因此工业产品的外观设计只要具有自身特色并得到部分消费者的认可,那么其满足富有美感的要求。

4. 不授予专利权的对象

我国《专利法》特别规定了无法取得专利权的客体,既包括虽符合定义却由于一些原因被排除在专利保护之外的对象,也包括实质上不符合定义而不能归属于发明、实用新型或外观设计的内容。

第一,不对违背国家法律和社会公德,妨害公共利益的发明创造授予专利。根据违反国家法律法规的内容不同,这些发明创造可以分为两种类型。一种是发明创造本身就是违法的,其不仅无法取得专利法的保护,还会受到法律的惩罚,例如发明制造假币的机器;另一种是与该发明创造有关的产品或方法同时具有合法用途和非法用途,虽然非法的实施方式为法律所禁止,但是其用途合法的部分依然可以获得专利权,例如为了国防需要而制造的武器。

社会公德是指具有正当性并被公众广泛接受的伦理道德和行为准则,与这些道德和行为准则相悖的发明创造就被视作违反社会公德而无法获取专利权保护。以提取人类胚胎的干细胞为例,无论其目的是生物研究还是医疗用途,结果都会导致胚胎的死亡而违背社会公德,因此世界上大多数国家并不认可这一做法,具体表现为从人类胚胎中提取干细胞的做法本身以及采用的具体方法均无法在法律上取得专利权。

妨害公共利益是指发明创造的实施会给社会公众或者社会秩序带来危害。就发明创造而言,那些会造成环境污染、生态破坏的就是损害公共利益的典例;就外观设计来说,涉及国家重大政治事件、伤害人民感情或是宣扬封建迷信的形状、图案就会使得公共利益受到不良影响。

第二,不对科学发现授予专利。日常生活中,人们常将科学发现和技术发明混为一谈,但实际上两者在法律上是截然不同的。科学发现包括自然规律、自然现象和抽象的思想,技术发明则是一项具体的可实现的方案。专利法制度作为一项公众政策,其根本目的在于鼓励创新。专利制度不仅应当以授予专利权的方式为发明创造者提供创新动力,还应当防范不当垄断信息导致后续创新停滞的情况发生。一方面,任何人都能够以科学发现为基础进行发明创造,将其转化为解决技术问题的产品、方法从而取得专利权保护;另一方面,日后他人的后续创新需要这些科学发现不被垄断。因此,包括首次发现或首次提出在内的自然规律、自然现象和抽象的思想这些科学发现都应该保留在公共领域而不能就其申请专利权。从另一个角度来看,自然规律与自然现象的客观存在性使其无法被发明创造,抽象的思想也无法被称为技术方案,所以科学发现并不符合专利法所规定的专利权的授予要求。

第三,不对疾病的诊断和治疗方法授予专利。疾病的诊断和治疗方法是指以有生命的人或者动物为直接实施对象,进行识别、确定或者消除病因或疾病的过程。对于专利法排除疾病的诊断和治疗方法的一种观点是出于人道主义和社会伦理的考虑,但这种观点无法解释同样应用于人道主义治疗和救助的药品能够获得专利权保护。我国专利法将传统的诊断和治疗方法排除在保护对象之外的原因在于,其能否被稳定重复地实施高度依赖于实施者自身的生理和心理状态。然而,现在医疗技术的发展使得越来越多的诊断和治疗方法都能够依靠设备和药物被稳定地实施,所以出于适当缩小专利保护范围的考虑,我国专利制度不将疾病的诊断和治疗方法视作发明创造而将其完全排除在专利授予对象之外。值得注意的是,我国规定为对疾病进行诊断和治疗而发明的仪器设备是可以授予专利的。

第四,不对动物和植物品种授予专利。随着转基因技术的进步,科学家可以采取基因重组的方式改造生命体甚至创造新的生命形式。我国现行《专利法》对于包括基因工程制造的转基因动植物在内的动物和植物品种不授予专利权保护,但植物品种可以基于《植物新品种保护条例》获取类似于专利权的保护。此外，对于那些不属于动植物范畴的微生物，例如细菌、真菌、病毒，只要其经过人为的培养或分离被应用于一定的产业，那么就可以获得专利权。

第五，不对用原子核变换方法获得的物质授予专利。原子核变换方法是指一个或多个原子核经过分裂或聚合，最终形成一个或多个新原子核的过程，例如实现核反应的加速器、反应堆等各类装置的方法。采用该方法获得的物质主要是指通过核反应装置生产、制造的各种放射性同位素。由于原子核变化方法和采用该方法获得的物质会对国家经济利益、国防利益和公共利益产生重大影响，因此我国《专利法》将其排除在专利权授予对象之外，以防止私人尤其是外国人对于这类技术的垄断。

三、专利权的主体

在法律上，专利权的主体包括发明人、申请人和专利权人，这些概念既相互联系又相互区别；专利权的归属在职务发明、共同发明、委托发明和合作发明的不同情形下，所适用的相关规定也不尽相同。

1. 发明人、申请人与专利权人

发明人是指对发明创造的实质性特点作出创造性贡献的人，而发明创造完成过程中负责组织协调工作或从事辅助工作的人不是发明人，例如打字人员、制图人员等。就一项发明创造向专利局提出专利申请的人称为专利申请人。考虑到专利审批耗时较长以及专利申请权的可转让性，取得专利权之后才可以称为专利权人。发明人、专利申请人与专利权人在概念范围上存在区别，发明人只能是自然人，而申请人和专利权人既可以是个人也可以是单位。

2. 职务发明创造

职务发明创造是指执行本单位的任务或主要是利用本单位的物质技术条件所完成的发明创造。这种情形下，单位是专利申请人和专利权人，对职务发明创造申请专利的权利属于该单位，申请完成后专利权的享有也归属于该单位。职务发明创造根据定义还可以分为两种类型：

第一类是执行本单位的任务所完成的发明创造。本单位是指包括临时工作单位在内的完成发明创造任务时所属的单位。执行本单位的任务所完成的发明创造分为三种不同情况：第一，从事本职工作时完成的发明创造；第二，履行本职工作之外的任务时完成的发明创造；第三，退休、调离原单位后或劳动关系、人事关系终止后 1 年内完成的，与原单位交付的本职工作或者分配的任务有关的发明创造。

第二类是主要是利用本单位的物质技术条件所完成的发明创造。本单位的资金、设备、零部件、原材料，包括对外保密的技术资料，都被视作本单位的物质技术条件。但需要注意的是，并非所有利用本单位物质技术条件的发明创造都可以称为职务发明创造，物质技术条件对于发明创造的完成不可或缺、并对其起到实质性帮助作用的才属于这种情况；

完成发明创造的过程中只是少量地利用了本单位的物质技术条件,甚至可有可无的,并不能称之为职务发明创造。

3. 其他情况下的专利权归属

在委托发明与合作发明的情形中,专利申请权遵循约定优先原则,即如果有事先约定就按已有约定划分权利归属,如果没有事先约定,专利申请权则归属于发明创造的完成者或共同完成的单位或者个人。

四、专利权授予的原则

企业在申请专利时,需要注意我国在专利权授予时应遵循以下几点原则:

1. 禁止重复授权原则

禁止重复授权是指对于同样的发明创造只能授予一项专利权。就著作权而言,两个独立完成、内容一致的作品可以分别拥有著作权。如果专利权也采用类似做法,就不能阻止他人对同一技术方案的实施,会在多个权利人之间造成利益冲突。此外,只有在所有专利权人都许可的前提下,第三人才能缴纳费用、实施专利,这显然会扰乱市场秩序。因此,申请专利必须遵守禁止重复授权原则。

2. 先申请原则

在禁止重复授权原则的基础上,两项相同的发明创造均申请专利的情况出现时,我国实行"先申请原则",即以日为标准确定申请时间并将专利权授予最先申请专利的人。

3. 申请日原则

作为专利法中最重要的日期之一,申请日既是公开程序、实质审查程序等时限的起算日,也是专利期限的起算日。

4. 优先权原则

针对申请人在国外首次提出专利申请后,又在一定时期内在中国就同一发明创造申请专利的情形,我国采取优先权制度。发明或实用新型在国外首次申请专利的十二个月内、外观设计在国外首次申请专利的六个月内,申请人又在中国就同一发明创造提出专利申请的,可以依据国家间的协议或共同参与的国际条约享有优先权,即可将首次申请日作为后续申请的申请日,首次申请日被称为优先权日。

5. 单一性原则

单一性原则又被称为"一申请一发明原则"。为了方便专利审查与检索、保障专利审查费用,多项发明创造不能合并提出一件专利申请,一件专利申请只能包含一项发明创造。需要注意的是,从属于同一总体构思的多项发明或实用新型是单一性原则的例外情形。在这一情形中,多项发明或实用新型必须具备技术上的关联性,应当表现出一个或多个相同或等同的特定技术特征,那么这些发明或实用新型就可以作为一件专利提出申请。其中,特定技术特征是指从整体角度来看,其中每一项发明或实用新型对于现有技术起到有利作用的技术特征。

第三节　商　标　权

一、商标权的概念

商标权的对象是商标,商标是经营者在其生产、制造、加工、拣选或经销的商品上或服务的提供者在其提供的服务上采用的用来表明商品或服务来源的,由文字、数字、字母、图形、声音、三维标志、颜色等要素的组合组成,具有显著特征的标志。简单地说,商标是经营者为了使自己的商品或服务与他人相区别而使用的标记。在经济生活中,很多企业都有自己独特的商标并令人印象深刻,如看到咬了一口的苹果,立刻就能想到苹果手机;看到四个并列交叉相连的圆圈,立刻会想到奥迪汽车等。

商标权的取得意味着商标所有人能够依法排斥他人在相同或类似商品或服务上以导致消费者混淆的方式使用相同或近似商标,例如厂商采用类似"康师傅"方便面的色彩、图案外包装,商品名"康师博""康帅傅"等也极其类似,对消费者进行误导,这就是一种侵权。在我国,商标注册是商标权取得的基本途径。《商标法》对商标注册持开放立场,只要未出现不予注册的绝对理由和相对理由,均允许商标注册。不予注册的绝对理由是指商标的注册会破坏公共秩序、损害公共利益,如商标缺乏显著性等。2016年"公路港"商标就因为公路港是一种公路物流运输模式的通用名称,缺乏显著性,被商标评审委员会予以无效宣告。不予注册的相对理由是指商标的注册将主要损害特定民事主体的利益,例如代理人抢注被代理人商标的,被代理人或者被代表人提出异议的,商标局将不予注册并禁止代理人使用。

商标是区别企业商品或服务的重要标记,是企业的无形资产。商标注册对企业十分重要,有诸多好处。如果企业商标不在商标局注册,则意味着商标使用人对这个商标不享有商标专用权,该企业便无法阻止其他人或企业随意使用该商标,这就会导致商标本身的作用大打折扣,使本企业的利益与形象受到损失。商标未注册的另一大缺点是,如果他人抢先注册此商标,该商标的发明者或最先使用人反而不能继续使用这个商标,这方面的案例和教训已经屡见不鲜,例如联想公司原本的商标是"legend",但是当联想开始走向国际化发展时,发现这个名字在欧洲几乎所有国家都被注册了,注册范围涵盖计算机、食品、汽车等各个领域,因此不得已,又花费巨资将商标换成"Lenovo"。从经济价值的角度看,未注册商标不能形成工业产权,也就不能成为使用人的无形资产。

二、商标注册的流程

商标注册的流程可概括为:商标查询——申请文件准备——提交申请——缴纳费用——形式审查——下发受理通知书——实质审查——商标公告——颁发证书。

1. 商标查询

为了避免申请的商标与在先权利商标出现相同或相似的情况,商标注册申请人或其代理人在进行商标注册前最好进行商标查询,以避免不必要的浪费。商标申请注册如果不经过事先查询的话,据统计,申请的驳回率将近70%。

2. 申请文件准备

商标注册申请人或其代理人在申请商标注册时,首先要准备好申请所需文件,向商标局提交。一般需要提交的文件是《商标注册申请书》一份,商标图样一份。《商标注册申请书》应当按照公布的商品和服务分类表填报。

3. 提交申请

申请人或其代理人在进行提交申请时可以有两种途径:直接到商标局办理;直接办理不便时也可以委托得到国家认可的商标代理机构代办。

4. 缴纳费用

根据需要办理的商标业务类型,如受理商标注册费、受理证明商标注册费、受理转让注册商标费、撤销商标费等,按照不同标准缴纳费用。

5. 形式审查

申请人在提交商标注册申请并缴纳费用后,商标局应对其申请进行审查。商标局先进行的是形式审查,即审查申请资料的形式完备性,主要包括以下几个方面:审查申请人是否有权利申请对该商标进行注册,即审查申请人资格;审查申请人的手续是否完备并合规;审查申请书内容是否有错误以及是否符合要求;审查申请人是否委托了代理机构,如果委托了代理机构,要审查委托书的填写是否符合要求;审查商标图案是否清晰等其他内容。

6. 下发受理通知书

商标局提交完备的商标注册申请书后,商标局发给申请人《受理通知书》,并告知其申请日。但是并不表示该申请被核准了,因此不能作为其商标使用的合法性证明文件。

7. 实质审查

审查员经过检查、检索、分析对比、调查研究,重点审查商标是否符合法定的构成要素,是否具有显著特征,是否与他人的注册商标或审定公告的商标相同或近似,是否违反了《商标法》的禁用条例。实质审查时企业商标注册能否通过的关键阶段,这阶段被商标局驳回复审的案例有很多。例如,有公司申请商标注册时,就曾因为使用了不规范字而被驳回。

8. 商标公告

商标局在实质审查后,驳回不符合规定的商标注册申请,对于符合规定的商标注册申请,允许其注册,并在《商标公告》中予以公告。自刊登审定公告之日起如果3个月无人提出异议或者虽有异议但不成立的,该商标便予以注册,同时刊登该商标注册公告。

9. 颁发证书

颁发证书意味着申请人取得了该商标的商标专用权,证书的颁发是商标注册的最后一个环节。

三、商标申请与注册的原则

企业在进行商标申请和注册时,应注意如下原则:

1. 先申请原则

先申请原则适用于商标申请时间不同时的情况。当两个或两个以上申请人在相同或相似商品或服务上申请注册相同或近似商标时,依据商标注册中的先申请原则,只有先提出注册申请的申请人才有可能获得商标注册。举例来说,在 2014 年,同为"偶像来了"的商标申请,湖南卫视提交申请的时间比杭州青联公司晚了 5 天,最终前者的商标不得不改名。

2. 优先权原则

《巴黎公约》规定了商标注册的优先权原则,这个原则对于已经在本国取得商标权,又需要在其他国家注册商标权的人而言非常重要。我国《商标法》规定了在下列两种情形下可享有优先权。

首先,申请人在一些特定的其他国家第一次申请可产生优先权。依照中国与该国的协议或双方共同参加的国际条约,从申请人在特定的其他国家第一次申请商标注册之日起六个月内,在中国针对同一商品以同一商标提出申请商标注册的申请人,可以享有商标注册的优先权。

其次,商标如果在特定的国际展览会所展出的商品上首次使用,该商标的申请人可享有优先权。2001 年修订后的《商标法》首次规定了展览会优先权。这里的国际展览会需要为中国政府主办或承认,优先权期限同样为六个月。2003 年,日本雅马哈发动机株式会社在商标申请同时要求获得展览会优先权并最终获得商标局的认可,这是中国第一例要求获得展览会优先权的商标申请。

3. 自愿注册原则

商标主要是经营者建立自己的商业信誉、进行市场竞争的手段,而商标注册和日后的维持需要一定成本,经营者会在权衡成本与收益之后自行决定是否申请商标注册,一般情况下国家不应进行强制干预。目前各国针对商标普遍采取自愿注册制度,也就是商标即使不注册也可使用,当然,法律禁止的一些情形除外。在规定商标权通过注册才能取得的国家,如中国,商标注册之后才会受到较强的法律保护。此外,商标局在收到申请后,根据商标的声誉以及知名度,可将一些未注册商标认定为驰名商标,比较有名的如"小肥羊"商标、"酸酸乳"商标等,只是未注册的驰名商标与已注册的驰名商标相比,法律保护仍然受到一些限制。

4. 分类申请原则

分类申请原则也是关于商标申请的重要原则。申请人在填报使用商标的商品或服务类别及名称时，必须按照商品和服务分类表填报。目前，我国已加入《商标注册用商品和服务国际分类尼斯协定》，根据商品性能、用途、原料、生产工艺、服务性质等将商品和服务分为 45 类，其中商品 34 类，服务 11 类。申请注册人必须在了解商品和服务分类表的基础上填报商标注册申请。

四、企业商标策略

由于商标是企业品牌视觉的核心元素，商标充分体现其负载的产品或服务的品质和市场定位，因此研究制定恰当的商标策略，对企业开拓、占领市场和长远发展有重要意义。

1. 商标先行策略

商标审查有一个审查周期，如果等到产品已经研制成功或已经开始销售才去申请商标，则商标在审查期间将无法得到很好的保护，因此企业应实行商标先行策略。商标先行策略，又称为超前注册策略，指企业应当优先考虑自己使用的商标，并及时将它注册。先成功注册商标，然后再考虑商品的宣传和销售问题。近年来，商标先行概念已被越来越多的创业企业所接受，很多企业在成立之初甚至尚未成立时就已经把商标注册纳入其计划之中。

2. 商标组合策略

为了取得更好的保护、宣传以及区分等效果，商标注册时可以采用多种商标组合的形式。

首先，商标与商号相结合。如果一个企业的商标与商号相一致，可以使人加深印象，便于客户记忆，这样就可以实现同时宣传商品的商标和企业的效果。以联想为例，Lenovo 既是联想电脑的商标，又是联想集团的商号，将产品商标与企业商号相结合，加深印象。

其次，中英文相结合。世界上使用英文的国家较多，在全球化背景下，企业如果有意拓展国际市场，便需要设计一个对外的商标。如果企业在商标注册时便能考虑到这个问题，设计中英文相结合的商标，就避免了重复设计所带来的各种成本，少走弯路。

再次，文字与图形相结合。一般商标的设计不需要有多复杂，只要能让客户迅速了解商标的内涵，了解企业想表达的意思即可。文字与图形相结合可以使客户一目了然，并留下深刻的印象。所以，企业可以将文字、字母、图形结合在一起设计。例如苏宁易购的商标上，就有这三种元素：中文"苏宁易购"字样，英文"suning"，其中还包括了网址信息"suning. com"，以及标志性图案小狮子。

3. 商标防御策略

商标防御策略也是企业在注册时可采用的一个重要策略，是指企业在不同类别的商品或服务上注册若干相同商标，主要使用的商标为基础注册商标，其余商品或服务上的商标可以称为防御商标。企业在注册商标时,应选择适当的类别,类别就意味着商标适用的范围。一般来说企业应注册一个主要类别,但是如果只注册一个类别的商标,会使企业多元化发展受阻。因此,为使企业有扩张的空间,也应注册相关类别。这种商标延伸注册的策略,很好地体现了企业发展的战略眼光。

4. 商标联合策略

商标联合策略的实施可以更有效地保护自己的商标,防止他人仿冒或注册,这一策略与商标防御策略相似但又不同。联合商标是指同一商标所有人在相同或类似商品上注册的几个相同或者近似的商标。其中,近似既可以是图形,也可以是文字,以其中一个商标为主商标。联合商标的优点在于如果其中的某个商标闲置不用,因联合商标的特殊性,一般不致被国家商标主管机关撤销。需要注意的是,联合商标不能单独转让或许可,只能由商标申请人分批注册。关于防御商标和联合商标的区别,可以举如下的例子来说明:中兴通讯在商标第42类注册的中兴、中兴付等商标,这属于联合商标;此外中兴通讯在商标的45个类别上都注册了"中兴"商标,这就是属于防御商标。

5. 主副商标策略

当企业需要注册多个商标时,可以实施主副商标策略。主副商标是指在同一产品上注册多个商标,其中在产品上体现企业形象的为主商标,其他的则是在某种特定产品上使用的副商标或从商标。主商标可以体现企业形象,并生动地向客户展示产品最显著、最本质的特征,副商标则可以更准确地暗示特定产品的某一个或几个特质,如产品的用途、功能、成分、品质等。采用主副商标策略最重要的一个作用是分散风险,利用副商标与主商标的关联性和独立性,在充分享受主商标已有的市场认知度和信任度的同时又不至于因一个商标的经营出现问题而殃及整个公司。主副商标最典型的是在汽车领域,在汽车产品系列化、市场不断细分的形势下,采用主副商标策略,一方面可以分享优势商标资产,另一方面又突出系列产品之间的不同功能与个性。例如丰田公司在汽车上分别使用丰田皇冠、丰田考斯特、丰田海狮等主副商标,来标记其旗下不同型号的汽车。

第四节　商业秘密权

一、商业秘密的概念

商业秘密是指不被公众所知晓、能给权利人带来经济利益、具有实用性并且权利人对其采取一定保护措施的商业信息,包括技术信息和经营信息。技术信息,又被称为技术秘密,是指没有被公开的技术诀窍或者技术秘密,主要与产品的生产制造过程有关,例如生产配方、设计图纸、制造流程等。经营信息,又被称为经营秘密,是指没有被公开的能够创造经济效益的管理方面的信息,例如管理方法、产销策略、进货渠道、客户名单、标底及标书内容等。

从世界上多数国家的立法实践来看,商业秘密体现如下性质:

1. 秘密性

要构成商业秘密,首先必须具备秘密性这一特征,也就是不为公众所知,即公众无法通过公开的渠道获知商业秘密。相反地,无论是已经被公众所了解,还是能够通过公开渠道直接获悉,那么这类信息就不会构成商业秘密。但是需要注意的是,这里的秘密性并不是绝对的,而是相对于不特定的多数人而言的。例如,因自身业务需求,本单位员工掌握的秘密就不应当认定为社会公开的信息。

2. 价值性

商业秘密所包含的信息必须能够为人们带来经济利益,具有实用性,包括现实价值和潜在价值两个方面。同时考虑到商业秘密的主要表现形式是技术方案和经营策略,所以具体来说,该特征要求技术方案或者经营策略要么能够应用于现时的生产经营,要么对于未来的生产经营有积极作用。

3. 保密性

这与秘密性是不同的,秘密性要求有关信息客观上没有被公众知悉,而保密性则进一步要求权利人在主观上要采取保密措施防止公众知悉。因此,商业秘密的保密性对权利人从主客观两方面提出了要求:一方面,权利人作为商业秘密的合法控制人要在主观上树立保护本公司商业秘密的意识;另一方面,权利人应当在客观上采取具体的保密措施对其加以管理。

二、商业秘密权的特征

作为对创造性成果给予保护的权利形态,商业秘密权归属于广义的知识产权,因而具有知识产权最广泛的本质特征。不过区别于一般的知识产权,商业秘密权也具有一定的独有特征,表现为以下几点:

1. 商业秘密权的效力是相对的。在排他性方面,商业秘密权不具有绝对效力,只要是途径正当,任何人都可以获得商业秘密并且加以利用。这就导致商业秘密权的权利人可能并不是单一的,甲乙双方可以掌握同样的商业秘密,也都可以采取一定的保密措施。也就是说,虽然所基于的商业秘密是同质的,但对商业秘密进行占有、使用、处分和收益的权利主体可以是多个。举例来说,两家公司之间存在员工跳槽的情况,虽然市场上两家公司的产品相似,但如果两家公司原本就拥有相同的生产技术或者生产线,那么每个公司商业秘密的来源在法律上就会被认定为合法正当,并不会受到员工跳槽的影响。由此可见,商业秘密是可以由多个权利人各自独立、分别享有的。

2. 商业秘密权的保护期限是不确定的。在商业秘密权的保护期限方面,并没有明确的法律规定,而是取决于一些非法律因素。例如权利人的保密措施是否得力、商业秘密是否被公开,都会对保护期限的长短产生影响。只要结果表现为相关信息没有被泄露,那么该商业秘密就会一直受到法律保护。

3. 商业秘密权在权利的取得上不需要通过国家授权,只要符合有关规定,法律就会自动对商业秘密予以保护。这与需要国家机关审批的专利权、商标权等是截然不同的。

三、侵犯商业秘密的行为

作为一种企业的财产权利,商业秘密是企业的核心竞争力,不仅对于公司发展具有深远影响,甚至关乎公司的生存能力。因此,加强对商业秘密的法律保护,从而杜绝侵犯商业秘密的行为的发生,就显得尤为重要。以行为人未经权利人的允许为前提,并且采用非法手段获取、披露、使用或者允许他人使用权利人商业秘密等行为,就可以视为侵犯商业秘密。

根据我国《反不正当竞争法》的规定,侵犯商业秘密的行为具体表现为以下四类:

1. 非法获取商业秘密,即通过盗窃、利诱、胁迫或者其他不正当手段获取权利人的商业秘密的行为。

2. 非法披露或者非法使用通过不当途径取得的商业秘密,不但包括自己披露、使用以非法手段获取的商业秘密,也包含允许他人使用权利人的商业秘密的行为。非法披露是指获取人将通过非法手段得到的商业信息透露给第三人或者使不特定的人获悉。非法使用则侧重于生产经营活动,包括行为人自己或允许他人利用非法取得的商业秘密进行生产经营的不正当行为。

3. 违反与权利人之间的约定或者违反有关保守商业秘密的要求,披露、使用或者允许他人使用其掌握的商业秘密。这种侵权行为以当事人之间存在有关保守商业秘密的权利义务为前提,以行为人已合法掌握商业秘密为条件,以实施了非法披露和使用行为为事实。以企业的离职员工为例,他们有遵守劳动合同和保密协议的义务,不论是将在原企业获悉的商业秘密作为跳槽的资本还是用于自己未来的创业活动,都视作对原企业商业秘密的侵权行为。

4. 间接侵权,是指第三人明知或者应知上述违法行为,依旧获取、使用或者披露他人的商业秘密,也可以视作对商业秘密的侵犯。第三人虽然并非是非法手段的直接实施人,在法律上也不承担对相关信息保密的责任,但鉴于其明知此类商业秘密的取得途径并不正当,却仍加以获取、使用或者披露,因此法律将这种间接侵权行为也视为侵犯商业秘密行为的一种。间接侵权是相对于直接侵权而言的,例如,有些行为人自身虽然并没有直接侵犯商业秘密权的行为,但是却教唆、怂恿甚至帮助其他人侵犯权利人的商业秘密,对商业秘密的侵犯行为起到了极大的推动作用,那么这类行为人也会被依法追究侵权责任。

四、商业秘密权的限制

商业秘密权的限制是对权利的限制,简言之,其可以等同于商业秘密侵权行为的例外,并且主要表现为以下几种情形:

1. 反向工程

反向工程是指人们通过对从公开渠道获取的产品进行技术分析研究之后,获知了该产品的相关技术信息的过程。也就是说,如果商业秘密权利人投放到市场上流通的产品中所蕴含的技术信息被竞争对手获悉,但是该信息是对手以反向工程的方式拆卸、测绘、分析得到的,那么竞争对手获取商业秘密的行为并不侵权。也就是说,商业秘密权利人无权禁止他人以反向工程的手段获知其商业秘密。反向工程情形中尤其需要关注的是,产品公开销售是否代表着产品所蕴含的技术秘密的公开,如果仅仅依靠直接观察或者简单的测量就可以获取产品的技术信息,那么就可以视为被公众所知悉;但是如果获取手段是破坏性剖析、使用专业测量工具,那么就不属于被公众所知悉。

2. 独立开发

考虑到商业秘密权的效力是相对的,基于同样的商业秘密有多个权利人的情况也被法律所允许,所以独立开发也被排除在商业秘密侵权行为之外。独立开发是指权利人以外的人以自身创造性的智力劳动取得了与权利人的商业秘密相同信息的行为。倘若这种情况发生,商业秘密权利人不但不能阻止其他人获取同样的商业秘密,也不能禁止其他人对以这种方式取得的商业秘密采取保密措施。独立开发与商业秘密效力的相对性紧密联系,独立开发也可以用于解释前文所提到的员工跳槽不会影响商业秘密来源的正当性的情形,尤其是考虑到两家公司的生产线或者生产技术都是独立开发获取的。

3. 公权限制

国家机关依照相关法律法规执行职务,在此过程中取得了当事人的商业秘密,也不被认定为侵犯商业秘密。例如,一旦企业的生产销售行为严重危害到公众利益,有关部门就应承担起监管责任以保障公众的知情权,被调查企业也不能以"商业秘密"作为挡箭牌。在认定属于公权限制,而并不构成侵犯商业秘密权的行为时,要注意三个方面:第一,必须要根据法律的明确规定;第二,以执行职务为限;第三,国家机关及其工作人员根据法律规定执行公务而获取商业秘密之后,仍须承担对有关信息保密的责任。

4. 强制披露

基于维护公共利益的需要,强制披露是适用于上市公司的一种侵犯商业秘密的抗辩事由。对未上市公司来说,其保持商业秘密的行为被法律所允许。但是对于上市公司而言,它们必须按照《公司法》《证券法》的相关规定进行信息披露,如财务状况、经营情况、重组计划、人事变动等信息。值得注意的是,信息一经披露并进入公众领域之后,这些信息就不再是商业秘密了。

第五节　知识产权的运营

对于创新创业企业来说,知识产权在企业总资产中占较大比重,如何盘活知识产权资产,充分发挥其在企业经营中的重要作用,使其保值增值,就是企业知识产权运营的问题。一般认为企业知识产权运营包括许可、转让和资本化等内容。

一、知识产权许可

知识产权许可是指在一定条件下,知识产权的所有人将其使用权让渡给受让方,并由受让方支付使用费的法律行为。知识产权是一种财产权,许可是在不转让财产所有权的前提下让渡财产中的权利,也就是说许可人转移的内容是知识产权中的部分财产权而不是所有权。

知识产权许可的内容多种多样,包括专利许可、商标许可、版权许可、专有技术许可等,例如著作权包括复制权、出租权、传播权和演绎权,著作权许可就是所有者将其中的一项或几项权利让渡给受让者的行为。此外,混合许可也是知识产权许可行为的一种,即知识产权人可以将其拥有的专利、商标、版权、专有技术中的任意两种或者两种以上的权利的使用权让渡给被许可人。

根据具体的许可方式划分,知识产权许可可以分为独占许可、排他许可和普通许可。

独占许可是指按照约定,只有被许可人在一定的时间和地域内可以对知识产权进行独占使用,许可人和第三方都不得在该时间和地域内实施相关知识产权。因此,独占许可的权利仅次于知识产权所有者,因此是排他性最强的一种许可方式。需要注意的是,独占许可需要权利人放弃实施权,从而许可人的收益完全来源于被许可方,因此独占许可的使用费通常要高于其他两种许可方式。

排他许可是指除许可人和被许可人以外,其他人都不能在规定时间和地域内使用相关知识财产。排他许可的排他程度要低于独占许可,它们的根本区别在于权利人自身是否拥有使用权,在排他使用的情形中,虽然排除了除许可人以外的第三方在合同范围内实施权利,但并没有将许可人本身排除在外。

普通许可是指许可人将知识产权的使用权让渡给被许可人以后,许可人自身仍享有使用权,并仍可将相关知识产权许可给第三方使用。在普通许可的模式下被许可方权限最小,被许可人虽然拥有使用权但是不能排除许可人和其他被许可人来实施该项权利。在实践中,合同中没有特别注明是独占许可的、或者依合同不能推断出独占性质的一般都是普通许可。

二、知识产权转让

知识产权转让是所有权的转让,是指知识产权的权利人将其拥有的可转让的财产权利的部分或全部给予受让人,受让人享有并实施相关权利的法律行为。与一般的物权转让相同,知识产权转让也是所有权的转移,但是二者也存在两个方面的不同:一方面,一般的物权转让的标的是有形的实物资产,而知识产权转让的标的是一种财产权利;另一方面,一般物权转让没有时间和地域限制,而知识产权转让有时间和地域要求,以发明专利权的转让为例,其有效时限是 20 年,一旦进入公共领域就不再受到专利保护。

根据我国知识产权制度体系,狭义的知识产权是指著作权、专利权和商标权三种传统知识产权,在此基础上知识产权转让也可以分为著作权转让、专利权转让和商标权转让。

1. 著作权转让

著作权转让是指作者或其他著作权人作为权利出让方,将著作权中的全部或部分财产权利按照一定条件和形式永久转移给受让方,并由受让方支付报酬的行为。按照我国著作权法的规定,作品著作权中的财产权包括复制权、发行权、出租权、展览权、表演权、放映权、广播权、信息网络传播权、摄制权、改编权、翻译权、汇编权等,应当由著作权人享有的其他权利。在著作权转让的过程中,以上权利既可以单独转让,也可以多项转让或全部转让。

就著作权转让的主体而言,出让方必须是对作品著作权享有专有权利的主体,通常是作品的作者或者其他著作权人;受让方则不受严格的法律限制,除非著作权转让合同要求受让者须具备法定的作品复制发行、演绎、传播的资质。就著作权转让的客体而言,只有作品著作权中的财产权才能作为转让标的,作者的精神权利无法进行转让,例如署名权、发表权、修改权和保护作品完整权等。

2. 专利权转让

专利权转让是指专利权人作为出让方,将其对于依法申请获得的专利的独占性权利转移给受让方,受让方支付约定价款的行为。就专利权转让的主体而言,权利主体在性质上发生了改变,即出让人不再是专利权人,而是由受让人取得原专利权人的资格。就专利权转让的客体而言,我国专利权法将专利权分为发明专利权、实用新型专利权和外观设计专利权,因此根据转让标的的不同,专利权转让也可以分成发明专利权转让、实用新型专利权转让和外观设计专利权转让。

3. 商标权转让

注册商标专有权转让是指注册商标权利人依照法定程序将注册商标专用权让于受让人享有,并由受让人支付转让费的行为。

三、知识产权资本化运作

知识产权的资本化运作,指的是将知识产权作为融资工具和投资工具来盘活知识产权类无形资产。一般会采取知识产权质押融资、知识产权投资入股、知识产权证券化等形式。

1. 知识产权质押融资

知识产权质押融资是指个人或企业将合法拥有的知识产权作为质押物,向银行等金融机构申请融资,如果债务人到期不能偿还债务,银行等金融机构有权对该知识产权进行拍卖、转让等合理处置来优先受偿的新型融资方式。

在知识产权质押融资中,通常涉及四个方面的主体,分别是包括个人和企事业单位的知识产权所有者、包括商业银行和担保机构的金融机构、包括资产评估公司和律师事务所的中介服务体系、包括地方政府和知识产权局的政策机构。

通常由知识产权所有者向商业银行申请贷款,然后由律师事务所对知识产权的法律条件进行鉴定,证实可以进行质押后,由资产评估公司对质押的知识产权进行价值评估,由担保公司对其进行担保,有时地方政府有可能会对质押融资企业进行贴息支持。

2. 知识产权投资入股

知识产权投资入股是指在企业设立或增资的时候,出资人以自身拥有的合法的知识产权作为企业的注册或增资资本,从而得到相对应的股权的出资方式。出资人可以通过知识产权投资入股获得企业的股权并享有相关股东权利,例如参与重大决策、选择管理者等。知识产权投资入股不仅增强了科技成果转化为资本的可能性,而且还有利于从制度上激发科技人员积极进行创新创业的动力。

根据《公司法》中关于知识产权投资入股的规定,专利权、商标权、著作权、计算机软件等智力成果都可以投资入股,具体的折算出资比例要由评估价值确定。就可行性而言,知识产权投资入股需要满足以下三点要求:

第一,知识产权投资入股具有确定性。在允许知识产权投资入股前,为确保出资的真实性和准确性,有关国家机关应当对相应的专利权、商标权、著作权和商业秘密等进行严格审查。具体来说,专利权和商标权只有通过相关国家机关的实质性审查才能申请投资入股。与专利权和商标权不同,著作权由于遵循"自动保护原则",即只要作品满足原创性要求,那么该项作品完成之时自动受到法律保护而不需要经过审查。

第二,知识产权投资入股具有可兑换性。根据会计账簿记载的要求,知识产权投资入股时,应事先对相关知识产权的资本价值进行评估,从而确定出资人的持股比例。公司法规定只有经过合理价值评估的知识产权才能兑换成货币,无法评估或价值评估不合理的知识产权不得投资入股。由于知识产权类型多样,而且容易受到期限风险、耗损风险等不确定性因素的影响,这就要求对于知识产权的价值评估应当综合考虑市场风险、技术变革等有关因素以实现合理客观的价值评估兑现。

第三,知识产权投资入股具有可转让性。知识产权权利人只能以具备可转让性的知识产权作为出资标的,而不能使用财产权利无法转移的知识产权进行出资。知识产权投资入股可以选择知识产权转让和知识产权许可作为投资形式,不同模式下的具体要求也存在差异。以通过知识产权许可入股为例,这种模式需要限制向第三方转让该项知识产权。因为向第三方转让时,有关法律规定使得受让人不能替换原转让人成为企业的新股东,但是如果原知识产权转让人仍享有股东权利,则不符合知识产权的相关原则。

3. 知识产权证券化

知识产权证券化是指以未来其许可使用费能产生稳定现金流的知识产权为基础,对其中的资产进行风险隔离,再通过证券化的方式在资本市场发行证券,从而获得融资的行为。

知识产权证券化与知识产权质押融资一样,都是利用知识产权进行融资来解决企业创新过程中资金短缺的问题。与知识产权质押融资不同的是,知识产权证券化面向的是资本市场;而知识产权质押融资则主要面向银行等金融机构。

知识产权证券化的过程，需要四类主体实际参与：

第一类是知识产权证券化的发起人，即资金需求者，通常是知识产权的所有者或者知识产权所有者的债权人。因此发起人既可以是拥有知识产权的个人和企事业单位，也可以是对知识产权人拥有债权的金融机构。发起人要梳理自己拥有的知识产权，将需要进行证券化的知识产权进行组合，建立基础资产池。

第二类是知识产权证券化的发行人，又称特殊目的机构（special purpose vehicle，简称 SPV），设立 SPV 的目的是为了对发起人进行破产风险隔离。发起人将资产池中的资产转移给 SPV 并订立合同，规定转移的每一项资产都拥有独立性，即使发起人破产，资产池中的资产也无须列入清算范畴，从而保护投资者的投资安全。

第三类是知识产权证券化的投资人，是期望通过投资知识产权证券而获得收益的投资方。

第四类是知识产权证券化过程中的相关中介服务机构，除了资产评估、税收、法务以外，信用评级机构和信用增级机构至关重要。

知识产权证券化的过程是：发起人先构建知识产权基础资产池，之后出售给证券的发行人 SPV，而 SPV 对证券进行信用评级和信用增级，然后发行证券，出售给金融市场上的投资人，获得所需资金之后，企业要对知识产权各项资产进行管理，并在未来获得各项收益如许可费等之后，对投资者进行还本付息。

全球范围内知识产权证券化的最早尝试被认为是 1997 年发行的鲍伊债券，它是摇滚传奇大卫·鲍伊以早年录制唱片的预期收入，包括广播和演出的版税收入、电影授权等，为基础资产发行的利率 7.9%，票据期限 15 年，平均期限 10 年的债券，此次证券化筹集到了 5 500 万美元。美国好莱坞是在知识产权证券化方面最成功的实践者，例如 2002 年梦工厂通过富利波士顿金融公司（Fleet Boston Financial）和摩根大通将其旗下 30 多部影视作品的版权收益权组合成资产池，销售给 SPV"WD Funding"，最终发行了高达 10 亿美元的债券。随着经济时代的推进，知识产权证券化的实践也在不断丰富，标的资产的范围也在不断拓展，从而为知识产权的应用开辟了新道路，为创新创业企业提供新的资金来源，客观上也有利于盘活知识产权存量资产，推动科技成果更快实现产业化。

思考题

1. 广义和狭义的知识产权包含哪些内容？知识产权的性质和特征是什么？
2. 我国《专利法》在授予专利权时有哪些原则？
3. 我国商标注册有哪些原则？
4. 商业秘密权的特征和限制有哪些？
5. 知识产权资本化的方式有哪几种？

第十三章　商业模式创新和创新成果的市场实现

　　小张的科技创新是成功的，较高科技含量的新产品也孵化出来了。现在他面临的问题是创新的产品如何实现市场价值，而且要实现最大化的市场价值。而要做到这点，就碰到商业模式问题：创新的产品以什么样的方式进入市场？是独立办企业还是引进战略投资者？是独立完成新产品的全过程，还是与其他企业合作？如果是后者，又要确定与上下游企业的合作问题。所有这些商业模式都会直接影响其创新成果的价值实现及其实现程度。

第一节　商业模式与创业成功

　　随着工业经济走向互联网时代，信息传播的边界被打破，新技术诞生、孵化和市场化的速度迅猛增长。在互联网、大数据、云计算的冲击下，以往的商业模式被颠覆，传统意义上的进入壁垒被打破，工业经济时代成功的经验显得苍白无力。苹果公司成为当前市值最高的公司，中国的小米公司成立 4 年市值已超百亿。而诺基亚、黑莓、东芝等传统商业模式中取得成功的电子厂商倒闭或被兼并的消息却接踵而至。大批传统"明星"企业轰然倒下，令人感慨。

　　在新经济时代很多企业的成功都可以归因于企业商业模式创新。正如彼得·德鲁克所说："当今企业之间的竞争，不是产品之间的竞争，而是商业模式之间的竞争。"对商业模式研究迅速升温的主要原因是现实经济中商业模式创新的层出不穷，以及采用恰当的商业模式对于企业发展和持续生存的重要性日益增强。商业模式创新的层出不穷是全球范围内创新型经济兴起在企业层面的重要表现。

一、商业模式的定义

　　商业模式(Business Model)一词在学术界由来已久，Bellman & Clark 在《运营研究》杂志上发表的《论多阶段、多局中人商业博弈的构建》一文中最早使用了"商业模式"这个词汇。[1]

---

　　① Bellman, R. , C. E. Clark, D. G. Malcolm, C. J. Craft, and F. M. Ricciardi. , On the Construction of a Multi-Stage, Multi-Person Business Game. *Operations Research* , 1957, 5(4): 469－503.

20世纪90年代,网络和计算机技术在全球范围内的普及运用催生了电子商务模式的大量涌现并激发了研究者的兴趣,进而引发企业界和学术界对商业模式的普遍关注。

从新经济条件下科技创新与商业模式创新的关系视角研究商业模式的功能与内涵,我们认为商业模式是用以说明企业的资源配置、组织架构和利润来源的具体方法和途径的概念。商业模式创新可以界定为企业利用科技创新成果,适应市场环境,所作的市场关系、市场行为和相应地经营组织架构的调整,目标是使创新成果的市场价值最大化。

商业模式的创新一般涉及以下几个方面:一是改变产品和服务的价值主张,即开发新的产品和服务或者延伸现有的产品和服务的价值主张。二是供应链的创新,这涉及供应链的各个环节的组合,以及与供应商关系的创新。三是目标顾客的创新,即发现新的市场。由此看来,商业模式的创新主要涉及企业生产和组织方式的创新以及营销方式的创新。

商业模式创新可以为企业形成一种核心竞争力,比如阿里巴巴在发展过程中不断进行商业模式的创新,推出了支付宝模式、云计算、阿里贷款等创新模式。

商业模式由四个密切相关的要素构成,分别是客户价值主张、赢利模式、关键资源和关键流程。[1] 客户价值主张是指某种为客户创造价值的方法,好的客户价值主张必须简单、清晰、易懂,复杂的价值主张会使顾客在购买时犹豫不定。制定价值主张前必须对客户需求和偏好有深刻的理解,制定出来的价值主张应该是独特的、真实的、具有渗透力的。价值主张的渗透力越大,越能打动消费者,从而给公司带来持久的价值流入。赢利模式指公司在为客户创造价值的同时为自己创造价值的计划。赢利模式的问题本质上是成本收益的问题,在企业涉及价值链多个业务环节时,企业需要根据自身的关键资源来对业务活动进行优化,并对其中某些核心环节进行创新,然后再重新排列整合,其本质是围绕客户需求,优化企业内部的资源配置从而获得利润最大化。关键资源是指目标客户传递价值主张所需要的技术、人员、产品、厂房、设备和品牌。企业的资源只有在与企业某种扩张后的能力相匹配时,才能达到预期的效果并获得超出平均水平的收益,成为企业的关键资源。关键流程是使得价值传递方式具有可重复性和扩展性的一系列的运营和管理流程。成功的企业都有一套高效的关键流程,以确保价值传递的方式具备扩展性和可重复性。这些流程包括供应链系统、培训、产品研发、预算、销售和服务等。此外关键流程还包括公司的绩效指标、管理规则等。四个要素中任何一个要素发生重大变化,都会对整体产生影响。

二、商业模式与商业成功的关系

英国经济学人智库2005年的报告显示,50％被调查的企业高管都认为商业模式创新

---

[1] Johnson, M. W., Christensen, C. M. and Kagermann. H., Reinventing, Your Business Model. *Harvard Business Review*, 2008, (12): 50-59.

比产品和服务的创新更为重要。IBM2008 年的调查报告显示,被调查的所有高管都认为商业模式的创新是必要的,有些高管甚至认为商业模式的创新可以改变企业的长期市场地位。

在当代全球化竞争中,有不少成功的商业模式创新的案例,例如英特尔、丰田、华为、沃尔玛、戴尔等企业的成功。戴尔公司本身并不生产计算机中关键的部件,主要是外包给其他厂商生产。虽然外包会使成本增加一两个百分点,但由于其独特的直销模式和模块化定制、组装的模式,使产品在出售时节约了十个百分点的成本,因此能以物美价廉的优势占据中低端市场。沃尔玛的成功也是商业模式创新的成果,在与 Sears、Kmart 的竞争中,沃尔玛率先在库存控制、物流和分销上进行了大量的创新,其中最著名的就是直接换装,货物到达配送中心后不再进行存储,而是立即运送到商场的货架上。这种持续不断地对降低成本的追求,成就了沃尔玛"价格杀手"的良好口碑。

诺基亚曾经采用的以"从产品到品牌"和"从产品到解决方案"的商业模式,使其成功地超过摩托罗拉和爱立信;德国 SAP 公司率先使用了"从知识到产品"的商业模式,在激烈的行业竞争中获得了优势;微软公司的成功是软件行业商业模式运作最典型的案例。从 MS-DOS 到 Windows 系列,微软的产品不都是最好的,甚至至今还有人称 Apple 公司的产品是最有个性的,但是尽管如此,微软的产品还是占据了个人电脑操作系统 90% 以上的市场份额,这使微软牢牢占据了行业领导者的地位。微软的竞争优势既不是低成本,也不是产品差异化,而是来自整个系统的支持,即"系统锁定"。微软公司的商业模式包括"价值链分拆"模式、建立行业标准和从操作系统到浏览器到内存的"基石建设"模式。

为了摆脱处于全球价值链底端的困境,占据全球价值链的中高端,越来越多的企业开始重视技术创新。然而在现实中有的企业技术创新能力很强,但仍然在市场中被淘汰;有的企业不断升级产品,却依然在微利中挣扎。越来越多的企业已经逐渐意识到,要提高企业在全球价值链上的地位,除了创新技术外还需要重视商业模式的探索和创新。以商业模式创新为支点,通过"引进来"和"走出去"战略,整合国际优质资源,企业才能成为全球价值链的主导者。

三、商业模式的设计方法[①]

1. 制定客户价值主张

设计商业模式首先要制定客户价值主张。客户价值主张往往来自生活中一个简单的感悟。不妨设想一下:你站在印度孟买雨中的路边,看到马路上有很多摩托车在汽车间摇摇晃晃地穿梭。你走近一看,发现这些摩托车上大都载着一家人——爸爸妈妈和几个孩子。你的第一个念头可能是"太危险了"或者是"人们在夹缝中求生存"。

---

① 该节内容部分参照 Johnson,M. W. ,Christensen,C. M. and Kagermann. ,H. Reinventing Your Business Model. *Harvard Business Review*,2008,(12):50-59.

但是塔塔集团的拉丹·塔塔（Ratan Tata）看到这一场景时，他想到的是要为这些摩托车家庭提供更安全的交通工具。他知道这些骑摩托车的家庭买不起汽车，因为印度最便宜的汽车也比摩托车贵4倍。于是，为这些家庭提供一款更安全、可以遮风挡雨的廉价汽车就成了一个有力的价值主张。这一价值主张的潜在客户是千百万尚未进入汽车市场的广大民众。

设计客户价值主张可以从资金、途径、技能和时间4个角度入手。好的客户价值应当是精确的，能够完美无缺地满足客户的需求。设计客户价值主张不需要面面俱到，因为面面俱到意味着不够精确。

2. 构建赢利模式

设计赢利模式是企业获取利润的关键，其本质是围绕客户需求，优化企业内部的资源配置从而获得利润最大化。在设计时应当考虑如何以合适的成本来把价值传递给客户，如何进行产品和服务的定价，如何最大限度地提高收入。

在上述例子中，拉丹·塔塔认为，要想让那些骑摩托车的家庭能够拥有汽车，唯一的办法就是克服资金的障碍，也就是制造出更便宜的汽车。他想，为什么不能够打破常规，推出10万卢比一辆的汽车呢？他把汽车的价格定在2 500美元左右，这比市场上最便宜的汽车还便宜一半多。但这样做会给他的赢利模式带来双重挑战，即他需要大幅度降低成本结构中诸多要素的费用，还需要面对毛利润明显减少的状况。但是，拉丹·塔塔认为只要能够大幅提高销量，公司还是可以赢利的，因为他的目标客户群体非常大。

3. 确认关键资源和关键流程

在明确了客户价值主张和赢利模式后，公司必须考虑将价值传递给客户的资源和流程。以民营学校为例，关键资源指优良的教师团队，关键流程自然也与教学有关（对教师的培训）。很多时候起作用的并非资源或者流程本身，而是两者的关系。企业通过独特的方式把自己的关键资源和流程结合起来，才能达到传递客户价值的作用。只有先明确价值主张和赢利模式，才能确定关键资源和关键流程之间如何结合。

在上述例子中，对于塔塔汽车公司来说，要满足其廉价车"Nano"的客户价值主张和赢利模式要求，就必须重新构想汽车的设计、制造和分销方式。为此塔塔成立了一个由非常年轻的工程师组成的小组，这个小组需尽可能减少汽车零部件的数量，使成本大幅下降。为此拉丹·塔塔还重新考虑了供应商策略，决定把Nano车型85%的零部件进行外包，所用的供应商数量减少了60%，这样子就降低了交易成本，提高了规模效益。

在生产线的另一端，塔塔构想了一种全新的汽车装配和分销方式。它把汽车模件交给由公司下属的装配厂和独立业主的装配厂组成的一个联合网络，由该网络负责按订单组装汽车。这样一来，Nano汽车的设计、生产、分销和服务都采用了全新的方式——而如果不是因为这种新的商业模式，这些工作根本无法完成。

商业模式在最初投入运用的前几年应当是灵活可变的，商业模式的规则和绩效指标会在实践中得到逐步完善。

第二节　商业模式与创新成果的市场实现

一、实现科技创新价值的商业模式创新

从价值链的视角来看,商业模式创新就是对整个价值链实施延长、分拆、外包、出售和整合,优化企业整个价值链的各种价值活动,其目的是创造新的价值,并提高价值创造效率。实现从科技创新中获取最大价值是商业模式设计的关键。每一种新产品的开发都应该与一种商业模式结合起来,这种商业模式决定了产品进入市场和获取价值的具体方式。

技术创新并不能自动保证该创新在商业上或者经济上是有利的。企业创新的价值主张既涉及所要创新的新技术的市场价值预期,又要寻求让客户了解其创新产品和服务所拥有的特定价值的方式。因此,成功商业模式的创新的价值也体现在创新技术的商业化运营上。

良好的商业模式能够将先进技术转化为商业成功,商业模式设计和实施以及细致的策略分析是技术创新获得商业成功的必要条件。否则,即使拥有创新成果(技术和产品)也会深陷财务和市场困境。即使其技术是先进的,如果不能向消费者或发明的使用者提出一个引人注目的价值主张,不能设计出可获利的商业模式,并以合适的价格满足消费者对于高品质商品的需求,仍然可能失败。这说明商业模式设计与实施和技术革新一样对经济增长起着十分重要的作用。[1] 那些不能够与合适的商业模式相匹配的科技创新对发明者本人,甚至对整个社会都无法产生应有的价值。

企业价值主张要依据企业自身的经营战略与核心能力,寻求一种新的要素配置方式来实现价值捕获。其价值捕获包括目标客户和发现价值需求两方面内容。消费者的价值需求既有显性的,也有隐性的、潜在的。所谓发现价值需求,就是对消费者的隐性的、潜在的需求进行细致的观察、询问和发掘,了解消费者真正的需求是什么,并在此基础上提出适宜的客户价值主张。像苹果这样的公司是自己创造客户需求和价值主张,也就是,将原本并不存在的需求和价值全新创造出来。价值主张创新的理念使得公司专注于自己的产品生产中对消费者真正有价值的活动。因此,价值主张创新是企业商业模式创新的"顶层设计"。新的价值主张意味着企业新的战略定位、新的核心能力配置和新的要素组织模式,意味着企业新的价值认同与客户分享,在创造客户价值的基础上寻求新的利润源泉。

一般来说,技术创新要想获取价值必须和商业模式创新协同。当然也有很多例外,比如说,生产过程中的小改进并不要求有商业模式的创新。企业通过降低价格、挖掘市场或

---

[1]　David J. Teece, Business Models, Business Strategy and Innovation, *Long Range Planning*, 2010,43(4):172-194.

扩大市场份额便可获得价值。因此,科技创新越激进,其收入结构模式越新颖,传统商业模式面临的挑战就越大。

概括起来创新企业依据其价值主张所要实施的商业模式创新主要包括以下几个方面:

1. 通过技术和资产捆绑实现创新价值

现实中的诸多案例说明,技术创新并不一定会带来商业上的成功。没有成功商业化运作的技术创新可能会导致创新性企业的自我毁灭,也可能会导致熊彼特意义上的收益的创造性毁灭。斯蒂格利茨的研究发现,由于知识产品的市场信息不完全,创新的知识和技术具有公共产品的特性,"其他人分享创新收益的边际成本为零"。因此,首先创新的生产者创新成本往往得不到应有的补偿,研究开发投入大且得不到及时回报,导致创新者缺乏创新的动力,由此他提出了激励创新的体制和机制安排问题。可以肯定,竞争机制的存在对企业来说无疑是推动创新的外在压力。强化竞争可以强化创新力,但是,竞争不能完全解决创新的动力。

现实经济中,当创新价值实现过程包括了无形资产时,资产定价和价值获取就变得十分困难。创新成果的成本有创新成本(信息成本)和复制成本(扩散成本)之分。创新成本明显大于复制成本。创新成果的复制几乎是没有成本的。因此,没有从事创新投入的其他厂商却可以从创新者的创新成果中得到收益,其结果是挫伤创新者的创新积极性。因此,创新动力就在于保证创新成本得到补偿并得到创新收益。需要补偿的创新成本不仅包括创新投入,还包括风险成本和机会成本。显然,创新动力就在于保障创新者的创新收益。其制度安排就是明确并保障创新技术的厂商拥有垄断收益权(专利之类的知识产权)。

Teece研究指出,市场机制对基础科学和技术开发来说是不完善的,从科学研究中获取价值是非常困难的。想要从科学研究中获得价值,就需要将科学发现形成创新价值的实物资产。[①] 这样,从发明和创新中获取价值的最普遍的商业模式是将创新嵌入到产品中,而不是简单地去销售设计或知识产权。这种方法可以让那些在 R&D 上投资的企业在一定程度上克服市场制度对于他们知识产权保护的缺失。最新的手机、数码相机或汽车的出现并不是产品一个价、技术或知识产权一个价,而是技术和产品捆绑在一起的一个价。

捆绑销售已经成为新兴产业中垄断企业延伸其垄断势力的有效工具,也是科技企业家利用有效的机制设计出的应对市场失灵的可行商业模式。信息产品往往采取捆绑销售的手段,著名的案例是微软将其探索者(Explorer)与视窗(Windows)操作系统捆绑销售。为了避免发明市场中的市场失灵,科技企业家采取将发明和互补品融入产品之中的商业

---

① David J. Teece, Business Models, Business Strategy and Innovation, *Long Range Planning*, 2010, 43(4): 172-194.

运作。有效的新技术市场的形成是一个长期的过程。科技企业家将互补品和服务捆绑销售不仅仅可以获取价值,也使得这种技术创新能够产生出来。

当然,垄断企业滥用其优势地位进行捆绑销售为我国《反不正当竞争法》和《反垄断法》所禁止。从经济学视角来看,捆绑销售的实质是一种价格歧视行为。捆绑销售类似二部定价:客户支付的基本品的价格即是二部定价中的固定部分,而支付的捆绑商品的价格相当于变动部分。

其实,捆绑作为一种商业模式并不总是必需的。当发明者拥有明确的专利权时,通过许可、甚至直接出售专利也可以获得价值实现。当知识产权得到保护,并且实施得力时,科技企业或者发明者可采用不同的价值获取模式。因此,商业模式设计需要知识产权律师和科技企业家二者的共同努力。

2. 通过延长价值链实现创新价值

延长价值链的主要方式是横向一体化和纵向一体化。

在技术创新体系中,企业实际上有购买新技术和自主研发新技术的选择:如果企业在市场导向下购买的新技术是有商业价值的技术,对企业来说,这是最小市场风险的新技术采用形式,但这种形式交易成本大,新技术提供者对购买者的要价高,企业为购买新技术所支付的成本也较高。针对这种成本,企业会以市场为导向转向依靠自身的研发力量进行自主研发。这种获取新技术的路径明显的商业利益是其交易成本低于购买新技术的费用。企业自主研发推动的科技创新往往意味着新的资源(新材料)、新的产品、新的服务的出现,超出企业原有的价值活动范围。

当企业的新资源(新材料)、新产品、新服务超出原有的价值活动范围时,企业可以通过纵向一体化将价值链向两端延长。这包括:① 通过收购和兼并实现产品和服务的多元化,衍生新的产品和服务种类,控制原材料来源等。企业可以将过去由其他企业经营的渠道价值活动和顾客价值活动整合进自身的价值活动,也就是将外部物流、代理商和零售商的业务吸纳到企业自身,直接向消费者提供公司产品。比如,生产消费品企业建立起自己的销售网络,向销售领域实行前向一体化。企业在掌控销售的过程中,可以实现对顾客需求的快速反应,提供更好的售后服务,获取更多的创新价值。企业也可以实行技术方面的前向一体化,比如,日本的京瓷公司本来是一家硅酸盐材料生产企业,为其他企业提供各种电子元件与瓷制零部件。京瓷公司向生产电话设备与数码相机等电器商品延伸,成了大型电子联合企业。② 企业也可以将原本属于供应商的价值活动纳入企业内部,控制原材料的来源,节省的交易成本和原料成本,将新材料创新价值收入囊中。延长价值链型商业模式创新,增加了企业价值活动的深度和广度,拓展了企业与利益相关者之间的合作关系,可以节省信息搜寻成本和签约成本,提高企业竞争优势和盈利能力。

企业也可以通过横向一体化实现在同类价值活动上的规模经济和范围经济,降低产品成本,巩固市场地位,创造并捕获更多价值。

3. 通过分割重组价值链实现创新价值

网络的普及运用和商业竞争环境的改变使得企业将全部的价值活动分割、重组成为可能。企业把有限的资源集中在核心价值活动上，收缩价值链，并通过新的制度安排和组织再造协调企业利益相关者的关系，为自身和客户创造更大的价值。通过部分业务的外包，发包企业可以集中资源做自己最擅长的业务，提高产品和服务品质和顾客满意度。到底是采用外包模式，还是内部商业化模式，应根据资产专用性程度和知识产权保护制度的情况来决定。只有一个企业拥有很强的知识产权权利时，企业才能选择外包模式。OEM（Original Equipments Manufacture）——贴牌生产也是一种常见的分割价值链型商业模式创新。企业只专注于品牌建设，或者是进入到知识创新的基础环节，将制造环节、软件设计环节等价值活动外包给具有比较优势的其他公司。

企业的利益相关者之间相互关联、相互作用，组成一个包括价值创造、价值实现、价值分享的链条和关系结构，这就是所谓的价值网络。价值网络是重组价值链的一种形态。商业模式创新有助于形成价值网络的企业建立其竞争优势。戴尔公司没有对个人电脑的技术做任何的改进，但它整合了供应商和它自己的组织和分配系统，向最终用户提供无法抗拒的价值。

价值网络包括两个重要因素：① 价值伙伴。创新的商业模式需要企业外部的利益相关者参与进价值链，共同为客户创造价值。随着技术和环境的演化，参与者也可能变为价值链的主导者。② 合作机制，用于协调价值链参与者的行动和分配利益，尤其是协调企业内部价值活动和外部价值活动的一致性。当新的科技创新出现，或者经营环境发生大的变化时，价值链的参与者需要根据总体价值最大化的原则重新分解、重组价值活动，使各个环节之间保持高效的物质、信息和能量交流，保持良好的衔接和互动，在动态调整中实现柔性管理和敏捷反应。

价值网络的创新价值实现方式与依靠单一创新活动，或者单一要素的创新价值实现方式不同。构成价值网络的企业形成动态的、紧密联系的价值创造系统，企业之间的主导关系是合作而不是竞争，因此，可以实现优势互补，收益共享，抵御外界不确定性和冲击。商业竞争演化为价值网络与价值网络之间的竞争，网络成员的竞争力是构成价值网络竞争力的来源。

4. 通过强化价值链的增值环节实现创新价值

当企业取得科技创新成果以后，可以不延长或收缩原有价值链，而是对价值链上的某些价值活动实施增强，使得所有价值活动更加协同一致，将技术创新与组织结构调整、文化理念进步、制度安排创新统一起来，形成难以被其他企业模仿的竞争优势。通过这种商业模式创新可以实现核心产品和服务的多元化，减少交易成本，将技术创新潜在的市场价值体现出来。

在新经济时代，社会分工日益细化，产品加工深度不断提高，价值链上可能的增值环节越来越多。科技进步和市场环境的变化使得价值链的某些环节的技术相对其他环节更加成熟、更加精湛,因而表现出比较优势。通过对这些优势环节的重新整合,可以形成具有核心竞争力的价值网络,保障科技创新成果的价值实现。

企业在整个价值链中的地位和作用对于企业价值获取至关重要。掌握了先进科技和关键资源的企业对价值链的价值创造贡献最大,因而分享的利润也最大。创建具有生机和活力的价值链,既需要对企业内部流程实施再造,也需要对企业外部资源和客户关系实施整合。相对于传统的经营模式,现代商业模式创新关注的是价值链整体价值的优化,是一种非线性盈利模式。

广义上说,所有的企业,或明或暗都会采用一种商业模式。商业模式是指一个企业在创造、传送和获取价值的过程中所采取的组织结构和与利益相关者的合作逻辑。商业模式使企业得以及时获取消费者需求和支付能力,响应顾客需求并向顾客传递价值。企业通过合理的商业化运作诱导顾客消费,建立合理的价值链将潜在收入转化为现实利润。换句话说,商业模式反映了科技企业家的某种猜想:顾客有何种需求、需求和支付有何种形式,企业如何才能做到最大程度满足顾客需求并最大程度获利。

现实中的科技创新价值实现的途径是纷繁复杂的,可以是以上两种、三种甚至更多种形式的混合。企业为了响应科技创新必须不断加快脚步,在快速变幻的市场中保持竞争优势并把握商机,就必须随时依据形势的变化,对价值链实施延长、分割、重组,或者强化某个环节的价值活动,保持对客户需求的敏捷反应和相对于竞争对手的比较优势。

以索尼在微单市场的商业模式创新为例,目前的微单市场是一个在卡片机市场和单反市场的夹缝中崛起的市场,并且在今后的几年内也将会是数码相机领域的首要增长点。根据传感器的尺寸不同,又可以进行细分。但是只有以索尼为代表的 APS-C 规格微单采用了和单反完全一样的传感器,索尼占据了整个市场的半壁江山,最新的市场关注度为47.3%,由于能够敏锐地嗅到商机,索尼进入微单市场较早,其产品相比别的品牌产品,在对焦速度、成像质量、可定制性等方面都有领先优势。而传统的单反两巨头佳能和尼康在微单市场的市场关注度仅为 7.1%和 13.3%。[①]索尼的这种"见缝插针"的商业模式使其在数码相机领域的地位从一开始的追随者变成了领导者。索尼的这种商业模式创新具有典型性,它改变产品和服务的价值主张,即开发新的产品和服务或者延伸现有的产品和服务的价值主张。索尼敏锐地注意到了消费者对成像质量要求越来越高却对单反相机的体积重量怨声载道的困境,通过重新设计产品结构,开拓了新的市场。通过这种商业模式的创新,创新价值得以从消费者身上得以实现,这再次印证了商业模式创新的力量。

二、商业模式创新实现创新成果价值最大化

根据 Zott & Amit 的分析,商业模式调整的目标是企业的利益相关者的总价值增加,

---

① 数据资料来自于 ZDC 互联网消费调研中心报告:《2013 年 3 月中国单电/微单数码相机市场分析报告》。

即按照公司原有产品和服务的方向,通过增大整个"价值蛋糕的尺寸",为公司价值捕获奠定基础。[①] 商业模式不仅仅是企业运作中的一种方式,还可以打造成为一种满足特定客户需求的工具。精心设计的商业模式具有不易被模仿,或者难以复制的特性。因为复制现存的商业模式往往会打乱以现有的顾客、供应商以及一些重要合作者组成的利益链条。一种商业模式难以被复制还有其他方面的原因:复杂的形成过程、有力的知识产权保护以及特定组织结构。要想设计和运营一个好的商业模式,不仅要考虑企业内部因素,还要考虑与顾客、供应商和宏观经济形势相关的各种外部因素。[②]

在网络技术引致交易费用急剧下降的背景下,企业原有的盈利模式和客户需求满足途径不再是最优的。商业模式创新频繁发生则正是为了应对这样的问题。商业模式创新通过变革原有的资源配置方式和企业组织模式,平衡客户利益和企业自身利益,捕捉市场条件变化情况下急剧增加的潜在利润。

商业模式创新对科技创新明显的促进作用在于实现创新成果价值的最大化。"成功的创新不仅要靠领先的技术,而且还要有出色的商业模式相辅。"一个新市场需要以相应的商业模式去开拓和扩大,创新产品因商业模式的创新而为市场所接受并能扩大创新产品的市场。技术创新需要商业模式创新与之相匹配。比如,亨利·福特在密歇根设厂之初,正是汽车工业开始腾飞的时代,汽车的量产是科技水平进步的一大标志。而此时的商业模式却并没有太大的飞跃。此时,亨利·福特率先将行业的每日 9 小时工作的制度废除,改为每天 8 小时工作制,一天三班倒。并且规定日最低工资为 5 美元,这个数字是行业平均水平的 2 倍。这种商业模式的改变不仅更为人性化,得到了工人们的一致好评,而且大大充实了福特汽车工厂的劳动力规模,使得福特汽车走向了繁荣发展的快车道。这种模式引得全行业纷纷效仿,提升了汽车行业的发展速度,为汽车行业的进一步科技创新打下了基础。可以预见,如果没有福特工厂的商业模式创新大大提高了汽车产量和市场对汽车的接受程度,汽车这一新产品也许需要相当长的一段时间才能得到普及,成为一个颇具规模的产业。

创新被看作是通过开发商业模式和技术来创造新价值的能力。创新成功的企业一般都能平衡好创新中的技术改造和商业模式的改造。如果企业有了一个好的新产品,但是如果采用了不恰当的商业模式,很可能会使产品打不出去。现实中存在一些厂商,其产品本身具有创新性和新颖性,可能明显领先于竞争对手,但是由于缺乏好的商业模式或者不注重选择合适的商业模式而在激烈的竞争中落败。比如个人电脑的操作系统软件市场就是一个典型的例子。史晋川、刘晓东分析了 PC 市场结构和商业模式的关系,他们认为,

---

① Zott,C. and Amit, R., Business Model Design: An Activity System Perspective, *Long Range Planning*, 2010,43: 216 - 226.

② David J. Teece, Business Models, Business Strategy and Innovation, *Long Range Planning*, 2010,43(4): 172 - 194.

长期以来,个人电脑操作系统主要由 Windows 视窗系统、MAC 苹果系统以及开源的 Linux 系统三者组成。Windows 的市场份额长期稳定在 85% 左右,MAC 凭借和苹果电脑硬件的高度配合占据 5% 左右的市场份额,Linux 的市场份额很少超过 3%。从技术层面上讲,Windows 操作系统本身理念和架构比较落后,导致其在安全性、稳定性以及诸多其他方面不如 Linux,Linux 是一个开源的操作系统,基于 Linux 的所有软件使用者都能够获取源代码并进行改进和更新。因此,就产品本身而言,Windows 落后于 Linux。而微软公司之所以能够牢牢控制住市场,可以说商业模式功不可没。Linux 因其开源的特性,降低了市场的进入壁垒,基于 Linux 的发行版系统数量较多,诸多的竞争虽然可以显著改善 Linux 产品,但是也使得 Linux 的推广方向不是集体瞄准 Windows 的软肋,而是"窝内斗"。而微软公司一方面改进 Windows 使其更加易用,与此同时也和同个电脑硬件厂商展开广泛合作,增加 OEM 授权数量。如此,便形成了微软几乎垄断操作系统市场的长期格局。①

在现代经济中,"酒香不怕巷子深"的理念已经无法生存。科技创新成果不能脱离好的商业模式独立存在。在创新体系中存在一个科技创新和商业模式创新的协同问题,两者相辅相成。商业模式创新是科技创新价值市场实现的基本途径。成功的商业模式创新有助于创新成果价值充分的市场实现。其实,即使是在传统经济中,发明者想从他们的发明中获取收益,企业要想获得持续的竞争性优势,合理的商业模式和恰当的商业运作也是企业实现盈利的必要条件。托马斯·爱迪生拥有 1 000 多个专利,因发明灯泡、电力系统、电影和留声机而获得崇高的个人声誉,但是商业上却很失败。原因就在于他没有适合的商业模式的支持。

就影响科技创新行为的商业模式创新来说,主要涉及以下三个方面关系的处理②:

1. 自主创新与开放式创新的关系

这涉及企业对某项新技术是自主研发还是购买采用的权衡和决策。由模仿创新转变为自主创新,反映企业创新能力的提升。自主创新指的是创新具有自主知识产权的新技术新产品,既包括原始创新,也包括对引进的技术进行消化吸收后的再创新。自主创新不等于封闭创新。企业在研发新技术新产品过程中决不排斥利用和引进新知识和新技术。企业在与其他企业甚至其他国家主攻同一创新方向过程中也需要吸收和引进别人的新发明、新技术。在保持自己拥有自主知识产权的核心技术前提下进行这种开放式创新,不仅可以保证创新成果在技术上保持自己在创新领域的领先地位,同时也可避免重复研究并节省研发费用。研究乔布斯的创新模式可以发现,其任何一个新款式产品并不都是采用自己研发的新技术,而是采用他人研发的最新最先进的技术,自己只是研发并拥有其中的

① 史晋川、刘晓东:《网络外部性、商业模式与 PC 市场结构》,《经济研究》2005 年第 3 期,第 91 - 99 页。

② 洪银兴:《科技创新中的企业家及其创新行为》,《中国工业经济》,2011 年第 6 期,第 82 - 93 页。

核心技术。如他所说:"向着一切好的创意开放。"

2. 研发投入与人才投入的关系

科技创新不节省投入,但有个投入方向问题。是重点投在研发活动上,还是重点投在人才上就有个权衡和选择问题。乔布斯认为,创新与研发资金的多少没有多少关系,关键是你所拥有的人才状况。因此就形成与微软不同的创新模式。后者坚信,高达数百亿美元的研发投入是微软保持稳健发展的最有力的后盾。而乔布斯更为重视人才的投入。当然,吸引高端研发人才从事高端创新活动也需要有足够的研发投入。

3. 生产增值方式和服务增值方式的关系

在现阶段企业运行的价值链中不只有生产环节,还有服务环节。其中的服务环节不仅也能增值,甚至可能有更高的增值能力。服从于提升企业价值的需要,科技创新不只是提供生产新产品的新技术,也要提供产生新服务的新技术。我们从 IBM 由制造业企业向服务业企业成功转型的案例中发现,其放弃 PC 等方面的制造领域的技术创新,而集中力量在软件和管理等服务领域进行创新成效非常明显:很快占领了世界软件服务业领域的制高点,其在服务领域增值的能力也明显强于在生产领域增值的能力。这表明,企业价值增值方式转型是商业模式创新的重要方面。

以上三个方面关系的处理,也就是企业商业模式的不同选择。对商业模式的不同选择不能简单地用好和坏判断。只是要说明,科技企业家所推动的商业模式创新会引导其科技创新行为,两者形成互动关系,可能形成良性的协同创新。

三、商业模式创新打造优质服务

"微笑曲线"实际上是价值链曲线,是 1992 年宏基集团董事长施振荣为了"再造宏基"提出的概念:在全球价值链的曲线上,高附加值的研发创新环节和营销服务环节分别在左右两端,曲线中间低附加值部分是装配制造环节。为了扩大利润空间,企业只有不断向高附加值环节进取。宏基集团秉承这一思想,抓住了研发和营销服务环节,成为业内成功的品牌。

在全球商品跨国流动加速和产品同质化的背景下,服务质量的重要性日趋明显。消费者关注的焦点已经逐渐从产品本身转向与产品配套的服务。提升服务质量成为现代企业塑造品牌差异、培养顾客忠诚度、获取竞争优势的关键。以汽车行业为例,据中国消费者协会统计,汽车行业 40% 顾客反映的问题是服务质量问题。在国外,成熟的汽车市场中 60% 的利润是在服务领域创造的。中国的轿车市场也已经从价格战转向服务战,并呈现出品牌化、专业化、标准化的特征。自从 2002 年上海通用推出第一个售后服务品牌"别致关怀"后,相继出现马自达的"金秋之旅",奥迪的"恒久关爱"等一系列服务品牌和主题活动。

从商业模式的角度来看,服务是基于客户价值主张创新对赢利模式的有机补充。在讨论客户价值主张时,常常强调客户购买的不仅是产品,而是一整套"解决方案"。当产品本身无法完整解决客户的需求时,就需要提供相应的服务来组成一套完整的解决方案。服务并非依附于产品,其本身也可以为客户创造价值,成为企业利润增长点。生产者驱动类型企业建立产品服务体系时,可以从客户价值主张的创新出发,合理设计赢利模式,将提供服务和销售产品有机结合,创造新的赢利点。

中国华为公司创业初期在海外市场取得成功的原因之一就是创新客户价值主张。华为公司认为顾客需要的不仅仅是设备,而是一整套信息与通信解决方案。因此华为公司为客户提供"保姆一站式服务体系",省去了顾客购买产品后的各种麻烦和困扰。从设备安装到售后服务等延伸产品方面,华为全程跟踪提供 24 小时的免费服务。在价格优势的前提下,华为以优质的服务成功打动了海外顾客的芳心,也为未来进一步延伸和拓展市场打下了坚实的基础。通过创新客户价值主张创造竞争优势的还有海尔公司。海尔公司在产品营销中的独特优势就是售前服务。冰箱、洗衣机等家电个性化很强,而海尔商城可以为客户做详细的咨询,比如家居空间配合、需求细节、产品功能细节等。这些都是其他电商网站做不到的。针对个性化需求的"高段位"服务成为海尔特殊的优势。好的服务体系除了需要创新顾客价值主张,还需要耗费人力物力和用较长的时间打磨,但它能为企业营造良好的客户关系,有利于企业拓展市场、获得竞争优势。

中国企业在实行"走出去"的战略中,可以通过创新客户价值主张与赢利模式的设计,为全球客户提供"一整套解决方案"的优质服务,占领微笑曲线的右高端,实现全球价值链的升级。

四、商业模式创新与企业价值网络构建

企业的发展与所处的价值网络密切相关。因此价值网络同客户价值主张、赢利模式、价值维护方式一样,是构成企业商业模式的重要内容。[①]

与商业模式相关的企业价值网络的问题可以分为价值网络定位和价值网络构建两个方面。

价值网络定位是企业根据自身的关键资源确定业务定位的过程。一个成功的商业模式需要回答企业如何在价值网络中进行定位以创造价值。[②] 价值网络不同位置的企业能获取的利润是不一样的。价值网络的各环节之间利润会发生转移。[③] 企业通过占据价值网络上具有特质性的位置,可以获得稀缺的、有价值的、不易被模仿的和难以转移的互补

---

① 原磊:《商业模式体系重构》,《中国工业经济》2007 年第 6 期,第 70 - 79 页。

② Schweizer, L., Concept and Evolution of Business Models. *Journal of General Management*, 2005, 31(2): 37 - 56.

③ 李海舰、原磊:《基于价值链层面的利润转移研究》,《中国工业经济》2005 年第 6 期,第 81 - 89 页。

性资源,或者获得很高的进入壁垒,使得其所创造的利润不被同业竞争者侵占。① 因此,企业在价值网络上的业务定位对于企业而言具有非常重要的意义。

企业业务定位可以分解为通用零件供应商、专有零件供应商、系统分解集成商。系统分解集成商发现和汇总客户需求,根据效率优先原则设计价值网络形态与制定行业标准,自己占据附加值最高的业务,将其他业务分包给各级供应商。一般位于全球价值链的研发、广告、营销等环节。专有零件供应商往往凭借自己的独特资源(如特殊知识、特殊技能等),承担某一具体任务(设计、制造等)。一般位于全球价值链的研发、制造等环节。通用零件供应商负责依照行业标准生产标准化的零部件、元器件等,通常是技术成熟的产品。通用零件供应商一般位于全球价值链的制造环节。②

价值网络构建是企业主动创新客户价值主张,整合外部资源,将其他企业和外部要素纳入到自己的赢利模式的过程。与价值网络定位不同,价值网络构建是企业主动创造产业价值链的过程。企业发现客户需求后,当自身无法覆盖整条价值链时,可以依据效率优先原则设计价值网络并占据其中附加值最高的部分,一般是掌握核心技术或制定行业标准等。从全球价值链的角度来说,占据附加值最高的部分也就是成为整条价值链的链主和治理者。价值网络构建的主体一般是实力雄厚的跨国公司或集团。

企业在进行价值网络构建时,并非总是能够在外界寻找到现成的合作伙伴与可供整合的资源,特别是出现重大技术革新时。全球每年有上万个富有意义的新型研发产品,但能成功进入市场的却不到 2%。这是因为重大技术革新之后,掌握先进技术的公司只是具备了先动优势,要想将其转变为市场优势还需要完善对价值网络的构建。但在现实中由于技术路径锁定、消费者习惯锁定等原因,企业可能很难寻找到现成的合作伙伴与可供整合的资源。这种情况下,企业初期往往需要覆盖价值网络的较多环节,等到新技术广泛应用时再从附加值较低的环节剥离。

美国高通公司是一家研发无线电通信技术和芯片技术的公司。其研发和推广的CDMA 技术,是现今 3G、4G 技术的基础。凭借强大的技术实力,高通公司成为全球最大的移动芯片厂商之一,掌握了大量的 3G、4G 专利。通过专利许可等方式,高通公司获得了巨大的经济收益。其实在高通公司刚开始研发 CDMA 时,第二代移动通信方式 GSM是市场主流,很多电信设备商对 CDMA 的市场前景并不感兴趣。如何扩大 CDMA 的市场,是高通急需解决的问题。高通的解决之策很高明,为 CDMA 构建一个价值网络,包括设备商、技术开发商、电信运营商等利益主体,CDMA 技术是它们交互的中心。高通利用核心技术的优势,向全产业链上下游延伸。高通依靠掌握的专利,自己做基站,做电信运营,做移动终端,集设备商、电信运营商、技术开发商几乎覆盖了整个价值网络的所有环节。

---

① 曾楚宏、朱仁宏、李孔岳:《基于价值链理论的商业模式分类及其演化规律》,《财经科学》2008 年第 6 期,第 102－110 页。

② 原磊:《商业模式体系重构》,《中国工业经济》2007 年第 6 期,第 70－79 页。

在市场应用的开发上,高通一方面寻求合作伙伴,如与微软合作研发无线信息(wirelessknowledge),和汽车行业巨头福特公司合作,研发 CDMA 车载无线通信系统;另外一方面,高通公司自己也成立了风险投资公司,为很多研发 CDMA 在 PDA、射频等领域应用的公司提供资金,从而广泛开拓了 CDMA 的市场应用。在 CDMA 初期的推广和研发方面,除了和福特、微软等合作伙伴的应用开发之外,高通公司自己几乎承担了 90%以上的责任。

高通公司的推广迅速得到了回报。1993 年高通的 CDMA 技术被美国电信标准协会标准化,并正式被业界所接纳。1995 年,第一个商用 CDMA 系统开始运行。与此同时,CDMA 技术得到了不少新型电信运营商的认可,尤其是韩国等国家和地区率先大力发展CDMA 技术、斥巨资投资 CDMA 市场。高通也逐渐成长为一个高赢利的高技术创新型企业。2000 年,全球 CDMA 用户突破五千万。随着 CDMA 技术的高速发展,高通公司收取的专利许可收益也在水涨船高。高通公司规定,合作方每销售一部手机,都要向高通公司缴纳一笔约占产品售价的 6%左右的专利许可费,这里面包括 CDMA 技术的入门费和使用费。[①]高通公司通过构建价值网络使得 CDMA 技术成功走向市场后,不仅推动了全球通信领域的技术革命,高通自身也成为全球通信领域的行业巨头。

总体而言,价值网络创新(价值网络定位与构建)是商业模式创新的重要内容。企业进行价值网络创新,不仅可以在价值网络中嵌入到高附加值的位置,还可以构建"以我为主"的价值网络,成为全球价值链的治理者。

第三节　实现创新成果的商业模式

一、科技创业的商业模式

研究发现"商业模式"一词在商业杂志中出现的次数与纳斯达克股票市场的高科技股票走高相一致,因此,可以认为商业模式创新与科技创业存在着相关性。[②]

相对于一般的商业模式,科技创业企业的商业模式具有自身的特质和特殊的要求。在技术创新提升为科技创新后,企业不能只是在自身的范围内从事产品和技术创新,必须利用最新科技成果。这样,其技术创新就要延伸到科学新发现孵化为新技术的阶段。进入孵化新技术阶段的创新主体不仅有作为技术创新主体的企业,还有作为知识创新主体

---

① 赵建国:《高通的前世今生》,http://ip. people. com. cn/n/2014/0307/c136655 - 24556044. html,2017 - 01 - 20.

② Osterwalder, A. , Yves Pigneur, and Chirstopher L. Tucci, Clarifying Business Models: Origins, Present, and Future of the Concept, *Communications of the Information Systems*, 2005, 15 (5):1 - 251.

的大学和科研机构,这就是产学研的合作创新。在多个主体进入的孵化阶段,起主体作用的更应该是企业,因此就需要科技企业家。科技企业家的职能不是自己进行科技创新活动,而是推动和组织创新活动,包括对企业的技术创新与大学的知识创新两大创新系统进行集成,对多个主体进入的新技术孵化活动进行组织协调。这种职能不是一般的企业家就能做到的,需要科技企业家发挥作用。

科技企业创业过程中,可供选择的产学研合作创新的商业模式主要有以下几种:

第一种模式是创新外包。也就是企业将创新和研发活动外包给大学和科研机构。这样做不仅节省创新成本,而且可以保证创新项目的先进性。当然,这类企业不是将创新都外包出去,而是将部分创新工作外包出去。外包同时带来的是企业商业模式的演化。过去的原料采购、生产、销售等一体化的企业内部运营环节被分割、肢解开来,重新分布到不同的企业中,而且这样的变化经常发生,这就要求企业的商业模式相应保持变化。

第二种模式是创新项目合作。企业在大学和科学家那里发现有商业价值的新思想就提前介入,为该项目研发提供风险投资和市场信息,支持其将新思想往前走,支持其在实验室进行实验并进行新技术孵化,其间会有不间断的投入直至产生可以进入市场的新技术、新产品。

第三种模式是风险投资家组织的产学研合作创新。面对科学新发现,风险投资家提供孵化新技术的投资。在这里,产学研的合作是由风险投资黏合在一起的。当然,这些风险投资家的投资目标不是长期经营企业,其投资是作为创业投资,这些投资在孵化出的新技术创造出新企业后就要退出,转向新的孵化新技术项目。

产学研合作创新的协同性,需要依托合理的盈利模式和分配制度,尤其是对知识创新主体参与孵化新技术具有激励作用的盈利模式和分配制度。盈利模式的主要功能是将创新的价值转化为经济价值,也就是创新成果价值的市场实现。科技创业企业盈利模式是企业运营机制的核心,企业的战略、技术、投资都应该服务于盈利模式,以便形成可持续的现金流。科技创业型企业应该根据主导产品类型,加强成本控制,提升企业核心能力,建立完备的营销网络,构建高效的盈利模式。科技创业企业的分配制度是平衡产学研各方利益,并激发各方创新创业潜能的制度安排和机制。科技企业家的基本工作是制定有效率的盈利模式和分配制度,组织产学研协同创新的全过程。

发现商机的科技创业失败的原因并不是创意不好或者创业机会不好,而是因为科技创业者没能够选择合适的盈利模式和分配制度,没能协调创业活动中的各方利益和积极性。创业者往往只注重价值创造,而忽视价值获取;只注重满足顾客需求,而忽视利益相关者的利润诉求。对创业企业商业模式的系统思考和设计可以全面整合创业活动,有效避免企业在创业的匆忙中走向偏颇,进而提高科技创业的成功率。

二、长尾式商业模式

2004 年美国《连线》杂志主编克里斯·安德森(Chris Anderson)提出长尾(Long

Tail)理论。他发现,在音乐、歌曲、书籍等商品的网上销售中,由于仓储容量大和快递的便利,使得那些不太热门的商品也能创造出乎意料的营业额,甚至成为销售收入的主要部分。

以一本畅销书为例。1988 年,一位英国登山者以在安第斯山脉的历险为背景写了一本名为《触目巅峰》的书。这本书在当年并没有引起关注,但却在 10 年后凭借互联网,走入公众的视野———"亚马逊"网站将其列在新书推荐之列,并开辟评价区附上其他读者的观书感言。终于,这本早沉没在茫茫书海中的作品,有了面对读者的机会,并一举成名。

长尾效应改变了以往的产业格局,企业原先的供应体系将越来越难以适应新技术变革所带来的交易需求的急剧变动。一种基于网络的崭新的供应体系和供应链浮出水面,这就是长尾式商业模式。长尾式商业模式的流行是基于众多小市场的汇聚产生的足够与主流相匹敌的市场能量。由于受成本和效率因素的影响,即使每种产品相对卖得较少,利润可能也不是很高,但大规模的销量使企业仍能获得很好的收益。随着信息技术和互联网技术的成熟,长尾式商业模式的优势越发明显,特别是在互联网上销售的虚拟产品,支付和配送成本几乎为零,这将长尾理论发挥到极致。

亚马逊网络书店的图书销售额中,有高达 25% 的销量贡献来自冷门书籍,这些"非热门"书籍的销售比例正以惊人的速度增长,并极有可能在未来超过"主流"书籍创造的收益。可见,亚马逊书店的总销售量中有很大一部分销售量是利基产品贡献出来的。在当今的时代背景下,那些需求不高但是却占据很大市场份额的"冷门"商品,不再是被人遗忘的长尾。基于"长尾理论"的网络营销若能充分发挥作用,将给企业带来无限商机。

长尾式商业模式的产生,本质上是由于技术手段的飞速进步。信息网络技术和仓储运输技术的迅速发展为长尾式商业模式提供了关键资源。在技术进步的基础上,人们对小众商品的需求被企业发掘出来。这启发我们在设计商业模式时应该尽可能考虑所有可以运用的资源,这样设计出来的商业模式才更加具有前瞻性。

三、平台式商业模式

过去平台主要指计算机的操作环境,其后来被引入经济和管理领域,出现了技术平台、商业平台等名词。如今平台在管理学中已经是商业模式理论中的重要概念。平台式的商业模式是指企业同时面向两个或者更多有显著区别但又互相关联的客户,并将这些客户群体集合在一起,为不同的群体提供互动的机会,并通过互动来创造价值。平台降低了信息的不对称性,打破了以往由信息不对称带来的商业壁垒。在平台中,客户互动的程度越高,就会吸引更多的客户从而创造更多价值。

例如,深圳市腾邦国际票务股份有限公司是以航空客运销售代理业务为主,同时提供酒店预订、旅游度假和商旅管理等服务的综合商旅服务提供商。企业以腾邦为主品牌,根据不同客户群体又设立了"可可西""飞人网""管仕"三个副品牌,为客户提供综合商旅服务。腾邦的多边平台将航空公司、集团客户和个人客户集合在一起。一方面通过与国外各大航空公司形成战略合作关系,为个人和集团客户提供质量更好、价格更有竞争力的服务,从而吸引更多客户;另一方面,不断扩大的客户群帮助腾邦从航空公司赢得更好的合作环境,并且吸引更多的合作伙伴(如航空公司)的加入。在腾邦公司搭建的平台上,个人客户和集团客户、机票业务与其他类型业务之间具有相辅相成、相互促进的作用。

企业需要通过一定的治理行为来保证使平台中的互动活动能够顺利开展,防止功利主义行为,保护消费者和供应商的利益。一般来说,企业有三种治理机制可以选择,即监控机制、社区构建和自我参与。监控机制是指搭建平台的企业采取措施监控平台生态系统,保证所有参与者都遵守行为准则,防止投机行为的产生。监控会产生社会压力,促使不同的群体都能遵守平台规范。社区构建是指企业通过进入认证和审核等措施,试图创造一种良好的生态环境,使得各群体之间充满信任和诚实,降低客户参与的不确定性。自我参与是指平台企业有时会通过参与生态系统,亲身体验自己所制定的规则的有效性,以及其对信息流动效率的影响。

以电商平台"淘宝网"而言,平台规定只有买家确认收货卖家才能收到货款,在这之前货款由平台保管。对于双方发生的争议,买家和卖家可以申请客服仲裁。淘宝网对不诚信的商家采取降低评级、平台禁入等措施,这就形成了一种监控。此外,"淘宝网"还邀请信誉良好、长期经营的商家入驻旗下的"天猫",使消费者在"天猫"购物更加放心。消费者在天猫购物时享有"七天无理由退换货""正品保障"等优质服务,这本质上是一种社区构建行为。和"淘宝网"形成竞争的另一电商平台"京东",有自己的自营店——京东自营,这是平台企业自我参与的一个实例。

在赢利模式上,平台企业往往面对的是价格弹性不同且相互之间存在网络外部性的双边市场,因此定价的焦点问题是为平台两边吸引尽可能多的用户。平台企业往往不拘泥于某一边的盈亏,而采用不对称的定价策略,以低价和网络外部性吸引更多客户到平台上参与交易,并在另一边收取高价以保证平台的收入和盈利。平台本身是一个商业生态系统,为了保持系统的和谐和稳定,平台企业需要制定合理的利益和价值分享机制,而对于普通企业则不需要这样的考虑。

例如苹果公司为苹果手机推出的 App Store 模式:苹果公司为独立软件开发者提供开发工具,鼓励他们开发应用软件并把软件上传到 App Store。手机用户所有的应用程序必须从应用商店渠道购买,而苹果公司收取 30% 的版税,对消费者则不收取任何额外的费用。苹果公司的 App Store 模式成为全球软件市场成功的典范,各大网络运营商和手机终端制造商、IT 操作系统提供商都相继推出自己的"App Store",如谷歌的 Android Market、微软的应用商店、英特尔的 App Up Center 在线软件商店等。[①] App Store 与苹果的产品一样带来了利润,这是因为消费者购买的不仅是苹果产品本身,而是连同通讯、

① 李文连、夏健明:《基于"大数据"的商业模式创新》,《中国工业经济》2013 年第 5 期,第 83 - 95 页。

上网、游戏等一整套的解决方案。

四、免费式商业模式

俗话说,天下没有免费的午餐。可是在互联网时代,越来越多的免费正挑战着这个看似亘古不变的真理。从最初的免费的杀毒软件、免费词典、免费搜索、免费阅读到移动互联网时代下载 App 免费赠送小礼品,免费正逐渐渗透到我们的生活之中。

在个人电脑刚开始在中国普及时,杀毒软件的使用是需要付费的。杀毒软件厂商依靠卖软件来获得收入,行业内逐渐形成了瑞星、金山等几个巨头,行业的竞争主要是在价格上进行博弈,直到奇虎 360 的进入改变了整个市场。2008 年奇虎 360 正式推出杀毒软件并宣布永久免费,这曾遭到传统杀毒软件厂商的普遍质疑,质疑的理由是显然的,如果完全免费,那么公司靠什么来生存? 尽管面临质疑,奇虎 360 还是在杀毒软件市场取得了巨大的成功。奇虎 360 放弃了传统杀毒软件厂商卖软件的思路,而用免费优质的杀毒服务占有市场,并在这个基础上从一部分对增值服务有需要的用户那里收费。2009 年以后,奇虎 360 的商业模式开始初现轮廓并逐渐显示出威力。公司不仅获得了行业领先的市场占有率,还延伸出 360 安全卫士、360 杀毒、360 安全浏览器、360 安全桌面、360 手机卫士等系列产品。艾瑞咨询数据表明,截至 2015 年 12 月,360 在多个细分领域中均排名第一。其中基于 PC 的安全产品的月度活跃用户总人数为 5.23 亿人,市场渗透率为98%;在移动端,360 安全产品拥有超过 8.68 亿智能手机用户。到今天,市场上绝大多数杀毒软件都是免费的,可以说奇虎 360 颠覆了整个杀毒软件市场,它的成功是免费式商业模式的经典案例。

其实免费式的商业模式并非 21 世纪才产生,20 世纪初,吉列品牌创始人金·吉列发明了一次性剃须刀,他尝试了各种营销方式但反响平淡。直到公司推出第二代剃须刀后,公司通过低价售卖比较耐用的剃须刀架来吸引客户。这种模式为吉列公司占有了一定的市场。而吉列剃须刀的刀架只能适配吉列刀片,当时,不少美国人还保留着刀片需要定时的修整和修磨以再次使用的习惯。因此吉列公司又打着舒适和卫生的旗号向消费者免费发放一次性剃须刀来宣传使用一次性剃须刀的好处。第一次世界大战时,美国为士兵配置的剃须刀采购的都是吉列的产品。政策上的垄断使吉列理念开始影响一代又一代美国人,并让消费者在接受"用了就扔的文化"的同时将吉列这个品牌铭记在心。

免费式商业模式真正能够大放异彩还是在 21 世纪。这与互联网的盛行大有干系。首先,互联网时代的信息产品具有很特别的成本结构——高固定成本和极低的边际成本。高固定成本并且通常是沉没成本,低边际成本并且产量几乎没有天花板限制。高固定成本是因为这些产品和服务提供的是面向广大客户的基础设施,低边际成本则主要归因于信息要素的边际成本几乎为零。其次,这些产品和服务具有明显的网络效应。一个明显的特征就是产品需要较长的市场引入期,但是随之会有爆炸性的增长。这是因为随着用户基础的增加,更多用户认为使用该产品和服务具有价值,最终使产品达到临界容量并占有市场。

免费式的商业模式能够帮助企业迅速提升市场占有率,最后利用庞大的客户群体来实现赢利。奇虎360正是依靠免费安全服务打造出了自己的商业帝国,凭借强大的客户资源平台吸引产业链上下游企业加盟自己的生态圈,再向其他企业收取广告费、软件推广费等方式获取丰厚回报。与之相似的还有腾讯、百度、谷歌等。特别是谷歌推出的Android操作系统依靠免费开源形成了以此为基础的产业链生态,成为谷歌最有竞争力的业务领域之一。

总的来说,免费式商业模式的赢利模式主要有交叉补贴模式、第三方付费模式和劳动交换模式。交叉补贴模式是一种基础产品免费而增值产品收费的模式,如印象笔记等办公软件同时提供免费的基础服务和收费的会员服务。第三方付费模式是指客户享受免费的产品或服务,由第三方广告商向厂商付费,如360浏览器就属于这种类型。劳动互换模式是指用户需要参与活动(如商品评价、内容搜集、信息整理、问卷调查等)才能享用免费服务,如支付宝的蚂蚁微客、大众点评等。

思考题

1. 商业模式的要素有哪些?
2. 如何设计商业模式?
3. 商业模式创新与科技创新的关系是怎样的?
4. 长尾式商业模式和免费式商业模式的区别和联系是什么?

参考文献

1. Acemoglu D. , & Restrepo, P. Secular Stagnation? The Effect of Aging on Economic Growth in the Age of Automation, *American Economic Association*, 2017, 107(5).

2. Amihud Y. , Illiquidity & Stock Returns: Cross-section and Time-series Effects, *Journal of Financial Markets*, 2002, 5(1).

3. Ardichvili, A. , Cardozo, R. , & Ray, S. , A Theory of Entrepreneurial Opportunity Identification and Development. *Journal of Business Venturing*, 2003, 18(1).

4. Audretsch, D. B. , & Acs, Z. J. New-firm Startups, Technology, and Macroeconomic Fluctuations. *Small Business Economics*, 1994, 6(6).

5. Balakrishnan S. , & Fox, I. Asset Specificity, Firm Heterogeneity and Capital Structure, *Strategic Management Journal*, 1993, 14(1).

6. Baron, R. A. , & Markman, G. D. , Beyond Social Capital: the Role of Entrepreneurs' Social Competence in Their Financial Success. *Journal of Business Venturing*, 2003, 18(1).

7. Baum, J. R. , & Locke, E. A. , The Relationship of Entrepreneurial Traits, Skill, and Motivation to Subsequent Venture Growth. *Journal of Applied Psychology*, 2004, 89(4).

8. Benjamin M. Oviatt, & McDougall, Patricia P. , The Internationalization of Entrepreneurship. *Journal of International Business Studies*, 2005, 36(1).

9. Bester H. , Screening vs. Rationing in Credit Markets with Imperfect Information, *American Economic Review*, 1985, 75(4).

10. Buehler, R. , Griffin, D. , & Macdonald, H. , The Role of Motivated Reasoning in Optimistic Time Predictions. *Personality & Social Psychology Bulletin*, 1997, 23 (3).

11. Christensen, C. M. , & Bower, J. L. , Customer Power, Strategic Investment, and the Failure of Leading Firms. *Strategic Management Journal*, 2015, 17(3).

12. Cooney T. M. , What is An Entrepreneurial Team?, *International Small Business Journal*, 2005, 23(3).

13. Eisenhardt, K. M. , & Schoonhoven, C. B. , Organizational Growth: Linking Founding Team, Strategy, Environment, and Growth among u. s. Semiconductor Ventures, 1978—1988. *Administrative Science Quarterly*, 1990, 35(3).

14. Ensley, M. D. , Pearson, A. W. , & Amason, A. C. , Understanding the Dynamics of New Venture Top Management Teams: Cohesion, Conflict, and New Venture Performance. *Journal of Business Venturing*, 2002, 17(4).

15. Fama E. F. , Agency Problems and the Theory of the Firm, *Journal of Political Economy*, 1980, 80(2).

16. Feldman, M. P. , The Entrepreneurial Event Revisited: Firm Formation in a Regional Context. *Industrial & Corporate Change*, 2001, 10(4).

17. Fletcher, C, Impression Management in the Selection Interview, In R. A. Giacalone & Rosenfeld (Eds.), Impression Management in the Organization, 269 - 281. Hillsdale, NJ, US: Lawrence Erlbaum Associates, Inc.

18. Frédéric Delmar, & Shane, Scott, Does Business Planning Facilitate the Development of New Ventures?. *Strategic Management Journal*, 2003, 24(12).

19. Gigone, D. , & Hastie, R. , The Common Knowledge Effect: Information Sharing and Group Judgment. *Journal of Personality & Social Psychology*, 1993, 65(5).

20. He J. , & Tian, X. The Dark Side of Analyst Coverage: The Case of Innovation, *Social Science Electronic Publishing*, 2013, 109(3).

21. Jones, Marian V. & Coviello, Nicole E. , Internationalisation: Conceptualising an Entrepreneurial Process of Behaviour in Time. *Journal of International Business Studies*, 2005, 36(3).

22. José Mata, & Portugal, Pedro Beamish, Paul, W. , Life Duration of New Firms. *The Journal of Industrial Economics*, 1994, 42(3).

23. Kamm J. B. , J. C. Shuman, J. A. Seeger, & Nurick, A. J. , Entrepreneurial Teams in New Venture Creation: A Research Agenda, *Entrepreneurship Theory & Practice*, 1996, 14(4).

24. Knight, G. A. , & Cavusgil, S. T. , Innovation, Organizational Capabilities, and the Born-global Firm. *Journal of International Business Studies*, 2004, 35(2).

25. Kunda, Z. , Social Cognition: Making Sense of People. *Contemporary Sociology*, 1999, 29(6).

26. Larson, J. R. , Foster-Fishman, P. G. , & Franz, T. M. , Leadership Style and the Discussion of Shared and Unshared Information in Decision-making Groups. *Personality & Social Psychology Bulletin*, 1998, 24(5).

27. Lu, Jane W. & Portugal, Pedro Beamish, Paul, W. , International Diversification

and Firm Performance: the S-curve Hypothesis. *The Academy of Management Journal*, 2004, 47(4).

28. Mcdougall, P. P., & Oviatt, B. M., International Entrepreneurship: the Intersection of Two Research Paths. *Academy of Management Journal*, 2000, 43 (5).

29. McFletcher, D., Teaming by Design: Real Teams for Real People, IL, US: Irwin Professional Publishing. 1996.

30. Meyer, J. P., Allen, N. J., & Sulsky, L. M., Commitment in the Workplace: Theory, Research and Application. *Journal of Academic Librarianship*, 1997, 24 (2).

31. Mitchell, T. R., & Lee, T. W., The Unfolding model of Voluntary Turnover and Job Embeddedness: Foundations for a Comprehensive Theory of Attachment. *Research in Organizational Behavior*, 2001, 23(01).

32. Nemeth, C. J., Connell, J. B., Rogers, J. D., & Brown, K. S., Improving Decision Making by Means of Dissent. *Journal of Applied Social Psychology*, 2001, 31(1).

33. Ryan H. E., and Wiggins, R. A. The Interactions between R&D Investment Decisions and Compensation Policy, *Financial Management*, 2002, 31(1).

34. Sautet, F., The Origin and Evolution of New Businesses. *Review of Austrian Economics*, 2002, 15(1).

35. Schumpeter. J., Backhaus, U., The Theory of Ecoonmic Development, In Backhaus, J. (eds.) Joseph Alois Schumpeter. The European Heritage in Economics and the Social Sciences, 61 - 116, 2003, Boston, MA, US: Springer.

36. Seru, A., "Firm Boundaries Matter: Evidence from Conglomerates and R&D Activity", *Journal of Financial Economics*, 2014, 111(2).

37. Shane, Scott, Technology Regimes and New Firm Formation. *Management Science*, 2001, 47(9).

38. Shepperd, J. A., Ouellette, J. A., & Fernandez, J. K., Abandoning Unrealistic Optimism: Performance Estimates and the Temporal Proximity of Self-relevant Feedback. *Journal of Personality & Social Psychology*, 1996, 70(70).

39. Simon, Mark, Houghton, Susan M., & Aquino, Karl. Cognitive Biases, Risk Perception, and Venture Formation: How Individuals Decide to Start Companies. *Journal of Business Venturing*, 2000, 15(2).

40. Tushman, M. L., & Anderson, P., Technological Discontinuities and Organizational Environments. *Administrative Science Quarterly*, 1986, 31(3).

41. Tyebjee T.，& Bruno，A.，A Model of Venture Capitalist Investment Activity，*Management Science*，1984，30(9)。

42. Wesson，T.，& Figueiredo，J. N. D.，The Importance of Focus to Market Entrants：a Study of Microbrewery Performance. *Journal of Business Venturing*，2001，16(4)。

43. Zacharakis，A. L.，& Shepherd，D. A.，The Nature of Information and Overconfidence on Venture Capitalists' Decision Making. *Journal of Business Venturing*，2001，16(4)。

44. 彼得·德鲁克，2006：《德鲁克日志》，上海译文出版社。

45. 陈丽莉、毕蓉，2016：《四川省大学科技园区管理及运行模式探析》，《经营管理者》第1期。

46. 陈敏灵、王孝孝，2017：《我国众创空间的现状与发展模式研究》，《中国市场》第17期。

47. 陈青华，2016：《全面质量管理和企业绩效的关系研究》，南京航空航天大学硕士学位论文。

48. 陈思、何文龙、张然，2017：《风险投资与企业创新：影响和潜在机制》，《管理世界》第1期。

49. 陈晓红、周文辉、吴运迪，2009：《创业与中小企业管理》，清华大学出版社。

50. 崔爱平，2005：《中国高科技企业供应链库存管理中不确定性问题研究》，南昌大学硕士学位论文。

51. 丁保利、王胜海、刘西友，2012：《股票期权激励机制在我国的发展方向探析》，《会计研究》第6期。

52. 董静、汪江平、翟海燕、汪立，2017：《服务还是监控：风险投资机构对创业企业的管理——行业专长与不确定性视角》，《管理世界》第6期。

53. 费尔普斯，2013：《大繁荣：大众创新如何带来国家繁荣》，中信出版社。

54. 冯晓青，2014：《我国企业知识产权运营战略及其实施研究》，《河北法学》第10期。

55. 傅宏宇，2017：《知识产权运营法律实务与重点问题诠释》，中国法制出版社。

56. 傅永刚，2000：《如何激励员工》，大连理工大学出版社。

57. 高闯，关鑫，2006：《企业商业模式创新的实现方式和演进机理》，《中国工业经济》第11期。

58. 辜胜阻、曹冬梅、李睿，2016：《让"互联网+"行动计划引领新一轮创业浪潮》，《科学学研究》第2期。

59. 郭斌，2005：《企业债务融资方式选择理论综述及其启示》，《金融研究》第3期。

60. 郝君超、张瑜，2016：《国内外众创空间现状及模式分析》，《科技管理研究》第18期。

61. 洪银兴、安同良、孙宁华，2017：《创新经济学》，江苏人民出版社。

62. 洪银兴等，2014：《产学研协同创新研究》，人民出版社。

63. 胡代光、高鸿业,2000:《西方经济学大辞典》,经济科学出版社。

64. 贾天明、雷良海,2017:《众创空间的内涵、类型及盈利模式研究》,《当代经济管理》第 6 期。

65. 杰弗里·蒂蒙斯,2002:《创业企业融资》,华夏出版社。

66. 杰里米·里夫金,2012:《第三次工业革命》,中信出版社。

67. 杰里米·里夫金,2014:《零边际成本社会》,中信出版社。

68. 琚存祥、赵静、高翔,2015:《基因组编辑技术与模式动物》,《生命科学》第 1 期。

69. 克利斯托夫·帕斯、布赖恩·洛斯、莱斯利·戴维斯,2008:《科林斯经济学辞典》,上海财经大学出版社。

70. 肯尼思·H·马克斯、拉里·E·罗宾斯、冈萨罗·费尔南德斯、约翰·P.芬克豪斯、D. L. 威廉斯,2016:《成长性公司的融资与资本运作模式》,中信出版社。

71. 李开复、王咏刚,2017:《人工智能》,文化发展出版社。

72. 李贤柏、喻科、程新平,2009:《创业学》,重庆大学出版社。

73. 李燕萍、陈武、李正海,2016:《驱动中国创新发展的创客与众创空间培育:理论与实践》,《科技进步与对策》第 20 期。

74. 梁喜,2016:《产学研联盟知识转移研究》,科学出版社。

75. 刘武君,2013:《人力资本所有者产权激励内涵与模式比较》,《人力资源》第 2 期。

76. 刘志阳,2016:《创业修炼:前沿视角》,上海财经大学出版社。

77. 刘志迎、陈青祥、徐毅,2015:《众创的概念模型及其理论解析》,《科学学与科学技术管理》第 2 期。

78. 罗伯特·D阿特金森、拉诺夫·H·科尔特,2000:《美国新经济》,人民出版社。

79. 马丁·黑米格,2005:《风险投资国际化》,复旦大学出版社。

80. 马化腾,2015:《互联网+:国家战略行动路线图》,中信出版社。

81. 马晶,2006:《西方企业激励理论述评》,《经济评论》第 6 期。

82. 迈克尔·波拉尼,1958:《个人知识》,贵州人民出版社。

83. 迈克尔·赛勒,2013:《移动浪潮》,中信出版社。

84. 梅强,2011:《创业管理》,经济科学出版社。

85. 乔希·勒纳、安·利蒙、费尔达·哈迪蒙,2015:《风险投资、私募股权与创业融资》,清华大学出版社。

86. 让·梯若尔,2014:《公司金融理论》,中国人民大学出版社。

87. 斯晓夫、吴晓波、陈凌、邹爱其,2016:《创业管理:理论与实践》,浙江大学出版社。

88. 苏冰,2016:《E 公司研发物料采购有效性提升策略研究》,北京交通大学硕士学位论文。

89. 孙永祥、黄祖辉,1999:《上市公司的股权结构与绩效》,《经济研究》第 12 期。

90. 唐炎钊、韩玉倩、李小轩,2017:《科技创业孵化链条的运作机制研究——孵化机构与在孵企业供需匹配的视角》,《东南学术》第 5 期。

91. 托尼·达维拉,2007:《创新之道》,中国人民大学出版社。

92. 王国红、唐丽艳,2010:《创业与企业成长》,清华大学出版社。

93. 王明友,1999:《知识经济与技术创新》,经济管理出版社。

94. 王迁,2016:《知识产权法教程(第五版)》,中国人民大学出版社。

95. 闻纯青、金俊芳、徐晓艳、朱荣青,2016:《国内众创空间发展研究》,《合作经济与科技》第 13 期。

96. 吴瑾,2014:《论加强全面质量管理提升企业竞争力》,《当代经济》第 21 期。

97. 谢富纪、董正英,2006:《技术转移与技术交易》,清华大学出版社。

98. 谢康,2001:《企业激励机制与绩效评估设计》,中山大学出版社。

99. 辛向阳,2001:《薪资革命》,企业管理出版社。

100. 徐光伟、王卫星,2013:《轻资产运营模式的融资困境与机制创新研究》,《当代财经》第 10 期。

101. 徐明华、包海波,2003:《知识产权强国之路:国际知识产权战略研究》,知识产权出版社。

102. 许云、李家洲,2015:《技术转移与产业化研究——以中关村地区为例》,人民出版社。

103. 约瑟夫·斯蒂格利茨,1998:《社会主义向何处去》,吉林人民出版社。

104. 詹姆士·奎恩,1999:《创新爆炸》,吉林人民出版社。

105. 张晓煜,2015:《企业知识产权管理操作实务与图解》,法律出版社。

106. 张意源,2011:《乔布斯谈创新》,海天出版社。

107. 张意源,2011:《乔布斯谈创新》,海天出版社。

108. 赵自强、赵湘莲,2008:《债务水平与公司研发投资决策研究——对中国制造业上市公司的实证分析》,《审计与经济研究》第 6 期。

109. 中共中央文献研究室,2016:《习近平关于科技创新论述摘编》,中央文献出版社。

110. 仲伟俊、梅姝娥、谢园园,2009:《产学研合作技术创新模式分析》,《中国软科学》第 8 期。

111. 周春生,2013:《融资、并购与公司控制》,北京大学出版社。

112. 周佩琼编译《生命编辑》,载《新发现》第 126 期。

后　记

　　2016 年 5 月，南京大学入选全国首批国家双创示范基地。作为国家级双创示范基地，南京大学十分重视"双创"的理论研究，尤其重视大学生的"双创"理论探讨与实践引导。为了更好推进大学生尤其是本科生的创新创业教育，南京大学组织编写了《大学生创新创业教程》，南京大学人文社科资深教授洪银兴担任主编。该教材吸取国内外创新创业研究的成果，结合综合性大学本科生特点，以及创新创业实践的案例，重点阐释了科技创新和创业的基本原理和方法，让大学生明白如何进行科技创新，如何创立科技型企业、如何运营和管理科技型企业，如何配置资金，如何上市，如何保护知识产权等，为使本教程既有学理性又有可操作性，本教程由南京大学经济学科和管理学科的相关专业教师合作编写。

　　本书具体章节的写作分工如下：导论，洪银兴；第一章，安同良、周耿；第二章，洪银兴；第三章，孙宁华、李海英、洪银兴；第四章，张骁；第五章，刘海建、吴清；第六章，蒋春燕；第七章，张骁；第八章，范从来；第九章，蒋春燕；第十章，刘海建、吴清；第十一章，范从来；第十二章，路瑶；第十三章，孙宁华、张翔。全书由洪银兴统稿，张二震协助主编做了一些组织和协调工作。

　　感谢南京大学创新创业与成果转化办公室对本书编写给予的积极配合。感谢高新房、董婷为本书编写提供的案例。特别感谢南京大学出版社对本书出版给予的大力支持，感谢张婧妤为本书出版付出的辛勤劳动。

编　者

2018 年 10 月